U0107401

日本学者古代中国研究丛刊

复旦大学历史学系 编

徐 冲 主编

中国古代社会论

渡辺信一郎———著

徐 冲 刘艺颖———译

复旦大學 出版社

目　录

第一部　分田农民论

第二部　富豪层论

第三部　中国古代农村的社会构成

中文版自序

此次借由旧知徐冲君的译笔，拙著《中国古代社会论》得以与中国读者见面，实属荣幸之事。

本书出版于1986年，是我的第一本专著。当时以提交给京都大学的硕士论文为基础，我先后完成了六篇论文，再加上若干新稿，编成了这本小书。但本书并非是单纯的"论文集"，而是一部基于社会构成体论（历史唯物论）的方法，以春秋战国时期小农和小农经营的形成及其后的展开为基础，对直到唐宋变革期为止的中国农业社会的发展进行一以贯之的探求的论著。

值此中文版推出之际，为帮助读者理解本书的理论基础，又加入三篇论文作为"附论"。其中附论一和附论二分别与小经营生产方式论和国家性土地所有论相关，附论三则围绕"火耕水耨"对江南水稻农业进行了具体讨论。

从本书出版的时候开始，日本的社会经济史研究逐渐式微。本书可以视为曾是战后日本中国古代史研究主流的社会经济史研究的收尾之作。尽管不无过时之感，但因为此后并没有类似作品继续出版，本书又不妨看作这一分野的"最新"研究。对于中国读者而言，或者仍有值得阅读的价值。

已经是近四十年前的作品，今天看来确有若干不足之处。其中我关于均田制的认识发生了根本转变，在此加以特别说明，作为自序的结尾。

在本书中，我关于均田制的认识与通说一致，即认为这一制度始于北魏，完成于唐代，以对农民进行均等百亩土地的授受作为根本。

然而，通过明抄本《天圣令》和张家山汉墓出土《二年律令》的发现，我对上述说法逐渐产生了怀疑。从《天圣田令》复原的《开元二十五年田令》中并无均田的文字。由此再对《大唐六典》等唐代法令文献进行再审视，发现无论何种史籍中都仅见"给田制"，而"均田"的文字皆无。

最早使用"均田租庸调法"之语的，是司马光《资治通鉴》武德七年（624）四月条。可见均田租庸调法乃是宋人的言说。当下可以认为即使唐代有给田制，唐人脑中也并无均田制。

再看《汉书·王嘉传》所载哀帝赐予董贤2000余顷土地时，王嘉有言"均田之制，从此堕坏"，显示西汉末年均田制处于崩溃状态。但这里的"均田"并非指均等土地授受，而是根据爵位等级进行给田，即具有等级、差等的均田。这一制度的具体规定情况见于西汉吕后时代的《二年律令·户律》，是以渊源于商鞅变法的二十等爵制为基础进行的等差给田。

关于唐代给田制，其官人永业田、职分田等，也是根据官品、爵位进行等差给田，可以说仍然保持了原本均田的实体。关于这一点，请参看拙著《シリーズ中国の歴史① 中華の成立 唐代まで》（岩波书店，2019年，有中文版出版计划）、《中国古代国家論》（汲古书院，2023年）。

因此，本书作为关键词之一使用的"均田农民"，犹有再行考察的余地，但本书通过提出"分田观念"对"分田农民"进行定义的做法并无不妥。无论如何，对中国古代史上的均田制，有必要进行新的定义。

中国读者在阅读本书时，若能联想到对"均田制""均田农民"的再检讨，幸甚。

渡辺信一郎

2023年4月7日

绪论　中国古代社会论的现状与课题

一

　　春秋战国交替期与唐宋变革期是中国历史上值得特别讨论的两大变革期。小书作为对象的研究领域，主要就是夹在这两大变革期之间的社会，尤其是作为其基础的农村的社会构成。而在这一自公元前4、前5世纪到公元后10、11世纪的时期之中，又存在着众所周知的3世纪即东汉末三国初的社会变动期。围绕着对这一变动期的理解，学界对于如何把握夹在两大变革期之间的社会见解纷纭，引发了战后兴盛一时的时代分期论争。然而，在对这一时期的社会构成史特质进行定义时，多数研究理解或者以秦汉帝国时期的社会结构论为主，或者以六朝时期的贵族制社会论为主。而从整体上对构成这一时期社会基底的农村的变化发展轨迹进行专门考察的研究，却可以说尚付诸阙如。本书的目的，即在于解明自公元前4、前5世纪至公元后10、11世纪这一时期内农村的社会构成及其变化发展轨迹，把握这一时期的社会构成史特质。下面首先对关于这一时期社会构成理解的诸研究进行概观，通过明确其问题所在，来设定本书将要关注的更为具体的课题。

　　目前具有影响力的构想，大体可以区分为如下四类[1]：

　　（Ⅰ）汉末三国时期以降中世社会论——内藤湖南、宫崎

---

1. 对于诸研究更为详细的整理与检讨，见后文所列举诸论文。另外可以参考太田幸男：《共同体と奴隷制：アジア》，收入历史学研究会编《現代歴史学の成果と課題》第2分册《共同体・奴隷制・封建制》，青木书店，1974年；多田狷介：《東アジアにおける国家と共同体：古代》，收入历史学研究会编《現代歴史学の成果と課題Ⅱ》第2分册《前近代の社会と国家》，青木书店，1982年。

市定、宇都宫清吉、谷川道雄、川胜义雄等。

（Ⅱ）战国时期以降（总体）农奴制社会论——浜口重国、西山武一、古贺登、藤家礼之助等。

（Ⅲ）个别人身支配体制论（齐民制社会论）——西嶋定生、木村正雄、堀敏一、好并隆司、尾形勇等。

（Ⅳ）亚细亚型生产方式（总体奴隶制）论——多田狷介、丰岛静英、太田幸男等[1]。

以上四类研究中，成为我国战后中国古代史研究转折点的，是已故浜口重国氏发表于1953年的研究思路与问题构想[2]。对于西嶋定生、堀敏一两氏等当时倾力推进的将"世界史基本法则"具体应用于中国史中的工作和宇都宫清吉氏的古代、中世社会论，浜口氏都进行了批判性检讨，并提出了如下问题构想："**仅仅观察**春秋战国以后发展起来的大土地所有上的生产方式的变化——奴隶与佃农——就得出结论，我们不采用这样的方法，而是将与之相比在数量上处于稳定多数的一般农民阶层，作为**更加**主要的对象来进行论述"；其要点在于，"在追踪旧中国的社会发展之际，今后最为需要的，乃是阐明庶民阶层与君主、国家之间的关系。换言之，就是对于庶民阶层的性质应该如何认识"。浜口氏聚焦于一般农民（庶民）阶层的庞大数量，将他们与国家之间的关系设定为基本生产关系。由此，他将西周时期定义为总体奴隶制的时代，而将自春秋战国到晚清时期定义为中世社会。在中世社会中，以君主为顶点的支配者阶层把总体性农奴制或者隶农制作为基础。同时在大土地所有之下，中唐以前以奴隶制为主，中唐以后佃农劳动则成为主力。浜口氏的这一构想，试图从一般农民阶层的广泛存

---

1. 自太田幸男氏1975年度历研大会东洋前近代史分科会报告《商鞅变法の再検討》(《歷史における民族の形成》, 1975年) 以降，从1977年到1985年度，除若干报告之外，基本都是以亚细亚型共同体为基础进行的报告。另外，历史科学协议会第16次大会上山根清志氏的报告《唐の良賎制をめぐる二、三の問題》(《歷史評論》第392号, 1982年)，也直接继承了多田氏的设想，对古代社会的身份制进行了论述。

2. 浜口重国:《中国史上の古代社会問題に関する覚書》(1953年初版)、《『覚書』の補記》，收入氏著《唐王朝の賎人制度》第六篇，东洋史研究会, 1966年。

在出发把握中国的社会构成史特质，对于过去曾以家父长制型家内奴隶制论为基轴展开古代社会论的西嶋定生氏，产生了决定性的影响。其后登场的就是第Ⅲ、第Ⅳ类研究。

第Ⅲ类的个别人身支配体制论，将基本阶级关系设定于君主和小自耕农之间。就这一点而言，可以说是正面接受了浜口说的问题构想。下面对其中木村、堀两氏的研究进行介绍和检讨，他们的研究视野也涉及对唐宋变革期的展望。已故木村正雄氏将古代君主、农民间的基本生产关系称为齐民制，将其作为奴隶制的中国型特殊形态来把握[1]。其问题构想的出发点包括如下几点：小农阶层所具有的经济性特质在于，在实现每家百亩标准的耕地分割所有的同时，又作为国家劳动力被编入国家这一生产体之中；进而他们又是被束缚于出生本籍地的"编户之民"，带有一定的政治性特质，如被剥夺了迁徙自由（本籍地主义），按人头征收税役，蒙受直接性、个别性和人头性支配，被置于国家的人身支配隶属之下。木村氏将这种齐民制型奴隶制成立的基础条件，归之于以水利灌溉为必须前提的第二次农地国家的形成与维持。同时将其基本矛盾归之于民田所有者相互间关系的变质，尤其是其不均等化，认为不均等化的扩大导致了宋代以降向地主佃户制的转变。

堀敏一氏详细考察了自井田理念到均田制这一历史时段之内，国家的土地政策与位居其对极的小农之间的关系，将其定义为个别人身支配体制[2]。这是一种皇帝对个体农民及其土地进行一元性直接支配的体制，基础则来自广泛存在的小自耕农阶层。均田制是堀氏的主要研究对象。他认为均田制的成立缘于将豪族阶层对小农行使的共同体性诸机能作为国家机能来吸收，同时促成了二者间封建制性关系的解体，是个别人身支配体制的完成形态。堀氏进而展望了均田制向地主佃户制的过渡，主张这种过渡的形成是由于均田制促成的小自耕农阶层通过各种契机发生了分化。堀氏虽然并未对君主、农民间基本生产关系

---

1. 木村正雄：《中国古代帝国の形成——とくにその成立の基礎条件——》，比较文化研究所，1965年。
2. 堀敏一：《均田制の研究——中国古代国家の土地政策と土地所有制——》，岩波书店，1975年。

的经济性本质特征进行探讨，但与木村氏一样，都将地主佃户制形成的动因归之于小农间土地所有的不均等化和分化过程。

若将第Ⅲ类研究与浜口说进行对比，可以看到如下特色。第一，这类研究仅在战国到中唐这一时期承认一般农民阶层——小自耕农阶层的社会性扩张，并将其理解为古代社会。这在其后介绍的第Ⅳ类研究那里也是共通的。但是，第二，对于宋代以降的历史时期，则不承认存在一般农民阶层的社会性扩张，而是将"世界史基本法则"具体化以来被深入研究的地主佃户制型土地所有视为封建性土地所有，并将基本生产关系设定于此。也就是说，浜口氏前述问题构想的有效性，被限定于唐末以前。如此一来，"世界史基本法则"在宋代以降的研究中仍然作为一种指导理论发挥作用，但在唐以前的研究中却逐渐失效，从而导致以唐宋变革期为界，中国前近代史研究呈现为一种割裂状态[1]。因此，第三，这类研究在讨论唐宋变革期过渡论时，构成基本生产关系之一极的国家被置于视野之外，仅将小农相互间社会关系的变化作为问题，变成了未能首尾一贯的唐宋变革期论。关于这一点，次节还要进行检讨。最后应该指出的是，木村、堀两氏和西嶋定生氏等将按人头征收税役或者小农对国家的人身性隶属关系作为古代社会的特质，但就其所论而言也并非能直接等同于奴隶制关系或古代型关系，事实上在农奴制型土地所有那里也能看到共通的特质。实现了小经营的农民对生产物进行了第一次获取。而国家也好，私人也好，作为土地所有者之所以能够从农民那里掠夺剩余生产物，都是藉由以人格性从属关系为基础的经济外强制为媒介而实现的。当然，在具体的从属形态上有着奴隶与农奴这样的区别，但在本质上更为决定性的是农民所实现的小经营的性质。在这一意义上，不能不说最大的问题在于，如一般农民（庶民）、百亩标准的分割所有、小自耕农这些提法所示，浜口、木村、堀氏等都只是从极为抽象的层面来对小农经营进行把握的。

第Ⅳ类的亚细亚型生产方式论与第Ⅲ类研究有密切关联，是在对

---

1. 关于这一点，另可参考伊藤正彦：《唐末古代終末説をめぐって——均田制を中心に——》，《史潮》第100号，1967年。

后者的批判性继承中于1970年代初期出现的。相关研究与石母田正氏首倡、后在历史学研究会古代史分会中继续讨论的首长制论有一定关联，近年在该学会东洋前近代史分会中也可以看到试图深化的努力，但主要还是以秦汉史为讨论对象[1]。其中多田狷介氏提出了最为概括性的问题构想，这里就对其所论进行概观与检讨[2]。关于浜口氏和堀氏作为一般农民（庶民）阶层、小自耕农阶层来表现的农民，多田氏从检讨诸研究出发，将其作为小经营生产方式来重新把握。进而主张，"应该认识到，秦汉社会的现实是共同体内的个别经营尚未成熟，因此共同体基本上还停留在亚细亚型共同体的阶段；以共同体的这一阶段为基础，专制国家位居其上"；秦汉时期小农的小经营生产方式在真正意义上并未形成，只不过是一种假象，唐末之前的社会可定义为以亚细亚型共同体为基础的总体奴隶制社会。克服这一亚细亚型生产方式阶段的关键在于，"在专制国家下父老阶层领导的小共同体内，农民的自我经营发展到了真正的小经营生产方式，进而以此为起点，奴隶制乃至农奴制性质的经营成长起来"。"唐代均田体制应该视为基于土地国有的总体奴隶制的最后阶段。因此，对于从西汉中期到唐末这一历史时期，也可以视为这样一个漫长的过程，即通过利用共同体关系而形成的豪族私人经营，一方面具有克服作为共同体关系整体的总体奴隶制体制的倾向，一方面又终究不能完成这种克服。"

用小经营生产方式这样的科学概念取代诸先行研究中被抽象表现的小农，并将其成长独立过程设定为历史发展的杠杆，在这些方面多田氏的问题构想具有积极意义。然而，小经营生产方式的具体定义尚未得到积极展开，对于断定其在秦汉隋唐时期只不过是一种假象，也没有提供实证性的根据。尤其是对于构成小经营生产方式基础的劳动过程，缺乏实证性的考察，这一缺陷是决定性的[3]。尽管多田说指出了小经营生产方式的成长是克服总体奴隶制阶段的关键所在，但是对于

1. 参考第2页脚注1。

2. 多田狷介：《中国古代史研究觉书》，《史艸》第12号，1971年。

3. 关于包括多田氏在内的过去大土地所有、经营研究的问题点，参考拙稿《漢六朝期の大土地所有制研究をめぐって》，《東洋史研究》第32卷第3号，1973年。

其在整个唐宋变革期究竟以何种形态具体表现出来，也没有加以展望，从整体上说仍然只是停留于提出问题构想的阶段。前述浜口说只是将一般小农阶层和大土地所有视为并存之物，对于一般农民层的重视仅因为其数量庞大。多田氏对此进一步做了批判，提出可以在共同体的场域中把握它们的相互关系[1]。对于浜口说的这种批判是正确的，但试图在共同体中把握其相互关系的视角也仍然有检讨的必要。大土地所有和一般农民阶层间的相互关系首先表现为诸经营之间的相互关系，应该作为农业构造论来把握。将欠缺明确具体定义（以农业结构等为代表）的共同体概念或者首长制概念直接作为前提，恰与浜口氏曾经的告诫相悖："农村共同体或者家父长制型专制主义等理论，本身并未经过实证性研究，毋宁说很容易成为各种历史性研究之不足的避难所。"现在多田氏等所依据的亚细亚型共同体、亚细亚型生产方式概念的意识形态性质，已经为小谷汪之氏详细的文献考证所证明[2]，浜口氏的见解就具有更大的意义了。

以上诸研究与历史学研究会的活动及"世界史基本法则"都直接或间接相关。与此不同，前述第Ⅰ类研究将东汉末到唐末视为中世社会的理论，自内藤湖南以来主要是在关西发展起来的。关于其内容将在次节介绍，这里仅介绍谷川道雄氏的问题构想，其与前述浜口氏的问题构想也有关联。谷川氏检讨了"世界史基本法则"阶段西嶋、堀两氏的奴隶制、封建制说，指出"中国社会表现出的不同于西欧社会的异质姿态，在于以自营小农为基干的共同社会的永久性存在。这阻止了奴隶制、农奴制等基于私有制的经济制度的全面展开，并使其发生了扭曲"；进而关于近世社会，认为"对佃户制与集权国家形态进行整合性说明，对于封建制说是一个巨大的两难悖论"[3]。谷川氏在此主张，中国的社会构成史特质在于自营小农阶层与它们所连接的共同

1. 多田狷介：《『後漢ないし魏晋期以降中国中世』説をめぐって》，《歴史学研究》第422号，1975年。
2. 小谷汪之：《マルクスとアジア——アジア的生産様式論争批判——》，青木书店，1975年；同氏：《共同体と近代》，青木书店，1982年。
3. 谷川道雄：《中国中世社会と共同体》，第一部第一章《中国社会と封建制——その学説史の検討——》，国书刊行会，1976年。

体性关系的永久性。仅就与浜口说的正面对比而言，谷川说在重视自营小农阶层这一点上与浜口说具有共通基础。但不同之处在于，浜口氏将自营小农阶层与国家间的关系视为基本关系；与此相对，谷川氏则将自营农民相互间或者其与豪族、贵族间的共同体性关系作为基本社会关系来理解。在这一场合，谷川氏所谓的共同体关系，基本上是一种政治性结合关系[1]，自营农民的农业经营以及他们与大土地所有之间所缔结的经济性诸关系，大体上未被作为研究的对象。因此其主张的里共同体与豪族共同体的经济构造很难说已经得到充分考察。谷川氏等人的研究揭示了以自营小农阶层舆论形成为基础的六朝贵族制的社会性、政治性构造。然而，自营农民阶层另一方面也是作为编户农民为国家所支配的人们。国家与自营农民阶层之间的关系，如浜口氏所言，不仅仅限于六朝时期，乃是贯穿中国前近代史的社会构成史特质；在构建贵族制社会论时，这方面的内容理解应该也是不可或缺的要素。

　　在对以上四类研究进行概观之后，可以发现其中存在着一个共通的基本认识，即农民以一般农民阶层、小自耕农阶层、自营农民阶层、编户齐民等词语被表现出来，未为大土地所有所包摄、在政治性上从属于国家的小农阶层广泛存在。可以说，四类研究之所以区分开来，是因为在小农阶层所连接的诸社会性关系中以何者作为基本关系这一点上见解有异。而过去诸研究的决定性弱点，在于几乎没有对这一小农阶层进行过社会经济史性的定义；在并非人格性的从属于大土地所有（换言之即特定的私人）这样的定义之外，也没有进行其他内容上的定义。小书的目标首先在于，对这一小农阶层进行更为丰满的概念定义。

　　在这一场合应该得到批判性继承的，正是前述浜口氏的问题构想。第一，应该继承如下立场：将自战国时期到晚清时期国家与一般农民阶层之间的关系作为基本生产关系，对前近代中国的社会构成史特质

---

1. 关于谷川氏的共同体论，参考佐竹靖彦：《中国前近代史における共同体と共同体論についての覚書》，《人文学報》第154号，1981年。

进行把握。在这一场合，需要考察曾被无概念地表现为一般农民阶层的小农阶层的具体存在形态，对其进行更为丰满的概念定义。第二，如多田氏的正确批判所示，为浜口氏所割裂的一般农民阶层与大土地所有，也应该在相互定义的关系之下进行再考察。在这一场合，并非直接上升到共同体，而是需要揭示包括自耕农、小自耕农、中小地主在内的具体农业构造的特质，首先明确农村的社会构成。为了揭示农村的社会构成，也有必要将多田氏关注过的小经营生产方式设定为一般性基础，明确其所具体展现的诸形态和诸发展阶段[1]。

二

在批判性地继承浜口氏问题构想的时候，问题最大的就是对于唐宋变革期的评价。尽管也承认大土地所有下隶属劳动者的变化，但浜口说并没有那么重视唐宋变革期，而是将其放在农奴制或隶农制社会中进行理解。因此可以说在浜口说那里并不存在明确的转型论。与此相对，另外三类研究都是继承了内藤湖南的设想，以唐宋变革期的存在作为基本前提。在这一时期出现了两税法、主客户、五等户制等，国家的农民支配体制形成了新的面貌，位居对极的小农阶层与他们所构成的农业构造也显然发生了极大变化。因此内藤湖南的问题构想应该是要基本继承下去的。另外前文也指出过，以唐宋变革期为界，今天的中国前近代史研究呈现为一种割裂状态。要回答浜口氏的问题构想，不能单单只是去明确唐代以前的社会构成史特质，也有必要展望其后又形成了怎样的社会，对中国前近代史进行统一把握。而新与旧的社会构成史特质正是在变革时期才能显现出来的。因此，为了明确小书作为研究对象的时代的社会构成史特质，也需要围绕唐宋变革期

---

1. 关于小经营生产方式，参考中村哲：《奴隷制·農奴制の理論——マルクス·エンゲルスの歴史理論の再構成——》，东京大学出版会，1977年；中国史研究会编：《中国史像の再構成——国家と農民——》，《总论》第二章《中国前近代史研究の課題と小経営生産様式》，文理阁，1983年，收入本书作为附论一。对其进行最为抽象的定义，是在同一劳动（生产）过程中排除了合作、分工的小规模生产，与生产关系中基于自身劳动的私有（包括占有）形成的统一体。

的转型论检讨其问题点，并说明分析的基本视角。

明确显示出唐宋变革期转型论的是前述第Ⅰ、Ⅲ类研究。第Ⅲ类研究可以说具有如下倾向：将经由唐宋变革期形成的基本农民阶层视为地主佃户制下的佃户层，将以此为基础的大土地所有视为封建制性土地所有，而将以此为支配性基础的宋代以降的社会定义为地主国家乃至以乡绅制论为基轴的特殊中国型封建国家。关于这种地主佃户制的形成过程，目前论述最为清晰的是堀敏一氏[1]。堀氏在理论上将地主佃户制可能的形成路径分为两种。其中"一个方向是，奴隶被给予土地进行独立经营，同时地位上升"。但结果只是归结于均田农民的再生产，"由此如果均田制不崩溃，新的社会体制也就不会产生"。与这种"古典封建制"的成立路径相对，堀氏又指出了另一路径，即"均田农民发生分化，相互间结成了新的支配和从属关系"，主张"由均田农民阶层主导的第二路径，是形成宋以后田主与佃户间关系的主要路径"。这一思路，在前述木村正雄氏那里也是相通的。

堀、木村两氏的思路中存在三个问题点。第一，已如前述，在论述转型时，将构成个别人身支配关系之一极的国家置于视野之外，而仅将均田农民相互间的分化（应该说是阶层分化）作为问题，未能贯彻首尾一致的问题意识。堀氏等的均田农民分化论要想成立，就需要对作为其前提的个别人身支配体制如何发生崩溃、国家又如何脱离其对极的过程做出说明。然而，事实上这是非常困难的。因为均田制崩溃后，以两税、差役为基本征收关系的国家、农民（主户）关系也仍然确实存在，而且国家的集权化更进了一步。如谷川道雄氏所指出的，宋代以降的集权国家对于以地主佃户制为基轴的封建制论来说是一个两难悖论。突破这一两难悖论的途径，乃是承认浜口氏问题构想的有效性在宋代以后也仍然适用，以国家-主户间的关系作为基本生产关系，来理解其社会构成史特质。那么，地主与佃户的关系就仅仅只是附属性生产关系。

与此相关，第二，仍然存在如下问题：是否可以说地主佃户制是

---

1. 参考第3页脚注2堀敏一论著。

作为实体的封建性土地所有？进一步说，地主佃户制是否是宋代以后的支配性生产关系？宫崎市定氏早已提出过对佃户即农奴说的否定，最近高桥芳郎氏也提出了关于地主佃户制的新论点。高桥氏主要从身份制论出发，对于同样可以作为佃户阶层来理解的农民阶层进行了分析。结果区分出了两种类型的佃户阶层[1]。其一为佃仆、地客等，其与主家的关系被定义为"主仆之分"，在社会层面适用于雇佣人法；其一为佃人、佃客等，其与主家的关系被定义为"主佃名分"，在社会层面适用于佃客法。这一见解将佃户小农阶层从身份上区分为两种类型，在一定程度上是富有解释力的。然而如此一来，应该与两种类型的佃户相对的主家即地主的历史性特质，还有两种类型的地主佃户关系的经济性实体，当然也应该是不同的。但高桥氏对此并未论及。不过由此可见，这并不仅仅是能否将地主佃户制作为宋代社会的支配性土地所有和基本生产关系来理解的问题，对地主佃户制本身的实体认识也仍然还有值得检讨的课题。

堀氏的均田农民分化论存在的第三个问题在于，理论上可以考虑的转型路径并不仅止于两条。如果从以地主佃户制为唯一的封建性土地所有这样的思路中解放出来，会发现还有一条理论上可能的转型路径，即均田农民阶层相对于国家的独立过程。这一路径与前述第一路径即奴隶的独立过程是相辅相成的。这一思路，实际上是早已被前述第 I 类研究内藤湖南和宫崎市定氏等所指出的路径。下面就来对第 I 类的转型论进行检讨[2]。

宫崎市定氏的研究指出，与基于农奴（部曲）制的民间庄园经营相同，均田制可以被定义为由国家主导的庄园经营。这种国家权力，是包括皇帝在内的贵族阶层的共有物，而均田制下的农民则被定义为贵族全体所共有的农奴——内藤说称之为奴隶佃耕制。也就是说，以

---

1. 高橋芳郎：《宋元代の奴婢・雇傭人・佃僕について——法的身分の形成と特質——》，《北海道大学文学部紀要》第26卷第2号，1978年；同氏：《宋代佃戶の身分問題》，《東洋史研究》第37卷第3号，1978年。

2. 内藤湖南：《支那近世史》，1947年初版，收入《内藤湖南全集》第10卷，筑摩书房，1969年；宫崎市定：《中国史上の莊園》，收入氏著《アジア史研究》第四，东洋史研究会，1964年。

均田制为基础的贵族制社会，可以被理解为以遍及公私的农奴制乃至奴隶佃耕制为基础的社会。以具有如此性质的均田农民个人所有权的发达以及货币经济的发展为基础，豪族庄园中部曲的解放和自由农民的没落导致了佃户化的发生。可以认为，在宫崎说这里，土地私有权与其借贷关系的明确化，导致了国家的政策转换，即从均田制转向基于土地私有的两税法；同时在大土地所有方面也产生了资本制型地主佃户制，其基础在于土地的近世性契约。宫崎氏的上述论点具体来说可溯源至内藤说，后者将自两税法形成到王安石新法的这一过程理解为人民的土地所有权确立时期。

虽然其中也有难以赞同的论点，如将均田制视为国家的庄园经营，将地主佃户制定义为资本制型土地所有等；但是这种把握方法将唐宋变革期的基础过程置于人民整体土地所有权的发展之中，还是揭示了值得继承的基本视角。佐竹靖彦氏就是立足于第Ⅰ类研究的这一立场，批判性继承了土地所有权的发达这一侧面，将其作为小经营的独立过程进行了再考察[1]。佐竹氏将唐宋变革的基本因素归结为两点，其一为小农经营的独立，其一为地主阶层对于这些小经营农民的地主性土地所有进行的压制。而其独立的内容，主要在于小经营脱离大经营的相对独立过程。因此可以认为，在佐竹说中，唐宋变革期以前小农阶层的广泛存在以及国家权力的问题，都尚未进入其理论视野。尽管如此，在包括佐竹说在内的第Ⅰ类研究中，事实上仍然设定了第三种转型论，即将唐宋变革期的基础过程，理解为均田小农阶层以实现私人土地所有为主要内容的独立过程。

以上为了批判性地继承浜口氏的问题构想，对于第Ⅲ类和第Ⅰ类的唐宋变革期转型论进行了比较检讨。结果明确了如下基本视角。第一，不是将奴隶的独立过程和均田小农阶层的分化（阶层分化）过程对立起来把握并将重心置于后者，而是将包括奴隶在内的直接生产者即小经营农民相对于奴隶主和国家的整体独立过程，作为唐宋变革期的基础。第二，不是将佃户层一概作为宋代以后的基本农民阶层来进

---

1. 佐竹靖彦：《宋代郷村制度之形成過程》，《東洋史研究》第25卷第3号，1966年。

行把握，而是把包括了自耕农、佃农和小地主阶层在内的农民阶层作为基本农民阶层，将以两税、差役征收为内容的国家–主户关系视为基本生产关系，对其生成过程进行考察。如上立场，不过只是通过对先行研究的检讨而得出的一个理论视角。需要在考察前节所设定课题的同时，通过具体的事实分析对这一视角进行检验。下面就进入正文部分。

第一部 分田农民论

第一章

古代中国小农经营的形成

前言

中国古代社会，表现为皇帝和广大小农阶层即百姓这二者的存在。前者以官僚体制为基础，后者则为他们所支配。从本章到第三章的课题，就是通过分析这种被称为小农阶层的人们的实体及其社会性特质，对其进行概念把握。本章首先对小农经营的形成过程及其实体进行考察。

先来对本章课题的分析对象做一限定。在过去的中国古代史学中，存在一种结构论式的研究。其设定的前提在于，至春秋末战国时期，氏族制性邑共同体发生了解体，个体经营析出，由此形成了构成秦汉国家基础的编户小农阶层。也有学者认为，在汉武帝时期之前的汉初社会中，这种小农阶层中间没有显著的阶层差，当时的社会是一种相当平等的社会。然而，对于个体经营的析出过程及其实体，很难说现在已经进行了充分的分析。这种小农经营实体分析的缺失，与议论纷纭的秦汉国家结构论的盛行，形成了颇为奇妙的对照。本章之所以要从实体出发对中国个体经营的析出过程进行考察，其理由即在于此。

下面首先来看一下恩格斯《家庭、私有制和国家的起源》中的论述。这篇文章被认为作为一种前提，构成了"氏族制性邑共同体分解——小农阶层析出"这一图式的理论背景。恩格斯认为，在野蛮时代中期，耕地仍然是部落的财产，最初是交给氏族使用，后来由氏族交给家庭公社使用，最后便交给个人使用；他们对耕地或许有一定的占有权，但是更多的权利是没有的［中文版《马克思恩格斯全集》（第1版）第二十一卷，人民出版社，2016年，第184页］。进而到了野蛮时代的高级阶段，各个家庭首长之间的财产差别，炸毁了各地仍然保存着的旧的共产制家庭公社；同时也炸毁了在这种公社范围内进行的共同耕作制。耕地起初是暂时地、后来便永久地分配给各个家庭使用，它向完全的私有财产的过渡，是逐渐完成的，是与对偶婚制向一夫一妻制的过渡平行地完成的。个体家庭开始成为社会的经济单位了（同上，第187页）。而进入文明时代之后，新的土地占有者最终彻底摆脱了氏族和部落的最高所有权这一桎梏，完成了私人土地所有（同上，第191页）。如此可以认为在恩格斯的构想中，是从野蛮阶段的共同所有-共同耕作之中，出现了与个别家庭的产生相应的占有权，在土地所有上产生了部族性所有——上级所有权与占有权之间的分裂。在这一上级所有权为个体经营的占有权所一元化的过程中，形成了私人土地所有。这一构想对我们启发良多，但它主要还是以西方的古典时期为具体素材来叙述的，并不能直接应用于我们作为研究对象的中国。或许可以认为，在中国的场合，这种渊源于部族性共同所有的上级所有权，在经过某种历史过程之后仍然得以留存。其与个体小农经营的私人土地占有之间的对立关系，在国家形成以后也依然遗留了下来。但这不过也只是立足于恩格斯构想所具有的理论可能性。本章暂时搁置被认为渊源于部族所有的上级所有权这一问题，而是基于中国古代史的具体史料分析，对从共同所有-共同耕作到私人所有-个人收益这一图式进行检讨，以揭示中国小农经营形成的独特过程。恩格斯所构想的这一图式，对中国古代史的理解应该也产生了很大影响。

一、秦汉时期的农民诸阶层

首先来对秦、西汉时期的农民诸阶层的实体进行考察。这是因为这一时期的相关史料比较丰富，也显示了古代农民所能达到的发展高度。

若观察汉代人自己所做的汉代社会的阶层区分，可以说大致分为大家、中家、贫家这样三个阶层。如《盐铁论·未通篇》记载，在公元前2世纪后半叶，因为大家滞纳租税，畏惧大家的役人反而去向细民催缴，细民不堪忍受纷纷逃亡，于是中家不得不代为纳入租税[1]。在《盐铁论·散不足篇》中，也有贤良按照富者、中者、贫者这样三个阶层的区别，从多方面讨论了各自生活水准的不同。可见在汉代人的认识中，社

1.《盐铁论·未通篇第十五》："大抵通赋，皆在大家，吏正畏惮，不敢笃责，刻急细民，细民不堪，流亡远去；中家为之绝出，后亡者为先亡者服事。"

会是可以区分为三个阶层的。而据陈汤之言可以明了的是，汉朝的基本政策，就是抑制富人的土地兼并和贫民役使，使得中家以下可以均贫富[1]。关于这一政策，现在不能详细讨论，不过除了作为陈汤发言前提的迁徙富豪政策之外，汉代的农民赈恤、租税免除、公田出租等各种政策，也明显是以中家层的培育以及中家以下贫富的平均化为目标的。

汉代的大家、中家、贫家之三分，并非单单取决于其土地所有和经营的规模。家有耕地130亩的贡禹，仍是家訾不满一万钱的贫者[2]，即可证明这一点。从贡禹之例也可以明了，汉代阶层区分的基础，是将包括大型动产、不动产在内的家产以钱换算后所得的财产评估额（訾）。以此为标准，中家的家产为10金（10万钱）[3]。可以认为在现实社会中，以10金为中心，从5、6金到14、15金左右都是中家。以此为标准，大家和贫家也可以大致区分出来。那么，见于《孟子》、李悝《尽地力之教》以及晁错上书中的拥有土地百亩的五六口之家这一标准农民形象[4]，未必就一定是指中家了[5]。如此，汉代人对农民层进行的区分，就是以家产10金为指标，分为大家、中家和贫家三个阶层[6]。下面就基于这样的三阶层区分，补充一些具体史料，对汉代的社会诸阶层进行考察。

作为切入点，可以举出近年发现的湖北省江陵县凤凰山汉墓出土

1.《汉书》卷七〇《陈汤传》："天下民不徙诸陵三十余岁矣，关东富人益众，多规良田，役使贫民，可徙初陵，以强京师，衰弱诸侯，又使中家以下得均贫富。"

2.《汉书》卷七二《贡禹传》："禹上书曰：'臣禹年老贫穷，家訾不满万钱，妻子糠豆不赡，短褐不完。有田百三十亩，陛下过意征臣，臣卖田百亩以供车马。'"

3.《汉书》卷四《文帝纪》"赞曰"："上曰：'百金，中人十家之产也。'"颜师古注曰："中谓不富不贫。"

4.《汉书》卷二四《食货志上》："是时，李悝为魏文侯作尽地力之教。……今一夫挟五口，治田百亩，岁收亩一石半，为粟百五十石。……晁错复说上曰：'……今农夫五口之家，其服役者不下二人，其能耕者不过百亩，百亩之收不过百石。春耕夏耘，秋获冬藏，伐薪樵，治官府，给繇役。'"

5. 临沂银雀山汉墓出土的竹书十三篇之第七《王法》中可以看到"上家□亩四，中家三亩，下家二亩"这样分为三个阶层的宅地规定。第九《田法》载："食口七人，上家之数也。食口六人，中家之数也。食口五人，下［家之数也］。"《银雀山竹书〈守法〉、〈守令〉等十三篇》，《文物》1985年第4期。

6. 关于中家的分析，参考西田保：《漢の中家の意味について》，《史学雑誌》第79篇第5号，1970年。

的竹木简。凤凰山汉墓的时期约当西汉初期的文帝、景帝时期，即公元前2世纪前半叶。而其所在的纪南城即汉代南郡郡治所在的江陵县，过去春秋时期曾为楚国的国都。此地很久以来就是长江中游地区开发的中心地带。首先来看一下这一汉墓群中的10号汉墓所出木简，尤其是裘锡圭氏所整理的《郑里廪簿》木简群[1]。这一木简群记载了户人（或为家长）名下的能田（劳动力人口）数、家口数、耕地面积、贷谷数和若干标注。以此为基础做成表Ⅰ。

表Ⅰ　郑里廪簿（凡61石7斗）

户人	能田	口	田	贷	（标注）
圣	1人	1人	8亩	8斗	移越人户
犉	1人	3人	10亩	1石	
击牛	2人	4人	12亩	1石2斗	
野	4人	8人	15亩	1石5斗	
厌冶	2人	2人	18亩	1石8斗	
□	2人	3人	20亩	2石	今□奴受（？）
立	2人	6人	23亩	2石3斗	
越人	3人	6人	30亩	3石	
不章	4人	7人	37亩	3石7斗	
胜	3人	5人	54亩	5石4斗	
虏	2人	4人	20亩	2石	
积	2人	6人	20亩	2石	
小奴	2人	3人	30亩	3石	
佗（？）	3人	4人	20亩	2石	
定民（？）	4人	4人	30亩	3石	
青肩	3人	6人	27亩	2石7斗	
□奴	4人	7人	23亩	2石3斗	
□奴	3人	阙	40亩	4石	
□□	4人	6人	33亩	3石3斗	
公十	3人	6人	21亩	2石1斗	
骈	4人	5人	30亩	阙（3石）	
朱市	3人	4人	30亩	阙（3石）	
顺奴	3人	3人	□4亩	阙	
□轵	2人	3人	20亩	阙（2石）	
公士市人	3人	4人	32亩	阙（3石2斗）	

据裘锡圭《湖北江陵凤凰山十号汉墓出土简牍考释》（载《文物》1974年第7期）制作。

----

1. 参考裘锡圭：《湖北江陵凤凰山十号汉墓出土简牍考释》，《文物》1974年第7期。

　　据表Ⅰ，贷谷数按照耕作面积准确计为每亩1斗。近年出土的云梦秦简《仓律》中也有根据种植种类规定贷谷数的律文，禾麦为每亩1斗[1]。《管子》中也可以看到以田数而贷粟的记载[2]。由此可知，这一木简群显然是继承自秦律的春天播种用种的借贷账簿。由接受播种用种的借贷也可以看出，此处所记载的25户农民家族应该都属于贫家层。这些农民一家大致有4—6人，劳动人口则为一家二三人，拥有的耕地面积为十亩到数十亩（新亩制[3]）。仅从其耕地面积来看，也与古代所谓标准农民的有地100古亩（新亩制约为40亩）颇有差距。另外，从拥有30亩田地的陈平家亦为居于负郭穷巷的贫家[4]也可以明了，见载于《郑里廪簿》的农民们非常形象地表现出了贫农层的具体面貌。他们的家产当然为10金以下。从贡禹之例和田租减免时的例子等来看，可以认为资产四万钱以下到二三万钱的家族，构成了贫农层的核心[5]。如此，他们仅仅依靠经营耕地的收获，显然是几乎不可能维持家族的再生产的[6]。

1.《云梦睡虎地秦墓》第一〇五、一〇六简载："种稻麻亩用二斗大半斗，禾麦亩一斗，黍秫亩大半斗，叔亩半斗。利田畴。其有不尽此数者，可也。其有本者称议种之。　　　仓。"（文物出版社，1981年，图版六〇）

2.《管子·五行篇第四一》："日至，睹甲子，木行御。天子出令。……发故粟以田数。"

3. 若对本页脚注1秦简的借种量与《齐民要术·种谷第三》所见的播种量以亩为单位进行比较的话，可以发现秦简为《齐民要术》的两倍以上。如相比于秦简中的粟一斗，《齐民要术》中良田的场合为五升。《齐民要术》的记载根据的是240步＝1亩的新亩制。如果秦简的记载根据的是100步＝1亩的旧亩制，两者对比的差别更会高达五倍以上，其播种量就变得超出常识范围了。由此考虑的话，秦简乃至《郑里廪簿》中的亩制，都应该视为新亩制。

4.《汉书》卷四〇《陈平传》："陈平，阳武户牖乡人也。……有田三十亩，与兄伯居。伯常耕田，纵平使游学。……家乃负郭穷巷，以席为门。"

5.《汉书》卷十《成帝纪》鸿嘉四年条："被灾害什四以上，民赀不满三万，勿出租赋。"又《汉书》卷十一《哀帝纪》绥和二年条："其令水所伤县邑及他郡国灾害什四以上，民赀不满十万，皆无出今年租赋。"又《汉书》卷十二《平帝纪》元始二年条："天下民赀不满二万，及被灾之郡不满十万，勿租税。"由这些史料可以看到，区分的标准为家赀十万和家赀二三万。另外，《汉书》卷五《景帝纪》后二年五月条："今訾算十以上乃得宦。廉士算不必众。有市籍不得宦，无訾又不得宦，朕甚愍之。訾算四得宦，亡令廉士久失职，贪夫长利。"说明仕宦的家产限额是从十金到四金之间。四金应该可以作为中家层的下限。

6. 如可以考虑《郑里廪簿》中最为标准的"骈"的场合，即家有五人，耕地三十亩。以新亩制一亩计，年收获量约三石，则骈之年总收获量约达九十石。每人每月的口粮约1.5石，则五人之家年口粮量达九十石。如此，在骈的场合，其收获量不过与家庭口粮量大体相当。他们所过的生活是如何拮据，是再明显不过的了。

以《春秋左氏传》襄公二十七年条的记载为代表，雇农的事例从很早以来就不时可以看到[1]。另外，在《汉书·食货志》所载董仲舒的言论中，也可以看到将收获物的一半用作地租的小佃农层[2]。或许可以认为，这些雇农、小佃农层就是前面提到的贫农层。无论如何可以肯定的是，在公元前2世纪前半叶，存在着大致具有如下特征的贫家层，即一家4—6人，拥有耕地十亩至数十亩，春天播种时接受国家的贷谷。需要注意的是，在汉代原则上为一里百户，而这里所见郑里的贫家层有二十五户，占了四分之一。而现实中存在的里，如马王堆三号墓出土《驻军图》所见[3]，大致为40—50户的规模。由此可以认为，一里中有半数甚至近大半都是属于贫家的。

与这种贫家层形成鲜明对照的，是见于8号、9号、167号、168号墓出土简牍中的农民阶层。这些简牍以埋葬者的陪葬品目录为主。其中有陪葬木俑的目录简，与木俑实物一起出土。这些木俑目录简大致是将奴婢的名字、职掌一起开列，从其表现的具体性看来，应该是模拟生前侍奉死者的奴婢的木俑目录。例如表Ⅱ所列8号墓出土简中[4]，墓主拥有近50名奴婢，奴婢的职掌也极为多样。既有在主人身边担当服务（谒、从、奉巾、奉疏、侍、养）和警卫（从军、骑、从执盾）的家内奴隶，也有显然从事农业生产的劳动奴隶（操租、操叟、操絫、作造）。还有奴隶负责掌船櫂，或许是从事商业的。

1.《春秋左氏传》襄公二十七年条："崔氏之乱，申鲜虞来奔。仆赁于野，以丧庄公。"另外，《韩非子·外储说》右下第三五、同书《外储说》左上第三二、同书《五蠹》第四九、《吕氏春秋·上农篇》、《管子·治国篇第四八》等史料中也可以看到雇农之例。

2.《汉书》卷二四《食货志上》："董仲舒说上曰：'……至秦则不然。……田租口赋，盐铁之利，二十倍于古。或耕豪民之田，见税什五。'"

3.《马王堆三号汉墓出土驻军图整理简报》(《文物》1976年第1期)中列举了可以判断户数的十六个里，分别为蛇上里23户、子里30户、纯里53户、溜里13户、虑里35户、波里17户、沙里43户、智里68户、乘阳里17户、垣里81户、沸里35户、路里43户、痤里57户、资里12户、龙里108户、蛇下里47户，平均每里42.6户。虽然需要考虑到边境与战时等因素，但还是可以作为大概的参考。

4. 参考金立：《江陵凤凰山八号汉墓竹简试释》，《文物》1976年第6期。虽然编号第88简的记载中有"右方　耦人籍凡卅九"，但据金立氏所言，实际出土人俑计46件。

表Ⅱ　江陵凤凰山8号墓木俑类简

编号	记　载	编号	记　载
39	大奴　贤　　御	64	大婢　豹　　操相
40	小奴　坚　　从车	65	大婢　幸　　操相
41	大奴　甲　　车竖	66	大婢　□青　操相
43	大奴　宜　　骑	67	大婢　益宦　操相
44	大奴　麈　　骑	68	大婢　醉（？）操相
45	大奴　息　　谒	69	大婢　幸金　操相
46	大奴　美　　谒	70	大婢　蒽　　操相
47	大奴　蒲苏　从	71	大奴　师（？）捋田操楮
48	大奴　不敬　从	72	大奴　偃未　操隻
49	大奴　禄　　从蛰楯	73	大奴　郧中未　操隻
50	大奴　獾　　从蛰楯	74	大奴　未　　操纍
52	大婢　绿　　奉巾	75	大奴　众未　操纍
53	大婢　紫　　奉巾	76	简大奴　□除乘　操□□
55	大婢　缚　　奉疏	77	大奴　熊　　作造
56	大婢　留人　奉疏	79	大奴　孝　　翟
57	大婢　女交　侍	80	大奴　虞人　翟
58	大婢　壬　　侍	81	大奴　服　　翟
59	大婢　畜　　侍	82	大奴　舒　　翟
60	大婢　苟尒（？）侍	83	大奴　宦　　翟
61	大婢　庳　　养	84	大奴　兆　　翟
62	大婢　智　　养	87	小奴　皂　　刍牛
63	大婢　益　　操相	88	右方　耦人籍　凡卅九

据金立《江陵凤凰山八号汉墓竹简试释》（载《文物》1976年第6期）制作。

8号墓是个典型，其他9号、167号、168号墓中也出土了规模类似或略小的家内奴隶、劳动奴隶等的木俑目录简[1]。这些拥有简牍类陪葬品的农民阶层，从其他陪葬品也可以看出，显然是汉代人所谓的大家富人，尤其代表了数量庞大的奴隶主阶层。凤凰山汉墓所见的奴隶主阶层绝非特例，在既存史料中也可以找到证明。例如众所周知的秦汉交替期的濮阳周氏，就有家僮数十人，也有从事农业生产者[2]。另外据记载，四川的"临邛多富人，卓王孙僮客八百人，程郑亦数百人"[3]，张安世也有家僮七百人，从事各种手工技艺[4]。这些奴隶主阶层对土地的经营，有的像樊重那样，开垦达三百顷之多，并分配给奴隶进行相应的耕作[5]。张禹也以农业为生计，买田达四百顷[6]。另外还有达不到如此巨大规模的小奴隶主，如礼忠拥有家产十五万钱、小奴大婢合计三人、耕地五顷和耕牛两头等[7]。

　　如此可以确认，自西汉初期到东汉，存在着大家型农民层。他们拥有数名乃至数百名的家内奴隶和劳动奴隶，拥有数顷乃至数百顷的耕地。他们或多或少地让奴隶或者雇农来耕作土地，或者租与佃农，也让部分奴隶从事商业。例如，东汉初期的第五伦，就和奴隶一起从事盐的贩卖和荒田开垦[8]。更为明确揭示这种情况的是《论衡·骨相篇》。

1. 9号墓、168号墓的情况，参考《关于凤凰山一六八号汉墓座谈纪要》（《文物》1975年第9期）一文中谭维四氏的发言（第10页）。167号墓的情况，参考《江陵凤凰山一六七号汉墓发掘简报》（《文物》1976年第10期）以及其中的《167号墓边箱内随葬品一览表》（第35页）。

2.《史记》卷一〇〇《季布列传》："季布匿濮阳周氏。……乃髡钳季布，衣褐衣，置广柳车中，并与其家僮数十人，之鲁朱家所卖之。朱家心知是季布，乃买而置之田。诚其子曰：'田事听此奴，必与同食。'"

3. 见《汉书》卷五七《司马相如传》。

4.《汉书》卷五九《张安世传》："安世尊为公侯，食邑万户，然身衣弋绨，夫人自纺绩，家童七百人，皆有手技作事，内治产业，累积纤微，是以能殖其货，富于大将军光。"

5.《后汉书》卷三二《樊宏传》："父重，字君云，世善农稼。……其营理产业，物无所弃，课役童隶，各得其宜，故能上下勠力，财利岁倍，至乃开广田土三百余顷。"

6.《汉书》卷八一《张禹传》："禹为人谨厚，内殖货财，家以田为业。及富贵，多买田至四百顷，皆泾、渭溉灌，极膏腴上贾。它财物称是。"

7. 劳榦编《居延汉简》图版之部（一）（台湾"中研院"历史语言研究所，1957年）第137页简编号37.35，标为"侯长觿得广昌里公乘礼忠年卅"，其中有如下记载："小奴二人直三万。大婢一人二万。轺车二乘直万。用马五匹直二万。牛车二两直四千。服牛二六千。宅一区万。田五顷五万。●凡赀直十五万。"

8.《东观汉记》卷一八《第五伦传》："遂将家属，客河东。变易姓名，自称王伯齐。尝与奴载盐，北至太原贩卖。……伦免官归田里，不交通人物，躬与奴共发棘田种麦。"

据《骨相篇》所述，富贵之家役使奴隶，饲养牛马，经营耕作、畜牧以及商业[1]。那么，我们很难把这样的农民阶层简单称之为农民。对于他们当给予另外的称呼，可称之为"富豪层"。在本书第五章，将通过分析其最为发达的形态，对富豪层给予正式的形态定义。

在凤凰山汉墓出土简牍中，看不到类似于中家的存在。这是受到了史料上的制约。贷谷账簿中当然是不会记载中家之名的。而建造拥有庞大陪葬品目录的墓葬，也非中家所能。然而由前述《盐铁论·未通篇》和汉代的政策可知，中家在汉代广泛存在，乃是汉代社会的中坚力量。那么，他们是以怎样的阶层面貌而存在的呢？这方面，近年也有值得关注的史料出土，即1977年在河南省偃师县南村出土的《汉侍廷里父老僤买田约束石券》[2]。其中记录了依据资产评估额担任里中父老的二十五人（户）。石券文字记载，这里所记的权利可以传给一位继承户后的子孙，由此可知这二十五人都是建初二年（77）当时的户主。据石券记载，他们约定一起筹资六万一千五百钱，购入耕地八十二亩，并将其租佃出去，以所得租入充当与父老职务相关的经费。从每人（户）平均出资二千四百六十钱的额度来看，并考虑到成为父老也需要一定的资产，这二十五人之户相当于中家层乃至大家层是不可否认的。因为大家应该不会有如此之多，则其绝大多数当为中家。尽管有西汉初和东汉初这样的时代差距以及地域性差异，但郑里的贫家层与侍廷里的中家、大家层之数都恰好为二十五人（户），这是值得思考的。这说明能够担当里之父老的中家以上阶层和贫家层，在里中的比例大致

---

1. 《论衡·骨相篇》："故富贵之家，役使僮奴，育养牛马，必有与众不同者矣。僮奴则有不死亡之相，牛马则有数字乳之性，田则有种孽速熟之谷，商则有居善疾售之货。"

2. 黄土斌：《河南偃师县发现汉代买田约束石券》，宁可：《关于〈汉侍廷里父老僤买田约束石券〉》，均载《文物》1982年第12期。两文刊登了拓片和释文，全文移录于下："建初二年正月十五日，侍廷里父老僤祭尊于季、主疏左巨等廿五人，共为约束石券里治中。迺以永平十五年六月中，造起僤，敛钱共有六万一千五百，买田八十二亩。僤中其有眥次当给为里父老者，共以客田借与，得收田上毛物谷实自给。即眥下不中，还田，转与当为父老者，传后子孙以为常。其有物故，得传后代户者一人。即僤中皆眥下不中父老，季、巨等共假赁田。它如约束。单侯、单子阳、尹till通、锜中都、周平、周阑、□□周伟、于中山、于中程、于季、于孝卿、于程、于伯先、于孝、左巨、单力、于稚、锜初卿、左中、□□、王思、锜季卿、尹太孙、于伯和、尹明功。"

各占半数。不过无论如何，里内通常应该还是贫家层更多一些。总之，结成一个共同团体且能担当父老之任的阶层，在里中近于半数，这一事实在认识汉代社会的特质时是非常重要的。东汉末期，以中家层构成其核心的农民急剧没落，大土地所有进展迅速，里内豪族竞争激烈[1]。在此之前，虽然也有明显的贫富阶层差距，但汉代的农村社会中还是存在厚实的中家层[2]。

如扬雄之例所见，中家层是拥有田一顷、宅一区、家产十金并致力于农耕的人们[3]。不过，并没有必要因此就将田一顷、宅一区作为中家的指标。如拥有田五顷、奴婢三人、役牛二头的礼忠，其家产为十五金。由此看来，将中家视为拥有耕地一至数顷、家产五至十五金左右是较为妥当的。另外，也没有必要认为中家仅仅是以家族为单位进行耕作的。从礼忠之例可以推测，中家上层或者使用雇农，或者进行家父长制性奴隶制经营。云梦秦简中题为《封守》的爰书文例中，如调书"某里士五甲家室、妻、子、臣妾、衣器、畜产"之例所示，列示了房产一宇二内、妻子与子女二人、臣妾各一人、牡犬一只[4]。这一爰书是文书的雏形，因此可以视为是根据当时设定的家之典型而制作的。由妻、子、臣妾所组成的这种家族显然表现了中家层的样态。

以上我们对于汉代的农民层进行了考察。结果可以认识到，汉代人将汉代的农民层区分为大家、中家和贫家这样三个阶层。根据我们

---

1. 参考川胜义雄：《漢末のレジスタンス運動》，见氏著《六朝貴族制社会の研究》第一部第二章，岩波书店，1982年。

2. 已故川胜义雄氏在《漢末のレジスタンス運動》中，认为作为支撑汉帝国的基盘，可以将"小自耕农通过非常平等的共同体关系组成的里共同体"视为一种典型。若就小论的考察结果而言，则可以认为以中家层的共同关系为核心并由他们进行指导的团体就是他所说的里共同体。而这种里共同体是以明确的阶层差别为前提而成立的。

3. 《汉书》卷八七《扬雄传》："汉元鼎间避仇复溯江上，处岷山之阳曰郫。有田一壥（注：晋灼曰：'《周礼》，上地夫一壥。百亩也'），有宅一区，世世以农桑为业。……家产不过十金，乏无儋石储，晏如也。"

4. 《云梦睡虎地秦墓》图版一〇二，第五八八至五九二简："乡某爰书。以某县丞某书。封有鞫者某里士五甲家室妻子臣妾衣器畜产。●甲室人，一宇二内，各有户，内室皆瓦盖，木大具，门桑十木。●妻曰某，亡不会封。●子大女子某，未有夫。●子小男子某，高六尺五寸。●臣某，妾小女子某。●牡犬一。……"

的分析对此稍加整理的话，即可得到如下结论。若暂且把奴婢阶层置于讨论范围之外，构成汉代社会最下层的是贫家层。他们每家四至六人，拥有耕地十亩至数十亩，家产数金，春天接受国家的贷谷，为了维持其再生产而成为雇农与佃农，在里中占据半数乃至大半。位居其上的是中家层，也在里中占了近半数。他们拥有一至数顷的耕地，家产五至十五金左右，可能主要由五六口规模[1]的家庭负责耕作，但其上层中也有人役使雇农与奴隶。值得注意的是，在汉初社会成为官吏的条件为家訾十金以上，到景帝后元二年（前142）以后改为四金以上，也就是说只有中家层以上才能够成为官吏[2]。参加政权的权利，作为一种原则在中家层与贫家层之间清晰地区分开来。最后，构成汉代社会上层的是大家-富豪层。这一阶层上下有相当幅度的浮动，不过其数量与前面两个阶层相比应该要少很多。他们拥有数顷至数百顷的土地，数名至数百名的家内奴隶和劳动奴隶。也有人役使这些奴隶与雇农从事耕作、畜牧和商业，并将剩余的土地租与佃农。

　　如上所论，汉初社会是带有明确阶层区分的社会，而不是像以前所想象的那种平等的无阶层社会。值得注意的是，这种三个阶层的划分，如前述《盐铁论·未通篇》所见，是与租税缴纳相关联而出现的。《汉书·兒宽传》中也描述了以牛车运送租税的大家和以肩挑运送租税的小家之形象[3]。由此可见，当时国家的征收对象，基本是单独的农民家族。这从当时的租税免除以家为对象进行也可以得到旁证[4]。无论如何，作为贫家阶层的《郑里廪簿》中的小农家族根据经营面积而接受贷谷，本身就明确显示出这些小农家族是经营的基本单位。也就是说，在汉

1.《盐铁论·散不足篇第二九》："夫一马伏枥，当中家六口之食，亡丁男一人之事。"另可参考第18页脚注5。

2. 参考前揭第20页脚注5《汉书·景帝纪》。

3.《汉书》卷五八《兒宽传》："收租税，时裁阔狭，与民相假贷，以故租多不入。后有军发，左内史以负租课殿，当免。民闻当免，皆恐失之，大家牛车，小家担负，输租繦属不绝，课更以最。"

4. 汉代的租税免除，有时以个人为对象，有时以家（户）为对象，而后者的例子较多。这里仅举一例。《汉书》卷一《高祖纪》十二年十二月诏："其与秦始皇帝守冢二十家，楚、魏、齐各十家，赵及魏公子亡忌各五家，令视其冢。复，亡与它事。"

代社会中，显然是个体之家成为了社会的基本经济单位和国家编成的单位——编户。并且这些个体之家并非一个单一阶层，而是带有非常鲜明的阶层差别和对于参加政权的限制。那么，作为这种经济单位之家，或者带有明确阶层区分的农民层，是如何形成的呢？他们所进行的农业经营又是处于何种阶段、如何进行经营的呢？这些问题容改节再论。

二、古代中国的农业经营——劳动过程

为揭示古代中国的农业经营面貌，首先需要对其直接劳动过程进行考察[1]。所谓劳动过程，是人类与自然之间的物质代谢过程，表现为以生产资料体系为中心的技术性侧面和劳动的组织性侧面的统一。这种统一具体表现为农耕方式——种植方式[2]。我们下面的考察就首先从这种农耕方式开始。

在古代中国的著述中所见的农耕方式，大致可以区分为两种类型。一种类型的代表见于《国语·齐语》[3]。这一记载将季冬大寒时的除田工作作为农作程序的第一步，其后记述的是春天的耕种过程。夏天的芸耨（中耕除草）和秋天的收获、贮藏过程在《齐语》中并没有直接记载。但是，因为可以看到在播种后还要"挟其枪、刈、耨、镈，以旦暮从事于田野"，可知其后紧接着肯定还有夏天的芸耨和秋天的收获、

---

1. 作为先秦时期农业的基础性研究，参考故天野元之助氏：《中国古代農業の展開》，《東方学報》第30册，1959年。

2. 对农业中的直接劳动过程进行理论分析的研究，参考三好正喜：《ドイツ農書の研究》，第一章第二节《方法——農業生産力論》，风间书房，1975年；高橋昌明：《日本中世農業生産力水準再評価の一視点》，《新しい歴史学のために》第148号，1977年。

3.《国语·齐语第六》载："(桓)公曰：'处士农工商若何？'管子对曰：'……令夫农，群聚而州处，察其四时，权节其用，耒、耜、枷、芟，及寒，击菒除田（注：寒谓季冬大寒之时也。菒，枯草也），以待时耕（注：时耕谓立春之后）。及耕，深耕而疾耰之，以待时雨（注：耰，摩平也。时雨至，当种之也）。时雨既至，挟其枪、刈、耨、镈，以旦暮从事于田野。'"另外，同样的记载亦见于《管子·小匡第二○》。与《齐语》相比增改之处甚多，成书年代恐大为延后。参考冈崎文夫：《叁国伍鄙の制に就て》，收入《羽田博士頌寿記念東洋史論叢》，东洋史研究会，1950年。

贮藏过程[1]。汉代灵星祠的舞蹈就明确显示了这一点。这些舞蹈模拟的是一系列的农作程序，即"初为芟除，次耕种、芸耨、驱爵及获刈、春簸之形"[2]。这一祭祀是在汉创业八年（前199）之际为丰年而作的祈祝礼仪，来源于古代后稷祠的祭祀。后稷既是周的祖先神，又是农耕之神。那么，这一农耕舞蹈就应该并非汉代农作的直接表现，而是传演了相当古老的农作程序。又《诗经·周颂·载芟》所见的一系列农作程序也值得注意，即芟柞—耕耨、耕种—廎（耨）—收获[3]。显然与灵星祠的农作程序类似。而且，《周颂》是宗庙中所唱的歌谣，作为一种为丰年而作的祈祝礼仪，也与汉代的灵星祠酷似。灵星祠的舞蹈与《载芟》之诗所见的农作程序，应该都是对同源农作的传演。这些农作程序与前述《国语·齐语》的记述显然也是一致的。对于这种类型的农耕方式，不妨称之为方式A。

另一种农耕方式的类型，散见于战国诸子与汉代著述之中[4]，即春天耕种、夏天芸耨、秋天收获、冬天贮藏这样的系列农作。这一类型

---

1. 《管子·轻重·山国轨第七四》载："春十日，不害耕事。夏十日，不害芸事。秋十日，不害敛实。冬二十日，不害除田。此之谓时作。"《管子·山国轨》的成书年代或晚至汉代（参考罗根泽：《管子探源》，岳麓书社，2010年），但也是将春、夏、秋、冬和耕、芸、收获、除田相对应。作为参考权列于此。

2. 《续汉书·祭祀志第九》载："汉兴八年，有言周兴而邑立后稷之祀，于是高帝令天下立灵星祠。……旧说，星谓天田星也。一曰，龙左角为天田官，主谷。……牲用太牢，县邑令长侍祠。舞者用童男十六人。舞者象教田，初为芟除，次耕种、芸耨、驱爵及获刈、春簸之形，象其功也。"

3. 《诗经·周颂·载芟》载："载芟载柞，其耕泽泽。千耦其耘，徂隰徂畛。侯主侯伯，侯亚侯旅，侯强侯以。……有略其耜，俶载南亩。播厥百谷，实函斯活，驿驿其达，有厌其杰，厌厌其苗，绵绵其麃。载获济济，有实其积，万亿及秭。"

4. 如以下数例。《墨子·三辩篇第七》载："农夫春耕夏耘，秋敛冬藏，息于聆缶之乐。"《六韬·龙韬·农器篇》载："战攻守御之具，尽在于人事。耒耜者，其行马蒺藜也；……锄耰之具，其矛戟也；……镬锸斧锯杵臼，其攻城器也；牛马，所以转输粮用也；……春铗草棘，其战车骑也；夏耨田畴，其战步兵也；秋刈禾薪，其粮食储备也；冬实仓廪，其坚守也……"虽然《六韬》的形成年代还有许多不明之处，但将其比定为战国秦汉时期作品的余嘉锡之说应该是最为妥当的（见氏著《四库提要辨证》卷一一《子部二·兵家类》，中华书局，2008年）。又《汉书》卷九九《王莽传中》载："予之东巡，必躬载耒，每县则耕，以劝东作。予之南巡，必躬载耨，每县则薅，以劝南伪。予之西巡，必躬载铚，每县则获，以劝西成。予之北巡，必躬载拂，每县则粟，以劝盖藏。"另可参考第18页脚注4。

在后世的中国农书中也较常见，显然是一种一年一作的方式[1]。对这种方式暂且称之为方式B。值得注意的是，A、B两种方式在耕种过程方面有所差别。方式A如《国语·齐语》所见，为"耕—耰（碎土）—种"。但在西汉时期的算术书《九章算术》中却为"发—耕—耰—种"，加上了"发"的程序[2]。此处之"发"同于详尽记述方式B的《六韬·农器篇》之"春钹草棘"[3]，而《九章算术》与记载方式B的其他相关史料群也基本同时，由此可知包含"发"在内的耕种过程，显然就是方式B的耕种过程的具体记述。

　　试对方式A和方式B进行对比。方式A最早开始的工作是季冬的除田（芟除），虽然就史料而言其成书年代大致是战国到汉初，但内容上则主要以春秋时期以前为对象，可以认为是对于一种相当古老的传统的记述。方式B则没有除田，而是在春天的耕种过程中加入了"发"这一工作。史料方面以战国秦汉时期为对象，记载的内容是比较新的。问题在于，显示出如上显著差别的这两种农耕方式，单单只是类型上的不同，还是有着发展阶段上的差异呢？要回答这一问题，需要对除田和"发"的工作稍加考察。下面先从除田开始。

　　如上所述，除田为农作程序中最早的工作，是春耕的前提。前引《国语·齐语》述其内容为拔除枯草（击稿），《周礼·肆师》所附郑玄注中也有"芟草除田"的记载[4]。显然其工作内容是拔除上一年的杂草。另外，对于《大戴礼记·夏小正篇》的经文"农率均田"，传文解释说："均田者，始除田也。言农夫急除田也。"[5] 这里"均田"被等同于"除田"。而关于"均田"之"均"的字义，《诗经·小雅·信南山》"畇

---

1. 如《汉书》卷二四《食货志上》所见的代田法，就是虽然每年都变更田垄和沟槽的位置，但显然所行的仍然是一年一作方式。另可详参第二章。
2. 《九章算术·均输篇》载："今有程耕，一人一日发七亩，一人一日耕三亩，一人一日耰种五亩。今令一人一日自发、耕、耰种之，问治田几何？答曰：一亩一百一十四步、七十一分步之六十六。"
3. 参考第28页脚注4。
4. 《周礼·肆师条》载："尝之日，涖卜来岁之芟。"郑注："芟草，除田也。古之始耕者，除田种谷。尝者，尝新谷，此芟之功也。卜者，问后岁宜芟不。"
5. 《大戴礼记·夏小正第四七》载："正月。……寒日涤冻途。……农率均田。率者，循也。均田者，始除田也。言农夫急除田也。"

畇原隰，曾孙田之"所附《毛传》曰："畇畇，垦辟貌。"[1]"均"与"畇"古音同部，在《广韵》中也是属于上平声第十八谆韵的同声同音字[2]。当然意义应该也是相同的。可以认为均田/除田都是表示近于垦辟的开耕工作。另外，《诗经·周颂·载芟》在与除田相当的部分记载了称之为"耕耰"的工作[3]，《国语·齐语》记载了使用耒、耜、枷、芟等工具[4]，《周礼·薙氏》亦言在冬至除草之时使用耜[5]，均可为旁证。也就是说，所谓除田，并不仅仅只是意指除草，而是使用耜等工具，以近于垦辟的形式，除去上一年的杂草和旧根，为春天的耕种过程而整备耕地。如此，这一工作被安排在岁末季冬之时就是非常重要的了。若将以上除田的工作内容与时期合而观之，应该认为所谓"除田"是为"休耕"地的种植而进行的准备工作。关于《周礼》中掌管春夏秋冬除草工作的"薙氏"，唐人贾公彦疏曰："此薙氏所掌。治地，从春至冬，亦一年之事。后年乃可种也。"[6]这一解释显示了"休耕"地的存在，有助于我们做出上述理解。又《春秋左氏传》僖公二十八年（前633）条记录了当时的一首歌谣："原田每每，舍其旧而新是谋。"[7]这里与其说是"休耕"地，毋宁说显示了"闲置"地的存在。而且值得注意的是，进行"休耕"和闲置的原因，可能不在于地力的问题，而是缘于杂草清除的困难性。这与作为春耕准备工作的除田又被称为"芟除"也是相通的，因其工作内容以杂草、旧根的拔除为主。

又近年张政烺氏对甲骨文中所见的"肖田"进行了分析，认为

---

1. 《诗经·小雅·信南山》载："信彼南山，维禹甸之。畇畇原隰，曾孙田之。"《毛传》："畇畇，垦辟貌。……"（郑）笺云："……今原隰垦辟，则又成王之所佃。"
2. "畇"字不见于《说文解字》，段玉裁将其入于"匀"旁第十二部（见《六书音均表》二《古十七部谐声表》）。
3. 参考第28页脚注3。
4. 参考第27页脚注3。
5. 《周礼·薙氏》载："薙氏掌杀草。春始生而萌之，夏日至而夷之，秋绳而芟之，冬日至而耜之。"郑注："萌之者，以兹其斫其生者。夷之，以钩镰迫地芟之也。……耜之，以耜测冻土划之。"贾疏："此薙氏所掌。治地，从春至冬，亦一年之事，后年乃可种也。"
6. 参考上注。
7. 《春秋左氏传》"僖公二十八年"条："楚师背郤而舍。晋侯患之，听舆人之诵曰：'原田每每，舍其旧而新是谋。'"

"肖"为"赵"之初文，意为除草，"肖田"在年末进行，因此与《国语·齐语》所见的"除田"意思是相同的[1]。张氏之说若为正解，那么就可以进一步确认，包含这一除田在内的方式 A，是殷代以来的古老农法的代表，是与"休耕"、闲置相伴随的农耕方式。又据《周礼》所载与郑玄注，除田是在新尝之时以占卜而行的[2]。这显示除田并非定期举行，而是带有相当大的不定期因素。可知这样的"休耕"，毋宁还是应该作为"闲置"来理解。那么方式 A 可以说就是所谓的"休耕地式农法"。即在数年种植之后，杂草随之繁茂，谷物种植变得不可行了；对于这样的耕地要暂时放弃，移往其他耕地，数年之后再来进行种植。因此，在春天的耕种过程之前，除田这样的工作显然就是不可缺少的了。下面再来看"发"。

如前所述，"发"是春耕时最早着手的工作，在方式 B 中本来也是农作程序中最早的。根据《九章算术》的记载，"一人一日发七亩"，其后则"一人一日耕三亩"[3]。如此，"发"较开耕为轻，可以看作开耕的准备工作。又《礼记·月令》"孟春"条郑玄注引《农书》曰："（进入一月以后）陈根可拔，耕者急发。"[4]崔寔《四民月令》记载了同样的内容，而"发"作"菑"[5]。显然"发"和"菑"都指的是拔除陈根的工作。关于"菑"还有时代稍后的史料，记载在西晋时期的江东地区，"初耕地反草为菑"[6]。由此可知，发/菑作为最早的开耕工作，其内容就是拔除陈根与清理杂草。又韦昭《国语解》注释《国语》本文的"垦"字曰：

---

1. 参考张政烺：《甲骨文"肖"与"肖田"》，《历史研究》1978年第3期。

2. 参考第29页脚注4。

3. 参考第29页脚注2。

4.《礼记·月令》"孟春"条："是月也，天气下降，地气上腾，天地和同，草木萌动。"郑注："《农书》曰，土长冒橛，陈根可拔，耕者急发。"

5.《齐民要术·耕田第一》："《氾胜之书》曰：'……春候地气始通。椓橛木，长尺二寸；埋尺，见其二寸。立春后，土块散，上没橛，陈根可拔，此时。二十日以后，和气去，即土刚。以时耕，一而当四；和气去，耕，四不当一。……'崔寔《四民月令》曰：'正月：地气上腾，土长冒橛，陈根可拔，急菑强土黑垆之田。'据此可知，上注郑玄注所引《农书》和《四民月令》，都是以《氾胜之书》为基础或者直接引用的。

6.《尔雅·释地第七》："田一岁曰菑，二岁曰新田，三岁曰畲。"郭璞注："今江东呼初耕地反草为菑。"

"发田曰垦。"[1]可见"发"与垦辟也是类似的。如此看来，"发"与除田的工作内容是基本一致的。那么，考虑到"发"的工作主要见于以战国秦汉时期为对象的史料，与除田形成鲜明对照，可以认为在春秋战国交替期，除田的作业作为"发"被组织进了晚冬至春季的耕种过程中。这意味着休耕地式农法的消解，以及与此相伴随的一年一作方式的出现。

由以上考察可知，方式A是以反复进行不定期种植—闲置为特征的休耕地式农法，施行于殷代至春秋时期[2]。方式B则代表了战国以降的一年一作方式，以春季耕种过程的精细施行为特征。这样A、B两种方式就显示了中国古代的农耕方式由粗放的休耕地式农法向一年一作方式发展的过程。那么，这种农耕方式变化发展的基础何在呢？欲对此进行探究，必须对劳动过程的技术性侧面和组织性侧面的样态进行考察。

从技术性侧面来看，这里首先成为问题的就是农具的样态。根据考古学资料，自殷代至于春秋时期，也就是在休耕地方式的阶段，所使用的农具大致以石器、木器、骨器和贝制器为主[3]。铁制农具的出现是在春秋后期的公元前6、7世纪之交，各地出土资料所见则要到战国中期了[4]。又虽然由《孟子》和《管子》的记载可知，战国中期以降，铁制农具已经有了相当程度的普及；但据《盐铁论·水旱篇》所载，在汉代的贫农中，仍有人买不起铁器，"木耕手耨"[5]。若以考古学资料而论，大致可以说以春秋战国交替期为界，开始了木石制农具向铁制农具的转换。不过值得注意的是，直到汉初为止，无论是木石制还是铁制，这些农器仍然基本是手工劳动用的小型农具。《管子·轻重·乙篇》载：

1.《国语·周语中第二》："场功未毕，道无列树，垦田若薮。"韦解曰："发田曰垦。"
2. 另外，记载了除田的《齐语》和《管子》反映了华北东部地区的情况，灵星祠及《载芟》之诗反映了华北西部地区的情况。由此也可以知道，这一除田所象征的休耕地式农法已经扩展到了整个华北地区。
3. 参考《新中国的考古收获》，文物出版社，1961年，第46、52页。
4. 参考黄展岳：《关于中国开始冶铁和使用铁器问题》，《文物》1976年第8期，第68页；以及前引《新中国的考古收获》，第60—61、62页。
5.《盐铁论·水旱篇第三六》载："盐、铁贾贵，百姓不便。贫民或木耕手耨，土耰淡食。"

"一农之事必有一耜、一铫、一镰、一镈、一椎、一铚，然后成为农。"[1]
《吕氏春秋·任地篇》和成为赵过"代田法"前提的"代田古法"，显然
也都是使用耜的农法[2]。凤凰山出土的木俑目录简所见农具，即枏（锄）、
隻（镰）、纍（耒）等，也都是这种手工劳动用农具[3]。另外，著述于汉
初至中期的《淮南子·主术训》和《盐铁论·未通篇》中也都记述了踏
耒而耕的农民[4]。又前述《九章算术》所记一人一日耕三亩，对比于犁耕
法的耕地面积——一日数十亩[5]，显然指的是使用耒耜进行耕作。而且
这种耕作工作作为算术书的例题被称之为"程耕"（标准化耕种工作）。
由《九章算术》的这一记载可见，西汉时期标准化的耕作形态就是使
用手工劳动农具的。众所周知，根据出土物和传世史料，从战国中期
开始就已经有牛耕了[6]。但是，与牛犁耕相关的史料，在汉代以前的考古
学和传世史料中都是很少的[7]。牛犁耕的记载变得显著起来，是在以赵过
的代田新法为契机的汉代中期以降。将前述《九章算术》的记载一并

---

1. 《管子·轻重·乙篇第八一》载："桓公曰：'衡谓寡人曰：一农之事必有一耜、一铫、一镰、
　　一镈、一椎、一铚，然后成为农。'"

2. 《吕氏春秋·士容论·任地篇》载："是以六尺之耜所以成亩也。其博八寸所以成甽也。耨柄
　　尺，此其度也，其耨（博）六寸，所以间稼也。地可使肥，又可使棘：人肥（耜）必以泽，
　　使苗坚而地隙；人耨必以旱，使地肥而土缓。"文字据夏纬英：《吕氏春秋上农等四篇校释》，
　　中华书局，1956年。关于代田法，参考第二章。又第28页脚注4中《六韬·农器篇》《汉
　　书·王莽传》所见的农具，都是手工劳动用小型农具。

3. 参考本章第一节第23页脚注1《关于凤凰山一六八号墓座谈纪要》中谭维四氏的发言（第
　　10页）及表I。

4. 《淮南子·主术训》载："夫民之为生也，一人蹠耒，而耕不过十亩，中田之获，卒岁之收，
　　不过亩四石，妻子老弱仰而食之。"《盐铁论·未通篇第十五》载："御史曰：'内郡人众，水
　　泉荐草，不能相赡，地势温湿，不宜牛马；民蹠耒而耕，负檐而行，劳罢而寡功。"

5. 《齐民要术·耕田第一》载："崔寔《政论》曰：'武帝以赵过为搜粟都尉，教民耕殖。其法：
　　三犁共一牛，一人将之，下种，挽耧，皆取备焉；日种一顷。至今三辅犹赖其利。今辽东
　　耕犁，辕长四尺，回转相妨，既用两牛，两人牵之，一人将耕，一人下种，二人挽耧。凡
　　用两牛六人，一日才种二十五亩，其悬绝如此。'"

6. 参考第32页脚注3《新中国的考古收获》，第62页。

7. 陈文华、张忠宽编《中国古代农业考古资料索引》第二编"生产工具"（载《农业考古》
　　1981年第2期）整理了此前耕的出土资料，明确显示了这一倾向。虽然出土物可以说受到偶
　　然因素的左右，但西汉以后确实在急剧增加。天野元之助氏在第27页脚注1所引论文中认
　　为，先秦时期的犁并非耕犁，而是一种以耜上附辕的形式开垦播种沟的条播犁。这一意见
　　可从。

考虑的话，将牛犁耕的普及设定为从西汉中后期到东汉这一时期可能是比较自然的。关于这一问题，第二章会继续检讨。

无论如何，战国时期以降，伴随着铁制手工劳动农具的普及，农业技术确实发生了很大变化。第一，与施肥的出现相关。以《孟子》为代表，在战国中期以降至于汉代的诸子论著中，散见施肥的事例[1]。铁制农具的出现和普及，增加了开耕深度，提了施肥效果，同时应该也促进了土壤弹性构造的形成，从而提高了保泽效率。铁制农具的出现和普及，与施肥的出现在时间上大体一致，可以证明这一点。但是必须注意的是，如《孟子》《论衡》和氾胜之的区田法中所见，施肥的主要对象是凶年、旱灾时或者贫瘠地[2]。这一时期的深耕多肥有其局限性，毋宁认为是伴随着一年一作方式在贫瘠地或凶年的扩展乃至稳定化才具有意义。不过，与开耕深度增大相伴随的施肥、保泽效率的提高，可以视为中国地力维持方式的开创性成立，还是值得特笔标示的。

伴随着铁制农具的出现，除了上述地力维持方式——施肥的出现，铁器还带来了另一个更为重要的变化。这在《孟子》和《吕氏春秋》中有典型表现，即"深耕易耨"[3]"五耕五耨"[4]，也就是开耕、中耕除草过程的周密化要求的出现。这显然是以铁制农具的出现为基础的。用木石制农具的话，无论如何仔细耕作，效率都是很低下的，也很难将杂草和旧根清除干净。使用木石农具而施行的休耕地方式的农耕之所以需要反复进行不定期的种植—闲置，其原因除了地力维持的问题

---

1. 《孟子·滕文公章句上》载："乐岁，粒米狼戾，多取之而不为虐，则寡取之；凶年，粪其田而不足，则必取盈焉。"另外《荀子·富国篇第一〇》《韩非子·解老篇第二〇》《吕氏春秋·上农篇》《淮南子·本经训》《齐民要术·耕田第一》所引《氾胜之书》等史料中也有关于施肥的记载。

2. 《齐民要术·种谷第三》所引《氾胜之书》载："汤有旱灾，伊尹作为区田，教民粪种，负水浇稼。区田，以粪气为美，非必须良田也。"《论衡·率性篇第八》载："夫肥沃硗埆，土地之本性也。肥而沃者性美，树稼丰茂；硗而埆者性恶，深耕细锄，厚加粪壤，勉致人功，以助地力，其树稼与彼肥沃者相似类也。"又可参考上注所引《孟子》。

3. 《孟子·梁惠王章句上》载："孟子对曰：'地方百里，而可以王。王如施仁政于民，省刑罚，薄税敛，深耕易耨……'"

4. 《吕氏春秋·任地篇》载："上田弃亩，下田弃甽。五耕五耨，必审以尽。其深殖之度，阴土必得，大草不生，又无螟蜮。今兹美禾，来兹美麦。"亦可参考本页脚注2所引《论衡·率性篇》中的"深耕细锄，厚加粪壤"。

以外，也因为这种杂草陈根的处理非常困难，以至于不能进行连年的耕作。这一点，从作为种植准备工作的除田以杂草旧根的清除为最主要的工作内容也可以看出来。这也可以为除田为何要在季冬施行提供一个答案。也就是说，用木石农具的话，工作效率不高，在进入春耕之前，需要一个相当长的时间来进行准备工作。而伴随着铁制农具的出现，上一年旧根杂草的清除和中耕除草期的工作效率都得到了提高，杂草旧根的清除变得很容易在短时期内完成，除田也就从季冬被组织进春天的耕种过程中了。

如此看来，可以认为中国由休耕地式农法转为一年一作式农法的农耕方式的发展，是以铁制农具的出现和普及为基础的。也就是说，伴随着开耕深度的增加和中耕除草的高效化，基于彻底清除杂草旧根和增加施肥效率的地力维持方式开始形成。换言之，可以说这一发展的基础，在于铁制农具所带来的肥培管理技术的高度发展。

那么，使用这样的手工劳动用小型农具经营的耕地面积大概是多少呢？关于休耕地式农法，因为没有史料，情况不明。而关于一年一作式农法，前文所举的《郑里廪簿》所载的人均经营面积约为九新亩。《管子·禁藏篇》中可见每人三十古亩（约合新亩12.5亩）的记载[1]，《淮南子·主术训》中也记载一人"蹠耒"而耕的面积是十新亩[2]。又晁错上书中所见的耕地面积是二人一百古亩[3]。一百古亩约为四十新亩，则每人的经营面积约为二十亩。综合考虑上述事例，当时的标准经营面积当为人均十至二十亩。如此看来，在一年一作式农法之下，可以说个体农民是使用耒、耜、锄、椎、铚、枷等铁制手工劳动用具，经营着数十亩的土地。但是，中国古代的农民单独从事耕作是很少见的。下面我们就把目光移向劳动的组织形态，探寻更为具体的农业经营状况。

关于劳动的组织形态，可以史料保存较多的开耕过程为中心来进

1.《管子·禁藏篇第五三》："夫民之所生，衣与食也。……食民有率。率三十亩而足于卒岁，岁兼美恶，亩取一石，则人有三十石。"又亩产量以古亩计算约为1—1.5石，以新亩计算则为1—4石。本章以此亩产量为基准区分古亩、新亩。也有必要区分旱作、稻作的不同。

2. 参考第33页脚注4。亩产四石为最高，淮南地区所行的应为稻作。

3. 参考第一节第18页脚注4。

行考察。这里值得注意的是"耦耕"这一词语。关于耦耕，有各种各样的解释。不过就结论而言，主要还是指两人一组进行开耕的共同作业。在此可以参考《春秋左氏传》襄公二十九年（前544）条所见的竞射礼。这一典礼由"射者三耦"共同完成，也就是两人一组，三组共计六人[1]。由此例看来，显然"耦"字表示的是施行同一行为的二人之组。这一理解应该也适用于农业。如《说苑》所见的诸御己，与一人为耦，比力同耕[2]。另外，氾胜之的区田法也是丁男丁女二人以十亩为单位进行经营的[3]。《论衡·乱龙篇》所见立春东耕礼仪中的土制人偶，也是仿制男女各二人，两人一组，手握耒锄[4]。这应该是模仿了两人一组的开耕过程和中耕除草过程。由此看来，即使不考虑"耦耕"这一词语，当时的耕作是以两人一组来进行也是非常清楚的。要而言之，所谓"耦耕"就是在开耕过程中两人一组的共同工作[5]。

早在甲骨文中就已经出现了两耒并列的文字，被认为所表现的即为耦耕。在《诗经》和其他经书中也散见耦耕的文字。因此，这种耕作形态是普遍见于从殷代到汉代这一时期的。也就是说，劳动的组织形式在这段时期内并没有发生变化。这表明春秋战国时期生产力的发展，并不是依靠改变劳动的组织性构成——劳动生产力的上升——而实现的。不过值得注意的是，如前引长沮、桀溺[6]、诸御己之例，或者如

1.《春秋左氏传》"襄公二十九年"条载："公享之，展庄叔执币。射者三耦（杜注：二人为耦），公臣不足，取于家臣。家臣展瑕、展王父为一耦；公臣公巫召伯、仲颜庄叔为一耦，鄫鼓父、党叔为一耦。"

2.《说苑》卷九《正谏篇》载："楚庄王筑层台。……有诸御己者，违楚百里而耕，谓其耦曰：'吾将入见于王。'其耦曰：'以身乎？……今子特草茅之人耳！'诸御己曰：'若与子同耕，则比力也。至于说人主，则不与子比智矣。'委其耕而入见庄王。"

3.《齐民要术·种谷第三》所引《氾胜之书》载："丁男长女治十亩；十亩收千石。岁食三十六石，支二十六年。"

4.《论衡·乱龙篇》载："立春东耕，为土象人，男女各二人，秉耒把锄；或立土牛，未必能耕也。"

5. 汪宁生《耦耕新解》（载《文物》1977年第4期）即为持此见解的力作。对于过去的各种观点，能在介绍的同时加以批判，值得参考。

6.《论语·微子篇第一八》载："长沮、桀溺耦而耕。孔子过之。使子路问津焉。……耰而不辍。"

子产所言其先祖与殷人轮流为耦开垦郑地[1]等所示，在休耕地式农法的阶段，可以看到与他人——不问同姓、异姓，可以是不同家族的家族成员——一起进行的耦耕形式。这说明这一时期的"耦"，是根据某种超越了个人和个别家族与家户的集团——也就是共同团体——而编成的，个别家族尚未发展到组织耦的程度。在考察这一问题时，可以参考《周礼·里宰》"以岁时，合耦于锄"条所附的郑玄注[2]。根据郑玄的意见，锄是里宰的治所，相当于汉代的"街弹之室"，耦就是在此处被组织的。唐代的贾公彦在疏中也进一步解释了郑玄的意见，指出"汉时在街置室，检弹一里民。于此合耦"。根据这一《周礼》的经文注疏，可以知道在周代是里宰在锄这一场所组织耦，汉代则是里正和父老等在"街弹之室"组织耦。关于周代，当然不能认为《周礼》所言就是周代情形的直接反映。不过，在《逸周书·大聚解》中也可以看到"兴弹相庸，耦耕俱耘"这样的记载[3]。这一记载中的"弹"，与前述"汉侍廷里父老僤"所见的"僤"所指相同，即结成同一个共同团体[4]。这与《周礼·里宰》的经文及其注疏所见的"街弹""检弹"显然也是相关的。《周礼·里宰》所言，可以认为是周代的人们结成共同团体，经过相互调整编成了共同劳动的组织——耦。如此从《周礼》《逸周书》所见的古代记载可知，在春秋以前，耦的组织编成就已经是由某种共同团体来施行的了。之所以可以看到由异姓或不同家族进行的耦耕，原因即在于此。

　　然而，至少在汉代，情况是不同的。汉代的耦显然是由个别家族来组织的。前引《郑里廪簿》所见农民家族以家族为单位进行经营，

1.《春秋左氏传》"昭公十六年"条载："子产对曰：'昔我先君桓公与商人，皆出自周。庸次比耦，以艾杀此地，斩之蓬蒿藜藿，而共处之。"

2.《周礼·里宰条》载："以岁时合耦于锄，以治稼穑。……（郑注：'玄谓锄者，里宰治处也，若今街弹之室。于此合耦，使相佐助，因放而为名。'贾疏：'郑以汉法况之。汉时在街置室，检弹一里之民。于此合耦，使相佐助，因放而名锄也'）"

3.《逸周书·大聚解第三九》载："五户为伍，以首为长。十夫为什，以年为长。合闾立教，以威为长。合旅同亲，以敬为长。饮食相约，兴弹相庸，耦耕俱耘，男女有婚。坟墓相连，民乃有亲。"

4. 参考第一节第24页脚注2。

其能田即劳动力常常为二人或者四人,即耦二组[1]。晁错的上书中也说汉代所谓标准农民家族的劳动力是二人[2]。这都可以验证上述结论。这样,汉代就是由个别家族中的成年劳动者——大致为一夫一妇——二人来编成耦的。其他劳动过程并不像开耕过程这样明了,但有事例显示,中耕除草过程自很早开始就是由一人或者数人来完成的[3]。就农业整体而言,许多史料也说明从战国到汉代的农业经营是由个别家族来负责的[4]。那么,前述《周礼·里宰》所附郑玄和贾公彦注疏中的记载又应该如何理解呢? 这里值得注意的是《郑里廪簿》中所见户人圣的情况。根据注记,他被移入越人之户[5]。对此可以理解为,由于圣只是一人之户,故将其移入越人之户从而编成为一户,合计能田四人(圣与越人之户的能田三人可以组成耦二组),可以经营的耕地共计三十八亩。可见,对于因为某种情况而导致经营困难的家族,可以与不同家族间通过劳动力、利益关系的调整,进行耦的组织编成。前述"街弹之室"应该就是如此。"汉侍廷里父老僤"这里,也是在里的治中(文书管理室[6])制作誓约石券的。"街弹之室"应该就是指像治中这种里正或者父老的办公场所。汉代"街弹之室"的制度,是古代共同团体进行耦之编成的遗制。即使个别家族所进行的耦之编成和经营已经比较普遍,上述制度仍作为负责调整各个家族间的劳动组织和利益关系的机构而存在。

---

1. 参考第一节表I。
2. 参考第一节第18页脚注4。
3. 《春秋左氏传》"僖公三十三年"条载:"初,臼季使,过冀,见冀缺耨,其妻饁之,敬,相待如宾。"又《韩非子·外储说右下第三五》载:"造父方耨,得有子父乘车过者,马惊而不行……请造父助我推车。造父因收器辍而寄载之。"这里所见的造父,是秦与赵传说中的先祖,并非史实。这一记载当反映了战国时期的现实状况。又可参考下注所引《史记·高祖本纪》中的记载。
4. 如《史记》卷八《高祖本纪》载:"高祖为亭长,时常告归之田。吕后与两子,居田中耨。"又《庄子·则阳篇第二五》载:"孔子之楚,舍于蚁丘之浆。其邻有夫妻臣妾登极者。"马叙伦《义证》云:"伦按:极借为稽,与极借为渴同例。《说文》曰:'稽,禾举出苗也。'"这一记载当非实录,而应看作反映了战国至汉初的情形。又《后汉书·承宫传第一七》载:"遭天下丧乱,遂将诸生,避地汉中。后与妻子之蒙阴山,肆力耕种。"
5. 参考第一节表I。
6. 《周礼·天府》载:"凡官府乡州及都鄙之治中,受而藏之,以诏王察群吏之治。(郑司农云:治中,谓其治职簿书之要)"

如此可以认为，即使是从组织性侧面来看，中国古代的农业经营也是一种通过数名劳动力的共同工作来进行的小规模生产，其中的数名劳动力是以两名成年劳动力即一夫一妇为核心组成的[1]。不过在适用古老农耕方式的时代，也存在过由某种共同团体所进行的劳动组织编成。在这一意义上，古老农耕方式下的农业经营，可以说是基于共同计划的共同劳动。不过除了开垦之时，其劳动形态基本仍然是以耦为核心的小规模生产，共同劳动并不能直接等同于大规模合作。

基于以上考察，我们可以将古代中国的直接性劳动过程的发展阶段总结如下。首先是殷周春秋时期的休耕地式农法，其主要特征包括以二人之耦为核心组成数人的劳动力进行共同工作，使用木石制小型农具，反复进行不定期的种植和闲置。这种农法在战国秦汉时期继续发展，变为了以一夫一妇的二人之耦为中心的个别家族，使用铁制手工劳动用具，以一年一作方式对四五十亩[2]的耕地进行经营。这一发展的生产力基础，并不是劳动的组织性构成变化所导致的劳动生产力的提高。在以下两重意义上，伴随着铁制农具的出现和普及，土地生产力得到了增大。第一，依赖深耕的实现，施肥、保泽效率的提高带来了地力维持方式的初次成立。第二，短时间内更为彻底的清除陈根杂草成为可能，开耕、中耕除草过程的技术实现了高度发展。这两者共同带来了肥培管理技术的高度发展，由此进一步增大了劳动过程中土地作为劳动手段的作用，带来了土地生产力的提高。

通观这一从殷周时期到战国时期直接性劳动过程的发展，可以在其中清楚地看到小农经营形成的"胎动"。进而也可以知道，这一小农经营形成的生产力性主力就是能够保有铁器的阶层，就汉代社会而言，

---

1. 汉代富豪、大家阶层的奴隶制经营，也是以这种耦为核心的小规模生产。例如，在凤凰山一六八号墓出土竹简中记有"田者男女各四人。大奴大婢各四人"（参考第一节第23页脚注1所引论文），显示的当为以耦四组进行的农耕。又如表Ⅱ所示八号墓的情况，操耜（锄）者八人，操畟（镬）者二人，操耰（耒）者二人，均为偶数，也显示了以耦进行劳动的组织编成。

2. 如前所述，农民一人所担当的耕作面积为十亩到二十亩。从而以耦来进行耕作的面积，纯以数学计的话为20—40亩。考虑到共同作业带来的劳动效率的提升，本文认为可以达到40—50亩。

基本是中家阶层以上。那么，这种直接性劳动过程的发展，是如何导致了汉代农民诸阶层中所见的阶层分化？又产生了怎样的历史性起点呢？对于这些问题，需要结合以劳动过程的发展为基础的土地所有形态的变化来进行考察。

三、从辕田制到阡陌制——所有

如前所述，殷周时期的农业是以反复进行不定期种植和闲置为特征的休耕地式农法，其劳动的组织编成则基于共同计划而进行。这说明这一时期的土地所有还是以共同所有作为基础的。而目前尚未能够解明这一共同所有是以怎样的具体组织和集团作为主体的。在此将视点集中于春秋战国时期以降，来考察这种共同所有是因怎样的形态和原因而发生了变化。

要明确中国古代土地所有的性质及其变化，这里有重要史料。《汉书·地理志》的如下记载为学者所熟知：

（1）（A）孝公用商君，（B）制辕田，（C）开仟伯。

这一史料所记的是阡陌制的创设，这构成了公元前4世纪中叶商鞅变法的一环。史料中所见的"辕田"，与《春秋左氏传》僖公十五年（前645）和《国语·晋语》所见晋国的爰（辕）田制应该是一样的。关于这一辕（爰）田制，已经有许多学者做过研究，存在多种解释。这些近人的解释，大体都依据于《汉书》《春秋左氏传》和《国语》所附的注释。关于这些近人诸说及其问题点，楠山修作氏已经做了很好的整理[1]，这里仅按照时代顺序介绍注释中的诸说。

第一是东汉的贾逵之说，为韦昭《国语解》所引用[2]。贾逵认为，所

---

1. 楠山修作：《商鞅の轅田制について》，收入氏著《中国古代史論集》，精兴社，1976年。
2. 《国语·晋语第九》："且赏以悦众，众皆哭，焉作辕田。"韦解："贾侍中云：'辕，易也。为易田之法，赏众以田，易疆界也。'或云：'辕，车也。以田出车赋。'昭谓：'此欲赏以悦众，而言以田出车赋，非也。唐曰：'让肥取墝也。'"

谓"辕田"，就是作为对人民的恩赏而制作"易田之法"，使土地的边界发生更替。韦昭也支持此说。是制度性的还是权宜性的，从此注中看不出来，但贾逵显然认为这是一种土地再分配的做法。第二种亦为《国语解》引用的某人之说，将辕田理解为以某种规模的耕地为单位供应车赋。不过此说为引用者韦昭所否定[1]。第三种是《汉书》所附的张晏注[2]。张晏认为，辕田就是周代所行的三年一易的土地再分配制，商鞅第一次废止了这一制度，改行阡陌制，允许人民长期占有土地。第四种亦为《汉书》所附的孟康注[3]。和张晏一样，孟康也认为辕田制是古代所行的一种包括住处在内的土地再分配制度。但又主张在末世已被废止的这一辕田制被商鞅复活后，就只是轮换耕地而已。第五种是《春秋左氏传》所附的杜预注[4]。杜预认为，爰田制是夺取了本该入于晋国公家的公田税的征收权，将其转予授赏对象们。以上关于辕田制的五说之中，过去的研究主要是在第一、第四和第五说的基础上又继续发展与分化[5]。但关于《汉书》所见辕田和阡陌的关系，几乎一致认为是同时成立的田制，只是记述视角有所差别。

　　然而，若将辕田制与阡陌制视为同时成立的制度，依然有如下问

---

1. 参考第40页脚注2。

2. 《汉书》卷二八《地理志下》"孝公用商君，制辕田，开阡陌"条，张晏注曰："周制三年一易，以同美恶，商鞅始割列田地，开立阡陌，令民各有常制。"孟康曰："三年爰土易居，古制也，末世侵废。商鞅相秦，复立爰田，上田不易，中田一易，下田再易，爰自在其田，不复易居也。《食货志》曰'自爰其处而已'是也。辕爰同。"

3. 参考上注。

4. 《春秋左氏传》僖公十五年条："子金教之言曰：'朝国人而以君命赏，且告之曰：孤虽归，辱社稷矣，其卜贰圉也。'众皆哭。晋于是乎作爰田。"杜预注："分公田之税应入公者，爰之于所赏之众。"

5. 楠山氏在第40页脚注1论文中，基于《国语解》所引某人说，主张军赋说。在楠山氏之后的研究，尚有古贺登：《阡陌攷——二四〇步＝一畝制の成立問題を中心として》，收入氏著《漢長安城と阡陌・県郷亭里制度》，雄山阁，1980年；越智重明：《辕田をめぐって》，收入《榎博士還暦記念東洋史叢》，山川出版社，1975年。古贺氏认为辕田即为换地，越智氏则视为赏田，是改换了所有者或收税者的田地。另外，太田幸男氏基于孟康的易田说，以辕田制为土地再分配制，并主张开垦出来的新耕地，是通过"开阡陌"变得与旧共同体中的旧辕田相同后而被分配的。参考《商鞅変法の再検討》（收入《歴史における民族の形成——一九七五年度歴史学研究会大会報告——》，1975年）及《辕田攷》（收入《三上次男博士頌寿記念東洋史・考古学論集》，六一书房，1979年）。

题需要解释。晋国的辕田制制定于公元前645年，是为了奖赏在晋惠公为秦人所俘囚时仍忠心守护家国的国人。过去的诸研究将晋国的辕田制与秦国的辕田制等同视之，但这样一来就出现了三百年的时间差。即使考虑到秦国社会的落后性，还是很难认为隔黄河与晋相邻的秦国，在他们土地上实行的田制，会比晋国晚了三百年。考虑到这一时间差，对于作为商鞅变法一环的《汉书·地理志》所载"制辕田，开仟伯"，有必要对其内容进行重新检讨。

　　首先来看辕（爰）的字义。据许慎《说文解字》及段玉裁《说文解字注》，爰、辕、趄、换四字无论音韵还是字义都是相同的（段注），所谓"趄"即"趄田，易居也"。又徐锴在其《说文解字系传通释》中认为，见于《左传》和《国语》等的辕田和爰田都是假借字，趄才是正字，趄田意为"互换耕地"[1]。也就是说，若据《说文》及徐锴和段玉裁的注解，辕田即指更换耕地，也就是土地再分配制。这里需要注意的是，汉代的儒者如董仲舒和王莽等，对于秦废除井田制、开创阡陌制并允许民众买卖，都因其引起了汉代土地所有的分化而加以非难[2]。阡陌制为商鞅所创设已经成为一种定说[3]。即使不讨论井田制，此事也表明商鞅改革以前的土地所有应该是被置于某种共同的土地规制之下，是不能买卖的。至少汉代的儒者如此认为。如果这样考虑的话，再加上之前关于辕的解释，这种辕田制很可能是基于土地再分配制的共同所有形态。之所以如此说，是因为耕地若不是在某种集团之下被共同规制的话，土地的再分配也就无法实行了。进而考虑到"制辕田"与"开仟伯"之间的关联，这一辕田即土地再分配制的说法就

1.《说文解字》第二篇上载："趄，趄田，易居也。从走，亘声。"同条段注："爰、辕、趄、换四字，音、义同也。"主要是按照孟康说来理解辕田的。又《说文解字系传通释》卷三"趄"条载："臣锴按，《春秋左氏传》：'晋于是乎作爰田。'《国语》作'辕田'，皆假借。此乃正字也。谓以田相换易也。"

2.《汉书》卷二四《食货志上》载："（董仲舒）又言：'……至秦则不然，用商鞅之法，改帝王之制，除井田，民得买卖，富者田连仟伯，贫者亡立锥之地。'"又《汉书》卷九九《王莽传中》载："莽曰：'……秦为无道，厚赋税以自供奉，罢民力以极欲，坏圣制，废井田，是以兼并起，贪鄙生，强者规田以千数，弱者曾无立锥之居。'"

3. 关于这一点需要加上一定的前提限定，参见第二章所述。

更显妥当了。

下面再来看《汉书·食货志》中的如下文字：

（2）（a）及秦孝公用商君，（b）坏井田，（c）开阡陌。

与前引《汉书·地理志》的记载（1）相比，这段文字在用字和构词上的雷同一望即知。二者当来自记述同一内容的原始史料。不同之处在于（B）"制辕田"与（b）"坏井田"的部分。包括（B）"制辕田"在内的《汉书·地理志》的记载，当是基于古代文献并经汉末朱赣之手整理过的内容[1]。另一方面，如前所述，在汉代的儒者看来，秦废止周代的井田制后，人民、土地渐可买卖，贫富之差于是生焉。或可认为（1）的记载更近于原始史料，（2）中的（b）部分是将井田制视为古代圣制的汉儒改作的结果。如此，则（1）之（B）"制辕田"与（2）之（b）"坏井田"就当理解为意义相同的记载，"制辕田"当为"废除辕田"之义。这样考虑的话，"制辕田"与"开仟伯"的关系，也就不是表示同一内容，反而表示的是废止辕田制之后，重新创设了基于阡陌制的田制。这里成为问题的是"制"的字义。关于"制"，《说文解字》解为"裁也。……一曰止也"[2]，即"裁断"或"制止"为其初义。不是"制定"，而是"制止""制御"之意。据此，则记载（1）就可以理解为，商鞅停止了此前基于土地再分配制的共同土地规划，基于以"仟伯"这种道路为边界的新土地划分方式，创造出了长期性土地所有制度。

下面略为转换考察的视角。在处理与农业制度密切相关的辕田-阡陌制这一问题时，过去的研究中很少见到将二者联系起来进行考察的例子。我认为，首先是被置于土地再分配制这一共同规制之下的耕地制度——辕田制出现，其后逐渐变化为基于长期性土地所有的阡陌制；这一转换的基础即在于前节考察的农耕方式的变化发展。也就是说，

1.《汉书》卷二八《地理志下》载："汉承百王之末，国土变改，民人迁徙，成帝时刘向略言其地分，丞相张禹使属颍川朱赣条其风俗，犹未宣究，故辑而论之，终其本末著于篇。"

2.《说文解字》第四篇下载："制，裁也。从刀，从未。未，物成有滋味，可裁断。一曰止也。"

在从反复进行不定期的耕作—闲置的休耕地式农法向一年一作方式过渡的过程中，在一年一作方式尚未完全普及的阶段，存在着以多种方式——借用古典说法，就是不易、一易、再易等——耕作的土地。而经营逐渐向个别家族转移，各家族间的不均衡开始出现，最终演化为阶层分化[1]。为了纠正这种情况，实现均等化，就出现了这种土地再分配制度——辕田制。在这一从殷周式休耕地式农法向战国时期以降的一年一作方式过渡并普遍化的时期，其土地所有形态即共同所有、个别经营的表现正是辕田制。其后，一年一作方式逐渐普及，以个别家族为单位的经营逐渐固定化。在这一过程中，至少秦国于公元前4世纪中期实行了基于个别家族长期性土地所有的阡陌制改革。在这一意义上，前述注释诸家之中，张晏的注解应该是最为妥当的。

那么，在如此形成的阡陌制下的个别家族的长期性土地所有，其本质究竟如何呢？如前所述，在汉初社会，国家的租税征收是以作为经营单位的个别家族为基础而进行的。所以个别家族对其生产物可以进行第一次性获取，基本实现了其土地所有。然而，特别是贫家阶层，许多人都从国家那里接受贷谷，并接受共同体——里所负责的劳动的组织编成。如此，当时的个别经营在独立程度上就仍然有不充分的一面，其再生产的实现也仍然以国家和共同体对于直接劳动过程的介入为必要条件。另外，在农耕方式方面，尚处于最为粗放的一年一作方式阶段，耕地从收获后的秋天到冬天都被闲置，其土地收益基于眼下现实，私人支配在事实上也仍然是不充分的[2]。与此相关，更为重要的是，如《汉书·沟洫志》和《魏户律》所见，在战国时期的魏国实行了"赋田"也就是土地的授予[3]，云梦秦简的

---

1. 虽是进入战国之后的事例，《管子·问篇第二四》中描述了齐国地方阶层分化的具体样貌。例如："问乡之良家，其所牧养者几何人矣？问邑之贫人，债而食者几何家？问理园圃而食者几何家？……问乡之贫人，何族之别也？问宗子之牧昆弟者，以贫从昆弟者几何家？"
2. 关于这一点将在第六章第三节再论。
3.《汉书》卷二九《沟洫志》载："史起进曰：'魏氏之行田也以百亩（注：师古曰：赋田之法，一夫百亩也），邺独二百亩，是田恶也。'"又《云梦睡虎地秦墓》图版一一二，六九四至六九九简："……自今以来，叚（假）门逆吕（旅），赘婿后父，勿令为户，勿鼠（予）田宅。三世之后，欲士士之。乃署其籍曰：故某虑赘婿，某曳之乃孙。魏户律。"

《田律》中也有"受田"的记载[1]。这说明战国秦汉时期的个别经营，并非是将国家或者其下属机构的共同团体的上级土地所有权一元化为自己的私人所有，也没有将自己的私人占有权彻底化并且区别于上级所有权乃至使其变得有名无实。那么，这一时期个别家族的长期性土地所有也就不是私人所有，或许毋宁视为处于世袭性占有阶段更为妥当。

公元前4世纪中期的商鞅变法，就是承认了个别家族对土地的世袭性占有，通过将其定位为社会的经济性单位[2]，让秦国支配下的社会直面更为深刻的分裂，最终使得国家形成阶段的到来必然化。导致了这种个别小农经营形成的商鞅变法，本身也是中国古代国家形成的漫长历程中的一个里程碑。然而，其也在双重意义上成为了秦汉统一国家形成的动因。也就是说，商鞅借由阡陌制创造了作为某种世袭性土地占有者的小农阶层，同时又以此为基础，将他们组织为军队的承担者——"耕战之士"。正是这种作为耕战之士的小农，成就了战国七雄中最强的军队[3]，奠定了统一六国的军事基础。与此相反的是，通过承认小农阶层的世袭性占有权，土地买卖开始，个别小农家族间更为深刻的阶层分化就必然化了。如此就在编户齐民之间创造出了富者与贫者的对立基础。这种富者与贫者的对立，是一种"自由"农民间的对立。伴随着对立的深刻化，以解决这一对立为目标，逐渐促成了国家的形成。至少在汉代，以家产为基准，农民参与政权是受到限制的。这显示了当时的国家直到最为基层的里，都具有可为父老的富豪、中家层对贫家层进行支配的这一面[4]。

---

1. 《云梦睡虎地秦墓》图版五七，七五、七六简："入顷刍稿，以其受田之数，无垦不垦，顷入刍三石稿二石……田律。"江村治树氏将此视为县将相关开垦地的百姓作为对象的规定（《雲夢虎地出土秦律の性格をめぐって》，《東洋史研究》第40卷第1号，1981年）。

2. 《史记》卷六八《商君列传》载："卒定变法之令。令民为什伍，而相牧司连坐。……民有二男以上不分异者，倍其赋。……明尊卑爵秩等级，各以差次名田宅，臣妾衣服以家次。……"明确表述了以家作为支配的经济单位。

3. 例如可参考《荀子·识兵篇第一五》。

4. 据本章第一节第24页脚注2所揭《汉侍廷里父老僤买田约束石券》记载，成为父老者也有家产限制。

结语

从殷代到春秋时期的农业，是以使用木石制小型农具的二人（耦）为核心的数人共同作业，以此反复进行不定期耕种—闲置的粗放休耕地式农法。这种农法有地力维持的问题，更为重要的是，因为其农具为木石制，所以在拔除陈年杂草、旧根方面有其局限。由于杂草繁茂，持续整年的耕种就只能被放弃。而农业劳动的组织，基本还是以二人之耦为核心，与当时的生产手段体系——小型农具相配合，这种生产完全还是小规模生产。不过这一阶段的耦，是由某种共同团体组织起来的，在这一意义上可以说也是基于共同计量的共同劳动。那么，至少在中国古代，这并不意味着基于大规模合作的共同劳动。这种农业经营形态，因为春秋末战国初铁制手工劳动用农具的出现而产生了发展变化。这种因铁制农具的出现而带来的农法的变化有着两重表现。第一，随着开耕深度的增加，施肥、保泽效率提高，战国中期以降有关施肥的史料变得常见起来。这意味着地力维持方式的开创性成立。第二，更为精细的开耕除草和中耕除草成为可能，杂草、陈根的拔除与前代相比更加容易进行了。这样两方面的变化，意味着肥培管理技术的高度发展，土地作为劳动手段，被有机地组织进劳动过程中，带来了土地生产力的提高。这种生产力发展，就汉代而言主要是由中家层以上的农民来担当的。对应于这种生产力的发展，殷周时期的休耕地式农法逐渐转变为一年一作方式。与此同时，除了一些特别场合，耦也变成了由个别家族进行相应编成，农业生产逐渐变为由个别家族进行承担。

这种农耕方式的变化，尤其在其过渡期内产生了种种不平等。为了解决这一问题，在公元前7世纪中期的晋国，基于土地再分配制的土地所有——辕田制被创设出来。这一制度虽然主要由个别家族所经营，但耕地所有是在共同规制之下的共同所有。其后一年一作方式进一步普遍化，以个别家族为单位的经营逐渐稳定下来。在这一过程中，秦国的商鞅于公元前4世纪中期废止了土地再分配制度，新创了阡陌制，承认了个别家族的世袭性土地占有。由此土地逐渐变得可以买卖，到汉代初期，产生了富豪大家层、中家层和贫家层这样三个阶层。

在以上考察的基础上，再来考虑前述恩格斯的图式，即从共同所有-共同耕作转变为私人所有-个人收益，若就中国史的具体材料来看，是需要加以若干说明的。首先来看从共同耕作向个人收益的变化。在这一场合，个人收益并没有问题。有问题的是共同耕作的含义。中国古代的共同耕作并非大规模合作的劳动形式，基本上只是小规模生产。但是，其劳动的组织又是基于共同计量而进行编成的，在这一意义上，也可以视为共同劳动。如果在这一脉络上理解恩格斯所谓从共同劳动转变为个人收益之图式的话，在中国史中我们也可以证明这一点。其次，再来看从共同所有向私人所有的转变。辕田制是基于某种共同土地规划的共同所有，在此之前的殷周时期也是共同所有。这一点从构成其基础的休耕地式农法之样态即可明了。不过，这种共同所有是由怎样的具体主体来担当的？具有怎样的规模？又是如何进行维持的？这些问题现在都还不太清楚。另一方面，关于私人土地所有，实际上在国家形成以后也未成型，仅停留在世袭性占有的阶段。如第六章所明确的那样，从这种世袭性占有阶段转变为形成事实上的私人土地所有，是在六朝末期到唐宋变革期这一时期。而且作为其上级所有权的国家性土地所有，在这一阶段以降也没有被事实上的私人土地所有所一元化，反而以更加鲜明的方式得以继续维持。那么，恩格斯这一从共同所有转变为私人所有的图式，就中国史的具体材料来看，就不是可以无条件成立的。最后，由此可知，在恩格斯的图式中，需要设定一个作为过渡期的共同所有-个人收益阶段。这在中国史上对应的就是辕田制。

在如上总结的基础上成为新问题的，就是在本章暂时搁置的上级所有权问题。将上级所有权作为考察对象导入，并在上级所有权与个别小农经营的相互关系之下对后者进行把握，此时他们将呈现为具有怎样特质的农民呢？要解决这一课题，就需要对本章所揭示的小农经营进行更为具体性的考察。本章所揭示的小农经营，在阡陌制下实现了世袭性土地占有。然而，关于这一阡陌制自身及其所定义的农民的世袭性土地占有，其具体样貌尚未得到解明。阡陌制既对这一时期的小农经营进行了更为具体的定义，同时也是明确这一时期上级土地所有权的前提。容改章再论。

※ 与本章整体论旨相关的批判，有太田幸男氏：《中国古代国家成立に関するノート —— 最近の諸説への批判をふまえて》，《歴史評論》第357号，1980年；山田勝芳氏：《近年の秦漢史研究をめぐって —— 好並隆司・谷川道雄・渡辺信一郎三氏の研究を中心として》，《集刊東洋学》第42号，1979年。关于中家及三阶层的新定义，有大櫛敦弘氏：《漢代の『中家の産』に関する一考察 —— 漢簡所見の『賈・直』をめぐって》，《史学雑誌》第94篇第7号，1985年。敬请参看。

第二章

阡陌制论

前言

本章的课题，是通过解明阡陌制本身的实态，对上一章揭示的所谓小农经营，进行更为具体的定义。我之前曾经以四川省青川县郝家坪战国墓出土的带有秦武王二年（前309）纪年的田律为材料，发表了题为《阡陌制论》的论考[1]。其后，江陵张家山西汉墓出土竹简汉律的概要发表，包含有和青川田律几乎同样内容的律文[2]。尤其关于阡陌的区划形态，显然需要再行考察。下面在订正前稿错误的同时，对阡陌制及其所包摄的小农经营的具体定义进行阐明。

一、商鞅阡陌制的先驱

阡陌制创始于商鞅的第二次变法（孝公十二年，前350年），这已经是学界定说。从其历史意义在于为秦始皇统一全国奠定了基础性条件来看，这一定说的实际意义是无法动摇的。不过，如果认为阡陌制的实行是商鞅的独创，则不一定是正确的。因为在商鞅变法以前，在三晋的领域内，就已经实行了阡陌制。下面首先从这里开始考察。

临沂银雀山汉墓出土的《孙子·吴问篇》有如下记载：

> 范、中行氏制田，以八十步为畹，以百六十步为亩，而伍税之，其［制］田狭，置士多，伍税之，公家富。公家富，置士多，主骄臣奢，冀功数战，故曰先［亡］。……公家富，置士多，主骄臣奢，冀功数战，故为范、中行氏次。韩、魏制田，以百步为畹，以二百步为亩，而伍税［之］。其置田

---

1. 载《東洋史研究》第43卷第4号，1985年。
2. 荆州地区博物馆：《江陵张家山三号汉墓出土大批竹简》、张家山汉墓竹简整理小组：《江陵张家山汉简概述》，均载《文物》1985年第1期。张家山汉简除汉律以外，还包括九种其他文献。其释文注释准备在今后陆续发表。

狭，其置士多，伍税之，公家富。公家富，置士多，主骄臣
奢，冀功数战，故为智氏次。赵氏制田，以百廿步为畹，以
二百卌步为亩，公无税焉。公家贫，其置士少，主俭臣□，
以御富民，故曰固国。晋国归焉。[1]

　　据《史记》卷六五《孙子吴起列传》记载，孙武曾仕于吴王阖闾
（前514—前496年在位）。《吴问篇》记录了其与吴王的问答，应该即
指其与吴王阖闾的对话。阖闾即位元年（前514），以羊舌氏为代表的
晋国公族为六卿所诛灭，其邑亦遭分割（《春秋左氏传》昭公二十八
年，《史记·十二诸侯年表》周敬王六年、晋顷公十二年），六卿对晋国
的分割也进一步强化，开始走向事实上的独立。因此，吴王与孙武对
话的内容，可以认为相当程度上反映了史实（参考表Ⅲ"阡陌制关系
年表"）[2]。

　　据《吴问篇》，在范氏、中行氏的支配下实行160步一亩制，在智
氏支配下实行180步一亩制（竹简残缺，据文意补），在魏氏、韩氏支
配下实行200步一亩制，在赵氏支配下施行240步一亩制。可知在公元
前五六世纪之交的晋国支配领域，实行的田制及以此为基础的征收都
是多种多样的。尤其其中赵氏支配领域中的240步一亩制，正与商鞅阡
陌制下的区划方案240步一亩制相同，可以推测商鞅阡陌制与赵氏田制
间的继承关系[3]。

　　这种继承关系可以在与第一章的关联中进行考察。施行新的田制，
意味着对于此前晋国所实行田制的否定。晋国在惠公六年（前645）实

---

1. 银雀山汉墓竹简整理小组：《临沂银雀山墓出土〈孙子兵法〉残简释文》，《文物》1974年
　　第12期。之后作为《孙子兵法》（文物出版社，1976年）出版。[　]内的字为对不清晰之处
　　的补字。
2. 这一对话预设了与三晋分立这一史实有所不同的结果，反而可从中窥知《吴问篇》的素材所
　　依据的史实之古老。而且，武内义雄博士将与《吴问篇》关联较深的《孙子》十三篇原本的
　　成书时间设定于战国初期（《孙子研究》，《武内义雄全集》第七卷，角川书店，1979年）。
3.《说文解字》第十三篇下载："畮，六尺为步，步百为畮。秦田二百四十步为畮。"此外，黄
　　盛璋氏着眼于《吴问篇》的记事，指出商鞅的二百四十步一亩制与三晋之间的关系（《青川
　　新出秦田律木牍及其相关问题》，《文物》1982年第9期）。

行了辕（爰）田（《春秋左氏传》僖公十五年，《国语》卷九《晋语三》）。如第一章所明确的那样，这种辕田制，是对应于从殷周时期的休耕地式农法转变为战国时期以降的一年一作式农法的过渡期中的土地制度，是以基于再分配制的共同所有-个别经营阶段为基础而出现的。这种辕田制实行后，经过大约一百五十年，在晋国的六卿支配领域中，又重新实行了几种不同的田制。晋国从辕田制向新田制的转变，与秦国孝公十二年（前350）废止辕田制、实行阡陌制之事正相对应。尤其在赵国支配下从辕田制转换为240步一亩制，可以说与秦国的进程完全一致。很可能秦国的阡陌制和240步一亩制继承了赵氏的田制改革。

那么，赵氏的这一田制改革，是何时由何人以怎样的形式推行的呢？这方面我们可以找到相关史料。《战国策》卷十八《赵策一》有如下记载[1]：

> 张孟谈既固赵宗，广封疆，发五百，乃称简之途以告襄子曰："昔者前国地君之御有之曰：'五百之所以致天下者，约主势能制臣，无令臣能制主。'……"

这段文字比较混乱。对此，我国学者横田惟孝做了如下解释：

> 上之"五百"，疑当作"阡陌"。下之"五百"，当作"五伯"。盖"阡陌"旧作"千百"，刘向所谓"半字"也。因传写之误，依下文"五伯"以"千"作"五"，又依上文"千百"以"伯"作"百"。所谓"广封疆，发阡陌"，即《商君传》所谓"开阡陌封疆"。岂孟谈于商鞅之先已为此？"简"下疑脱"子"或"主"字。简子为襄子之父。途，道也。盖谓简子治国之道。[2]

---

1. 文本依据的是上海古籍出版社《战国策》（1978年）。
2. 横田惟孝：《战国策正解》卷六上，文政九年（1826）刊。

横田氏所论当为正解。"广封疆"与"发五百"成对构句。因此之故，与"封疆"对应的若是"五百"或者"五霸"就文意不通了。与"封疆"对应的词语，当即"阡陌"。著名的《史记·商君列传》中的"为田开阡陌封疆"即为显例。《管子·四时篇第四〇》中记载所谓"四政"时也有"修封疆，正千伯"之语。又次节讨论的青川《田律》中也记有"以秋八月，修封捋（埒），正疆畔，及发千（阡）百（陌）之大草"，以封捋、疆畔-封疆与千百相对应。如横田惟孝所言，"发五百"之"五"，乃是因下文"五百之所以致天下者"之"五"而致误者，原本当为"广封疆，发千百"。如此，《赵策》所言可以理解为，"张孟谈安定了赵氏一族的政权，扩大了封疆，开辟了阡陌，颂扬了先代国主赵鞅（简子）的施政方针"，并与其子赵襄子进行了对话。

　　赵简子、襄子二代的相关活动整理如表Ⅲ。《孙子·吴问篇》涉及的公元前五六世纪之交时赵氏的主政者正是简子，在这一时期实行了240步一亩制。其后在其子襄子即位初期，其相张孟谈在平定晋阳之难、稳固赵氏政权基础之际，贯彻了先代主公简子的施政方针，以240步一亩制为基础实行了阡陌制。大概在赵简子主政时期实行240步一亩制的阶段，阡陌制的原型就已经实行了。其后至公元前453年三家分晋，各国领域基本固定，240步一亩制和阡陌制当在赵国领域之内继续得到扩展和贯彻。

表Ⅲ　阡陌制关系年表

年　　份	活　　　　动
前645年	晋作爰田，又作州兵
前526年	晋昭公卒，六卿强，公室卑
前517年	赵简子以顷公九年在位
前514年	六卿诛公族，分其邑 吴阖闾元年
前497年	赵鞅（简子）伐范、中行
前496年	吴阖闾死

续　表

年　　份	活　　动
前490年	赵鞅败范、中行
前458年	赵简子卒，在位六十年
前457年	赵襄子元年
前454年	与智伯分范、中行地
前453年	襄子败智伯于晋阳，与魏、韩三分其地
前350年	秦孝公用商君，制辕田，开仟佰 为田开仟佰、封疆

　　商鞅变法中阡陌制的施行，基本上继承了赵国的这种阡陌制。商鞅的政治与三晋密不可分。例如，《史记》卷七四《孟子荀卿列传》的"集解"引刘向《别录》曰："今按《尸子》书，晋人也，名佼，秦相卫鞅客也。卫鞅商君谋事画计，立法理民，未尝不与佼规之也。商君被刑，佼恐并诛，乃亡逃入蜀。"据此可知，商鞅的政治参谋中有晋人尸佼，参与了其政策的规划制定。又商鞅本人亦为卫国的庶公子，入秦以前，仕魏相公叔座为中庶子，具有在魏国中枢了解其政体的机会（《史记》本传）。又据《晋书》卷三〇《刑法志》，魏文侯之师李悝所著《法经》六篇，亦为商鞅携入秦国并推广使用[1]。如此，商鞅的政策与三晋政治有着极为密切的关联，在赵国施行的240步一亩制和阡陌制极有可能通过商鞅被引进了秦国[2]。

　　对以上考察总结如下：公元前7世纪中叶，晋国施行以土地再分配制为主要内容的辕田制。后经过约一百五十年至公元前5—前6世纪之交，伴随着六卿的半独立化，在其各自的支配领域中施行了新的田制。在赵简子的支配领域中施行的是240步一亩制，这与后来的秦制有关。

---

1. 云梦睡虎地出土秦简中，与秦律一同发现的还有《魏户律》《魏奔命律》(《云梦睡虎地秦墓》图版一一二、一二三，六九四至七〇六简）条文。从中可窥知秦律与魏律的关联之深。

2. 也可考虑秦与赵的祖先同为嬴姓这一因素（《史记》卷五《秦始皇本纪》以及卷四三《赵世家》）。

至公元前453年的三晋分立之际，赵襄子之相张孟谈又在其领域内推广
了阡陌制。赵国的这种240步一亩制和阡陌制，约百年后又为商鞅引入
秦国，为全国统一奠定了基础性条件。那么，如此产生的秦国的240步
一亩制和阡陌制，具体又有着怎样的构造？对于其中所包摄的小农经
营又给予了怎样的定义呢？

二、阡陌的构造与世袭性土地占有

关于阡陌制内部构造的理解，先学有着大量的先行研究。楠山修
作氏已经对其中的代表作品进行过简洁的整理[1]。由其整理可知，阡陌主
要被理解为将耕地区划为千亩百亩之类一定面积的道路。对此，楠山
氏提出新见，主张阡陌是对一里百家的耕地——百顷进行区划的道路
和边界。楠山说当为此前基于文献史料的阡陌制研究中最为合理的解
释。但是，如果对照青川县出土《田律》中所见的关于阡陌的记述[2]，楠
山说似亦有值得修正之处。以下就基于青川县出土《田律》提出关于

---

1. 楠山修作：《阡陌の研究》，收入氏著《中国古代史論集》。除了楠山氏在文中介绍批评的
以外，尚有如下研究：水津一朗：《古代華北の方格地割》，《地理学評論》第36卷第1号，
1963年；米田賢次郎：《二四〇步一畝制の成立について——商鞅変法の一側面——》，《東
洋史研究》第26卷第4号，1968年；越智重明：《秦の商鞅の変法をめぐって》，《社会経済
史学》第37卷第3号，1971年；古賀登：《漢長安城の建設プラン——阡陌・県郷制度との
関係を中心として——》，收入氏著《漢長安城と阡陌・県郷亭里制度》；豊島静英：《中国
における古代国家の成立について——商鞅変法を素材として——》，《歴史学研究》第420
号，1975年；太田幸男：《商鞅変法の再検討》，《歴史における民族の形成——一九七五年
度歴史学研究大会報告——》，1975年。这些研究均表现出对阡陌制度富有特色的理解，在
此就不一一介绍其内容了。这些研究的基础史料，除了第一章第三节使用的《汉书・地理
志》之外，还有以下所举。即《史记》卷六八《商君列传》载："居三年，作为筑冀阙宫庭
于咸阳，自雍徙都之。而令民父子兄弟同室内息者为禁。而集小都乡邑聚为县，置令、丞，
凡三十一县。为田开阡陌封疆，而赋税平。平斗桶权衡丈尺。"又《史记》卷七九《范雎蔡
泽列传》载："夫商君为秦孝公明法令，禁奸本，尊爵必赏，有罪必罚，平权衡，正度量，
调轻重，决裂阡陌，以静生民之业而一其俗，劝民耕农利土，一室无二事，力田稸积，习
战陈之事。……"
2. 根据四川省博物馆、青川县文化馆：《青川县出土秦更修田律木牍——四川青川县战国墓发
掘简报》(《文物》1982年第1期)，这件木牍长46厘米，宽2.5厘米，厚0.4厘米，除了本文
介绍的正面一百二十九字外，背面还写有三十三字。

阡陌制的一种理解。现在能看到的照片还不清楚，在我国只能根据摹本进行字句的确认。中国研究者多有据照片和实物进行解读者，但他们之间对于释读和理解也有分歧[1]。下面根据脚注中所介绍的成果进行取舍后对《田律》原文录文并标点：

> （秦武王）二年（前309）十一月己酉朔朔日，王命丞相戊（甘茂）、内史匽、□□[2]，更修为田律[3]。田广一步、袤八则为畛。亩二畛。一百（亩）道，百亩为顷，一千（亩）道，道广三步。封高四尺，大称其高。埒高尺，下厚二尺。以秋八月，修封埒，正疆畔，及癹千百之大草。九月，大除道及除□[4]。十月为桥，修波（陂）堤，利津梁，鲜草离（莱）[5]。虽非除道之时，而（如）有陷败不可行，辄为之。

《田律》可分为两段。前半为耕地区划规定，后半为八、九、十月时阡陌、道路和桥梁的维护补修规定。后半的规定与《礼记·月令

---

1. 管见所及的研究有：于豪亮：《释青川秦墓木牍》，李昭和：《青川出土木牍文字简考》，均载《文物》1982年第1期；杨宽：《释青川秦牍的田亩制度》，《文物》1982年第7期；本章第一节第51页脚注3所揭黄盛璋氏论文；李学勤：《青川郝家坪木牍研究》，《文物》1982年第10期；林剑鸣：《青川秦牍内容探讨》，《考古与文物》1982年第6期；田宜超、刘钊：《秦田律考释》，《考古》1983年第6期；胡平生：《青川秦墓木牍"为田律"所反映的田亩制度》，《文史》第19辑，1983年。日本人的研究有间濑收芳：《秦帝国形成過程の一考察——四川省青川戰國墓の検討による——》，《史林》第67卷第1号，1984年。该文以考古学资料的整理为基础，尝试对同墓进行历史性定位，提示了考察木牍性质的前提所在。
2. 关于这两字，于豪亮氏释为"頟"，李昭和、黄盛璋氏释为"取臂"，李学勤氏释为"民臂"，田宜超、刘钊氏释为"厓"（以上参考本页脚注1诸论文，以下同）。
3. 李学勤氏及胡平生氏读为"更修《为田律》"，将"为田律"作为律名，将"为田"解释为制田之义。古代汉语中，像"修为"一样，在某个动词之下补上"为"字作为熟语的情况十分常见。如《诗经·郑风·缁衣》"缁衣之宜兮，敝予又改为兮"，《吕氏春秋·贵生篇》"譬之若官职不得擅为，必有所制"，对此高诱注解道："为，作。"此外，《史记》卷二八《封禅书》载："召案绾、臧、绾、臧自杀，诸所兴为皆废。"可见并没有将其读为"为田律"的必然性。另外关于开头的"二年十一月己酉朔"，诸论文从历日、官制、人名等各方面都一致认定为武王二年。
4. 有"陰（淦）"与"险"两种解释。
5. 关于"鲜草离"，此处遵从于豪亮氏的解释，意为除去桥梁、陂堤上的草。

篇》的记述亦可相通，显示了这一时代的律与礼之间的深刻关联，甚至可以说是未分化状态。例如《月令篇》"仲秋"条郑玄注引《王居明堂礼》曰"季秋，除道致梁，以利农也"，言及九月时道路除草和桥梁的设置。又《国语》卷二《周语中》曰："故先王之教曰：'雨毕而除道，水涸而成梁（韦昭注：教谓《月令》之属也。九月雨毕，十月水涸也）。'故《夏令》曰：'九月除道，十月成梁。'……"《王居明堂礼》和《夏令》的记述与青川《田律》后半的记述基本一致。关于先秦时期律与礼的关联，是今后应该探讨的课题，在此不拟深入[1]。下面对于记载阡陌制构造的前半部分进行检讨，这是本节引用青川《田律》的目的所在。

首先来看"田广一步、袤八则为畛。亩二畛"这一关于亩的规定。据胡平生氏所言，1977年安徽省阜阳县双古堆西汉汝阴侯夏侯灶墓出土残简中有"卅步为则"的记述，《田律》的"袤八则"为240步[2]。江陵张家山出土汉律中也有与青川《田律》几乎文字相同的律文，其中"袤八则"的部分记作"袤二百卌步"[3]，证明胡平生氏的意见是正确的。据此，则亩的构成即为1步×240步，其两侧为两条长240步的畛。前稿曾据杨宽氏的见解，认为亩的构成为8步×30步，应该是错误的[4]。如李学勤氏所指出的[5]，《吕氏春秋·任地篇》载"六尺之耜，所以成亩也；其博八寸，所以成甽也"，即全长六尺＝一步的耜被当成了规划亩田的手段。在这种情况下，亩的宽度即为耜之长六尺＝一步，因为是240步一亩制，亩的长度即为240步。至少从秦武王二年（前309）以后至于汉代，亩的构成都是这种1步×240步（1.38米×331米）的长方形。这种构成当追溯到商鞅变法之时。不过值得注意的是，《任地篇》明言

---

1. 律文改定之处存在于哪个部分这一问题也暂未讨论。木牍背面有"四年十二月，不除道者，□一日，□一日"，因是与后半部分的规定相关的记载，可以认为目前的改定之处与后半部分没有关联。
2. 参考前揭第56页脚注1胡氏论文。
3. 参考本章"前言"第50页脚注2论文。
4. 杨宽氏以外，林剑鸣、黄盛璋、田宜超、刘钊、间濑收芳诸氏均持这种观点。
5. 李氏将其句读为"田广一步，袤八，则为畛"，但又根据《吕氏春秋·任地篇》等记载，持240步×1步的观点。

亩是用耜（踏犁）来划成的。240步一亩制无疑是以手工农具为基础而进行耕作的，1步×240步似乎过长。但如青川《田律》所记的"八则"所示，一亩是可以区分为1步×1则即30步左右来进行耕作的。关于采取长方形构成的240步一亩制是以手工农具为前提的意义，第三节会再次进行讨论[1]。

下面再来看关于阡陌的规定"一百（亩）道，百亩为顷，一千（亩）道，道广三步"。以杨宽氏为代表的许多中国研究者，都将"百"解作"佰"，将其视作与畛垂直相交的长三十步（宽一步）的道路，百亩中即有百条这样的道路[2]。也就是说，由一条阡和百条陌所区划的为1顷即100亩的耕地。以杨说为代表的这种理解初看简洁明快，但是一阡陌所统辖的土地仅有一顷似嫌太过狭窄，而且即使据此可以理解"一百道"之"百"，"一千道"之"千"的意义却仍然是不明了的。"一百道"与"一千道"是一种非常生硬的表述。正因为如此，两者间必定有共通的前提存在。那么，"千"与"百"之间共通的前提是什么呢？大概应该就是之前一句"亩二畛"中的"亩"。我认为这段文字应该理解为：每"一百亩"中有道（陌），百亩为一顷；每一千亩中有道（阡），阡陌之道的宽度均为三步。可以认为，统辖一百亩（亩即为前述1步×240步大小）的道路为"陌"，"阡"则是与陌垂直相交、统辖十佰即千亩的道路。这种理解再次支持了木村正雄氏等学者的见解，他们将阡陌视为区划千亩、百亩的道路[3]。这样考虑的话，1顷即100亩的构成就是100步×240步（138米×331米）。不过，具有这种构成的1顷即100亩的土地，是怎样为阡陌所统辖的呢？这个问题仅据青川《田律》似乎难有进展。要解明阡陌与其所区划和统辖的耕地的构造，以及其中所包摄的小农经营的社会性定义，还需要结合其他史料进行考察。

在此值得注意的史料是汉代的买地券。以下列举真实性没有问题

---

1. 米田贤次郎氏将240步一亩制的成立与牛犁耕的普及联系起来理解。1步×240步构成的观点虽然正确，但其与牛犁耕的联系，不符合《任地篇》及第一章所示诸史料的记载，还需再进行检讨（前揭第55页脚注1论文）。

2. 第57页脚注4中诸氏的见解基本与杨氏之说相同。

3. 木村正雄：《『阡陌』について》，《史潮》第12卷第2号，1943年。关于阡陌制应该考察的论点，基本上均有论及。

且与阡陌制相关的五例汉代买地券。

（a）建宁二年（169）王未卿买地券

　　建宁二年八月庚午朔廿五日甲午。河南怀男子王未卿，从河南河南街邮部男子袁叔威，买皋门亭部什三陌西袁田三亩。亩贾钱三千一百，并直九千三百。钱即日毕。时约者袁叔威，沽酒各半，即日丹书铁券为约。（《贞松堂集古遗文》卷一五）

（b）建宁四年（171）孙成买地券

　　建宁四年九月戊午朔廿八日乙酉。左骏厩官大奴孙成，从洛阳男子张伯始卖所名有广德亭部罗佰田一町。贾钱万五千。钱即日毕。田东比张长卿，南比许仲异，西尽大道，北比张伯始。（中略）田东西南北，以大石为界。时旁人樊永、张义、孙龙、异姓荣元祖皆知张约。沽酒各半。（罗振玉《蒿里遗珍》）

（c）光和元年（178）曹仲成买地券

　　光和元年十二月丙午朔十五日。平阴都乡市南里曹仲成，从同县男子陈胡奴，买长谷亭部马领佰北冢田六亩。亩千五百，并直九千。钱即日毕。田东比胡奴，西比胡奴，南尽松道。［后略。仁井田陞《漢魏六朝の土地売買文書》,《東方学報》（東京）第8册，1938年，中村不折书道博物馆藏］

（d）光和二年（179）王当买地券

　　光和二年十月辛未朔三日癸酉。告墓上墓下中央主土。敢告墓伯魂门亭长墓主墓皇墓皂。青骨死人王当弟佽偷及父

元兴等，从河南男子左仲敬子孙等，买谷郏亭部三佰西袁田
十亩以为宅。贾直钱万。钱即日毕。田有丈尺，卷书明白。
故立四角封界，界至九天上九地下，死人归蒿里，地下不得
何止，他姓不得名有。（中略）田本曹奉祖（租）田，卖与
左仲敬等。仲敬转卖与王当弟伎偷、父元兴。约文□□。时
知黄唯留登胜。（《洛阳东汉光和二年王当墓发掘报告简报》，
《文物》1980年第6期）

（e）光和七年（184）樊利家买地券

光和七年九月癸酉朔六日戊寅。平阴男子樊利家，从洛
阳男子杜謵子子弟贷买石梁亭部桓千东比是佰北田五亩。亩
三千，并直万五千。钱即日毕。田中根土著，上至天，下至
黄，皆□□行。田南尽伯，北东自比謵子，西比羽林孟□。
若一旦田为吏民秦胡所名有，謵子自当解之。（后略。《贞松
堂集古遗文》卷一五[1]）

由以上五例的记述可知以下诸点。第一，值得注意的是，如耕地
所在为"某亭部某佰某田几亩"所表现的那样，耕地为亭部按佰进行
管理。耕地所在由亭部和阡陌来进行标示，这一点已经为日比野丈夫
氏所指出[2]。不过，更值得重视的是，耕地是以"陌"作为基本单位来进
行管理的。这一点在以下的考察中会得到更充分的证明。

第二，值得重视的是五例中的（a）王未卿买地券中的"皋门亭部
什三佰西袁田三亩"以及（d）王当买地券中的"谷郏亭部三佰西袁田
十亩"这样的记载。这里值得注意的第一点是，在亭部以陌为单位管
理耕地的场合，原本是以如"三陌""什三陌"这样的数字来进行编

1. 关于历代买地券，除了本文所揭的仁井田陞的论文之外，还有池田温的《中国历代墓券略
考》（《东洋文化研究所纪要》第86册，1982年），该文是在详备校订的基础上辑成。本文引
用时也有参考，但有数处不同。
2. 日比野丈夫：《乡亭里についての研究》，《东洋史研究》第14卷第1、2号，1955年。

号登记的。可以认为，亭部所管理的陌，是以一陌、二陌、三陌、四陌……十二陌、十三陌这样的编号来进行记录从而统一把握的。第二点，两者中居然都有"西袁田"这样的记载。"袁"字与缘、沿、樊等字都属于古音同部，意指边缘、端末[1]。所谓"西袁田"即指西边之田，袁字加上了"西"这样的限定也是一种旁证。五例中除了记载"西袁田"的这两例之外，其他三例中均有关于四至的记载。这两例之所以不记四至，正是因为"西袁田"这样的表述已经清楚标示了耕地的所在。王当券的场合，标示的应该是"谷郏亭部所管第三佰所属的西端之田十亩"；王未卿券的场合，标示的应该是"皋门亭部所管第十三陌所属的西端之田三亩"。又由这些记载可知，一陌至少包括三亩或者十亩土地。杨宽氏等学者认为每亩中都有一陌之道，这与现存的买地券中的记载是完全不相符合的。

　　第三，以上五例买地券显示了阡陌制下个别小农经营所实现的土地所有的社会性定义。如王未卿券、王当券所示，陌本来是以编号来进行管理的。那么另外三例中的"罗陌""马领陌""比是陌"又该如何理解呢？这里应该注意的是（e）樊利家券中的"比是陌"。"比是陌"之"是"，如前节引用的《孙子·吴问篇》中的"范、中行是""赵是"之例所示，乃是"氏"的假借字。"比是陌"原本当为"比氏陌"。可知陌前所冠名词乃是姓氏。"比是陌"为比（皮[2]）氏之陌，"罗陌"为罗氏之陌。"马领陌"则为马领之陌，马领应该是个人姓名。那么，为何要在陌前冠以姓氏和姓名呢？先说结论的话，第一章明确了阡陌制创始期的小农经营所实现的世袭性土地占有，这正是其更为具体的表现形式。下面试对此点进行分析。首先应该注意到，买地券中有三例中出现了"名有"一词。（b）孙成券中可见"张伯始卖所名有广德亭部罗佰田一町"，（d）王当券中可见"他姓不得

1. 袁（一四部 Bernhard Karlgren, *Gramata Serica* [Stockholm 1940] 256a gįwǎn——高本汉再构上古音，略称为 *GS*。韵的分部根据段玉裁《六书音均表》），缘（一四部 *GS* 171d djwan），沿（一四部 *GS* 229b djwan），樊（一四部 *GS* 263b b'jwan）。《广雅》卷五上《释言》可见"樊裔边也"。袁可视为樊等的假借。

2. 因没有比姓，比当是皮的假借。《春秋左氏传》"庄公十年"条载："窃出蒙皋比，而先犯之"，杜预在注中释为"皋比，虎皮也"。

名有"，（e）樊利家券中可见"若一旦田为吏民秦胡所名有，謌子自当解之"。由此三例可知，所谓"名有"首先是排除他姓和异族的侵害而成立的。这种"名有"最早制定于商鞅的第一次变法（孝公三年[前359]）。众所周知，在这一次变法中，制定了（一）什伍连坐制、（二）分异令、（三）军功受爵制和（四）奖励农耕等措施，其后以如下文字结尾：

> 宗室非有军功，论不得为属籍。明尊卑爵秩等级，各以
> 差次名田宅、臣妾、衣服以家次。有功者显荣，无功者虽富
> 无所芬华。（《史记》卷六八《商君列传》）

值得注意的是"名田宅、臣妾、衣服以家次"这段文字。这里所见的"名"与"名有"无异，意指"关于田宅、臣妾、衣服的名有，均以家为单位进行编成"[1]。这一场合的"名"即指如"名数"等称呼所示的名籍[2]，大概是在像后世的计账之类的簿籍之上以家为单位对田宅等进行登记，以此从国家那里得到所有权的确认。这里的"名有"在第一次变法中是以家为单位进行确认和编成的，成为了其后第二次变法实行阡陌制的基础。在这一场合，为陌所统辖的百亩即1项耕地，在李悝《尽地力之教》和《孟子》等史料中，已经作为战国时期农民性土地所有的标准面积而被观念化了。而在现实中，如前章第三节所见，在魏国也实行了以百亩为单位的"赋田"（《汉书·沟洫志》）。在阡陌制实施当初，基于这样的理念和三晋的制度，秦国耕地的"名有"也是以一陌即一项为单位而实行的。民间通常将陌冠以姓氏称之，应该也是为

---

1. 云梦秦简中题为"封守"的爰书文例，制定了"家室妻子臣妾衣器畜产"的家产报告书。虽没有与田地相关的记载，但与商鞅变法的规定一致。没有田地的记载，是因为家口数、大型动产通过乡户籍得以掌握，相对于此，田地可能由亭部管理。关于"封守"，可参考第一章第一节第25页脚注4。
2. 《汉书》卷一《高帝纪下》"五年五月"条载："民前或相聚保山泽，不书名数，今天下已定，令各归其县，复故爵田宅。"颜师古注解道："名数，谓户籍也。"此外，《史记》卷三〇《平准书》载："贾人有市籍者，及其家属，皆无得籍名田，以便农。"《索引》将其解为"谓贾人有市籍，不许以名占田也"。

了表示其归某家、某氏所"名有"。在此成为问题的是，以此种"名有"形式所实现的1陌即1顷的土地所有的内容。如前所见，陌是统辖1顷即100亩土地的道路，均加以编号，由亭部进行统一管理。问题在于亭部所管理的内容。亭本来是军事、通信设施，对应一定的军事性管辖领域[1]。将亭部所管辖的地区进行细分的就是阡陌。陌原本是按照一陌、二陌、三陌这样的编号进行管理的，这本身就说明了其与军制之间的关联。小农经营以1陌即1顷为单位所实现的"名有"，具有分担亭部管辖的军事性领域的侧面。正是在阡陌制中，商鞅的耕战一致体制——"耕战之士"得以具现化。那么，这种1陌即1顷的土地在现实中就未必仅限于耕作收益了。如第一章所明确的那样，一家二人的成人劳动者以一年一作方式可以耕作的耕地面积，为四五十亩。在这种标准家族的场合，1陌即1顷的土地当有近半不用于农耕[2]。能够切实耕作1陌即1顷的耕地者，除非是如第一章所见拥有更多的家族劳动力和臣妾等隶属劳动者的中家层。如此，商鞅变法的目的，对于处于这种生产力阶段的个别小农经营而言，应该就是通过规划1顷即1陌的土地的耕作，在实现增产的同时，培养中家层作为最基层军事领域保障的承担者，将他们定位为秦国社会体制的基础。那么，第一章所揭示的个别小农经营的世袭性土地占有，若置于阡陌制的实态中来观察，就是国家军事领域最基层的分担者，所体现的不仅仅是经济性关系，也具备了政治性关系。

最后，通过以上五例，可以解明怎样的阡陌的构造呢？据此前的考察，所谓陌，就是统辖1步×240步大小的亩田且宽为三步（4.14米）

---

1. 《周礼》"蜡氏"条载："若有死于道路者，则令埋而置楬焉，书其日月焉，县其衣服任器于有地之官，以待其人。"关于"有地之官"，郑司农注释为"有部界之吏，今时乡亭是也"。是以亭部、乡部为具备管辖领域。江陵张家山出土的《田律》中，据说有"乡部主邑中道，田主田"一句（本章"前言"第50页脚注2），乡部似乎管辖城内。亭拥有警察权，可从云梦秦简爰书文例中可知。乡部、亭部行使初级审判权，可见于《潜夫论·爱日篇第一八》。均为从亭部所管辖的军事领域派生出的权限。

2. 此外，与此相关的还有耕地率问题。即便从后述代田法的记载来看，当时的平均耕地率似乎也没有超过百分之五十。《汉书》卷二八《地理志下》记载了32 290 947顷的可垦不可垦田与8 270 536顷的定垦田数。将稳定开垦的定耕田数与当时的民户数12 230 306户相除，一户平均约68亩。可以认为，在一顷占有地中，三分之二都被耕作了。

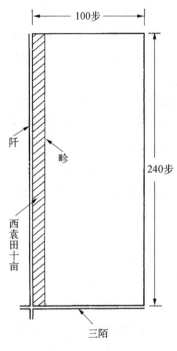

100步

阡

畛

西袁田十亩

240步

三陌

图I 谷郏亭部三陌概念图

的道路；所谓阡，则是与陌垂直相交，统辖十陌即千亩大小的亩田且宽为三步的道路。首先要问的是，陌是以怎样的形式来统辖百亩之地呢？我们可以从（a）王未卿券中的"什三佰西袁田三亩"和（d）王当券中的"三佰西袁田十亩"入手来进行考察。这两处记载分别指"第十三陌西端的田三亩"和"第三陌西端的田十亩"。为了清楚地标示耕地的位置，亩和陌的关系当如图I所示。也就是说，陌是以与百条之亩垂直相交的形式来统辖100亩即1顷之地的。

其次要解决的问题是所谓"阡"。准确地说，是阡与陌的关系如何。根据对青川《田律》的考察，阡是与陌垂直相交并统辖10陌即1 000亩土地的道路。这里值得注意的是（e）樊利家券中的记载"桓千东比是佰北田五亩"。参照四至的记载，这段话应该理解为"位于桓阡东部、比（皮）氏陌北侧的五亩耕地"。通常阡是南北走向的道路，陌是东西走向的道路[1]。樊利家券的记载与此相合。值得注意的是"桓阡东部"。这一记载说明，桓阡所统辖的十条陌是按照东西两侧分布于阡内的[2]。如此，应该可以认为阡是统辖两排各五陌总计十陌的耕地。将其进行图示的话，就可以得到图II那样的阡陌制概念图。

为一阡陌所区划的千亩耕地，是由200步×1200步所构成的。图

1.《史记》卷五《秦本纪》"为田开阡陌"条所引应劭《风俗通》载："南北曰阡，东西曰陌。河东以东西为阡，南北为陌。"
2.《宋书》卷一四《礼志》载："元嘉二十年，太祖将亲耕。……司空、大农、京尹、令、尉，度宫之辰地八里之外，整制千亩，开阡陌。立先农坛于中阡西陌南，御耕坛于中阡东陌北。"虽因籍田礼的仪注不明已久，故此记载相当可疑，但可以从中窥知阡的东西分布着陌。

示所见很清楚的是，阡陌以五陌、十陌为单位，具有什伍制式的编成[1]。如前所述，小农经营所实现的1顷即1陌的世袭性土地占有，是最基层的军事领域。阡陌的上述编成，与此正相对应。阡陌制对个别小农经营的世袭性土地占有实行了军事性编成，是奠定商鞅耕战一致体制之根基的田制。

以上就是阡陌制的基本构造。下面再将眼光转向其周边部分。在出土资料之外还有众所周知的文献史料。其中尤为著名的是《汉书》卷八一《匡衡传》中的如下记载：

> 初，衡封僮之乐安乡，乡本田堤封三千一百顷，南以闽佰为界。初元元年，郡图误以闽佰为平陵佰。积十余岁，衡封临淮郡，遂封真平陵佰以为界，多四百顷。

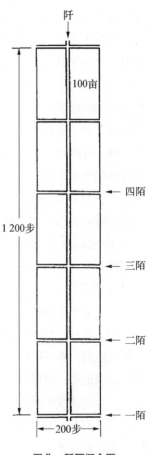

图Ⅱ 阡陌概念图

楠山修作氏以这段史料为基础，认为佰是区划百顷单位土地的道路，阡陌则是区划一里百家规模耕地的道路和疆界[2]。注意到这段记述，的确是楠山氏的慧眼独具。但是，在青川《田律》出土、研究条件已经改变的今天，他的卓识亦有重新检讨的必要。闽陌、平陵陌的确都区划了百顷单位的耕地。这一事实认识是正确的。然而，并不能以此来直接定位阡陌制本

---

1. 有关什伍制与阡陌制的关联，在本节第58页脚注3木村正雄论文以及第55页脚注1米田贤次郎论文中已经指出。不过值得怀疑的是，战斗组织的什伍制，与这种阡陌区划的耕地的什伍制式组成在多大程度上是一致的。在此还想提及樊利家券的"桓阡"，桓也应该是姓氏。若统辖十陌的阡与什伍制的什相当的话，或即被冠以什长的姓氏。在此先提出这一观点以待后考。

2. 参考前揭第55页脚注1楠山修作论文。

身。如前文通过青川《田律》和汉代的买地券所明确的那样，一阡陌最多是由十条陌与一条阡所区划编成的10项即10家规模的耕地。那么，闽陌、平陵陌的存在应该如何理解呢？这里值得注意的是，统辖1项即100亩土地的陌是以编号或冠以姓氏来称呼的；与此相对，区划百顷单位土地的陌却显然是冠以地名的。类似平陵陌、闽陌的例子也散见于其他文献。如《续汉书·郡国志第一九》"弘农郡"条载："陕。本虢仲国。有焦城。有陕陌。"刘昭引《博物记》注此"陕陌"曰："二伯所分。"传说的真伪暂置不论，至少可以说明冠以地名的陌所区划的是更为广阔的疆域。下面再举一例。《水经注》卷一二《巨马水》注引《地理书上古圣贤冢地记》曰："督亢地在涿郡。今故安县南有督亢陌，幽州南界也。"督亢陌[1]冠以地名，是区划州之南界的陌。这与平陵陌区划乐安乡南界的作用是完全一致的。区划州界、乡界的陌，其名所冠的都是地名。特别要注意的是，如《匡衡传》"封真平陵陌以为界"的记载所示，这种区划广大疆域的陌上是设有封土的。可以认为，阡陌制的陌本来是统辖1项即100亩耕地的道路。不过，其中有些陌位于能够区划百顷大小土地的地点，有些陌能够区划州界、郡界等行政区域疆界，它们后来就都被冠以地名，设以封土，使其能够发挥疆界的作用。楠山氏所关注的陌，就是商鞅变法所言的"开阡陌、封疆"中的"封疆"。

与封有关，这里也可以谈谈青川《田律》中剩下的部分。在"道广三步（4.14米）"之后，紧接着规定"封高四尺（92厘米），大称其高。捋高尺（23厘米），下厚二尺（46厘米）"。"封"如前所述也用在区划封疆的场合，但基本上是在与阡陌相关的规定中标示耕地的大致边界。睡虎地出土秦简所载"可（何）如为封？封即田千佰顷半（畔）封殿（也）"（《法律答问》，《云梦睡虎地秦墓》图版八九，四三四简）表示的也是此意。如前揭（d）王当券中有"立四角封界"、（b）孙成券中有"田东西南北，以大石为界"所示，封是为了区别于他姓的占有地而筑造的，像王当和孙成两券那样仅立于四个角落的应是普遍的

---

1. 关于督亢陌的"亢"字，《说文解字》第十三篇下载："肮，竟也。一曰百（陌）也，赵魏谓百为肮，从田亢声。"亢即此处所见的肮。督亢自身有督陌的含义，后来又被加上了陌字。此外值得注意的是肮有境界的含义。对此，还可参考前揭第58页脚注3木村正雄论文。

情况。"捋"，从其大小来看，显然是区划一块耕作区域的田埂。

通过以上考察可以明确的有如下诸点。所谓"阡陌"，是区划耕地为千亩、百亩大小的宽约4米的农道。陌统辖的是百亩（100步×240步）耕地。阡与陌垂直相交，统辖左右各五陌共计十陌（200步×1 200步）的耕地。阡陌所区划的耕地，以陌即1顷为单位按照编号进行登记，由亭部进行统一管理。陌即1顷也是国家军事领域的最小单位，国家军事领域以阡陌进行什伍制式的编成。小农经营所实现的世袭性占有，于阡陌制下被包摄与编成时，就具有了对国家的政治性关系。陌在阡陌制实行当初，通常是被冠以姓氏而称，说明这种陌所统辖的耕地与其家的"名有"——世袭性占有相关。与此不同的是，陌也用于区划如百顷单位这种更为广大的领域和州界、郡界、乡界等。在这一场合，陌被冠以地名，陌上亦设封土进行"封疆"。

如第一章所述，基于土地再分配制的辕田制被废止后，对于以这一时期形成的一年一作式农法为基础的个别小经营而言，阡陌制是作为更为适合的耕地区划方式而被施行的。他们所实现的世袭性土地占有，以军事性形态被编成和统辖于国家之下。这一制度在赵国确立于公元前5世纪中叶，秦国则于公元前4世纪中叶承赵制而行。其后，随着秦的全国统一，应该至少扩展到了华北的旱地农业地带。其后，因为三国时期以降的买地券中已经完全看不到以亭部阡陌进行耕地管理的记述[1]，可知阡陌制是在大约3世纪初结束了其历史使命。从公元前5世纪中叶到3世纪初，阡陌制维持了六个半世纪之久。那么，这一制度又是为何崩溃的呢？

三、阡陌制的崩溃

如前文所论，按照编号管理陌以及与亭部相关联，都反映出阡陌制与军制之间的联系。这些可以说明阡陌制的兴废是由植根于社会、经济和政治各方面动向中的多种原因所决定的。但是，构成阡陌制的

---

1. 参考前揭第60页脚注1池田温论文。

根本力量，应该是为这些因素所社会性定义的人们。阡陌制的崩溃，也必定是承担阡陌制的主角的崩溃。如前节所见，阡陌制成立之初，以小农家族为单位对1陌即1顷之地的"名有"——世袭性占有是被承认的，他们也被定位为最基层军事领域的承担者。这种对1陌即1顷之地的"名有"，在当时的生产力阶段，只有中家层才能承担起来，商鞅变法的目的正在于培育这样的农民层。这样的农民层在先秦时期是以怎样的面貌存在，目前并不清楚。不过如第一章第一节所见，到东汉初期，中家层占有了全社会阶层的近半之多，政府通过农民赈恤、租赋免除、公田授与等各种政策对这一阶层进行维持和培育。这一中家层的没落应该正是阡陌制崩溃的基本原因。

在史乘中中家出现的最后例子，管见所及，是东汉初年桓谭提出的上疏。桓谭在上疏中指出，"富商大贾，多放田贷，中家子弟，为之保役，趋走与臣仆等勤"[1]。这段话似乎在暗示中家的前途，此后中家在史料中即不再见。与此相应的是，由大家、中家、贫家这样三个阶层组成的汉代人的社会认识，也在东汉中期以降发生了极大的转变，变为富豪大家层与贫家小民层这样的二阶层区分。最为著名的例子，就是见于崔寔《政论》中的上家与下户。其中提到"累巨亿之赀""多拟人主"的上家与"父子低首，奴事富人，躬帅妻孥，为之服役"的下户，分别以之为富者与贫者的代表[2]。又，关于从乡部到公府被来回敷衍的诉讼不公，王符亦有描述："公府不能察，而苟欲以钱刀课之，则贫弱少货者终无以旷旬满祈。豪富饶钱者取客使往，可盈千日，非徒百也。治讼若此，为务助豪猾而镇贫弱也，何冤之能治？"[3]又如京兆尹樊

1.《后汉书》卷二八《桓谭传》载："今富商大贾，多放钱货，中家子弟，为之保役，趋走与臣仆等勤，收税与封君比入，是以众人慕效，不耕而食，至乃多通侈靡，以淫耳目。"

2.《通典》卷一所引崔寔《政论》载："上家累巨亿之赀，户地侔封君之土，行苞苴以乱执政，养剑客以威黔首，专杀不辜，号无市死之子，生死之奉多拟人主。故下户踦𪨲，无所跱足，乃父子低首，奴事富人，躬率妻孥为之服役。故富者席余而日织，贫者蹠短而夕踧，历代为虏，犹不赡于衣食。……岁小不登，流离沟壑。"

3. 王符《潜夫论·爱日篇第一八》。此外，下文有"一人有事，二人获饷，是为日三十万人离其业也。以中农率之，则是岁三（二）百万口受其饥也"，其中可见"中农"一词。虽能感觉出中家层在背景中的存在，但在此只是计算的基准，是抽象性的存在。

陵在开掘阳陵县水渠时,"遂取富豪财,借黎元力"[1],显示东汉末的社会大致也是分为两个阶层的。已故川胜義雄氏指出,豪族间的竞争导致了乡邑秩序的分裂和崩溃[2]。这一危机性局面的出现也是以这种作为社会阶层的中家的没落为基础的。那么,仲长统在言说"今者土广民稀,中地未垦。虽然,犹当限以大家,勿令过制"[3]时,可以说恰好反映了大家层的兼并与中家层的没落所导致的农业生产的停滞。他提出这一意见后不久阡陌制就最终被放弃了,曹氏政权下的中原地区展开了通过屯田制进行的农业复兴[4]。

　　问题在于,导致中家层没落以及相伴而生的阡陌制崩溃的基本原因是什么呢?既然阡陌与农业制度深有关联,其崩溃的原因应该也要在农法的变质之中去探寻。我认为这是发生了由小农法型农业向大农法型农业这一社会性转变的结果。前者以耒、耜等手工劳动开耕用具为基础,耕作以亩为单位的耕地。后者以犁耕为基轴,耕作以顷为单位的农地。赵过的代田新法就清楚地反映了这一转变。施行于西汉武帝时期末年的赵过代田新法,见载于《汉书》卷二四《食货志》。虽然是众所周知的文献,以下仍然加以分段训读,介绍其内容:

　　(A)(赵)过能为代田,一畮三甽。岁代处,故曰代田,古法也。

　　(B)后稷始甽田,以二耜为耦,广尺深尺曰甽,长终畮。一畮三甽,一夫三百甽,而播种于甽中。苗生叶以上,稍耨

<hr>

1. 参考《蔡中郎文集》卷九《京兆樊惠渠颂》。

2. 参考前揭第一章第一节第25页脚注1川胜義雄论文。

3.《后汉书》卷四九《仲长统传》所引《昌言·损益篇》载:"今田无常主,民无常居,吏食日禀,班禄未定。可为法制,画一定科,租税十一,更赋如旧。今者土广民稀,中地未垦;虽然,犹当限以大家,勿令过制。其地有草者,尽曰官田,力堪农事,乃听受之。若听其自取,后必为奸也。"

4. 参考西嶋定生:《魏の屯田制——特にその廃止問題をめぐって——》,见氏著《中国経済史研究》第二部第二章,东京大学出版会,1966年。据此,典农部所管的民屯集中于中原的沃野,可推测在东汉时期这一地域被荒废了。

陇草，因隤其土以附苗根。故其《诗》曰："或芸或芋，黍稷儗儗。"芸，除草也。芋，附根也。言苗稍壮，每耨辄附根，比盛暑，陇尽而根深，能风与旱，故儗儗而盛也。

（C）其耕耘下种田器，皆有便巧。率十二夫为田一井一屋，故晦五顷，用耦犁，二牛三人，一岁之收常过缦田晦一斛以上，善者倍之。

（D）过使教田太常、三辅，大农置工巧奴与从事，为作田器。二千石遣令长、三老、力田及里父老善田者受田器，学耕种养苗状。

（E）民或苦少牛，亡以趋泽，故平都令光教过以人挽犁。过奏光以为丞，教民相与庸挽犁。率多人者田日三十晦，少者十三晦，以故田多垦辟。

（F）过试以离宫卒田其宫壖地，课得谷皆多其旁田亩一晦以上。令命家田三辅公田，又教边郡及居延城。是后边城、河东、弘农、三辅、太常民皆便代田，用力少而得谷多。

关于这一代田法的记述，存在种种不同的看法和争论。在此容略去对这些争论的介绍，仅着眼于小论的目的来进行考察[1]。关于代田法的记事，大体可以分为（A）（B）（C）三段叙述农业技术的前半段与（D）（E）（F）三段叙述具体施行过程的后半段。在此成为考察对象的主要是前半段。以下以前半段为中心检讨其内容。

粗读即可知道，前半段中并列记载了两种代田法，即（B）叙述的后稷代田古法和（C）叙述的赵过代田新法。（A）部分为引言，同时也对作为两者共通基础的"代田"进行了内容定义，即通过"一晦三甽。岁代处"来维持地力。这是（B）之古法与（C）之新法共通的前提。以此前提为基础，（B）（C）两部分进行了古法和新法的对比。

---

1. 关于以往研究的诸论点，西嶋定生氏已有概括（见前揭第69页脚注4氏著第一部第三章《代田法の新解釈》）。本文对代田法与牛犁耕的历史性定位，基本与西嶋氏的观点一致，请一并参读。

对比结果如表Ⅳ所示，其重点在于开耕过程以及与此相伴随的单位经营面积。因为经营面积取决于开耕过程，其核心无疑在于开耕用具和开耕组织，即以耜进行的耦耕与以犁进行的二牛三人的开耕过程的对比。通过这一对比，显然是在主张犁耕农法的优越性。后半段的（Ｅ）中提倡以人力进行犁的牵引，在实施方面也有同样的主张。

表Ⅳ　代田古法、新法比较表

	开耕组织	耕具	中耕、除草	单位耕地
古法	耦耕 （二人）	耜	芸、芋	100亩 〔100步×100步〕
新法	三人	耦犁 （二牛）	同上	1 200亩—5顷 〔1 200步×100步〕

牛犁耕战国时期即已出现，起源很早。但是，其社会性扩展到何种程度尚颇有疑问。如第一章所见，江陵凤凰山埋葬的大家阶层中，其农具也仅有耒、锄、镶等手工劳动用具。另外前段文字后半部分的（Ｅ）也指出了牛力缺乏的社会状况。在比代田新法的施行时间略早的《淮南子·主术训》中也可以看到如下记载：

　　夫民之为生也，一人跖耒而耕，不过十亩。中田之获，卒岁之收，不过亩四石。妻子老弱仰而食之。时有涔旱灾害之患，无以给上之征赋车马兵革之费。由此观之，则人之生，悯矣！

这段史料以向国家缴纳租赋的普通农民为例，显示当时使用耒进行农业经营是常态。《淮南子·缪称训》同样也记载："夫织者日以进，耕者日以却。"若为犁耕则应向前进，所以这段话应该指的是后退而行的踏犁的开耕。被《淮南子》作为前提的一般性开耕法，使用的是耒耜等农具，这与同时期的其他史料也可以对应，与《吕氏春秋·任地篇》所记"六尺之耜，所以成亩"也是一致的[1]。使用耜作为开耕用具的

---

1. 参考第一章第二节以及第33页脚注1—4。

代田古法的记述，可以认为在这一意义上象征着西汉初期以前的一般性技术阶段。当然，班固认为代田古法起源于后稷的记述是不能信以为真的。以100步即1亩制为前提的班固的记述，与我们所见的阡陌制下的亩制相异，显然是以井田制为意识形态素材而制作的[1]。但是，其将古法和新法进行比较的核心，在于主张犁耕农法相对于手工劳动开耕的决定性优势，这一立论是以社会现实为基础的。贾思勰指出，"故赵过始为牛耕，实胜耒耜之利"（《齐民要术·序》）。他的这一判断值得尊重。西汉中期以降，在文献和出土资料中关于犁耕的事例急剧增加，可为佐证[2]。这一事象正与中家层的没落和阡陌制的崩溃有关。

犁耕农法带来的影响包括两个方面。第一，对于土地区划形态的直接影响。青川《田律》所规定的亩制形态为1步×240步，100步×240步则按照100亩即1陌进行统辖。如《吕氏春秋·任地篇》所明言，这一亩制是适应于使用耒耜的小农法型农业而制定的。在小农法型农业作为支配性生产力基础的时期，类似的改变阡陌的土地区划形态的变动是没有的[3]。但是到了武帝末年，也有政治力方面的背景因素，犁耕农法在社会上普及开来，动摇了这种阡陌式的土地区划形态。那么，这种以犁耕农法为特征的代田新法，是以怎样的土地区划形态为前提的呢？

在以犁耕为基础的赵过代田新法中，五顷构成一个经营单位。这无疑就是阡陌制下由单侧的五陌所统辖的耕地，具有100步×1200步的构成。代田新法的双单位经营，正与图Ⅱ的1阡陌相对应。班固为了

---

1. 《周礼》"小司徒"条"凡税敛之事"的郑注中，引用了《司马法》"六尺为步，步百为晦，晦百为夫，夫三为屋，屋三为井……"的相关记载。《汉书》卷三〇《艺文志》的礼家有《军礼司马法》一百五十五篇，班固自注为"入司马法一篇，百五十五篇"。刘向《七略》中将其置于兵权谋家之中，班固又重新将其移入礼家，可见班固对《司马法》十分重视。班固将这种以齐地为中心的东方系制度加之于阡陌制之上，也是很明显的。

2. 参考前揭第一章第二节第33页脚注7《中国古代农业考古资料索引》。

3. 《齐民要术·种谷第三》所引《氾胜之书》载："区种法曰：汤有旱灾，伊尹作为区田。……诸山陵，近邑高危倾坂，及丘城上，皆可为区田。……凡区种，不先治地，便荒地为之。以亩为率：令一亩之地，长十八丈，广四尺八尺。当横分十八丈作十五町；町间，分为十四道，以通人行。"区种法的亩制形态是十八丈（30步）×四丈八尺（8步）。从文中"诸山陵，近邑高危倾坂，及丘城上，皆可为区田"，可知其仅适用于山地与倾斜地区。

整合其与古法记述的差异，将其与井田制下的100步即1亩制相关联，认为五顷的耕地面积相当于12夫即1井1屋的大小。1屋相当于100步×300步大小的土地，1井为3屋相并所得方1里即300步×300步的土地。从而1井1屋即为4屋大小，而1屋为100步×300步，若4屋纵向并列即为100步×1 200步，相当于阡陌的单侧面积大小。成为代田新法前提的土地区划形态，显然类似青川《田律》所规定的阡陌制。汉人班固当然应该知道现实中所实行的阡陌制。他了解代田新法是以作为阡陌单侧的五顷为一个经营单位而实施的，但并没有根据事实将其与秦制联系在一起进行说明，而是以井田制为意识形态素材进行了再解释，通过与后稷古法的关联赋予汉王朝政策以权威性。若去除班固所做的润色，显现出来的就是商鞅变法以来的阡陌制，与青川《田律》所描摹的田制相一致。

不过，相一致的只是阡陌制的大框架，而且只是其中的一半。对于以犁耕为基础的代田新法来说，对其内部进行区划的畛和陌并没有什么重要性。因为这一新法是以500亩的大框架为一个单位进行经营的。这里也有班固进行了润色的可能性。对于犁耕来说，耕地越细长，犁的回转次数越少，作业效率就越为合理化。在耕作细长的耕地时，陌就成为了一种阻碍因素。于是陌和一部分阡就被铲除，以使耕地变得更为适合犁耕。伴随着犁耕农法的社会性扩展，阡陌制为犁所蹂躏，逐渐走向崩溃。《齐民要术》卷首《杂说》的记载以约1.5顷为合适的经营规模。在此之前，这一时期犁耕所进行的经营就已经超过了1顷，与战国时期以来以1陌即1顷为根本的阡陌制的土地区划形态本来就不相适合了。赵过代田新法的推进，在扩展这一犁耕农法的同时，也为阡陌制的广泛崩溃埋下了伏笔。

第二个方面与第一个方面存在不可分割的关系。代田新法的实行，以五顷耕地和耦犁二牛三人所构成。这里所谓的二牛三人只是开耕过程中的数字，在肥培管理过程中应该和古法一样，也需要大量的劳动者。因此整个一年的劳动过程中应该也需要很多劳动力。但是，以五顷和耦犁二牛三人为核心的农法，与此前以1顷即1陌为基本的经营方式之间，存在相当大的差距。也就是说，在家族劳动之外，若还使役若干隶属劳动者和雇农，则五顷耕地一家即可经营。前述礼忠一家拥有三位奴婢和两头役牛，同时还有五顷耕地，即为典型[1]。能够基本实现这一经营的，是像礼忠这样的中家最上层乃至大家层。牛犁耕的社会性扩展所带来的结果是非常清楚的。通过牛犁耕的扩展，不但是土地所有的规模发展到了数顷，跨越数陌、数顷的经营也逐渐得到了社会性的扩展。结果是：第一，旧有的陌渐渐变成了经营的阻碍物，陌被逐渐破坏。第二，将五顷纳入一家所有的经营的出现，如果不是共同经营，就会走向对拥有其他四陌之人的所有权的否定，成为推动农村阶层分化的基础。第三，因为基本能够实现牛犁耕的是中家最上层乃至大家层，中家内部通过是否能实现基于牛犁耕的经营而发生了大规模分化。正是以赵过代田新法为契机的牛犁耕的社会性扩展，作为楔子被打入了中家这一社会阶层之中，成为了其发生没落和阶层分化的物质基础。犁耕农法的社会性扩展，为上述中家层的没落、阶层分化和阡陌制的崩溃打下了基础。其后在汉末大乱中秦汉型国家体制走向瓦解之际，阡陌制的崩溃最终成为了现实。

结语

在战国初期即公元前5世纪前半叶的赵国，阡陌制即已施行。商鞅将这种240步1亩的阡陌制引入秦国，为秦始皇统一全国创造了前提条件，构筑了秦汉时期田制的基础。

所谓"阡陌制"，是以1亩即1步×240步为最小构成单位的土地区划形态。所谓"陌"，就是区划并统辖100步×240步即100亩，也就是1顷大小土地的道路。所谓"阡"，则是区划并统辖左右两侧各5陌共计10陌大小的1 000亩（200步×1 200步）土地的道路。为阡陌所区划的耕地，根据编号对陌进行登记，接受亭部的统一管理，构成了具有什伍制式编成的国家军事领域的最基层。通过陌所掌握的1顷即100亩的耕地，在阡陌制成立时期是小农家族的"名有"——世袭性占有得到

---

1. 参考第一章第一节第23页脚注7。

认可的土地，通常被冠之以其姓氏进行称呼。总之，第一章所论述的个别小农经营实现的世袭性土地占有，通过什伍制式编成而为国家所掌握的制度，就是阡陌制。

阡陌制是以小农法型农业为前提的土地区划形态，这一农业的基础在于手工劳动开耕用具。以赵过的代田新法为分水岭，犁耕农法取得了社会性扩展，同时也导致了阡陌制自身的崩溃及其担当者中家层的没落和阶层分化。其后伴随着汉帝国的崩溃，阡陌制自身也完成了它的历史使命。其后的时代中，阡陌变成了对田间道路的一般称呼，已经丧失了其政治性意义。

通过考察为秦国权力所统一实行的包括土地区划形态和田制在内的阡陌制，可以发现个别小农经营所实现的世袭性土地占有，通过什伍制式编成而为国家所统辖。这样成为新问题的就是，作为阡陌制施行主体的国家对于个别小农经营如何定义？尤其是应该由国家所体现的上级土地所有权如何定义？在上级所有权这一更高次元中对小农经营进行把握时，其究竟具有怎样的具体定义呢？

第三章

分田农民论

前言

上级土地所有权的解明，是贯穿整个中国前近代史的问题。通过研究这一问题，作为我们分析对象的时代当然也会扩展开来。这一问题此前一直都是被作为国家性土地所有来进行讨论的，尤其是围绕均田制的历史性质，成为了主要争论点之一。那么，我们就首先从均田制出发来进入本章的课题。

在唐代均田制中，通常对于中男、丁男，要授田1顷即100亩的耕地。100亩的耕地中80亩作为口分田成为还受的对象。与此相对，另外20亩则作为世（永）业田允许世袭。这些已经成为学界常识。从法制性侧面来看，就比重而言，口分田显然是一种重要的土地名目。但是，从具体实行的侧面来看，如过去的诸研究所指出的那样，在包括口分田、永业田、园宅地在内的"应受田"中，优先给予的首先是永业田，在保证永业田的基础上再班给口分田，可见是以永业田为中心而运营实施的。可以说在唐代，就法制上而言重视口分田，同时实体上却又是允许世袭的永业田构成了农民性所有的核心。在均田制崩溃后的私田场合，仍然有被称之为永业田的情况[1]。从词语的形式性继承关系也可以看出，唐代均田制下的永业田，与官人永业田一起，共同构成了唐宋变革期以降的私田所有的先驱形态。那么，对于定义了均田制根本面貌的口分田，又应该如何进行历史性把握呢？实际上，口分田并非是均田制中创造和固有的土地名目。作为一种词语/观念，它包含了战国时代以来的漫长历史。本章将通过考察为口分田这一词语/观念所包含的历史，解明从战国时期到隋唐时期上级土地所有权和小农经营的土地所有理念的基础所在，以对均田制进行新的性质定义，对小农经

---

1. 参考谷川道雄：《唐代の職田制とその克服》，《東洋史研究》第12卷第5号，1953年。此外还散见于《唐会要》卷八五"逃户"条《长庆元年正月赦文》《会昌元年正月制》，《五代会要》卷二五"逃户"条《周显德二年正月二十五日敕》以及《宋会要辑稿·食货六三·农田杂录》等。宋代史料中可见"己业"一词，与"永业"所指相同。

营进行概念性把握。

在将这种口分田与根据官僚的官品、职务进行授予的职分田进行对比时，我们还可以注意到一个意味深长的事实，即两者的词干都有"分田"这一表述。当然，"口分"这一用法以《关东风俗传》为滥觞散见于各种史料。另外，职分田也有被径称为"职分"或者"职田"的情况。在均田制下，"口""职"或许在意义上更为重要。但是，口分田并非"口分之田"，就本源而言乃是"给个人的分田"。职分田也不是"职分之田"，而是"给职务的分田"。如果我们能够对构成其词干的"分田"的内容进行历史性理解，自然也就理解其整体意义了。"口分之田"与"口田"[1]等用法出现的时候，其词干中存在的"分田"概念已经开始变得不够明晰了。那么，所谓"分田"，究竟是怎样的存在呢？这里有值得注意的史料，即王莽在施行王田制时发布的诏令中所见的"豪民侵陵，分田劫假"这段文字。下面就以此为线索展开分析。

一、分田的概念

（一）"分田劫假"有关诸说检讨

关于"分田劫假"，存在各种各样的解释。下面为行文方便，首先列出许多前辈学者作为研究对象的《汉书·食货志上》所见原文：

> 下令曰："汉氏减轻田租，三十而税一，常有更赋，罢癃咸出，而豪民侵陵，分田劫假，厥名三十，实什税五也。……今更名天下田曰王田，奴婢曰私属，皆不得卖买。其男口不满八，而田过一井者，分余田与九族乡党。"

关于以上史料中所见的"分田劫假"的诸解释，大体可以区分为三种。持第一种见解的包括了日本的所有研究者和中国研究者中的大多数。虽然细节上多少有些出入，但都是基于颜师古注而进行解释的。

1.《通典》卷二《食货田制下》所引《关东风俗传》载："三正卖其口田，以供租课。"

师古认为，"分田，谓贫者无田而取富人田耕种，共分其所收也。假亦谓贫人赁富人之田也。劫者，富人劫夺其税，侵欺之也"。相对于师古将"分田"和"劫假"分开解释，近人更多地将其统一起来，大致理解为"富人向贫民贷田让其佃耕（分田），并强取其收获物的十分之五作为地租（假）"[1]。包括师古在内，诸家学者都将其视为地主佃农制的实体表现。这种解释可以说已经是学界通说了。然而，"分田劫假"所在的这一段诏令实际上叙述了如下状况：汉朝的田租虽然轻至仅有总收获量的三十分之一，但常有更赋的征收，又有豪民的"分田劫假"，故即使名义上只有三十分之一，但实际上农民总收获量的二分之一都被夺取了。那么，在将"分田劫假"视为地主佃农制的场合，农民就不得不被同时置于地主佃农制性征收关系和国家性征收关系之中了。从原文的脉络来说感觉有些不够自然。另外，《盐铁论·未通篇第十五》载文学批评汉朝的征收政策，也说道："田虽三十，而以顷亩出税，乐岁粒米梁粝而寡取之，凶年饥馑而必求其足。加之以口赋更繇之役，率一人之作，中分其功。"叙述的是与上引诏令相同的事态，即农民的剩余生产物是以怎样的形式被分配和征收的。一方面的形式是：田租+

1. 主要的研究列举如下，可一并参考：（1）加藤繁译注：《史记平準书·漢书食货志》，岩波文库，1942年，第162、163页；（2）宫崎市定：《東洋的古代》，收入氏著《宫崎市定アジア史論考》中卷，朝日新闻社，1976年，第180、181页；（3）河地重造：《王莽政権的出現》，岩波《世界歴史》（四），1970年，第386页；（4）西村元佑：《魏晋の勧農政策と占田課田》，见氏著《中国経済史研究》第一篇第二章，东洋史研究会，1968年，第89页，（5）西嶋定生：《魏の屯田制》，见氏著《中国経済史研究》第二部第二章，东京大学出版会，1966年，第345、346页；（6）宇都宫清吉：《僮約研究》，收入氏著《漢代社会経済史研究》，弘文堂，1955年，第318页；（7）平中苓次：《漢代の田租と災害による其の減免》，收入氏著《中国古代の田制と税法》，东洋史研究会，1963年，第124页；（8）天野元之助：《漢代豪族の大土地経営試論》，收入《瀧川博士還暦記念論文集》东洋史篇，中泽印刷，1957年，第6页；（9）堀敏一：《均田思想と均田制度の源流》，见氏著《均田制の研究》第一章，岩波书店，1975年，第22页；（10）多田狷介：《後漢豪族の農業経営——佃作·傭作·奴隷労働》，《歴史学研究》第286号，1964年；（11）藤家禮之助：《漢代豪族の大土地経営について》，收入《现代中国と歴史像》，东亚文化丛书第二集，霞山会，1975年；（12）郭沫若：《奴隷制时代》，人民出版社，1954年，第74页；（13）侯外庐：《论中国封建制的形成及其法典化》，《历史研究》1956年第8期；（14）韩养民：《西汉的"分田劫假"与土地兼并》，《西北大学学报》1981年第1期等。（13）（14）两文，在认定为佃耕制这点上与其他研究一致，但在将"劫假"的假与公田假与联系起来理解这点上，也有与贺氏之说相关联的一面。

更赋+分田劫假＝什分之五。一方面的形式是：田租＋口赋更繇＝中分。前者的更赋与后者的口赋更繇应该是基本一致的。如此则豪民通过"分田劫假"进行的农民征收，就真的是微不足道的了。征收达收获物的半数之多这一事实与当时所谓佃农制的实态之间，恐怕还是颇有距离的。"分田劫假"所表现的应该是某种不同于地主佃农制的情况。

第二种是贺昌群氏之说[1]。贺氏批判了主张第一说的郭沫若氏，提出"分田"同于均田制的口分田，其内容就是"计口受田"。而"劫假"之"假"，与散见于汉代诸史料的"公田假与"之"假"同义。"分田劫假"的正确解释，应该是指政府按照家口数向贫民假与（赋与、班与）口分田，但实际上这些田地全部为豪强所掠夺。贺氏将分田解作"份田即分与地"，并将其与均田制的口分田联系起来，这一点如后所述确属卓见。然而这种论证以北魏的计口受田制为媒介，将秦汉时期的分田与均田制的口分田直接等同起来，还是有些勉强。第一，尽管先秦时期有一些例子，但汉人郑玄明确说过汉代并不存在授田制[2]。第二，关于汉代计口受田的例子，贺氏举出了赵充国的屯田策，但这只是针对边境守备的特殊例子，并不能将其直接普遍化为内郡一般民田的情况。第三，贺氏将分田理解为"被假与的公田"，但由公田假与而来的民田创设与屯田一样也是特殊的例子，众所周知，事实上汉代的民田并非全部都渊源于公田假与。第四，贺氏将"分田劫假"理解为对分田的劫夺，是豪强进行的土地掠夺。如前所述，"分田劫假"是以一整句话来表现对农民收获物的掠夺，所以像贺氏这样将其视为土地掠夺的解释是难以成立的。在不将分田视为佃农制而是理解为分与地即份田这一点上，贺氏之说中有值得继承之处。但其关于分田本身的内容理解和对"分田劫假"的整体理解，都存在很多问题。

第三种是许倬云氏之说[3]。许氏在分田的理解上取颜师古说，在劫

---

1. 贺昌群：《汉唐间封建土地所有制形式研究》，上海人民出版社，1964年，第26、27、302页等。

2.《周礼·地官·司徒》"载师"条贾疏："异义第五。田税：……汉制，收租，田有上中下，与周礼同义。玄之闻也。……汉无授田之法，富者贵美且多，贫者贱薄且少。"

3. Cho-yun Hsu, *Han Agriculture,* Seattle, 1980, p. 165.

假的理解上取贺昌群说，主张是"（有力者）分割自己的土地，（或将小片地租给贫民，）或掠夺政府出租地"。许说折中了第一说和第二说，认为这句话表示的是土地的租借、掠夺状况。但如前所述，"分田劫假"并非以一整句话来表示土地的租借、掠夺状况，而是指对农民的生产物的掠夺。许说与贺说一样，也有不能赞同之处。

以上是对前人诸说的概观。诸说都未能对"分田劫假"做充分说明。其根本原因在于只是对"分田劫假"加以个别解释，而不是在前引王莽诏令的整体中对分田或者"分田劫假"进行把握。前人诸家所依据的《汉书·食货志》所收录的诏令为节录而非全文。而《汉书》卷九九《王莽传》所载当为全文。读罢这一诏令的全文，"分田劫假"就在我们眼前呈现出了新的光景。容改节再述。

（二）"分田劫假"的意义

在讨论"分田劫假"的整体问题之前，首先对作为其中心的"分田"进行一点预备性考察。贺昌群氏将分田解释为份田的熟语，主张与口分田具有同一性。这确属卓见。贺氏举出了若干东汉六朝时期应当读作分田的用例。我们再来看看没有被贺氏注意到的例子。《晋书》卷八七《凉武昭王李玄盛传》所收汜称上疏载："愿殿下亲仁善邻，养威观衅，罢宫室之务，止游畋之娱。后宫嫔妃、诸夷子女，躬受分田，身劝蚕绩，以清俭素德为荣，息兹奢靡之费。"这是希望给予后宫女官分田，让她们像普通民户那样自力更生，从而减少后宫的奢侈。无疑其中所见的分田为一熟语，意思近于私田。下面这段关于曹魏屯田制的佃科的议论，则更清楚地显示出分田就是私田。《三国志》卷一六《魏书·任峻传》裴松之注引《魏武故事》曰：

> 当兴立屯田，时议者皆言当计牛输谷，佃科以定。施行后，（枣）祗白以为僦牛输谷，大收不增谷，有水旱灾除，大不便。反复来说，孤犹以为当如故，大收不可复改易。祗犹执之，孤不知所从，使与荀令君（彧）议之。时故军祭酒侯声云："科取官牛，为官田计。如祗议，于官便，于客不便。"

声怀此云云，以疑令君。祗犹自信，据计画还白，执分田之
术。孤乃然之，使为屯田都尉，施设田业。

这里所见的意见对立在于，到底是采纳"计牛输谷""科取官牛"方式
的"官田计"，还是采纳枣祗所主张的"分田之术"。若采纳前者，"大
收不增谷，有水旱灾除，大不便"，可见正如西嶋定生氏所述[1]，这是以
官牛一头为对象而分配的定额收租方式。后者的"分田之术"即分田方
式则"于官便，于客不便"，所以应该是根据丰年、凶年不同按比例对
收租量进行调整的定率收租方式。西嶋氏根据"分田劫假"所附的颜师
古注，将这种分田方式理解为地主佃农制式的定率收租方式——什五
制。从结论来看，西嶋氏将分田方式看作定率收租方式这一点是值得肯
定的。但是，基于颜注所进行的论证却基本是错误的。分田的内容，无
论如何首先必须在上述《魏武故事》的文脉中来进行理解。"分田之术"
的分田，如上所见，是与"为官田计"的官田明确对应的。那么与官田
对应的分田到底是什么呢？只能是民田、私田。汉王朝对于私田、民田
的征收虽然因时而异，但大致是三十取一的定率收租方式。所谓"分田
之术"即分田方式，应该视为就是指汉王朝对民田的定率收租方式。正
因为如此，民屯田也可以根据这种收租方式，采取更为明确的规定。这
里是说民屯田虽然耕作官田，但并不采取官田的定额收租方式[2]，而是采
取国家对普通民户的私田所用的定率收租方式。有些离题了，还是回到
分田的主题上来。总之，通过以上检讨，我们至少可以知道，分田是与
官田相对而言的，是对民田、私田的表现形式。

　　还有更为意味深长的史料，见于与曹魏施行屯田制同时期著述的
仲长统《昌言》。《昌言·损益篇》（《后汉书》卷四九《仲长统传》）载：

　　井田之变，豪人货殖，馆舍布于州郡，田亩连于方国。

---

1. 参考前揭第80页脚注1所引西嶋著书。
2.《九章算术》卷六《均输第六》载："今有假田，初假之岁三亩一钱，明年四亩一钱，后年五
　　亩一钱。凡三岁得一百，问田几何？"尚不明确是公田与民田中的何者假作，但可以从中窥
　　知假作是定额征收，且其额度相当低。

> 身无半通青纶之命，而窃三辰龙章之服；不为编户一伍之长，
> 而有千室名邑之役。……虽亦由网禁疏阔，盖分田无限使之
> 然也。今欲张太平之纪纲，立至化之基趾，齐民财之丰寡，
> 正风俗之奢俭，非井田实莫由也。

这里所见作为"豪人货殖"原因的"分田无限"，过去的通说都将其解释为"没有限制的分割田地"，甚至有学者认为指的是佃农制的盛行。但是，根据前文举出的两例史料，毋宁认为更具整合性的理解应该是，因为"对私田的所有不加限制"导致了兼并，由此"豪人货殖"盛行。这里值得注意的是，作为对分田所有的限制对策，仲长统提到了井田制。其要旨在于，因为井田制崩溃而使得分田-私田的所有失去了限制，进而导致了"豪人货殖"的事态，所以应该复活井田制以限制私田所有。井田制与分田的关系，在这里是非常密切的。由此我们再来看王莽的诏令。在《汉书》卷九九《王莽传中》中，前引诏令是这样开始的：

> 莽曰："古者，设庐井八家，一夫一妇田百亩，什一而税，则国给民富而颂声作。此唐虞之道，三代所遵行也。秦为无道，厚赋税以自供奉，罢民力以极欲，坏圣制，废井田，是以兼并起，贪鄙生，强者规田以千数，弱者曾无立锥之居。……汉氏减轻田租，三十而税一，常有更赋，罢癃咸出，而豪民侵陵，分田劫假。厥名三十税一，实什税五也。……今更名天下田曰'王田'，奴婢曰'私属'，皆不得卖买。其男口不盈八，而田过一井者，分余田予九族邻里乡党。故无田，今当受田者，如制度。敢有非井田圣制，无法惑众者，投诸四裔，以御魑魅，如皇始祖考虞帝故事。"

这一诏令的旨趣，是从井田制的崩溃说到"豪民侵陵，分田劫假"，由此鼓吹井田（王田）制的复活。这与前述仲长统《昌言》的论述若合符节。毋庸赘言，"分田劫假"应该放在与井田制的关联中来理解。如

此的话，"分田劫假"的分田也是应该理解为私田的。这一点，通过进一步探究井田与分田的关系是可以明了的。

关于井田制的记述，不必说见载于《孟子·滕文公章句上》。文公派臣下毕战来询问井地时，孟子回答：

> 夫仁政，必自经界始。经界不正，井地不钧，谷禄不平。
> 是故暴君污吏必慢其经界。经界既正，分田制禄可坐而定也。

这里，"井地不钧"与"分田"相对应，"谷禄不平"与"制禄"相对应。孟子是在井田制中为分田定位的。这毫无疑问就是王莽诏令和仲长统《昌言》作为基础的经典所在。分田，首先还是渊源于孟子的井田说，而非口分田或者其他对象。据上引文字，所谓分田，就是以经界将耕地区划为一定的均等面积。换言之，即指被区划为一定面积的耕地。而《孟子·滕文公章句上》在上引文字后，又有"方里而井，井九百亩，其中为公田。八家皆私百亩，同养公田"的记载。由此可知所谓区划为一定面积的耕地，指的是与公田相对的一家百亩的私田。所谓分田，就是与公田相对的私田。曹魏屯田制中"分田之术"与"官田之计"的对比，也是渊源于井田说中公田与私田即分田的对比。进一步说，《孟子·万章章句下》有言："耕者之所获：一夫百亩，百亩之粪，上农夫食九人，上次食八人，中食七人，中次食六人，下食五人。"《礼记·王制篇》也有同样的内容，记作："制农田百亩。百亩之分，上农夫食九人，其次食八人，其次食七人，其次食六人，下农夫食五人。"[1]《孟子》的"百亩之粪"当即《礼记·王制篇》的"百亩之分"。粪乃分的假借，其字形本身并无意义。像赵岐注那样直接把粪解为施肥[2]是不对的。"百亩之分"意为百亩的分田，由此也可以明了分田

1.《春秋繁露·爵国第二八》亦载："曰：以井田准数之。方里而一井，一井而九百亩而立口。方里八家，一家百亩，以食五口。上农夫耕百亩，食九口，次八人，次七人，次六人，次五人。多寡相补，率百亩而三口，方里而二十四口。"汉代也继承了这种思考方式。

2.《孟子·万章章句下》同条注："一夫一妇，佃田百亩。百亩之田，加之以粪，是为上农夫。其所得谷，足以食九口。"

是指每家区划为百亩的均等私田。

由以上论述可知，分田之语，渊源于孟子的井田说，指的是被经界按照一家百亩而区划的均等私田，是与公田（官田）相对而言的。如此的话，我们就能够清晰地把握"分田劫假"的意义了。毋庸多言，汉代并未实行井田制。因此，王莽所说的分田，并非指某种实体性关系，既不是前述通说所言的地主佃农制，也不是如贺氏所说的那样指分与地本身。这里的分田，是对基于孟子井田说的私田的一种意识形态式表现。而既然"分田劫假"如前所述是用一整句话来表示对农民剩余生产物的征收，若分田意指私田的话，"劫假"这一表现中就应该包含了征收之意。如此，则所谓"劫假"当解作"掠夺假"。这里所谓的"假"，如平中苓次氏等已经指出的那样，意指假税，即"地租"[1]。也就是说，所谓"分田劫假"，当解作"自分田中掠夺假"，指的是私田即小农经营本来存在于与国家的征收关系中，但豪民以假税的名义从中掠夺了农民性剩余的一部分。"分田劫假"本来当作"劫假于分田"，但为了强调是掠夺自"分田"，就把"分田"提前，变成了四字一句的表现。基于这样的理解，再将前引诏书意译如下：

> 汉王朝减轻田租，仅征收农民收获量的三十分之一。不过，又常常征收更赋（口赋更徭之役），残疾人也被列为征税对象。而且豪民加以侵犯与欺凌，甚至从原本位于国家征收关系中的私田里掠夺假税。虽然名义上是三十取一，但实际上农民生产物的一半都被拿走了。

（三）分田的观念

前节我们以"分田"这一词语为线索，揭示了王莽诏令中所见"分田劫假"的意义。下面必须更进一步，对分田这一词语所包含的观

---

1. 第80页脚注1所引平中苓次论文中，平中氏将其定义为"准确地说应该将其称为用益权的出租费"（第136页）。此外，五井直弘氏也将其理解为"作为出借陂池等的租借费或使用费而收的租"（《漢代の公田における仮作について》，《歴史学研究》第220号，1957年）。不过毋庸赘言，此处不是基于假作制的假税征收，而是指豪民以假税之名向农民掠取谷物等。

念形态进行更为明确的考察。从汉代到五胡十六国时期,分田都是渊源于孟子井田说的词语,表现的是居于与国家征收关系中的私田所有。那么,分田是孟子所固有的独特意识形态吗？事实上并非如此。在战国时期的著作中,言及分田者所在多有。孟子的井田说是其典型,但也只是战国时期分田观念的形态之一。下面我们就对这些观念进行分析,从而进一步解明作为孟子井田说背景的分田观念。

首先可以举出《商君书·算地篇第六》中的如下记载：

> 故为国任地者[1],山林居什一,薮泽居什一,溪谷流水居什一,都邑蹊道居什四。此先王之正律也。故为国分田[2],小亩五百,足待一役,此地不任也。方土百里,出战卒万人者,数小也。……故兵出粮给而财有余,兵休民作而畜长足。此所谓任地待役之律也。

这里所见的分田,可以明了指的是区划为一定面积的耕地——五百小亩,且被赋予了一定的兵役供给义务。《算地篇》中,以五百小亩负担一役有些过少。那么,其标准面积应该是多少呢？与《算地篇》记述旨趣相同的《徕民篇第十五》载：

> 地方百里者(九万顷)：山陵处什一,薮泽处什一,溪谷流水处什一,都邑蹊道处什一,恶田处什二,良田处什四。以此食作夫五万,其山陵、薮泽、溪谷可以给其材,都邑蹊道足以处其民,先王制土分民之律也。

在《徕民篇》中,以恶田良田合计五万四千顷的耕地,"食作夫五万",以此为"先王制土分民之律",可知是明确将良田约1顷即100亩作为

---

1. 关于"任地"的意义,可参考拙稿《吕氏春秋上农篇蠡测——秦汉时代の社会编成——》,第一节《〈上农篇〉译注》(二七),《京都府立大学学术报告·人文》第33号,1981年。
2. 原文是"为国分田数小亩五百",根据高亨《商君书译注》(中华书局,1974年),"数"字是衍文(第62页)。

标准面积的。这里所见的所谓"作夫",就是被给予了百亩良田耕地的保有、用益之权,且被赋予了兵役义务的农民。《算地篇》讲"为国任地""为国分田",说明任地和分田有密切关系。又如其中的"任地待役之律"所示,土地的利用收益,与兵役的提供密不可分。分田百亩的保有和收益,是以兵役义务为前提的。不止如此,分田的保有又是以田租的提供为前提的。这一点在前揭孟子的井田说中是很明了的[1],继承孟子之说的王莽诏令中记载"古者,设庐井八家,一夫一妇田百亩,什一而税,则国给民富而颂声作"[2]也可以说明这一点。所谓分田,一方面是指区划为百亩的均等私田,另一方面这些土地的保有和收益又是以一定的贡租、贡赋和军役义务为前提的。

更值得注意的是,《算地篇》中有"为国分田"之语,另一方面《徕民篇》中也有"先王制土分民之律"的记载。这都说明《商君书》中所见的分田与孟子的井田说一样,都是以明确的经界设定为论述背景的[3]。另外,如《徕民篇》所明确的,这是为了评判秦国现实而论述的权威标准——"先王制土分民之律"[4],并不是直接表现现实中的私田所有。这说明与孟子一样,《商君书》所描画的分田,也是表现战国时期私田所有的理想形态的一种意识形态。通过分田所表现的诸关系,无

---

1. 《孟子·滕文公章句上》的井田说下,有"请野九一而助,国中什一使自赋"。对此存在多种理解。加藤繁将此视为田租的征收(《支那古田制の研究》,见氏著《支那经济史考证》上附篇,东洋文库,1952 年),可从。

2. "什而税一,则国给民富而颂声作",是基于《春秋公羊传》"宣公十五年秋"条的"初税亩何以书? 讥。何讥尔? 讥始履亩而税也。何讥乎始履亩而税? 古者什一而藉。……什一者,天下之中正也,什一行而颂声作矣"。何休对此解说道,"是故圣人制井田之法而口分之,一夫一妇,受田百亩,以养父母妻子,五口为一家,公田十亩,即所谓什一而税也",将什一税与井田制关联起来。

3. 《群书治要》卷三七《慎子·君人篇》载:"君舍法而以心裁轻重,则是同功而殊罚也。怨之所由生也。是以分马者之用策,分田者之用钩也,非以钩策为过于人智也,所以去私塞怨也。"主张"分田"的实施应该是基于客观性标准。这也可以说是与明确的经界设定相关的史料。

4. 《商君书·徕民篇第一五》载:"……先王制土分民之律也。今秦之地,方千里者五,而谷土不能处二,田数不满百万。……此人不称土也。"顺便一说,《徕民篇》的下文言及了长平之战[秦昭王四十七年(前 260)],显示《商君书》的成书应该是昭王晚年以后的事。商鞅变法与《商君书》还是应该区分开来考虑。

论如何首先都是作为一种观念而存在的。这是我们必须要铭记的一点。

　　这种以明确的经界设定为基础的分田的面积，就是如孟子所说的"百亩之分"那样，为100亩即1顷、1夫。这在前述的《商君书》中也是共通的。又《战国策·赵策第二》中也记载苏秦之言："尧无**三夫之分**，舜无咫尺之地，以有天下；禹无百人之聚，以王诸侯。"所谓"三夫之分"，应该就是"百亩（一夫）之分"的三倍。由此也可看出，分田是以百亩、一夫为基本单位的。那么，这种以百亩为标准面积的分田，应该是给予怎样的人使其保有和收益的呢？事实上，如前述孟子的井田制中言及一家百亩的私田所有或者王莽诏令中的"一夫一妇田百亩"所示，其对象正是以一夫一妇为基本单位的小家族。这一点在时代略后的《盐铁论·园池篇第一三》中也有表现：

　　　夫男耕女绩，天下之大业也。故古者分地而处之，制田亩而事之。是以业无不食之地，国无乏作之民。

这里所见的"分地而处之，制田亩而事之"，可以认为是以两句话来表现分田的内容。分地显然与分田同义。而这被理想化为以男耕女绩这一两性分工为基础并使其保有和收益。这种以男耕女绩为基础的观念，在前揭氾称的上疏文中也有如"躬受分田，身劝蚕绩"这样的表现，为后世所继承。如此看来，可知所谓分田，是指基于明确的经界设定而区划的均等私田，其保有和收益以一定的贡租、贡赋和军役义务为前提，并设定了以一夫一妇为基本单位进行经营的典型小农形象。

　　我们可以进一步推进以上分析。值得追问的是，"分田"之"分"的意义所在。下面对战国时期"分"的意义略作讨论。首先可以注意的是《墨子》。《墨子·经上第四〇》载："体，分于兼也。"可知这里的"兼"表示整体，"体"则指由整体分割而来的个别[1]。这种体（个别）—分—兼（整体）的理论构成是值得注意的。"体"通过"分"与"兼"

---

1. 谭戒甫氏在《墨辩发微·上经校释第三》（中华书局，1964年）中将其解释为"体言其分，兼言其全；故曰体分于兼也"（第77页）。

发生关联，"兼"也通过"分"与"体"发生关联。可以说体—分—兼构成了一种推论关系。也就是说，"分"是"兼"（整体）与个体（个别）之间的媒介，其表现赋予了"兼"（整体）一种统一性。这并不单单只是《墨子》所特有的思想。在《周礼·天官冢宰第一》里也可以看到具体的表现。是书载："惟王建国，辨方正位，体国经野，设官分职，以为民极。"关于这里的"体国经野"，郑玄解为"体犹分也"，《经典释文》则引干宝注曰："体，形体。"孙诒让据之解释道，"盖分邦国之形体，谓之体国"，《遂人》云'以土地之图经田野，造县鄙形体之法'，郑彼注云'经形体皆谓制分界也'。……此经野亦谓制其里数，为之疆界"（《周礼正义》卷一），与井田制联系起来。孙氏的解释可以说正中肯綮。这里所见的体、分、经，与《墨子·经上》的用法是一致的。毫无疑问，"分"赋予了作为整体的国都和田野以统一性即形体，具体表现为孙诒让所说的经界。由此可知，这一由经界而成形的田野，根据此前的考察，正是分田。《周礼》的"体国经野"也与分田观念密切相关。无论如何，由以上考察可知，所谓分、体，一方面是将整体即"兼"个别化，一方面又以被个别化者为媒介，赋予整体以一种有机性即形体。

下面再举一例。《吕氏春秋·审分览第五》载："今以众地者，公作则迟，有所匿其力也；分地则速，无所匿迟也。"高诱对此注解说："分地，独也。速，疾也。获稼穑则入已分而有之。各自欲得疾成，无藏匿，无舒迟也。"其中所见"分地"即为"分田"之意。这里的"分地"，是作为个别性收益来直接和"公作"即共同耕作来进行对比的，在意义上也与"众地"相对应。此句明确指出，相较于对全体耕地进行共同耕作，由分地即分田进行的个别耕作要更为有利。这说明小农经营进行的个别耕作，是适合于当时的生产力阶段的。可以推测，在分田即分地的背景之中，这种小农经营普遍性地形成。此点容后文详述。这里值得注意的是，"分地"是与"众地"即"分"是与"众"相对应的。在"体"之外，"分"还与"兼""众"相对应。这也可以明确说明，所谓分、体，一方面是将整体即兼、众个别化，一方面又以被个别化者为媒介，赋予整体一种统一性即形体。那么，这种由"分"对整体进行的统一性即形体的赋予，具体又是如何在观念中表现出来的呢？前面已经讨论过的

"体国经野"就是其表现之一。另外应该注意的还有因分而成立的这一整体指的是什么。如前引《周礼》"惟王建国，辨方正位，体国经野，设官分职，以为民极"所言，这一整体在观念上是收束于王权之中的。《荀子·王霸篇第一》对此有更为具体的论述：

> 传曰："农分田而耕，贾分货而贩，百工分事而劝，士大夫分职而听，建国诸侯之君分土而守，三公总方而议，则天子共己而止矣。"

如"传曰"可知，这段文字是荀子对先行典籍或师说的引用，具有相当的权威。在这里，分田-农民，表现为以社会性分工——农、工、贾、士大夫、诸侯——为媒介，收束于天子-王权这一整体中的一种特殊。由此可知，以天子为顶点，由各种各样的特殊组成了社会整体；"分"即通过赋予这一社会整体一种有机性秩序而发挥机能。分，在《周礼》的"体国经野"中表现为经界，在《荀子》中表现为社会性分工，一方面采取了具体的不同形态，一方面又作为媒介赋予收束于天子-王权的整体以有机性秩序。

下面我们再回到分田的问题上。分田，是以明确的经界为基础而成立的均等私田所有，同时负担一定的贡租、贡赋和军役义务。问题在于这种均等私田所有的性质是什么。这里值得注意的是，这种分田绝非独立性的存在。其不可或缺的前提是如前所述，以经界、社会性分工为媒介，收束于天子-王权的整体。如果没有这一整体，分田也就不存在了。被分割的个别分田，仅仅作为构成整体的部分而存在。另外，分田在得到保有和收益的同时，也伴随着一定的贡租、贡赋和军役义务。这说明分田存在的前提中有着上级所有权的设定，并非是一种排他性的私人土地所有。以整体性或者上级所有权为前提的私田所有，只能是一种私人性土地占有。而与其相对的另一方面，即整体性或者上级所有权，也是通过分田而被赋予整体有机性，或者通过对分田的租赋征收方才成立，因此也不是一种单纯的整体性所有。这只能是一种收束于天子-王权而表现出来的整体，即国家性土地所有。所谓分田，在区别于这种表现为国家性土地所有的整体性所有的同时，也可以将其理解为表现小农经营的私人土地占有的一种观念形态，后者自身也是以国家性土地所有为媒介而成立的。

通过以上考察，可以对以战国时期为中心的分田观念总结如下。所谓分田，（一）指的是以明确的经界设定为基础，区划为百亩的均等私田；（二）其保有和收益的主体为小经营农民，这一主体的基础在于一夫一妇的两性分工——男耕女绩；（三）与这种保有和收益相对应，这些小经营农民还对王权-国家负担着一定的贡租、贡赋和军役义务；（四）分田正是小农的私人土地占有的观念性表现，这种私人土地占有与体现于王权的国家性土地所有之间存在一种相互定义型的关系。这样的分田观念，并非是对战国时期社会现实的直接表现。如孟子的井田说所代表的那样，它是对小农经营的理想性观念表现。那么，这是否可以说是一种完全游离于现实的纯粹空想性产物呢？并非如此。在其基底，确实存在着社会性实体。

（四）分田的社会性实体

为了探求作为分田观念基础的社会性实体，可以将《周礼》的"体国经野"作为切入点。所谓"体国"，指的是将都城内部进行一定区划以赋予秩序，而"经野"指的是进而将位于都城外延的田野也区划为一定的耕作区。也就是说，"体国经野"叙述的是将自国至野——即从中心到周边部——展开的国土进行区划编成。如前所述，这一"体国经野"与分田、井田关系密切。若再将《商君书·算地篇》的"为国分田"与"体国经野"进行比较的话，会发现二者明显相互对应，也可以得出以上认识。"为国"与"体国"相对，"分田"与"经野"相对。而关于这种从都城向着田野展开的国土区划编成，我们可以举出具体实例。《史记》卷六八《商君列传》载：

> 居三年，作为筑冀阙宫庭于咸阳，秦自雍徙都之。而令民父子兄弟同室内息者为禁。而集小都乡邑聚为县，置令、丞，凡三十一县。为田开阡陌封疆，而赋税平。

如上所见，从国都咸阳的整备到县的整备（体国、为国），从县的整备到阡陌的整备（经野、分田），这里叙述了从中心部向周边部展开的对国土的整备编成，与"体国经野""为国分田"呈现为正相对应的关系。且作为阡陌制施行前提而进行的是小家族的分出，其目的在于赋税承担的均等化。这与先前考察的分田的观念又是非常一致的。又《史记》卷一二八《龟策列传》载：

> 故牧人民，为之城郭，内经闾术，外为阡陌。夫妻男女，赋之田宅，列其室屋。为之图籍，别其名族。立官置吏，劝以爵禄。

这是卫平对宋元王所说的话，不过当然是有褚少孙的补笔之处，不能全然信据。但这段文字表现为四字一句的韵文形式[1]，应该还是由战国时期的传承记录而来的。《汉书》卷四九《晁错传》记载了与此有同样倾向的内容。作为自古以来的边境徙民政策，晁错言及"营邑立城，制里割宅，通田作之道，正阡陌之界"。这些内容记述了从城郭内以闾术完成的里宅区划（体国）到郭外以阡陌完成的耕地区划（经野）的展开过程，与商鞅变法的阡陌制施行同为一轨。而且，由阡陌所区划的田地，是以"夫妻男女"这样的单婚小家族经营为前提的。这也与商鞅的阡陌制施行一致。毋庸置疑的是，"体国经野""为国分田"是以商鞅的阡陌制施行为现实基础的。

孟子活跃于公元前4世纪中后期，较商鞅变法的时期稍晚，但大体还是一致的。也就是说，在山东地区将井田、分田与经界确定一起言说的时期，与关中一带施行阡陌制的时期正相一致。又前章第一节所引《孙子兵法·吴问篇》中尚有如下记录：

> 范、中行是（氏）制田，以八十步为畹，以百六十步为亩，而伍税之。……韩、魏制田，以百步为畹，以二百步为

---

1. 郭、陌、宅、籍，五部。屋、族、禄，三部。

亩，而伍税之。……赵是（氏）制田，以百廿步为畹，以

二百卌步为亩，公无税焉。

这里记载了晋国六卿基于各自独特的区划亩制进行租税征收之事。如第二章所见，这大致发生于公元前5、前6世纪交替期。由此可见，在公元前4、前5世纪前后，各地域都在探索基于新区划的征收体系的调整。孟子的井田说也好，商鞅的阡陌制也好，都是这些探索中的一环。尽管有具体形态和现实中施行与否的差别，但都是在同一基础之上而成立的[1]。问题在于，为何会提出这种基于新区划和经界的征收体系整备的课题呢？

在第一章中，我们考察了古代中国小农经营的形成过程。结果显示，以春秋战国交替期为中心，以铁制手工劳动农具的普及为基础，农耕方式从反复进行不定期耕作和闲置的休耕地式农法发展到了一年一作方式。与此同时形成了具有如下特征的小农经营：以一夫一妇为中心的个别家族，对四五十亩耕地进行保有和收益。对应于这种小农经营的形成，在秦国发生了从辕田制到阡陌制的土地所有和区划形态的变化。前者基于土地再分配和共同所有，后者则承认小农经营的世袭性占有。也就是说，可以认为小农经营的形成是阡陌制施行的基础。孟子的井田说与晋国六卿整备基于新区划的征收体系，其背景中毋庸赘言也存在着这种作为生产力基础而出现的小农经营的形成。正是这种小农经营的普遍形成，使得公元前4、前5世纪在各国出现新区划和征收方式的探索成为必然。这在前引《吕氏春秋·审分览》所载的公作与分地即共同耕作与个别耕作的对比中是很明了的。如此我们可以知道，就秦国而言，正是对阡陌区划的一定面积的耕地进行世袭性占有和收益的小农经营，才是分田观念无可置疑的社会性实体。

作为分田观念的社会性实体，战国秦汉期的小农负担着国家各种贡租、贡赋和军役义务。如《盐铁论·未通篇》中文学的发言和王莽诏

---

1. 后世儒家主张的从周代井田制到秦汉阡陌制的发展图式，旨在批判公元前4世纪中叶以后在现实中施行的阡陌制，为了增加自己学说的权威性将井田制加之于阡陌制上，当然不是历史事实，毋宁说与历史经纬完全相反。班固对第二章第三节所见的赵过代田新法的解释便是典型案例。

书所显示的那样，这些负担占到了小农总收获量的一半之多。虽然可能有所夸张，据《淮南子》等记载，在秦的场合，这一征收的比例高达三分之二[1]。不难想象，在战国期的秦国，农民的总收获量也有一半是被征收的。这些负担表现为田租、算赋、更赋、户赋、徭役等现象形态，以多种形式被分别征收。但是，如前所述，本质上都是占了农民总收获量一半的剩余劳动（生产物），田租、算赋等不过只是这些农民性剩余所表现的各种特殊形态。战国秦汉期的小农对国家负担的贡租、贡赋，其中虽然也以力役等形态包含了社会性必要劳动部分[2]，但多数还是对农民性剩余的征收。这种对农民性剩余的征收，是对农民因保有土地并从中获得收益而来的剩余劳动（生产物）的掠夺，明显表现了国家的地租征收即国家性土地所有的经济性实现形态。下面即以脍炙人口的李悝"尽地力之教"（《汉书·食货志上》）为例进行说明[3]：

> 今一夫挟五口，治田百亩，岁收亩一石半，为粟百五十石。除十一之税十五石，余百三十五石。食，人月一石半，五人终岁为粟九十石，余有四十五石。石三十，为钱千三百五十。除社闾尝新春秋之祠用钱三百，余千五十。衣，人率用钱三百，五人终岁用千五百，不足四百五十。不幸疾病死丧之费，及上赋敛，又未与此。

这里记载了农民的全年经费全部来自农业收入一百五十石。其中食品费用九十石和服装费用五十石（300钱÷30钱/石×5人）的部分，为人们维持生命所不可或缺的生活手段，构成了必要劳动（生产物）部分。除去这些必要劳动部分，十一之税十五石和祭祀费用十石（300钱÷30钱/石），就是剩余劳动（生产物）部分。如果考虑到祭祀费用是这些农

1.《淮南子·兵略训第一五》载："二世皇帝势为天子，富有天下。……发闾左之戍，收太半之赋。"

2. 参考前揭第87页脚注1拙稿第三节以及中国史研究会编：《中国史像の再構成——国家と農民——》（文理阁，1983年）《总论》第二节。

3. "尽地力之教"虽然也是一种理想型，但可以认为这是以战国时期的现实为基础的。作为例解，没有比这更恰当的了。

民作为里（共同团体）的成员之一进行再生产的必要经费，也可以将其计入必要劳动部分。无论如何，年总经费为一百六十五石，这就产生了十五石的赤字。假设丰收的情况下，可以弥补这一赤字。在此，除去人们为维持其生活的再生产而不可或缺的必要劳动部分后，剩余劳动部分就恰好作为农民性剩余即"十一之税"而被征收了。这一部分成为了对魏国上交的地租，也是不言自明的。这里因为未包含贡赋部分，剩余劳动征收采取了单一形态而表现出来，让我们可以更为单纯鲜明地对事态进行把握。即使包含了贡赋部分，剩余劳动征收也只是分为两部分表现出来，其本质并未改变。战国秦汉期小农对国家负担的贡租、贡赋的主要部分，显然表现为地租即国家性土地所有的经济性实现形态[1]。另外，在分田观念中，包含了与其保有和收益相对的贡租、贡赋和军役义务。这在前引《孟子》《商君书》等材料中都已经有所揭示。如此，所谓分田观念，虽然作为观念并未表现现实中的国家性地租征收本身，但仍然成为了经济外强制的强力形态之一，构成了现实中地租征收的实现条件。还有一事也值得注意。分田观念显然是以现实中的国家性地租征收关系为媒介的经济外强制的形态之一。但是另一方面，如"百亩之分"所表现的那样，分田观念又承认一夫一妇的小家族作为其应得份额对百亩耕地的私人占有权。分田观念中同时包含了两个侧面，其一为以现实中的国家性地租征收为媒介的经济外强制，其一为承认现实中的小农经营的私人土地占有权，保障其土地收益。

总而言之，国家性土地所有的实现，与存在于其对极的小农经营的私人土地占有权，正是这二者间的对立统一构成了分田的概念。

二、分田观念的历史性展开

如前文的考察已经明确的那样，分田是国家性土地所有与小农经

---

1. 关于赋税的性质定义，以往诸研究的缺陷在于，其中贯穿着对田租、假税、算赋、力役等现象形态的各种穿凿。重要的是，将这些现象形态还原至共通的普遍性基础并对其实体进行考察，再将这些现象形态作为对应于实体的普遍性所表现出来的诸形态进行形态定义。简而言之，就是将其还原为一般的农民剩余劳动，并将其作为剩余劳动的诸形态进行研究。

营的世袭性土地占有之间关系的观念性表现，是一种理想形态。这一观念不仅限于战国秦汉期，如贺昌群氏所道破的那样，其影响可一直延续到唐代均田制的口分田。但贺氏错误地将分田的本质置于"计口授田"之上，并未向前追溯至战国时期的分田观念，未能把握其社会性实体。我们现在已经知晓分田究竟为何。下面就对这一分田观念是如何展开的，以及均田制下的口分田的历史过程进行概观，对前节的讨论进行更为具体的追踪。

关于从战国期到隋唐期分田观念的展开过程，首先可以区分为两个时期。前期为战国两汉期，后期为自此以降直至均田制崩溃期。首先从前期开始概观。前期的特征，在于分田观念与其社会性实体之间存在明确的对应关系。这一点前文已经论述过了。分田观念成立的本质性动力是小农经营的私人土地占有权，其以明确的经界设定为基础性条件。而这一时期在现实中阡陌制得以施行。如第二章所见，四川省青川县战国墓所出秦武王二年（前309）田律和江陵张家山所出竹简汉律，都规定了阡陌的构成与其维持方法，显示了秦汉初期阡陌制施行的具体实例。又如通过对汉末买地券的分析可以明了的那样，耕地的所在以"某亭部某陌"表示，耕地按照1陌即1顷由亭部来进行管理。小农经营的"名有"——世袭性土地占有是以1陌即1顷为单位实现的。阡陌制就是为了通过什伍制性编成将其置于国家的把控之下而设立经界即区划[1]。与这种"名有"相关，秦始皇三十一年（前216）实行了"自实田"制，由农民自主申报保有土地[2]。"自实田"制认可农民一方一定的能动性。它的出现，显示农民的私人土地占有权更加明确化了。而明示其所在的正是阡陌。可见从战国时期到汉代，至少在华北平原、关中、四川、江淮以北的地域内，阡陌发挥了作为经界的现实功能，明示农民的世袭性土地占有的同时，也成为了将其在国家之下进行编成和把控的基础单位。

---

1. 参考第二章第二节。
2. 《史记》卷六《秦始皇本纪》"三十一年"条的《集解》中可见"徐广曰：使黔首自实田也"。围绕这一问题的详细研究，有平中苓次：《秦代の自实田について》（收入前揭第80页脚注1平中著书）。

不过，以赵过的代田新法为分水岭，通过犁耕农法的社会性扩大，阡陌逐渐崩溃，作为阡陌制主力的中农阶层逐渐没落并发生阶层分化，在汉末大乱中阡陌制彻底崩溃[1]。在三国西晋时期以降的买地券中，基于阡陌制记录耕地所在的情况逐渐消失，显示了阡陌制的崩溃，以及分田观念的实体性基础之一已经消亡。与此同时，分田观念自身也发生了一个重要的变化。何休在《春秋公羊传解诂》宣公十五年"初税亩"条有如下解说[2]：

> 是故圣人制井田之法而口分之。一夫一妇受田百亩，以养父母妻子，五口为一家。公田十亩，即所谓十一而税也。庐舍二亩半，凡为田一顷十二亩半。八家而九顷，共为一井，故曰井田。

这里对井田制的解说并未提及经界。此外，出现了孟子井田说中未见的"口分"之语[3]。从"百亩之分"到"口分"，分田观念的变化明显是以作为其实体性基础的阡陌制——经界的崩溃为根据的。作为实体性基础之一的阡陌制——经界的崩溃，和"口分"——以个人为单位的分田的出现，是分田观念后期的基本特征。

在阡陌制崩溃的汉末三国时期，众所周知，农民的阶层分化激化，大土地所有和佃农制进一步发展。这与以百亩的均等保有为基本理念

1. 参考第二章第三节。
2. 参考前节第88页脚注2。此外，此处何休《解诂》与前节第85页脚注1所引《春秋繁露·爵国篇》相对应。可知《公羊传》、《春秋繁露》、王莽诏、《公羊解诂》的连贯关系。并且《孟子》与公羊之间的密切关系也被指出（武内义雄：《孟子と春秋》，《武内义雄全集》第二卷，角川书店，1978年）。王莽诏中登场的井田即分田也并非没有缘由。此外，公羊家学说中的"分田"向"口分"的转化也是引人注意的事实。
3. 《通典》卷一所引崔寔《政论》载："昔者，圣王立井田之制，分口耦地，各相副适，使人饥饱不遍，劳逸齐均，富者不足僭差，贫者无所企慕。始暴秦隳坏法度，制人之财既无纲纪，而乃尊奖并兼之人……"如果"分口耦地"无误，则可作为"口分"的另一个事例。不过，这里的"口"字，或为"田"字之误。"分口"与"耦地"明显是对文，"口"与"地"的相对并不合适。在此展开的是仲长统《昌言》所代表的一种类型性思考，即从圣王的井田制到暴秦的兼并，那么将"口"视为"田"字之误就文脉而言也是说得通的。还是应该视为分田的另一个事例。

的分田观念是相异质的。面对这样的事态，以王田制为先驱，国家实行了从占田课田制到均田制等种种土地政策。西村元佑氏和堀敏一氏对其经纬已有详细论述，毋庸多言[1]。不过，这里希望再加关注的是，均田制完完全全是以分田观念为基础而构想出来的。建议实行均田制的李安世，在叙述了井田制的理念之后，强调"雄擅之家，不独膏腴之美；单陋之夫，亦有顷亩之分"，进而言曰：

> 愚谓今虽桑井难复，宜更均量，审其径术，令分艺有准，力业相称，细民获资生之利，豪右靡余地之盈。

尽管在以农民间的阶层分化为前提这一点上有所不同，但他的立论承认以径术——经界的确立为基础，贫农也是有"分"即私人占有权的。这显然正是立足于分田观念之上的。太和九年（485）基于李安世上言发布了施行均田制的诏书，其中可见"倍田分""桑榆地分""还分""正田分"和"一人之分"等语（《魏书》卷一一〇《食货志》）。可知均田制是基于分田观念而对其法令进行整备的。进而我们也知道其具体的施行事例，即《西魏大统十三年（548）瓜州效谷郡？计帐》文书。下面从中摘出最为典型的户主叩延天富的部分。

根据这一文书，我们首先可以了解均田诏书中所见"一人之分"的具体例子。其中明确记载了户主天富之分是麻田十亩和正田十亩（第22—24行），其妻吐归之分是麻田五亩（第25、26行）。合未足之分而言，所谓"一人之分"，男子为麻田十亩和正田二十亩，女子为麻田五亩和正田十亩。西魏瓜州的具体实例与北魏制度相比，虽然具体的亩数规定等有所不同，但将露（正）田和桑（麻）田合计为"一人之分"则是一致的。也就是说，北魏和西魏都将世业的桑（麻）田包含在"一人之分"之中。而这样的"一人之分"，到唐代均田制时发生了明确的变化。唐代均田制仅将应该还受的田地以"口分"称之，而将世（永）业田从"分"中排除了出去。在此发生了从包括世业田地

---

1. 参考前节第80页脚注1西村元佑、堀敏一所著书。

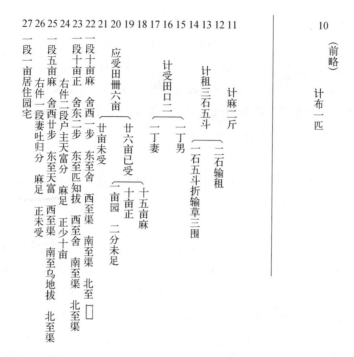

27 26 25 24 23 22 21 20 19 18 17 16 15 14 13 12 11　　　　10

（前略）

10　计布一匹

11　计麻二斤

12　计租三石五斗
　　　二石输租
　　　一石五斗折输草三围

15　计受田口二
　　　一丁男
　　　一丁妻

18　应受田卅六亩
　　　廿六亩已受
　　　　十五亩麻
　　　　十亩正
　　　　一亩园　二分未足
　　　廿亩未受

22　一段十亩麻　舍西一步　东至舍　西至渠　南至渠　北至□

23　一段十亩正　舍东二步　东至匹知拔　西至舍　南至渠　北至渠

24　右件二段户主天富分　麻足　正少十亩

25　一段五亩麻　舍西廿步　东至天富　西至渠　南至乌地拔　北至渠

26　右件一段妻吐归分　麻足　正未受

27　一段一亩居住园宅

据池田温：《中国古代籍帐研究》，东京大学出版会，1979年，第161—162页。

的"一人之分"到将世业田排除在外的"口分"的变化。分田观念的变化先是从战国时期的"百亩之分"到北魏均田制的"一人之分"，又从"一人之分"到唐代均田制的"口分"。在对这些变化进行追踪时，我们可以从中发现分田观念从实体中独立化和抽象化的过程。

　　其次应该注意的是文书中所见的"应受田"（第18—21行）。这一名目指的是麻田、正田之外再加上园宅地的总称，一直到唐代均田制基本都没有变化。值得注意的是"应受田"这一词语本身。所谓"应受田"，意指"应该受领之田，即农民作为其应得份额而应该受领保有的田土"。这明确显示均田制并非国家对耕地的单方面授予，其成立有赖于承认农民一方对土地保有的请求权——私人占有权。如此，"应受田"的基本构成要素，正是"一人之分"。在天富之户的场合，"应受田"由二人之分和园宅地构成。这一"应受田"的源流，可以追溯到王莽的王田制。其中可见"故无田，今当受田者，如制度"的规定。

王田制所见的"当受田"，并非是像均田制的"应受田"这样的制度化用语，但显然构成了其思想源流之一。无论如何，在观察从王田制的"当受田者"到均田制的"应受田"这一用语上的成立过程时，我们可以从中发现，作为分田观念的社会性实体，小农经营的私人土地占有权也有一个逐步明确化的过程。

这一文书中还有一个值得注意的地方，就是受田和征收的关系。在这一文书中，丁男丁女都被赋予了每人布二丈、麻一斤、租1.75石（中户）的征收义务（第10—14行）。但是，这与受田额的多少并没有关系。租、调（以及役）的征收与受田额度无关，直到唐代均田制都是如此。许多学者已经指出了这一点。值得注意的是如下事实。在这一文书中，布、麻、租的征收对应于丁男丁女个人。与这种以丁为对象的征收相对应的，显然就是"一人之分"，具体来说就是"户主天富分"和"妻吐归分"。这种"一人之分"，确实是以现实中的土地收益为基础的。在天富的场合，麻田正田合计20亩可以在现实中得到保有和收益。但是，"一人之分"与现实中的土地收益本身并不是直接对应的。"一人之分"将未足的田额都包括在内，是耕地保有收益的观念性表现，表示的是私人土地占有权。如之前已经明确的那样，分田观念中伴随着贡租、贡赋和军役义务。与"一人之分"即私人土地占有权相伴，以丁为对象征收布、麻、租，是其在西魏均田制下的具体例子。国家在现实中征收的布（麻布）、麻（麻丝）、租，是已受的麻田正田的现实性收益所带来的农民性剩余劳动部分。因此很显然，布、麻、租的征收，表现了对农民基于现实性土地收益的剩余生产物的掠夺，即对于国家的地租，也可以说是国家性土地所有的经济性实现。如此，这种与农民的现实性土地收益相对的国家性地租征收，正是以"一人之分"即私人土地占有权作为媒介的。西魏均田制的国家性地租征收，是私人土地占有权即分田观念作为经济外强制的一种实现形态。由此我们可以知道在均田制下，分田观念在表现农民的私人土地占有权的同时，其自身也是以位于其对极的国家性土地所有为媒介而得以设定的。

以上，我们对战国时期到唐代均田制的分田观念的历史性发展进行了概观[1]。在这一发展的基础之中，一以贯之的是什么呢？是分田观念从社会性实体中抽象化、独立化的过程，以及农民的私人土地占有权的明确化过程。这两个过程是互为表里的关系。而这一私人土地占有权的明确化过程本身，也正是位于其对极的国家性土地所有的明确化过程。总而言之，小农经营的私人土地占有权即"分"，与国家对农民性剩余的征收即国家性土地所有的经济性实现，这二者的对立统一的明确化，正构成了分田观念展开的基础。均田制下的土地还受，正是从这一对立统一的明确化中派生出来的，其自身表现的并非是国家性土地所有，也不构成均田制的本质。过去有学者为论证均田制为国家性土地所有，径举国家对口分田的还受以为论据。然而，这仅仅只是土地的处分权问题，没有从本质上来把握土地所有。在讨论前近代社会中土地所有的本质时，不能将其矮小化至仅仅关注土地处分权问题。应该关注的是剩余劳动征收与人格性从属关系，后者即被置于社会性制约关系中的人与人之间的关系，正是前者的前提所在。从战国时期到唐代的个别小农经营，具备了"分田"这一用语所包含的各种社会性定义，对应着通过对于国家的政治性臣从关系而被人格性制约的人们。若对这样的农民加以概念性表现的话，或可给予"分田农民"这一称呼。

结语

以上，我们对分田观念的意义及其历史发展进行了论述。下面将对这种分田观念进行总结，以此结束本章。

"分田"这一观念，以形成于春秋战国交替期的小农经营为社会性实体，表现了小农经营的私人土地占有权与位于其对极的国家性土地

---

1. 本章是以北朝为中心论述的，不过南朝也有案例。《梁书》卷三《武帝纪下》"大同七年十一月条"载："诏曰：用天之道，分地之利，盖先圣之格训也。凡是田桑废宅没入者，公创之外，悉以分给贫民，皆使量其所能以受**田分**。"《陈书》卷三《世祖本纪》"天嘉元年八月条"载："诏曰：菽粟之贵，重于珠玉。自顷寇戎，游手者众，民失分地之业，土有佩犊之讥。"分田观念就这样在南朝也得到继承。北朝与南朝的不同，不过是以分田观念为基础的土地所有制度在现实中得到施行与否。

所有的对立统一。这一观念，经战国两汉时期至于隋唐均田制，以各
种各样的形态延续下去。不过具体来看，在战国两汉时期的分田观念
和自此以降的分田观念之间，存在着明显的差异。在前期，构成分田
观念基础的经界以阡陌这一形态施行于现实中，显示了观念与其社会
性实体之间存在着密切关联。但是到了后期，阡陌制崩溃，观念与其
社会性实体之间开始产生一定的距离。分田观念的根本，在于均等百
亩的私田所有。但是，在以分田观念为基础而构想的均田制下，如李
安世的献策中所明确表示的那样，土地所有的不均等和农民的阶层分
化构成了其前提所在。另外，从战国时期的"百亩之分"到北魏均田
制的"一人之分"，再从"一人之分"到隋唐均田制的"口分"，如这
一变化过程所示，伴随着阡陌制的崩溃，"分"的对象也发生了从土地
到个人的变化。进而，在北齐时期出现了职分（公）田。这显然是分
田的派生形态。到了唐代，就连颜师古也不能正确理解汉代的"分田
劫假"，说明此时分田观念已经完成了转变[1]。

　　在这种分田观念的变化过程中，重要的是从"一人之分"到"口
分"的变化。北魏西魏均田制中的"一人之分"，由世业的桑（麻）田
和成为还受对象的露（正）田组成。而在唐代均田制中，世（永）业
田被从"分"中排除，只有成为还受对象的耕地被称为"口分田"。这
一变化意味着什么呢？在此值得注意的是，均田制崩溃以降，尤其在
宋代，民田仍然有径称永业田的场合[2]。这说明以唐宋变革期为分水岭，
对于农民性土地所有的观念发生了从分田到永业的形态转化。而唐代
均田制下农民性所有由分田观念即口分田和永业所构成，可以定位为

1.《文苑英华》卷四三四常衮《放京畿丁役及免税制》载："又宿豪大猾，横恣侵渔，致有半价
　　倍称，分田劫假。……"这明显是基于颜师古之说作成的文章，唐代时，分田本来的意义
　　似乎已被遗忘。不过，南宋人陈敷在其著作《农书》卷上《财力之宜篇第一》中记述道：
　　"且古者分田之制，一夫一妇，受田百亩，草莱之地称焉。以其地有肥硗不同，故有不易、
　　一易、再易之别焉。……先王之制如此。……"完全地理解了分田。他大概是从对孟子的
　　分田、井田说与《周礼》"大司徒""小司徒"的记述等的归纳中得出的结论，是值得重视
　　的意见。

2. 参考本章"前言"第78页脚注1。试举一例，《元氏长庆集》卷三八《同州奏均田》载："今
　　因重配元额税地，便请尽将此色田地，一切给与百姓，任为永业，一依正税。……"

上述变化过程的过渡期。在这种从分田到永业的观念形态转化的背景中，我们可以推想现实的农民性土地所有也发生了变质。即从以整体即国家性土地所有为前提和媒介的私人土地占有权即分田，转变为对于整体具有相对独立性的事实上的私人土地所有权即永业。这一转化的承担者和生产力基础，将在第六章中明确。

从分田到永业，这就是战国时期以来分田观念变化的一个总结。

第二部　富豪层论

第四章

2—7世纪的大土地所有和经营

前言

通过第一章到第三章的考察，我们首先追踪了古代中国个别小农经营的形成过程，进而在与体现于国家的上级所有权的关联中，对连接他们的社会性及意识形态性诸关系进行了分析，将战国至唐末的小农经营在概念上定义为"分田农民"。以汉代的农民阶层区分而言，这一农民范畴包含了中家层和贫家层在内，占据了农民的大部分。不过并未将大家富豪层包含在内。如第一章第二节所言，西汉中期以前，大家层的生产力基础与其他阶层相同，是以铁制手工劳动用农具为基础的一年一作式农法，除了数量差异以外并没有其他显著区别。但是，如第二章第三节所示，西汉中期以后，由于牛犁耕的社会性扩展，富豪层获得了与其概念相应的生产力基础，2世纪以后开始急速发展。与此相应，中家层或向下没落，或向富豪层上升，作为阶层基本消失了。3世纪以后的农村社会，明显分化为富豪层与贫家层这两大阶层。我们接下来的课题，就是在以下两章中，考察富豪大家层发展、变质的过程，对其进行概念把握。

管见所及，"富豪"一词首次在史乘中出现，是在《史记》卷六《秦始皇本纪》二十六年（前221）条，即"徙天下豪富于咸阳十二万户"。此后"富豪"一词开始频繁出现在正史野乘中。他们还被称之为大家、富室、豪家、豪右、强家、殷富等词语，在以家族结合为中心并具有社会性势力的情况下也被称为豪族。对于富豪层具有的种种社会性定义，本章暂且置而不论，首先对他们形成的本质性动力即所有和经营的实体进行讨论。因此，本章也同样将与富豪层建立在共同的生产力基础之上来实现所有与经营的官僚士大夫阶层列为分析对象[1]。

---

1. 士大夫阶层的具体存在形态不在本书的考察范围内。在此仅将其与富豪层共通的经济基础之一的大土地所有与经营作为考察对象，第六章则以士大夫阶层的下层部分的动向作为问题讨论。但士大夫阶层并不都以土地所有作为唯一的基础，必须将士大夫阶层作为独立阶级考察的理由便在于此。关于他们的存在形态及理念，可以参考矢野主税：《門閥（接下页）

在此仅将两者共通的一般性基础作为问题讨论。到第五章，在本章的基础上明确富豪层的社会性定义时，其与官僚士大夫阶层相区别的独特历史存在方式也就显现出来了。本章的课题，首先是对富豪层和士人阶层所实现的土地所有制下耕地的存在形态进行概观，考察大土地所有在与体现于国家的上级所有权的对峙中，是以什么为基础实现扩张的。

一、耕地的存在形态

首先，我们将以所谓大土地所有应该如何定位这一问题为线索展开考察。众所周知，当时富豪层的土地获得形式，是以山林薮泽的占据、开发以及强买强卖为主要内容的兼并。这在史料中以"封固"等词语来形容。其中具有此时期特色的是山泽封固。所谓山林薮泽之地，指的是郊外广布的未开发地。富豪层以及官僚士大夫阶层将这些山泽之地连山带岭占据、开拓[1]。在这样的封固之地中有别墅、园田之类，形成了所谓庄园。如此形成的大土地所有不单单包括耕地，当然也将山林湖泊包含在内[2]。以处于河南县界的石崇金谷园[3]、位于江乘县界的何迈

（转上页）社会成立史》，国书刊行会，1976年；谷川道雄：《中国中世社会と共同体》第三部分，国书刊行会，1976年；越智重明：《魏晋南朝の貴族制》，研文出版，1982年；川勝義雄：《六朝貴族制社会の研究》，岩波书店，1982年；以及拙稿《清——あるいは二—七世紀中国におけるイデオロギー形態と国家》，《京都府立大学学術報告・人文》第31号，1979年。

1. 关于山泽的占据与开拓，可参考唐长孺：《南朝的屯邸别墅及山泽占领》，《历史研究》1954年第3期；大川富士夫：《東晋南朝時代における山林叢沢の占有》，《立正史学》第25号，1961年。

2. 《宋书》卷五四《孔季恭传附孔灵符传》载："又于永兴立墅，周回三十三里，水陆地二百六十五顷，含带二山，又有果园九处。"又《梁书》卷二五《徐勉传》载："中年聊于东田间营小园者。……由吾经始历年，粗已成立，桃李茂密，桐竹成阴，塍陌交通，渠畎相属。华楼迥榭，颇有临眺之美；孤峰丛薄，不无纠纷之兴。渎中并饶菰蒋，湖里殊富芰莲。"此外还可参考后引谢灵运《山居赋》。

3. 《世说新语・品藻》注所引石崇《金谷诗叙》载："有别庐在河南县界金谷涧中，或高或下，有清泉茂林，众果、竹柏、药草之属，莫不毕备。"

之墅[1]为代表，多例在郊外[2]和县界之类的土地上形成的大土地所有，都可作为旁证。如此，当时的大土地所有大概倾向于占据包含山泽之地在内的郊外地区。

对于兼并一事，从来都认为其无异于"（或）割人田地，劫孤弱之业"（《抱朴子外篇·自序》）。但如《傅子》指出的，"民擅山泽，则兼并之路开"[3]，可知当时的兼并已经将山泽之地涉及在内。也就是说，"兼并"这一秦汉以来的土地获得形式，可以说也倾向于在远离县城、郡城等公权力的地区展开。

不过，山泽之地自古以来便被视为归属于共同所有和收益，六朝时代也归于皇帝权的领有范围而被置于国家的规制之下。因此，富豪、士人阶层对山泽的占据与兼并，无论怎样远离公权力，都被视为是极端不法的行为，在现实中也要受到严厉的限制。尤其是北朝，在均田制名义下，体现于国家的上级所有权与农民的私人土地占有相对立，包含山泽之地的土地一概被视为公有地。因此，均田制的具体施行姑且不论，北朝的土地公有原则被尤为坚定地贯彻，法律规定以外的私人占有原则上都会被视为不法行为。那么，私人土地占有究竟是如何以及以什么为基点，渗透进了被视为共同所有乃至公有的山泽之地，还有与上级所有权处于对立关系中的均田制下的耕地的呢？回答这个问题前，我们有必要先考察其前提，即大土地所有是如何存在的。

宫崎市定氏把六朝时期的大土地所有定义为一元性所有[4]。其形态确实与以杂拼形态为基础的宋代江南大土地所有不同，在这一意义上，

1.《宋书》卷四一《后妃·前废帝何皇后传》载："迈少以贵戚居显宦，好犬马驰逐，多聚才力之士。有墅在江乘县界，去京师三十里。迈每游履，辄结驷连骑，武士成群。"

2.《南齐书》卷二九《周山图传》载："山图于新林立墅舍，晨夜往还。上谓之曰：'卿罢万人都督，而轻行郊外。自今往墅，可以仗身自随，以备不虞。'"又《隋书》卷三九《贺若谊传》载："谊家富于财，于郊外构一别庐，多植果木。每邀宾客，列女乐，游集其间。"

3.《群书治要》卷四九所引《傅子》载："一臣蔽贤，则上下之道壅；商贾专利，则四方之资困；民擅山泽，则兼并之路开。"

4. 宫崎市定：《中国史上的庄园》，《歴史教育》第2卷第6号，1954年，收入氏著《アジア史研究》第四，同朋舍，1964年。

笔者基本赞同宫崎氏的意见。但对于所谓"一元性"的含义有稍加考察的必要。这是因为多数大土地所有呈现为耕地散布的形态。试举数例。如萧景先在宅地之外还拥有三处耕地[1]，陶渊明也在十亩宅地之外的南山之麓拥有豆田，宅地以西还存在别处耕地[2]。此外，习氏除了襄阳城郊外的宅地与养鱼场（园池）外，在汉水下游的木兰桥附近也拥有宅地和附属的养鱼场[3]。又隋时杨素除了在东西二京拥有宅地之外，以本贯地华阴为首还持有大量的田地[4]。谢混除十数处田业（园宅）外，在会稽、吴兴、琅邪等地也持有耕地[5]。由此可见，当时的土地所有大都具备散布性。不过，若对于这些分散的所有地分别加以审视，无论是规模在十顷左右的韦载之耕地和王崇之谷田[6]，还是三十顷左右的张衡之赐

1.《南齐书》卷三八《萧景先传》载："所赐宅旷大，恐非毅等所居，须丧服竟，可输还台。刘家前宅，久闻其货，可合率市之，直若短少，启官乞足。三处田，勤作，自足供衣食。力少，更随宜买粗猥奴婢充使。不须余营生。"

2.《笺注陶渊明集》卷二《归园田居》诗载："开荒南野际，守拙归园田。方宅十余亩，草屋八九间（其一）。种豆南山下，草盛豆苗稀。晨兴理荒秽，带月荷锄归（其三）。"同卷五《归去来辞》可见："农人告余以春及，将有事于西畴。"同卷三《癸卯岁始春怀古田舍》诗载："秉耒欢时务，解颜劝农人。平畴交远风，良苗亦怀新。"

3.《水经注》卷二八《沔水》注载："水又东入侍中襄阳侯习郁鱼池。郁依范蠡养鱼法作大陂，陂长六十步，广四十步，池中起钓台，池北亭，郁墓所在也。列植松篁于池侧沔水上，郁所居也。又作石洑涵引大池水于宅北作小鱼池，池长七十步，广二十步。西枕大道，东北二边限以高堤，楸竹夹植，莲芡覆水，是游宴之名处也。……沔水又东径猪兰桥，桥本名木兰桥。……桥北有习郁宅，宅侧有鱼池，池不假功，自然通洫，长六七十步，广十丈，常出名鱼。"又《晋书》卷四三《山涛传附山简传》载："诸习氏，荆土豪族，有佳园池。"

4.《隋书》卷四八《杨素传》载："素负冒财货，营求产业，东、西二京，居宅侈丽，朝毁夕复，营缮无已，爰及诸方都会处，邸店、水硙并利田宅以千百数。"又《隋书》卷六六《荣毗传》载："杨素荐毗为华州长史，世号为能。素之田宅，多在华阴，左右放纵，毗以法绳之，无所宽贷。"

5.《宋书》卷五八《谢弘微传》载："公主以混家事委之弘微。混仍世宰辅，一门两封，田业十余处，僮仆千人。……自混亡，至是九载，而室宇修整，仓廪充盈，门徒业使，不异平日，田畴垦辟，有加于旧。……九年，东乡君薨，资财巨万，园宅十余所，又会稽、吴兴、琅邪诸处，太傅、司空琰时事业，奴僮犹有数百人。"

6.《陈书》卷一八《韦载传》载："天嘉元年，以疾去官。载有田十余顷，在江乘县之白山，至是遂筑室而居。"又《北史》卷八四《孝行·王崇传》载："是年夏，风雹，所经处，禽兽暴死，草木摧折。至崇田畔，风雹便止，禾麦十顷，竟无损落。"

田和崔陵授予李晓的良田[1]，抑或如王羲之要求的乌泽和吴兴的耕地只有一二顷左右[2]，六朝时期大土地所有的基础，是以顷为单位计量的比较完整的耕地。也就是说，就散布的所有地而言，可以说每处都是一元性的。

并且，这些散布耕地，并不就以散布的形式闲置。六朝时期的田地管理机构已经相当发达，每处耕地上都置有被称为园客等的管理者[3]。以家主居住的宅为中心，由家主或被称作宅督的管家[4]实行对各耕地的统一管理。由此可知，六朝时期的大土地所有，是由一元性所有和散布性二者相统一的形式存在的。

在此先回到之前的设问。值得注意的是大土地所有下的耕地是散布的，各耕地大都与宅（舍）结合在一起。宅与耕地的结合，不单是如前所述作为统一分散耕地的媒介发挥机能。例如，李衡在开辟柑橘千株的果园之时首先遣客十人去建宅[5]，又有崔暹分割家财，使其子分隶三县，广占田宅[6]，耕地的获得与扩大必定伴随着宅的附设。也就是说，通过建宅并与耕地相结合，使耕地得以获得与扩大。正是这种结合，使得其与上级所有权的对立愈发鲜明，可以作为逐

1.《隋书》卷五六《张衡传》载："衡俯伏辞谢，奉觞上寿。帝益欢，赐其宅傍田三十顷……"又《北史》卷一〇〇《序传》载："迁都于邺，晓便寓居清河，依从母兄崔悛乡宅。悛给良田三十顷，晓遂筑室居焉。"

2.《法书要录》卷一〇《右军书记》载："坟墓在临川，行欲改就吴中，终是所归。中军往以还田一顷乌泽田二顷吴兴，想弟可还以与吾。……"

3.《梁高僧传》卷一三《释慧受传》："尝行过王坦之园，夜辄梦于园中立寺，如此数过。受欲就王乞立一间屋处，未敢发言，且向守园客松期说之。"又《宋书》卷八三《黄回传》载："（戴）明宝寻得原赦，委任如初，启免回，以领随身队，统知宅及江西墅事。"又《梁书》卷一〇《邓元起传》载："少时又尝至其西沮田舍，有沙门造之乞，元起问田人曰：'有稻几何？'对曰：'二十斛。'元起悉以施之。"此处田人清楚稻谷的贮藏量，应该是从事田舍的管理工作。此外，《宋书》卷七七《柳元景传》中还载有"守园人"一词。

4.《梁书》卷一〇《萧颖达传》载："御史中丞任昉奏曰：'……风闻征虏将军臣萧颖达启乞鱼军税，辄摄颖达宅督彭难当到台辨问。……'"又《南齐书》卷三一《荀伯玉传》载："从太祖还都，除奉朝请。令伯玉看宅，知家事。世祖罢广兴还，立别宅，遣人于大宅掘树数株，伯玉不与，驰以闻。太祖曰：'卿执之是也。'"又《隋书》卷六四《陈茂传》载："高祖为隋国公，引为僚佐，遇待与圆通等。每令典家事，未尝不称旨。"

5.《三国志》卷四八《吴书·孙休传》裴注所引《襄阳纪》载："衡每欲治家，妻辄不听，后密遣客十人于武陵龙阳汜洲上作宅，种甘橘千株。"

6.《魏书》卷八九《酷吏·崔暹传》载："后行豫州事，寻即真。坐遣子析户，分隶三县，广占田宅，藏匿官奴，障遏陂苇，侵盗公私，为御史中尉王显所弹，免官。"

渐瓦解山林薮泽地的公有原则并扩张私人土地占有的基点之一，来进一步探究。

那么，宅又究竟是何物？宅当然不单指人居住的房屋。除住宅之外还设有栽培蔬菜的家园[1]，或像刘仁之宅一般设有田地[2]。因此，宅既是人们生活的基础，也可以成为为从事再生产活动提供最基础的生产手段的地方，这在零细农的场合[3]尤为明显。不仅如此，宅地本身在发生史的意义上也被认为是私人土地所有的起源，在均田制的运用中也是被首先授予的允许世袭的土地。也就是说，宅地是私有属性最为强固的土地。私有属性最为强固的宅地与散布的个别耕地相结合，无疑意味着宅地所拥有的私人属性向耕地的扩展。也就是说，通过与宅的结合，私有属性得到强化的耕地在各地设置与扩大。由此，以公有原则为基础的山林薮泽地，以及包含了与上级所有权之对立关系的均田制下的土地，就逐渐为大土地所有制所渗透[4]。这样我们便能将宅地定位为大土地所有实现扩大的基点。

归纳以上所述，可以说六朝时期的大土地所有是以一元性所有和散布性二者相统一的形式存在的，私人占有是以宅为基点开始扩大的。这样的大土地所有的存在形态，在被富豪层、士人层的土地经营样态所定义的同时，反过来也定义着他们的经营样态。其具体的情况如后文所述，现在这里仅就其与土地所有的存在形态的关联略述如下。

前文所述散布耕地中的宅舍，应该也是劳动者们的居处。以前述

---

1. 《晋书》卷一〇四《石勒载记》载："所居武乡北原山下草木皆有铁骑之象，家园中生人参，花叶甚茂，悉成人状。"又《搜神后记》（学津讨源本）卷八："新野赵贞，家园中种葱，未经抽拔，一日缩入地。后经岁余，贞之兄弟，相次分散。"

2. 《齐民要术·种谷第三》原注载："西兖州刺史刘仁之，老成懿德，谓余言曰：'昔在洛阳，于宅田以七十步之地，试为区田收粟三十六石。'然则一亩之收，有过百石矣；少地之家，所宜遵用之。"

3. 例如高桥彻氏提到的郭园平，便依靠贩卖宅上栽培的笋、瓜生活（《六朝期江南の小农民》，《史潮》第107号，1969年）。

4. 唐长孺氏指出，南朝政府以官品体系为基础，在加以限制的前提下认可对山泽地的占有，但其限制也只是徒有虚文（第108—109页脚注1论文）。最近关尾史郎氏从共同体论出发也得出了相同的结论（《六朝期江南の社会》，收入《東アジア世界の再編と民衆意識——一九八三年歴史学研究別冊特集》）。另外，从隋唐律令法可知官人永业田也是基于官品体系的占有认可。此政策显示了国家层面对大土地所有发展进行应对的一种倾向。

谢混的田业为例，可以看到被称为僮仆、业使的人们被派遣过去[1]。谢弘微被委任管理这些田业，他们应即处于弘微的直接经营之下。又如萧景先的三处田地，应该是由家族劳动力直接经营的，而若劳动力不足时，即指示家人购买奴婢充当劳动力[2]。由此可知，即便是散布的耕地，也是由富豪层与士人层直接经营管理的。在这些直接经营的土地之外，也有像穆提婆被赐的清风园那样被租赁出去的耕地[3]。又如位于玉环山的郗鉴别墅旁，据载东晋设置以来便有数百家居住于此[4]。他们应该是在郗鉴别墅从事佃耕的人们。另有位于钟山的八十余顷王骞之别墅，有诸宅及与故旧共同经营的部分[5]，即包含了不属于王氏直营的部分。由此可知，当时的大土地所有在直营地之外也存在佃耕地。在这样的大土地所有经营的区别中，对富豪层、士人层来说发挥重要作用的还是直营地。其原因在于，直营地与大土地所有扩大的基点即宅地最紧密地结合在一起。

如上所述，2世纪至7世纪的大土地所有存在如下形态：即以宅为基点，私人占有地向山林泽薮地区开发、扩大；以宅为媒介，耕地的一元性所有与散布性相统一；直营地与佃耕地二者并存。问题是，以如此外观呈现出来的大土地所有，其内部是由怎样的生产关系和社会性诸关系实现经营与再生产活动的？探明此问题的第一步，首先必须考察大土地所有内部的劳动者的存在形态。而最先需要明确的是富豪层和士人层的家及家族形态，他们可以称得上是构成大土地所有核心的直营地劳动力的中心。容改节再议。

---

1. 参考第111页脚注5。
2. 参考第111页脚注1。
3. 《北史》卷五四《斛律金传附斛律光传》载："帝赐提婆晋阳之田，光言于朝曰：'此田，神武以来，常种禾饲马，以拟寇难。今赐，无乃阙军务也？'帝又邺清风园赐提婆租赁之。"在此并非提婆进行佃耕，而应理解为提婆接受赏赐后将其租与佃农进行耕种。
4. 《太平寰宇记》卷九九"温州瑞安县条"载："玉环山，一名木陋屿。……按《登真隐诀》云：'郗司空先立别墅于此中，自东晋居人数百家，至今湖田见在。山多蛇虎。'"《登真隐诀》被认为是陶弘景之作，不过现行道藏本《登真隐诀》三卷无此记事。所谓"居人数百家"并非指郗鉴别墅的住民，而是指居住在玉环山郗鉴别墅旁的人们。
5. 《南史》卷二二《王昙首传附王骞传》载："有旧墅在钟山八十余顷，与诸宅及故旧共佃之。"

二、富豪层的家与家族形态

关于两汉六朝时期的富豪、士人层的家以及家族形态，基本上没有可参照的研究。比较概括性的仅有故守屋美都雄氏简单的素描[1]。我们不妨先以此研究为切入点，开始对富豪、士人层的家与家族进行考察[2]。

关于汉唐间的门阀贵族与豪族的个别之家，即我们的研究对象富豪、士人层之家，守屋氏注目于散见于史料之中的"百口""良贱百口"等词语，指出其为大家族制，同时也包含着非血缘成员。守屋氏的见解主要根据唐代史料得出，至于两汉六朝时期的史料，不过征引了二三条。实际上把目光放至两汉六朝时期，"百口"[3]"奴婢百口"[4]"良贱百口"[5]等词语也频繁出现，证明当时的富豪、士人层之家是由家族成员与非家族成员共同组成的"家户共同体"[6]。

根据上文，可知富豪、士人层之家包含着家族成员以及奴婢、贱人，通常被称为"百口"。那么，"百口"又具体指多少家口数呢？值得考虑的是，"百口"一词本来是否就是用于表示具体家口数的词语？如守屋氏所言，"百口"一语首次在史乘中出现是《后汉书》卷六四《赵岐传》中的"阖门百口"。这里的"百口"之语为整数，显然在其

---

1. 守屋美都雄：《六朝門閥の一研究——太原王氏系譜考——》第八章结语，东洋大学学术丛书，1951年。
2. 以下分析中的家族，仅以亲子及兄弟等血缘关系群体为对象，以避免不必要的混乱。此外还参考了中根千枝：《家族の構造——社会人類学の分析——》（东京大学东洋文化研究所，1970年），特别是其第一部第一章《分析と方法》。
3. 《宋书》卷八八《薛安都传》载："（申令孙）密有反志，遣人告索儿曰：'欲相从顺，而百口在都。可进军见攻，若战败被执，家人可得免祸。'"又《魏书》卷六一《毕众敬传》载："及安都以城入国，众敬不同其谋。子元宾以母并百口悉在彭城，恐父致祸，日夜啼泣。"
4. 《北史》卷五〇《辛雄传附辛术传》载："睢州刺史及所部郡守俱犯大辟，朝廷以其奴婢百口及资财尽赐术，三辞不见许。"
5. 《北齐书》卷一三《清河王岳传》载："后（高）归彦反，世祖知其前潜……。籍没归彦，以良贱百口赐岳家。"
6. "德意志人的经济单位起初也不是现代意义上的个体家庭，而是由几代人或者说几个个体家庭所构成的、并且往往还包括许多非自由人的'家庭公社'。罗马的家庭也被归在这种类型以内，因此，家长的绝对权力，以及其他的家庭成员对家长的无权地位，近来是受到很大怀疑的。"〔恩格斯：《家庭、私有制和国家的起源》，中文版《马克思恩格斯全集》（第1版）第二十一卷，第71页〕恩格斯有时也将"家户共同体"称为"家庭公社"。

初出之时就已经修辞化了。其后，"百口"一语在整个六朝隋唐时期，成为了富豪、士人层之家的代名词，被频繁地使用着。其中也有不反映实际内容，仅作为形式化表达而被使用的例子。但是，"百口"一语在刚开始被使用时，应该多少都反映了实际的情况。事实上，即便在六朝时期，也有许多应该反映了"百口"之实际情况的史料留存下来。比如，《搜神记》中的陈氏故事，有一家百余口、一百三口的记载[1]；又有《杂鬼神志怪》中陈无忌的家口也被记载为百余口[2]。不限于志怪小说，正史中也有类似的记载。例如范阳卢氏据载"自祖至孙，家内百口"[3]，库狄伏连也被记为"家口有百数"[4]。通观正史野乘，处处可见百口左右的家口数。因此，至少在汉六朝时期，"百口"一语并不是空洞的修辞，其背后也反映了一定程度的事实。但是，也不能将"百口"全都看作是对实际数量的表达。其原因在于，当时一方面也存在数十口之家，如张龙驹之家便为良贱数十口（《太平广记》卷二三〇所引《异闻集》）；另一方面，在尊崇累世同居的北朝，也有如一百九十八口的博陵李氏（《北史》卷八五《节义·李几传》）这样一家接近两百口的例子。有记载指出，在唐代士人之家，也是"大率一家有养百余口，有养十口者，多少通计算，一家不减二十人"[5]。因此，可以认为"百口"是用于称呼家口数大概在数十至一百数十之家的词语。如此，这里可以再次确定富豪、士人层之家，是包含家族成员及贱人等非家族成员在内的"家户共同体"。

那么，这种作为"家户共同体"的家，是由怎样的秩序被编成的呢？其中当然可见由孝悌伦理为媒介而形成的秩序关系。但是，其主

1.《搜神记》（学津讨源本）卷一七载："东莱有一家，姓陈，家百口余。……从此北行，可八十里，有一百三口，取以当之。后十日，此家死亡都尽，此家亦姓陈氏云。"

2.《法苑珠林》（大正藏经本，以下同）卷九五所引《杂鬼神志怪》："晋陈国袁无忌，寓居东平。永嘉初得疫疠，家百余口，死亡垂尽。往避大宅，权住田舍。"

3.《魏书》卷四七《卢玄传》载："父母亡，然同居共财，自祖至孙，家内百口。"

4.《北齐书》卷二〇《慕容俨传附库狄伏连传》载："伏连家口有百数。……冬至之日，亲表称贺，其妻为设豆饼。伏连问此豆因何而得，妻对向于食马豆中分减充用。伏连大怒，典马、掌食之人并加杖罚。积年赐物，藏在别库，遣侍婢一人专掌管钥。"

5.《通典》卷一八《选举杂议凡七条》载："凡士人之家，皆不耕而食，不织而衣，使下奉其上不足故也。大率一家有养百口者，有养十口者，多少通计，一家不减二十人。……"

要作用于约束作为家之核心的家族成员内部，不涉及以奴婢等贱人为主的非家族成员。我们现在要探讨的问题是，将这些非家族成员也涵括在内的家的秩序形态是怎样的？不过，如玉井是博、浜口重国氏所探明的，以贱人为首的非家族成员，自汉代以来，就同家的家族成员一同被称为"家人"[1]。统率这些"家人"的富豪、士人层被称为"家主"或"家长"，以"家主之法"将下至鸡犬的各种任务分配、统合给全体家族成员，来经营家事[2]。问题在于，在这样的家之再生产活动中，作为家主的富豪、士人层，约束、统合其家族成员之秩序的特质是怎样的？这一秩序的特质同样也定义了家-家户共同体的特质。

　　家之秩序的特质，可以由形成此秩序的媒介被清晰地表现出来。因此，值得注意的是父亲在临死之际给儿子的遗令。遗令大致是父亲留给诸子关于死后诸事处置的训诫，包括财产处理、葬礼事宜等。这种训诫，通过"敕"一词表现出来[3]。这种敕正是建立家主—家人秩序的媒介。试举数例。如孙吴中书郎盛仲敕令奴婢为失明的母亲王氏供食[4]。晋竺长舒在邻家失火之际，敕令家人不得搬出物品[5]。又赵琰在京师谷物

---

1. 玉井是博：《唐の賤民制度とその由来》，收入氏著《支那社会经济史研究》，岩波书店，1942年；浜口重国：《唐王朝の賤人制度》，主篇第六章《部曲と家人の語》，东洋史研究会，1966年。

2.《三国志》卷四五《杨戏传》裴注所引《襄阳记》载："请为明公以作家譬之。今有人使奴执耕稼，婢典炊爨，鸡主司晨，犬主吠盗，牛负重载，马涉远路，私业无旷，所求皆足，雍容高枕，饮食而已，忽一旦尽欲以身亲其役，不复付任，劳其体力，为此碎务，形疲神困，终无一成。岂其智之不如奴婢鸡狗哉？失为家主之法也。"即便只是故事，但也可从中窥知当时的社会观念。具体还有第116页脚注4中库狄氏的例子。关于"家长"，《齐民要术·杂说第三十》载："崔寔《四民月令》曰：正旦，各上椒酒于其家长，称觞举寿，欣欣如也……"

3.《三国志》卷四八《孙休传》裴注所引《襄阳记》载："临死，敕儿曰：'汝母恶我治家，故穷如是。然吾州里有千头木奴，不责汝衣食，岁上一匹绢，亦可足用耳。'"又《魏书》卷六七《崔光传》载："疾甚，敕子侄等曰：'谛听吾言。闻曾子有云：人之将死，其言也善，启予手，启予足，而今而后，吾知免夫。吾荷先帝厚恩，位至于此，史功不成，殁有遗恨。汝等以吾之故，并得名位，勉之！勉之！以死报国。修短命也，夫复何言。速可送我还宅。'"

4.《太平御览》卷四一一所引《祖台志怪》载："吴中书郎盛仲，至孝。母王氏失明，仲暂行，敕婢食母。婢乃取蛴螬，蒸食之，母甚以为美。"

5.《法苑珠林》卷二三所引《冥祥记》载："晋竺长舒者，其先西域人也。世有资货为富人。……其后邻比失火。……乃敕家人不得辇物，亦无灌救者，唯至心诵经。"

不足之际，责备挑拣谷物出售的奴婢，并敕令其留下轻秕[1]。又薛道衡犯罪后自认为会被赦免，敕令家人准备食物以备宾客[2]。根据以上所述，可知不论良贱，包括家族和非家族在内的全体家人，在涉及生活的方方面面中，都使用敕令来经营家。而且，不单是生活的各个方面，由戴眇之例可知，敕还具有决定隶属民的婚姻关系并保护全家不受妖怪侵害的作用[3]。以上述敕的用例而言，敕并不只是单纯的训诫，其中还蕴含着相当强的约束力。因此，以敕为媒介表现出的家主对家人的约束力，是一种权力。即便不如据说掌握着成员的生杀予夺的罗马家父长权那么强有力，但也足以被称为家父长权。家就是通过这样的敕——家父长权编成和经营的，考虑到其中包含了贱人等非家族成员，更适合被称为"家父长制式家户共同体"[4]。

由此，我们将以"百口"一词表现的富豪、士人层之家定义为"家父长制式家户共同体"。那么，其内部的具体样态又是怎样的呢？如前所示，家由家族成员和非家族成员构成，其成员皆被称为家人。以下分别考察家族成员与非家族成员各自对应的实体。首先从家族成员开始。

---

1. 《北史》卷三四《赵逸传附赵琰传》载："皇兴中，京师俭，婢简粟粜之，琰遇见切责，敕留轻秕。"

2. 《隋书》卷五七《薛道衡传》载："道衡自以非大过，促宪司早断。暨于奏日，冀帝赦之，敕家人具馔以备客来候者。"

3. 《太平御览》卷九一二所引《幽明录》载："吴兴戴眇家僮客姓王，有少妇美色。而眇中弟恒往就之，客私怀忿怒，具以白眇：'中郎作此，甚为无理，愿尊敕语。'眇以问弟，弟大骂曰：'何缘有此，必是妖鬼。'敕令打杀，客初犹不敢□□□□，后来闭户欲缚，便变成大狸，从窗中出。"

4. 恩格斯在《家庭、私有制和国家的起源》中将"若干数目的自由人和非自由人在家长的父权之下组成一个家庭"定义为家父长制家族［中文版《马克思恩格斯全集》（第1版）第二十一卷，第69页］。但是，在1891年第四版的增补中，将其替换为马克西姆·柯瓦列夫斯基于 Zadruga［扎德鲁加］（大意为大家庭）和 Bratstvo（胞足社）的例证所提出的家长制家族公社（同上，第70页）。在对家父长制家族进行定位时，恩格斯认为其是母权制家族与现代世界的个体家庭之间的过渡阶段。但 Zadruga（大家庭）和 Bratstvo（胞足社）却是与恩格斯同处于19世纪的事物。可见关于家长制家庭的定位，恩格斯自己也出现了混乱。以第四版的增补为基础，这在今后仍然是值得探讨的课题。在中国，国家阶段以后社会的上层部分也继续存在着家户共同体乃至家父长制家户共同体。

　　根据宇都宫清吉的研究[1]，具体的个别家族构成情况另当别论，汉代家族的理念性样态是以由父母、妻子、同产为成员的"三族制复合家族"即扩大家族。因此，如果这种理念性构成被实现的情况下，大概可以形成人数在二十口左右的家族。此种作为理念型的"三族制复合家族——扩大家族"在六朝时期也基本被继承下来。颜之推提及理想性的所有规模是以"二十口之家"为基础的奴婢田宅，也可以佐证上述判断[2]。又崔楷合家赴任殷州刺史之际，他的"兄弟父子"均被葛荣杀害[3]。前述范阳卢氏也实现了从祖至孙的三代同居，等等。这些都可作为有力的旁证。但是，"三族制家族"的实体是由夫妇子女组成的个别家族的集合体（同居），要实现并加以维持则相当困难。如宇都宫氏所指出的，即便在汉代，分财异居也十分常见，至六朝时期这一倾向则更加明显了。特别是在四川和江南地区，"小人薄于情礼，父子率多异居"（《隋书》卷二九《地理志·梁州》），通常说来，"士大夫以下，父母在而兄弟异计，十家而七矣。庶人父子殊产，亦八家而五矣。凡甚者，乃危亡不相知，饥寒不相恤"[4]。如此看来，六朝时期，亲情凉薄、分财别居的现象十分普遍，连士人层之家都大半采取了单婚乃至个别家族的形态。此外，即便是维持着同居形态，各家族成员也是"各别资财，同居异爨"[5]，可知虽说披着"三族制复合家族"形态的外皮，内在也大都是以复数的单婚乃至个别家族为基础的。

　　将目光移向华北，累世同居的案例尤其多见于士人层。那么，这是否表现了某种古老的家族形态呢？值得注意的是，累世同居形态往

---

1. 宇都宫氏的总括性见解见于《漢代豪族論》（收入氏著《中国古代中世史研究》，创文社，1977年）中的总结。

2. 《颜氏家训·止足第十三》载："常以二十口家，奴婢盛多，不可出二十人，良田十顷，堂室才蔽风雨，车马仅代杖策，蓄财数万，以拟吉凶急速。"

3. 《魏书》卷五六《崔辩传附崔楷传》载："初楷将之州，人咸劝留家口，单身述职。……遂合家赴州。……及贼来攻，楷率力抗拒，强弱势悬，每勒兵士抚厉之，莫不争奋，咸称：'崔公尚不惜百口，吾等何爱一身！'……楷兄弟父子，并死王事，朝野伤叹焉。"虽然父母已经过世，但妻子与同产兄弟仍然居住在一处，保留了三族制家族的面目。

4. 见《宋书》卷八二《周朗传》。

5. 《魏书》卷七一《裴叔业传附裴植传》载："植虽自州送禄奉母及赡诸弟，而各别资财，同居异爨，一门数灶，盖亦染江南之俗也。"虽然是华北的例子，但可以此窥测江南的状况。

往成为赞赏的对象[1]。这反而表明此种形态在社会层面是较为特殊的情形[2]。更有力的证据是，号称"三世同居"的博陵崔氏，在频年饥馑的危急之际，家始分析[3]，可知累世同居形态，是在经济富裕且推崇"情礼"深厚的伦理性生活的家族才会出现的特殊现象。因此，以累世同居为基础的"三族制复合家族"，可以说并不是古老的表现，反而是在高度经济实力和深厚伦理性情礼的基础上形成的次生性产物。如第一章所述，春秋末战国时期，个别小农家族广泛地形成了。在此基础上次生性地形成了累世同居，并以其为基础形成了"三族制复合家族——扩大家族"[4]。正因如此，如果没有以情礼为首的伦理性规制，就会不断解体而走向个别家族。战国以来，中国的家族形态一般都为单婚小家族，在此基础之上，富豪、士人层等重情礼的富裕之"家-家户共同体"，形成了"三族制复合家族——扩大家族"。稍加留意即可发现，即便在北朝，父母死后分财别居的例子也有不少[5]。而且，之前所举的崔暹之例，父亲使儿子别居，以图扩大田宅等，已表现出近于南朝的状态。北朝社会的"三族制复合家族"，虽然看似比四川、江南地区更加强固，但也不过是一种理念而已。

以上我们考察了构成富豪、士人层家之核心的家族形态。六朝

---

1. 《北史》卷八五《节义·王闾传》载："王闾，北海密人也。数世同居，有百口。又太山刘业兴四世同居，鲁郡盖儁六世同居，并共财产，家门雍睦。乡里敬异。"

2. 《魏书》卷五八《杨播传附杨元让传》载："一家之内，男女百口，缌服同爨，庭无间言，魏世以来，唯有卢渊兄弟及播昆季，当世莫逮焉。"足见其实现的难度。

3. 《魏书》卷五七《崔挺传》载："三世同居（《北史》本传作五代同居），门有礼让。于后频值饥年，家始分析。"

4. 单婚小家族成于战国时期。关于在此之前的家族以及氏族的形态，至今基于文献批判的研究也难言已经明了。可以确定的是，汉代以后的家父长制家户共同体，是在周代的宗法等古老的意识形态基础上形成的次生性产物。不过，在宗法之类中所见的意识形态，究竟多大程度上反映了周代的家族以及氏族的实体，仅依据文献研究是难以得出结论的，还必须在住址等发掘成果的基础上进行独立研究。

5. 《魏书》卷四五《裴骏传附裴修传》载："修早孤，居丧以孝闻。二弟三妹并在幼弱，抚养训诲，甚有义方。次弟务早丧，修哀伤之，感于行路。爱育孤侄，同于己子。及将异居，奴婢田宅悉推与之，时人以此称焉。"又《隋书》卷五〇《元孝矩传附元褒传》载："年十岁而孤，为诸兄所鞠养。性友悌，善事诸兄。诸兄议欲别居，褒泣谏不得，家素富，多金宝，褒无所受，脱身而出，为州里所称。"

时期的江南和华北地区，虽然程度稍异，但大半都是由夫妇子女组成的单婚小家族。在此基础上，时常也能见到以单婚小家族为实体而扩大的"三族制复合家族"。接着我们把目光转向家中非家族成员的实体。

非家族成员的情况，自然不像家族成员一样都拥有特定的家族形态。非家族成员之中，也有如《太平经》所述的被富豪雇佣、奴使了十余年的长期佣客[1]。但是，非家族成员中，大多都是非良民的贱人。当时的贱人，以奴婢、家僮为主，此外还有苍头、奴客、僮仆、僮客、仆使等多种称呼，他们从事耕作、畜牧、商业、家事等多种劳动。此种情况如祖逖与李叔坚之例所示，"家僮子弟，耕而后食"[2]、"儿婢皆在田中"[3]，可见贱人们是与家族一同处于家主之下，并作为劳动者参与劳动过程。他们大都由买卖或掠夺[4]等途径落入家主手中，其身体被个别人格性地占有。因此，他们自己无力成为生产手段的所有者，承受着家主对其劳动过程中剩余劳动的直接榨取。故他们多数应该被定义为劳动奴隶的范畴。以这些奴婢为首的奴隶，与汉代不同，在六朝时期能够被相当自由地买卖[5]。号称"家无私积"的顾谭都拥有将近十人的奴婢[6]。如3世纪初的徐幹所述，"往昔海内富民及工商之家，资财巨万，役使奴婢多者以百数，少者以十数"，可见其中也有奴婢多至数百的例

1.《太平经合校》卷一一四《大寿诫第二百》载："时以行客，赁作富家，为其奴使。一岁数千，衣出其中，余少可视，积十余岁，可得自用还故乡。"

2.《北堂书钞》卷三八所引《祖逖别传》载："逖为豫州刺史。克己务施，不蓄财产，家僮子弟，耕而后食。"

3.《风俗通义》卷九载："谨按：桂阳太守汝南李叔坚，少时，为从事，在家，狗人立行。……狗十灶前蓄火，家益怔忪，复云：'儿婢皆在田中，狗助蓄火，幸可不烦邻里，此有何恶。'"

4. 如《魏书》卷六七《崔光传》所载："皇兴初，有同郡二人并被掠为奴婢，后诣光求哀，光乃以二口赎免。高祖闻而嘉之。"

5.《隋书》卷二四《食货志》载："晋自过江，凡货卖奴婢马牛田宅，有文券，率钱一万，输估四百入官，卖者三百，买者一百。无文券者，随物所堪，亦百分收四，名为散估。历宋齐梁陈，如此以为常。"可见在南朝，买卖奴婢已经是被公认的行为。此处虽未举北朝的例子，但买卖奴婢在北朝也十分常见。

6.《太平御览》卷五〇〇所引《顾谭别传》载："谭为太常录尚书事，从交州。家无私积，奴婢不满十人。"

子[1]。徐幹提议禁止庶民拥有奴婢，但结果如晋李重所提示的"人之田宅既无定限，则奴婢不宜偏制其数"，未能实行[2]。考虑到李重的主张，徐幹指出的状况在六朝时期无疑也被继承了下来。当时的富豪层之家应该都积蓄了相当数量的奴婢，如第四节所示，在农业经营中发挥着基干的作用。

不过值得注意的是，在六朝时期的富豪层之家中，也存在着不能归入奴隶制范畴的贱人。至少可以通过三国时代被认为是奴隶的麋氏的僮客，对此进行考察。

蜀汉创业功臣之一的麋（糜）竺，既是屡屡出现在六朝时期小说中的人物，也是这一时期富豪的代表性人物。据《三国志》本传，他是东海郡朐县人，因代代勤于货殖，到麋竺一代已是僮客万人、资产巨亿[3]。不过，赵宋初编纂的《太平寰宇记》，记述了当时的"古老"传说以及编者见闻：

> （东海）县理城，在鬱洲上。……古老传言，此岛上人，皆先是麋家之隶。今有牛栏一村，旧有麋家庄牧，犹祀祭之，呼曰麋郎。临祭之日，着犁靴，执耕鞭。又言初取妇者，必

1.《群书治要》卷四六所引《中论》载："往昔海内富民及工商之家，资财巨万，役使奴婢多者以百数，少者以十数，斯岂先王制礼之意哉。……民畜奴婢或至数百，庆赏刑威亦自己出，则与郡县长史又何以异？"

2.《晋书》卷四六《李重传》载："时太中大夫恬和表陈便宜，称汉孔光、魏徐幹等议，使王公已下制奴婢限数，及禁百姓卖田宅。中书启可，属主者为条制。重奏曰：'……今如和所陈而称光、幹之议，此皆衰世踰侈，当时之患。然盛汉之初不议其制，光等作而不行，非漏而不及，能而不用也。……人之田宅既无定限，则奴婢不宜偏制其数，惧徒为之法，实碎而难检。方今圣明垂制，每尚简易，法禁已具，和表无施。'"

3.《三国志》卷三八《麋竺传》载："麋竺字子仲，东海朐人也。祖世货殖，僮客万人，赀产巨亿。……竺于是进妹于先主为夫人，奴客二千，金银货币以助军资。"浜口重国氏在《唐の部曲・客女と前代の衣食客》（收入氏著《唐王朝の贱人制度》）中提出，奴客、僮客本来是记载奴及宾客时的略写形式，从三国时代开始，成为了对类似奴婢的一种贱民的代称。对此笔者基本赞同。但问题在于作为身份基础的阶级。检讨浜口氏所引的例证可知，这些奴客、僮客被个别统计，并需要得到主人的放免。麋氏的僮客、奴客也成为了与金银同样的赠与对象，基本上可以将其与奴婢一同归于奴隶的范畴内。

先见糜郎，否则为祟。[1]

整理此处所见赵宋初的"古老"旧闻以及编者见闻，可以得到如下的解释。郁州岛中的牛栏村是在糜家庄园之后建立的，其住民是原来糜家的隶民（在糜竺的时代至少是僮客）。从"古老"的语气看，可以认为在赵宋初期，他们获得了身份上的自由。进而，糜郎祀中住民和糜郎的关系，可以视为赵宋以前由来久远的社会现象的习俗化。从中还可看出糜郎祀时农耕侍奉的习俗化，以及婚姻中糜郎规制的习俗化。而且，从婚姻规制的习俗化可以蠡测，在主家糜氏的许诺范围内，赵宋以前这里的隶民已被允许结婚并拥有家族。也就是说，对照三国时期僮客的奴隶身份与这份记载，可看出三国时期至赵宋初之间，奴隶在"家父长制式家户共同体"的底层，形成自己的小经营并走向自立的过程。那么，这份记载具有多高的可信度呢？

首先，必须考察《太平寰宇记》本身的价值。众所周知，该书大

1.《太平寰宇记》卷二二"海州东海县"条载："县理城，在鬱洲上。《山海经》云：'郁州在海中。''郁'即'鬱'。《水经注》云：'朐县东北海中有大洲，谓之郁州。昔有道者学徒十人，游于苍梧、郁洲之上，四百年，皆得至道。其山自苍梧徙至东海之上，今犹有南方草木生焉。故崔琰《述初赋》云：'郁洲者，故苍梧山也。''古老传言，此岛上人，皆先是糜家之隶，今有牛栏一村，旧有糜家庄牧，犹祀祭之，呼曰糜郎。临祭之日，着犁靴，执耕鞭。又言，初取妇者，必先见糜郎，否则为祟。宋泰始三年，于岛南陲筑城，置青州，即今县理城是也。"不过，杨守敬、熊会贞在其合撰的《水经注疏》（台湾中华书局，1971年）卷三〇《淮水篇》中，引用了赵一清的意见，认为《太平寰宇记》上述文字自"古老传言"至"否则为祟"一段均为《水经注》逸文。两氏都未加按语，应是赞同赵说。但是，这段文字并不能理解为《水经注》逸文。第一，此处所见"古老传言"之语，并未见于《水经注》，反而在《寰宇记》中是常用语，频见于卷二二之中。第二，关于"糜家庄牧"中的"庄"一字，将"庄"作为表现庄园的词语是六朝末期开始的，将其认为是《水经注》的用语并不恰当。第三，关于"今有牛栏一村"中的"今"字，《寰宇记》随处使用的"今"字，大概指当今，即赵宋初期。以上三点考虑，"古老传言"以下应该是基于赵宋初期的见闻所述的文字。另外，藤家禮之助氏对本文此处的见解也有批判。他认为《寰宇记》上引文字应为《水经注》的逸文，若不是也当理解为刘宋时期的记载（《所謂中国中世社会を把握するための覚書》，《東海史学》第16号，1982年）。藤家氏的批判，虽然也有合理之处，但关于《水经注》逸文的见解并无建设性，并不足以让我改变个人观点。如果将其视为《水经注》逸文或刘宋时期的记载，则可推知糜氏在此之前已经灭亡。那么这与本文所提到的刘宋时期糜昴之的存在，以及存续于海州东海郡十姓的唐代姓望糜氏正相龃龉。藤家氏的论考也有关于本章论点的其他批判，请务必一同参读。

量利用了宋初残存的六朝以来的地志、诗文以及其他材料。在利用这些材料的同时也对其加以批判、考证，具有相当的可信度[1]。因此，该书的编纂态度是不容置疑的。那么，其中的个别内容又如何呢？

如"古老"之言所见，作为地方势家的糜氏存续到了唐代。这一说法是否可信？于是，我们检索了敦煌发现的《天下姓望氏族谱》，此书被认为是记载了8世纪以降唐后半期的氏族。其中海州东海郡的十姓中，的确可见糜氏之名[2]。此外，唐元和年间（9世纪初）进行编纂的诸家氏族谱《元和姓纂》中，同样也有对糜氏的记载，并且还载有六朝时期糜昂之之名[3]。由此可见，自糜竺以后，即便史乘中没有出现糜氏姓名，但糜氏作为地方富豪层之一，直到唐末依旧悄然维持了声望。同时，也可确认故老所言为实情。

那么，从前述牛栏村的住民习俗推测出的隶民个别家族的形成状况，与主家对隶民的婚姻规制，这一情况的可信度又如何呢？此处引一段富有深意的故事：

> 吴兴戴眇家僮客姓王，有少妇美色。而眇中弟恒就之。客私怀忿怒。具以白眇："中郎作此，甚为无理。愿尊敕语。"眇以问弟。弟大骂曰："何缘由此？必是妖鬼！"敕令打杀。[4]

此处的僮客，明显是以王为姓并已娶妇，即形成了家族。这一点与原则上不允许拥有姓与家族的奴婢身份是不同的，也明确区别于被个别人格性地占有并无法形成家族的原生性奴隶。而且此处僮客王氏的婚姻关系乃至家族是由戴眇的敕即家父长权所保护的。换言之，这表现

---

1. 可参考青山定雄：《唐宋時代の交通と地誌地図の研究》第二篇第一章《唐宋時代の総誌及び地方誌》，吉川弘文館，1963年。

2. 可参考仁井田陞：《中国法制史研究：奴隶农奴法、家族村落法》，《敦煌発見の天下姓望氏族譜——唐代の身分的内婚制をめぐって——》以及图版一三，东京大学出版会，1962年。

3. 《元和姓纂》卷二载："楚大夫受封南郡糜亭，因以为姓。东海朐山，汉有糜敬。《蜀志》有糜竺，生芳。宋有糜昂之。又糜信撰《说要》，注《谷梁》。"关于糜信，《经典释文》卷一《序录》《谷梁》条载："字南山，东海人，魏乐平太守"，是与糜竺同时代的人。

4. 参考第118页脚注3。

出僮客的婚姻与家族关系的维持，是存在于家父长权的许诺与规制范围内的。进而，就如"家僮客"一词所表现的那样，他们被包括在家-家户共同体之内，但如"恒就之"所示，其居所与主家相别而邻，且为有着户和窗的房屋[1]。虽然处于富豪层之家的内部，但可以确定其中明显存在着个别家族形成的胎动。这段故事原载于刘宋宗室刘义庆所编的《幽明录》。由此可知，至少在刘宋时代，僮客已经逐渐开始形成个别家族，其婚姻也处于敕即家父长权的保护与规制之下。

再举一段来自颜之推《冤魂志》逸文的有趣故事：

> 宋世永康人吕庆祖，家甚温富。当（《太平广记》卷一二七引作常字）使一奴名教子，守视墅舍。以元嘉中，便往案行，忽为人所杀。族弟无期，先大举庆祖钱，咸谓为害。无期赍羊酒脯，至柩所而咒曰："君苤酷如此，乃云是我。魂而有灵，使知其主。"既还，至三更，见庆祖来，云："近履行，见教子哇畴不理，许当痛治奴。奴遂以斧斫我背，将帽塞口，因得啮奴三指，悉皆破碎。便取刀刺我颈，曳着后门。初见杀时，诸从行人，亦在其中。奴今欲叛，我已钉其头着壁。"言毕而灭。无期早旦以告其父母，潜视奴所住壁，果有一把发，以竹钉之。又看其指，并见破伤。录奴诘验，臣伏。又问："汝既反逆，何以不叛？"奴云："头其被系，欲逃不得。"诸同见者，事事相符。即焚教子并其二息。[2]

这段故事记载奴有二子。一般情况下，因奴婢不会拥有正常的婚姻生活，通常认为他们所生的孩子虽能知其母，但其父的身份却难以确认[3]。

---

1. 参考第118页脚注3。
2. 见《法苑珠林》卷七〇所引《冤魂志》。关于此部分，有伯希和氏收集的敦煌本残卷（P.3126），文字与其有相当的出入，但不影响论旨。此处暂且引用《珠林》版本。另外，请参考重松俊章氏《敦煌本還冤記残卷に就いて》（《史淵》第17辑，1937年），文中登载了敦煌本残卷原文，并与《珠林》及《广记》版本进行了对校。
3. 在唐法中，奴婢之间生下的孩子只从属于婢，而且被归于主家的所有物。参考滨口重国：《唐王朝の賤人制度》，主篇第一章《私奴婢の研究》。

这段故事记载的奴婢父亲身份明确且拥有二子，明示他拥有了长期的婚姻生活与家族。更重要的是，如"近履行，见教子畦畴不理"所示，教子被分配了特定的田地与墅舍，以作为他应该管理与耕作的土地。也就是说，在家主的实地监管下，奴教子已自主掌控了劳动过程，尽管并不完整[1]。两个儿子应该是他的辅助劳动者。如此我们便知道，即便还是奴婢身份，也有人拥有了一定的个别家族，从家主那里分得了应当自我管理与取得收益的特定田土。

当然，前述僮客王氏与奴教子的故事都可能不是事实。但六朝时期的故事，主观上也作为反映现实的记事而被当时的人们所接受[2]。而且，正因其是故事，所以需要经过许多民众的传播。因此，其社会背景如果完全脱离现实，那么便不会作为事实而流传。或者不如说，正因为是故事，所以显示了当时的社会上存在着无数的"僮客王氏"与"奴教子"。事实上，即便在北朝，也有高谦之的"居家僮隶"经营家族的记载[3]。于是，整个六朝时期，在富豪、士人层之"家-家户共同体"的底层，都可以看到隶属民的个别家族与建立在其基础之上的小经营的形成过程。

这种小经营可以说尚包摄于主家之内，相对于主家来说还未自立，正在形成过程中。那么，又应该如何对其范畴进行定义呢？此处值得注意的是所谓"奴教子"。他们虽一定程度上掌控了劳动过程，但相对主家而言，并没有进行独立的再生产活动。虽然被分配了可供耕种的特定的田土，但却要受到主家的实地监管乃至责打。在被委托耕作期间之外，也没有显露出拥有田地的保有与收益的迹象。甚至，通过其子也一同被加以私刑等事例，可以看出他们处于完全的无权利状态，

1.《颜氏家训·涉务篇第一一》载："江南朝士，因晋中兴，南渡江，卒为羁旅，至今八九世，未有力田，悉资俸禄而食耳。假令有者，皆信僮仆为之，未尝目观起一坺土，耘一株苗；不知几人当下，几月当收，安识世间余务乎？"此处所见的僮仆等，是奴隶掌控劳动过程的有力证据。

2. 鲁迅：《中国小说史略》第五篇《六朝之鬼神志怪书（上）》，人民文学出版社，1973年；吉川幸次郎：《〈中国古小说集〉解题》，筑摩书房《世界文学大系》第71卷，1964年。

3.《魏书》卷七七《高崇传附高谦之传》载："居家僮隶，对其儿不挞其父母，生三子便免其一，世无黥戮奴婢，常称俱禀人体，如何残害。"

也未拥有劳动用具等。如此，即便他们可以被视为"未来的农奴"，但也绝不能将其定义为农奴。他们在一定程度上掌控了劳动过程，故被家主恣意直接地榨取剩余劳动的现象稍有缓和，建立在个别家族基础上的小经营也正在形成。因此，从上述几点考虑，他们虽然与原生性奴隶有异，但还是应该被归入奴隶范畴之内。

　　通观以上的考察，可以确认从之前《太平寰宇记》的记述中所推论出的状况，是可能在现实中发生的。自3世纪至10世纪后半的糜家，存在着三国时期作为奴隶的僮客、正在形成小经营的六朝僮客（《寰宇记》中的"隶"）以及赵宋初的牛栏村民这样三个阶段的变迁。从中可以看到所谓中世社会作为历史性时代的一面。即在富豪层的家父长制式家户共同体之中，虽是循序渐进，但小经营农民确实在逐渐形成。而构成富豪、士人层之家的非家族成员，将少量如长期佣客之类的良民去除后，大都是由贱人组成的。这些贱人中的多数应该被归入奴隶范畴。但他们之中也有人在主家内部组成了不完全的个别家族，并在此基础上形成了小经营。

　　我们将以上略有些复杂的考察整理如下。富豪、士人层之家，通常被称为"百口"，大致是拥有数十口到一百数十口家口数的家户共同体。这一共同体将家族成员以及非家族成员都包括在内，由以敕等为表现的家父长权统合而成，为家父长制式家户共同体。构成家户共同体之核心的"家族"，大半是由夫妇子女组成的单婚小家族的集合体。但在特别重视情礼的士人层中，时常可见到此时期家族的理念型即三族制复合家族形态的实现。另一方面，在占据非家族成员之大部分的奴隶与贱人中，也正在形成以个别家族为基础的小经营。总而言之，富豪、士人层之家，是以包括若干世代在内的单婚以及个别家族为核心，将非家族成员也涵括在内的家父长制式家户共同体，并以此组织来进行再生产活动。

　　我们已指出六朝时期的富豪、士人层积蓄了相当数量的奴隶，并且他们是富豪层的农业经营之中的主要劳动者。因此，以涵括他们在内的家人所经营的富豪层的大土地所有，仅就其直营地部分而言，应该将其定义为家父长式奴隶制经营。那么，由此直接将这种大土地所有定义为家父长式奴隶制是否合适？值得注意的是，即便观察直营地部分的家父长式奴隶制经营内部，也已经能见到小经营的萌芽。也就是说，原本意义上的家父长式奴隶制经营，在六朝时期已经开始形式化，可以说实际上已经踏出了形态转化的第一步。此外，富豪层的直接经营，并不完全依赖于家户共同体内部的劳动，也存在来自外部的劳动，即使用雇农。进而，直营地的外延还存在由其他的小经营负责的佃耕地，即间接经营地。因此，为了定义富豪层大土地所有的特质，就必须将直营地外延存在的小经营的存在形态纳入考虑范围。富豪、士人层的大土地所有性质究竟如何？当我们将直营地经营与存在于其外延的各种小经营之间的相互关系列为考察对象时，当可得到答案。

三、雇农与佃农

上节我们对构成直营地劳动者核心的富豪、士人层的"家-家父长制家户共同体"进行了考察。本节则以存在于此"家"之外延的分田农民的存在形态为考察对象。这些农民以各种形态与此"家"存在联系。根据其劳动形态，我们可以将这些农民大致分为雇农与佃农两类。首先来考察雇农的具体存在形态。

所谓"雇农"，一般是指以提供劳役换取雇佣报酬的劳动形态。此时期的这种劳动形态，往往被称为佣作[1]、客作[2]、佣赁[3]、

1.《后汉书》卷八〇《文苑传·侯瑾》载："侯瑾字子瑜，敦煌人也。少孤贫，依宗人居。性笃学，恒佣作为资，暮还辄然柴以读书。"又《太平御览》卷四一三所引萧广济《孝子传》载："申屠勋字君游，河内汲人。少失父，与母孤贫，佣作供养。"

2.《三国志》卷一一《魏书·管宁传》裴注所引《高士传·焦先》载："或数日一食，欲食则为人赁作，人以衣衣之，乃使限功受直，足得一食辄去，人欲多与，终不肯取。"同上裴注所引《魏略·焦先传》载："饥则出为人客作，饱食而已，不取其直。"可知"客作"与"佣作"同义。此外，《太平御览》卷五〇八所引《高士传》载："夏馥，字子治，陈留圉人也。……入相虑山中，为冶工客作，形貌毁悴，积佣三年，而无知者。……馥独叹曰：'以为人所弃，不宜复齿乡里矣。'留赁作不归。"

3.《宋书》卷九一《孝义传·吴逵》载："家徒壁立，冬无被绔，昼则庸赁，夜则伐木烧砖，此诚无有懈倦。"又《梁书》卷一八《冯道根传》载："冯道根字巨基，广平酇人也。少失父，家贫，佣赁以养母。"

佣[1]等。其劳动内容也涉及了多个方面，但不难想象还是以农耕[2]为主。他们被给予报酬的内容除了实物之外，也包括帛、食物、金钱等[3]。以现存的例子来看，其额度在每月数百钱到一千钱左右[4]。

在这种雇农形态中，除了前节言及的《太平经》中所见的长期佣客外，还可以发现短期佣客与日佣的形态。在当时的史料中，短期雇农的例子随处可见[5]，即便考虑到史料存在的偏差性，也具有相当庞大的数量。这些短期佣客与长期佣客同样在富豪的指挥下耕作田地。从这个角度看，他们也可以说是富豪层直营地劳动力的构成部分。但是他们与被包摄在富豪的家户共同体内，作为其成员之一的长期雇农性质有所不同。其原因在于，他们这些短期雇农，是像刘裕那样持有自己

---

1. 《晋书》卷八九《忠义传·王育》载：“王育字伯春，京兆人也。少孤贫，为人佣牧羊。”又《太平御览》卷六六二所引葛洪《神仙传》载：“陈安世，京兆人。为灌叔本佣，禀性慈仁。而叔本好道，有二道人，托为书生。”又《颜氏家训·后娶篇第四》载：“身没之后，辞讼盈公门，谤辱彰道路，子诬母为妾，弟黜兄为佣。”最后的例证显示，佣作在当时的社会上受到鄙视。此外佣作还被称为佣客、客、佣力、客佣等。

2. 《北堂书钞》卷九七《好学第十一》（出典不载）载：“孔安，贫，与人佣锄，休息辄诵书，精专如此。”又《初学记》卷一八所引崔鸿《后燕录》载：“魏郡王高，秦末饥乱，夫妻昼则佣耕，夜则伐草烧砖。”又《太平御览》卷四七二所引《搜神记》载：“有周揽啧者。……赀至千万，先时有妪者，常往揽啧，佣赁墅舍。”有关东汉时期的佣耕之例，详参以下论文：天野元之助：《漢代豪族の大土地經營私論》，收入《瀧川博士還曆記念論文集》，中澤印刷，1957年；多田狷介：《後漢豪族の農業經營——仮作·備作·奴隸勞働——》，《歷史學研究》第286号，1964年。

3. 1世纪时便有例证，《后汉书》卷二七《郑均传》载：“兄为县吏，颇受礼遗，均数谏止，不听。即脱身为佣，岁余，得钱帛，归以与兄。”又《三国志》卷一一《魏书·管宁传》裴注所引《魏略·扈累传》载：“嘉平中，年八九十，裁若四五十者。县官以其孤老，给廪日五升。五升不足食，颇行佣作以裨粮，粮尽复出。”又《法苑珠林》卷五七所引《冥报记》载：“隋扬州卞士瑜者，其父在隋以平陈功，授仪同。悭悋，尝雇人筑宅，不还其价。作人求钱，卞父鞭之。”另外，还可参考第128页脚注2所引《高士传》及《魏略》。

4. 《群书治要》卷四五所引崔寔《政论》载：“长吏虽欲崇约，犹当有从者一人，假令无奴，当复取客。客庸一月千（钱）。”前节第121页脚注1《太平经》所见的客，有“一岁数千（钱）”的记载，平均到每个月大约有数百钱。

5. 除前节第121页脚注1《太平经》以及本页脚注3《后汉书·郑均传》、本页脚注4《政论》中所见的雇农以外，均可视为短期雇农或日佣。

的耕具[1]，并且还拥有着可以回去的家庭[2]。他们大都属于贫家层。但即使贫穷，他们中的多数，都如吴郡岑氏一般，精勤于田业，"资养所费，终于十亩。至于傍求，佣书取济"[3]，只是在应急场合才进行雇佣劳动。二者间存在决定性的区别。他们大都是拥有自己的耕地、农具以及家庭的小经营农民，也是作为国家编户的分田农民。他们因自己持有的耕地较少，仅依靠自己耕地的收益无法完成再生产活动。因此，为了维持自己的小经营再生产，有必要暂时以雇农的身份成为其他经营的劳动者。如此，显然他们与被包摄在富家之内并被"奴使"的长期雇农不同，对富豪层的隶属性是比较松散的。

不过，在这种一般性雇农形态之外，江南还有被称为"十夫客（僮）"的雇农[4]。这一形态以定量的劳动（夫）[5]为抵押，而从雇主处预支报酬。这种情况下，在雇佣关系中掺入了债务关系。因此，与一般的雇农相比，其对雇主的隶属关系相对较高。"十夫客"在范畴上属于债

---

1. 《太平御览》卷四八五所引《宋书》载："武帝刘裕，少时其家大贫，与人佣赁。及登帝位，耕具犹存。"

2. 例如，《太平广记》卷四二六所引《五行记》载："晋孝武太元五年，谯郡谯县袁双，家贫，客作。暮还家，道逢一女，年十五六，姿容端正，即与双为妇。五六年后，家资甚丰。"

3. 《续高僧传》卷一《释宝唱传》载："释宝唱，姓岑氏，吴郡人，即有吴建国之旧壤也。少怀恢敏，清贞自蓄，顾惟只立，勤田为业。资养所费，终于十亩，至于傍求，佣书取济。"

4. 《南齐书》卷五五《孝义传·吴达之》载："吴达之，义兴人也。（姨）〔嫂〕亡无以葬，自卖为十夫客，以营冢椁。从祖弟敬伯夫妻荒年被略卖江北，达之有田十亩，货以赎之，与之同财共宅。"又《太平御览》卷五一七所引《齐书》载："吴达之，义兴人，姨亡，无以具葬，乃自卖为十夫佣。"又《宋书》卷九一《孝义传·郭世道传附郭原平传》载："父亡。……营圹凶功，不欲假人。……又自卖十夫，以供众费。……葬毕，诣所买主，执役无懈，与诸奴分务，每让逸取劳，主人不忍使，每遣之，原平服勤，未曾暂替。所余私夫，佣赁养母，有余聚以自赎。"

5. 当时一般将定量劳动所对应的报酬称为"夫直"。例如，《文选》卷四〇任昉《奏弹刘整》载："当伯天监二年六月从广州还至。整复夺取。云应充众。准雇借上广州四年夫直。今在整处使。"又《宋书》卷九一《孝义传·吴逵》载："邻里嘉其志义，葬日悉出赴助，送终之事，亦俭而周礼。逵时逆取邻人夫直，葬毕，众悉以施之，逐一无所受，皆佣力报答焉。"因此，此处所见的"十夫"是指定量的劳动。浜口重国氏将"十夫客"作为抵押奴婢（前节第122页脚注3论文），草野靖氏将其定义为以劳动为偿还方式的债奴（《唐律に見える私贱民奴婢·部曲に就いての一考察》，收入《重松先生古稀記念九州大学東洋史論叢》，九州大学文学部東洋史研究室，1957年）。据郭原平"所余私夫，佣赁养母"之例，从他被主家役使时可留有可以自由支配的劳动部分而言，难以称得上是完全的奴婢。

务奴隶。但值得注意的是，如郭原平和吴达之之例所示，他们拥有耕地与宅地，明显属于曾进行过小经营的分田农民[1]。因此，如果以定量的劳动偿还了欠款，他们也可以恢复原本"自由"的农民身份。如此我们便可得出结论，在六朝时期江南的雇农形态中，甚至存在伴随着债务关系的高隶属度形态。

雇农在南朝的江南社会颇为盛行。这种倾向体现出之后所见的江南农民的阶层分化之剧烈。北朝的雇农不如南朝那么盛行。原因之一是五胡时期的战乱造成了田地的荒芜，存在相当数量的余裕耕地。但是，从战乱暂且安定下来的北魏中期开始，雇农的例子也变得多起来[2]。即便不如南朝那么盛行，但也可确定北朝是存在雇农的。

通过以上考察可知，虽一概被称为雇农，但其中也有对主家隶属度的高低之分及长期、短期等各种形态。他们之间共通的基本特质，是皆属于贫家层的分田小经营农民。

现在我们将目光转向佃耕形态。这种劳动形态在汉代被称为"假作"。这种假作形态到六朝时基本失去了踪迹。在汉代发挥了保护小农功能的公田假作之例则尤为少。这明显是此时期国家权力弱化的表现。当时，私人佃耕十分盛行。魏晋的租牛客[3]、南朝的佃客[4]、北朝末的浮

---

1. 可参考第130页脚注4《南齐书·吴达之传》。关于郭原平拥有宅一事，《宋书》卷九一《孝义传·郭原平》载："居宅下湿，绕宅为沟，以通淤水。宅上种少竹，春月夜有盗其笋者。"

2. 《魏书》卷七〇《傅永传》载："与道固俱降，入为平齐民。父母并老，饥寒十数年，赖其强于人事，勤力佣丐，得以存立。"又《北史》卷五五《房谟传》："又使佣赁，令作衣服，终岁还家，无不温饱，全济甚多。"又《北史》卷八九《艺术传上·由吾道荣》："又游燕、赵间。闻晋阳有人，大明法术，乃寻之。是人为人家佣力，无名者，久求访始得。"又《周书》卷四〇《颜之仪传附乐运传》载："年十五而江陵灭，运随例迁长安。其亲属等多被籍，而运积年为人佣保，皆赎免之。"又《隋书》卷七二《孝义传·华秋》载："华秋，汲郡临河人也。幼丧父，事母以孝闻。家贫，佣赁为养。"

3. 《晋书》卷九三《外戚传·王恂》载："魏氏给公卿已下租牛客户数各有差，自后小人惮役，多乐为之，贵势之门动有百数。又太原诸部亦以匈奴胡人为田客，多者数千。武帝践位，诏禁募客。"同书卷二六《食货志》载："而又得荫人以为衣食客及佃客。……其应有佃客者，官品第一第二者佃客无过五十户。……第八品第九品一户。"

4. 《隋书》卷二四《食货志》载："都下人多为诸王公贵人左右、佃客、典计、衣食客之类，皆无课役。官品第一第二，佃客无过四十户。……第八品十户。第九品五户。其佃谷，皆与大家量分。……客皆注家籍。"又《南齐书》卷一四《州郡志上》"南兖州"条载："时百姓遭难，流移此境，流民多庇大姓以为客。元帝太兴四年，诏以流民失籍，使条名（转下页）"

客[1]等都是例证。除浮客外，六朝时期佃客的共通特质是，仅有官僚基于官品体系对佃客的拥有是被承认的。当然，其中也存在非法的情况。但佃客们基本上被包摄于国家的官僚体制之内，主家与佃客之间的关系是以国家权力为媒介得以成立的，并不以直接的人格从属关系为媒介。关于此点，将与浮客的问题一同在次章再进行讨论。我们首先必须考察其前提，即作为佃客与浮客之基础的佃耕之实体。梁武帝大同七年（541）的诏书中有如下一段代表性的史料：

> 如闻顷者，豪家富室，多占取公田，贵价僦税，以与贫民，伤时害政，为蠹已甚。自今公田悉不得假与豪家；已假者特听不追。其若富室给贫民种粮共营作者，不在禁例。[2]

这段史料是为数不多的公田假作之例[3]。但假作的主体是富豪层，并将其形态转为了让作为分田农民的贫家层进行佃耕。而且公田本身也已经被占夺并私田化了。虽然诏书发布后向富豪层进行公田假与的行为被禁止了，但从记载中可知，对于已假与的田地也是"特听不追"。在此首先可以明确的是，当时的公田已有被富豪层侵夺的倾向，由此

（接上页）上有司，为给客制度，而江北荒残，不可检实。"此外，藤家禮之助氏根据《隋书》中"客皆注家籍"的限客规定，指出富豪之家族（家户）的非血缘部分存在着从事私家经营的客，由此批判我的观点（第二节第123页脚注1所引同氏论文）。确实如他所言，客拥有各种各样的实体。但是，仅以"注家籍"为依据就将客归入富豪之家中是否适当呢？佃客被注记在官人层的家籍中，也并不意味着他们与官人之家属于同一家户。佃客与官人（非富豪）对收获物进行分成，生产与消费也均同官人之家区分开来，故应该将他们理解为拥有独立家户（家）的雇农。

1.《通典》卷七《丁中》载："其时承西魏丧乱，周齐分据，暴君慢吏，赋重役勤，人不堪命，多依豪室，禁网隳紊，奸伪尤滋。高颎睹流冗之病，建输籍之法。于是定其名，轻其数，使人知为浮客，被强家收太半之赋，为编甿奉公上，蒙轻减之征（原注：浮客，谓避公税、依强豪作佃客也）。"

2. 见《梁书》卷三《武帝纪下》。

3. 记载六朝时期假作形态的史料，管见所及，除此之外仅有以下二例。《宋书》卷九九《二凶传·元凶劭》载："成服日，劭登殿临灵，号恸不自持。博访公卿，询求治道，薄赋治籍，损诸游费。田苑山泽，有可弛者，假与贫民。"《魏书》卷九《肃宗纪》"孝昌二年"条载："丙午，税京师田租，亩五升；借赁公田者，亩一升（《北史》作斗）。"

出现的公田假与也正在向私人关系转换。这无疑是富豪层私人土地支配的发展过程中的场景之一[1]。但是，当前要讨论的问题，并非通过公田假与所反映出的这种"国家-富豪"关系，而是由富豪层的公田经营方式所显现出的"富豪-贫家"关系。如前所述，公田已经开始私田化。因此，此处显现出的这种关系，可以认为是当时富豪层的私田经营的反映。

观察诏书所体现的富豪层与贫家层之间的关系，可知此处存在两种佃耕形态。第一种形态是，将耕地贷与贫家层，作为其代价，贫家层需支付高额的佃耕费用——一般是征收收获物的二分之一至三分之二[2]。如此，富豪层将土地贷与作为佃耕农的贫家层，仅仅向他们征收佃耕费用，并不直接介入其劳动过程。就贫家层而言，他们虽是佃耕农，但依靠租借土地，得以在富豪层经营的外部维持着自己的小经营。总而言之，在此可以看出这些贫家层的小经营，是相对独立于富豪层的经营的。

第二种形态，是富豪给予贫家稻种与粮食，并与贫家共同经营耕作。从给予贫民稻种这一点来看，可视为佃耕的一种形态。但这种情况下是富豪与贫家共同营作的，即富豪层将劳动过程的一部分纳入了自己的掌控中。而且由他们提供种子，剥夺了贫家层的作物选择权。相较第一种形态而言，贫家层对富豪层的依存度更高。总而言之，在佃耕的第二种形态中，尽管贫家层的经营存在于富豪层经营的外延，可勉强作为小经营存在，但其自身并不足以成为独立且稳定的经营。

由上述考察可知，当时的佃耕存在着两种形态：一为独立性较高的经营，一为虽属小经营但却不足以成为稳定且独立的经营。那么，这两种形态之中，哪种是更为普遍的形态？值得注意的是，与第一章所见的汉初郑里廪簿的贫家层相同，第二种形态的佃耕是从富豪层处

---

1. 这种倾向在北朝也同样可见。《通典》卷二所引《关东风俗传》载："其赐田者，谓公田及诸横赐之田。魏令，职分公田，不问贵贱，一人一顷，以供八秩。自宣武出猎以来，始以永赐，得听卖买。迁邺之始，滥职众多，所得公田，悉从货易。……又河渚山泽有可耕垦肥饶之处，悉是豪势，或借或请，编户之人不得一垄。"
2. 见第131—132页脚注4《隋书》所载"与大家量分"，第132页脚注1《通典》所载"收太半之赋"。大概可以认为费用是收获物的二分之一到三分之二。

获取种子与粮食，并且这种行为还被国家所鼓励。佃耕的第二种形态，是汉代以来的贫家层谱系的延长。只不过富豪层在此分担了国家的职能。可以认为，梁武帝的诏书中，揭示出延续汉代以来谱系而来的贫家层在当时也还广泛地存在着。更值得注意的是，就连在当时最先进的富豪层内部逐渐形成的小经营，也尚处于萌芽期，没有取得完全独立的地位。由此表现出包含佃耕小经营在内，当时普遍且独立的小经营都尚未发展完全。因为虽然富豪层经营的内外部分有所差异，但可以认为在表现当时生产力的普遍水准方面，两者是基本共通的。如此，我们正可以将不完全独立的第二种形态，理解为当时更加普遍的佃耕形态。东汉末的下户平时"奴事富人"，一旦歉收则被上家抛弃而"流离沟壑"[1]。这也可旁证佃耕的第二种形态是2世纪后半期以来的普遍形态。如此看来，这两种佃耕形态并不是两种独立的类别，而是可以视为小经营的两个发展阶段且能并存，即由不完全独立的第二种形态向着独立小经营的第一种形态转换。这揭示出6世纪是农业生产力发展中的一大转换期。尽管如此，以上都只是推论。这一推论的正误，与当时生产力阶段判明与否密切相关。作为以上考察的概括，在深入探讨此问题之前，我们先来回顾一下关于富豪层的土地所有与经营的形态构造。

富豪层的土地所有，是以一元性所有和散布性二者相统一的形式存在的，其中大部分是由富豪自主经营的直营地。这种直营地上的劳动，主要依靠富豪层的家父长制家户共同体的成员，特别是奴隶。此外还依靠从外部的贫家小经营中暂时析出的雇农。直营地以外的所有地，是由来自外部、作为分田农民的贫家层的小经营来进行佃耕的。当时更为普遍的佃耕形态，是由那些不完全独立的小经营来进行的。他们虽存在于富豪经营的外延，但以富豪的经营为前提才能获得进行再生产活动的稳定环境。在这种佃耕形态之外，也部分存在仅通过支付佃耕费用而与富豪的经营相连的小经营，其独立度较高。统而观之，可知富豪层实现的大土地所有和经营，是在与作为分田农民的贫家层

---

1. 参考第二章第三节第68页脚注2。

的有机联系之中得以成立的。

那么，具备此种构造的大土地所有，以及其中所见富豪的直接经营与贫家的佃耕小经营，又应该定义为怎样的特质呢？下面我们不妨通过考察其基础所在的具体生产力特别是劳动过程，来对其进行定义。

四、富豪层的大土地所有与经营

（一）华北地区的农业经营

首先，我们从史料存留较多的华北农业经营开始考察。在此之前，我们先以以往农业史的研究成果为基础，对当时的一般性技术阶段进行概观。

据天野元之助氏的研究[1]，魏晋南北朝时期是中国生产力发展的第二个转换期。此转换期的基础在于农法、农业技术的进步，包括犁铧与耧犁等劳动手段的发达、与之伴随的对牛力的进一步利用以及旱地农法的成立等。现在让我们将其与前代的情况稍微比较一下。一般来说，华北的谷物生产，可以分为开耕→整地→播种→管理（中耕除草）→收获贮藏等一系列过程[2]。我们便顺着这个过程来考察。在开耕过程中，大概东汉时出现了装有犁铧的有床翻转犁，使深耕成为了可能。与此相应，除了以往的春耕之外，氾胜之阶段刚萌芽不久的秋耕开始普遍实行，开耕与播种分离开来，从而展开了更加集约而稳定的农业生产[3]。同样地，整地过程中，比起汉代时在开耕后直接整地的做法，六朝时期随着翻转犁的利用，开耕的土块体积变大，故需先用耙将土块粉碎，随后用耢做出覆土层，"耕—耙—耢"的开耕整地体系已经部分出现。此外，这些整地用具如铁齿耙等由畜力进行牵引操作，极大提高了其效率。如此，旱地农法中关键的土壤保水就愈加稳定下来，华

---

1. 参考天野元之助：《中国農業史研究·自序》，御茶の水书房，1962年；同氏：《魏晋南北朝における農業生産力の展開》，《史学雑誌》第66编第10号，1957年。

2. 以下的记述，除参考前述天野氏的研究之外，还参考了西山武一：《アジア的農法と農業社会》，东京大学出版会，1969年；熊代幸雄：《比較農法論》，御茶の水书房，1970年。

3. 参考后述第六章第三节。

北旱地农法到了六朝时已完成经典化。进而在播种过程中，与氾胜之阶段的手播不同，使用耧犁的畜力播种被广泛地采用，形成了使用畜力牵引的"耕（作条）—播种"一贯作业法。在中耕管理过程中，尽管手耨耕仍是其基础，但也部分出现了耧耩等畜力中耕。在收获后的加工过程中，利用水力的碓、磨兴盛起来，谷物的大量碾磨成为可能。如此，在六朝时期的《齐民要术》阶段，"犁—铁齿耙、劳—耧犁—耧耩"的畜力牵引体系得以展开并完成，替代了施行到汉代初期的"耒耜—櫌—手播"的手工劳动体系。总之，可以认为铁制农具的改良与其带来的畜力的广泛利用等技术革新，使得华北的平畦耕作得以完成，进入了一个更高的生产力阶段。另一方面，观察其地力再生产——土地利用的方式，可知华北地区在战国时期形成的是一年一作方式，而到了《要术》阶段，粮食和大豆等地力消费作物与地力维持作物开始普遍组合进行轮作，施肥法的革新与其带来的保泽效率的增大等，使得土地也可以依靠其自身维持地力[1]。

以上对六朝时期华北地区的农业技术与农法进行了概观。天野氏认为此时期是中国生产力发展的一大转换期，以上观察可以支持这一意见。以下需要探讨的是，在这种农业技术与农法的基础上表现出来的较为具体的富豪、士人层的经营，特别是其劳动过程。

劳动过程，如前所述，指的正是人与自然之间的物质代谢过程，一般表现为技术构成性侧面与人际间组织性侧面的统一。前者表现在为完成劳动而使用的生产手段与劳动者的数量结构上；后者则在与前者的相互关联中，成为了这一劳动的规范与媒介。我们先从技术构成性侧面开始探讨。

首先考察生产手段的数量结构。此时应该以什么作为考察的中心呢？值得注意的是，之前所见的开耕—播种过程中所使用的翻转犁、耙（铁齿镉桡）、耢、耧犁，皆以畜力作为牵引动力。因此，为了充分利用当时的先进技术，必须要拥有畜力，尤其是牛。以作为牵引动力的牛为中心进

---

1. 米田贤次郎氏认为此时两年三熟制已经普及（《齐民要术と二年三毛作》，《東洋史研究》第17卷第4号，1959年）。

行考察或许可行。这种作为牵引动力的牛，在用于农耕的场合，被称为"具牛"。例如，前秦名臣王猛为其子王皮留有十具牛，以便其进行农业经营[1]。而这里所见的"具"，根据"床帐一具"[2]"弓箭一具"[3]等用例，可知它是表示用于同一目的的两种以上的器具组合的量词。因此，一具牛并不仅指代一头牛。既然是用于开耕的一具牛，那当然是指包括牛、犁以及其他辅助工具的组合。可以考古学材料来具体说明。例如，徐州睢宁县出土的汉代画像石上，绘有两头并列的牛由辅助工具连接在一起并牵引一架犁的图像[4]。几乎相同的例子还有以1971年内蒙古和林格尔县发现的东汉时期的壁画为代表的其他二三例[5]。在以往的文献中也可以看到相关记载，可确证上述判断。例如，赵过的代田新法是使用"耦耕二牛"[6]，崔寔在辽东目击的耕犁也是使用两头牛[7]。可知所谓"一具牛"，是由犁、耙、耢等农具与为了牵引用具而互相连接的牛组合而成，后者基本以两头为主[8]。

---

1. 《晋书》卷一一四《苻坚载记下》载："坚兄法子东海公阳与王猛子散骑侍郎皮谋反。……让皮曰：'丞相临终，托卿以十具牛为田，不闻为卿求位。'"

2. 《太平御览》卷二二四所引《晋起居注》载："太康七年，诏曰：'尚书冯纨，忠亮在公。……其以纨为散骑常侍，赐钱二千万，床帐一具。'"

3. 《洛阳伽蓝记》卷五载："至于阗国。王头着金冠。……威仪有鼓角金钲，弓箭一具，戟二枝，槊五张。"

4. 《江苏徐州汉画像石》，科学出版社，1959年。

5. 据吴荣曾氏的说明，"画上的耕牛和耳室中的耕田图一样，都是一人赶两套牛。犁的结构在画上已看不清，估计是'二牛抬杠'"（《和林格尔汉墓壁画中反映的东汉社会生活》，《文物》1974年第1期）。另，在被认为是王莽时期至东汉初期的"山西平陆枣园村壁画汉墓"（《考古》1959年第9期）中，绘有驱赶两牛进行开耕的图像。唐淮南王李寿墓的壁画中也绘有同样的图像（《唐李寿墓发掘简报》，《文物》1974年第9期）。此外，在第139页脚注3嘉峪关魏晋墓中，两牛牵引着犁的图像也十分常见。其他可见的例子为数尚多，此处不再一一举示。

6. 参考第二章第三节。

7. 《齐民要术·耕田第一》所引崔寔《政论》载："今辽东耕犁，辕长四尺，回转相妨，既用两牛，两人牵之，一人将耕，一人下种，二人挽耧。凡用两牛六人，一日才种二十五亩。"《政论》是东汉末年的著作，故此处所见的耕犁也是东汉的事物。不过，上述正文之后附有贾氏原注："今自济州已西，犹用长辕犁、两脚耧。"即便在6世纪初，济州以西也在使用着与东汉末年辽东的耕犁相似的长辕犁。但是，比起以手播为前提的辽东耕犁阶段，北魏的长辕犁是以使用两脚耧的畜力播种为前提，正朝着更加系统的畜力利用发展。

8. 关于"具牛"，西山武一氏将其理解为三头牛（前揭第135页脚注2著书第85页），天野元之助氏将其理解为两头以上的牛（前揭第135页脚注1著书）。"具牛"并不仅仅包含牛。而其中所含牛的数量基本为二头牛。另外，此前学界对"具牛"的理解，可参考西山武一、熊代幸雄译：《齐民要术》，アジア经济出版会，1969年再版，卷首《杂说》译注3，第14页。

那么，这样的一具牛能够耕种的土地的经营面积是多少呢？对此《齐民要术》卷首《杂说》有相关记述，即一具牛对应的适当经营面积是小亩3顷即1顷35亩[1]。如米田贤次郎氏所探明的，小亩是以100步为一亩的"周亩"，大亩是以240步为一亩的秦亩[2]。卷首《杂说》记载的原型应该在2世纪至5世纪[3]。就这一时期的公亩制（240步一亩制）而言[4]，一具牛能耕种的适当经营面积，大概在1.5顷左右。如此，第一节中所考察的富豪、士人层的土地所有，尽管大都具有散布性，但每一处都是以顷为计算单位的一元性所有，其理由方才明晰起来。那无疑是因为富豪、士人层的经营，是以装有长床翻转犁的具牛为单位进行的。

以上以具牛的考察为中心，对劳动过程中生产手段、数量结构的样态进行了考察。下面我们需要进一步考察劳动者导入后的具体技术结构。可以按照开耕—整地、播种、管理、收获这一系列过程进行逐一讨论。首先，开耕—整地过程可分为秋耕和春耕。"秋耕，待白背劳。"（《要术·耕田第一》）因此，可以由一个人使用一具牛进行开耕，在开耕结束后，再将一具牛装备的犁换成耢完成整地。总之，在秋

1.《齐民要术》卷首《杂说》载："凡人家营田，须量己力：宁可少好，不可多恶。假如一具牛，总营得小亩三顷。据齐地大亩，一顷三十五亩也。……如一具牛，两个月秋耕，计得小亩三顷。"

2. 米田贤次郎：《〈齐民要术卷首杂说〉について》，《史林》第48卷第1号，1965年。

3. 关于卷首《杂说》的成篇时间，从其中用语等考量，一般认为是在贾思勰之后。对此，米田贤次郎氏通过考察其中记载的度量衡、农业技术，认为卷首《杂说》记载着《要术》之前的农业技术（本页脚注2论文）。米田氏的论证周全且具有说服力，对于他将卷首《杂说》的原型追溯至《要术》之前的观点，也基本可以赞同。但是，关于具体将其追溯到哪个时代，米田氏未作结论。我认为卷首《杂说》是不能溯及至东汉以前的。卷首《杂说》中将使用一具牛进行秋耕的可能面积作为适当经营规模的基准（可参考本页脚注1），其成立时间应该在秋耕形成以后。因此，其无疑是秋耕尚停留于萌芽阶段的《氾胜之书》之后的事物。此外，如后所述（可参考第142页脚注1），比较汉代的代田法与卷首《杂说》中所见的技术构成，特别是其经营面积，可以看出极度的集约化。结合考虑从粗放到集约这一中国农法的发展倾向，那当然不可能发生在东汉以前。本文将卷首《杂说》的原型置于2世纪至5世纪的原因即在于此。

4. 东汉六朝时期将240步一亩制作为公亩制而使用。但是，随着时间推移，其基础所在的尺制产生了长短差异，虽然这并不影响小论的论旨，但具体的面积仍有偏差。关于此方面，可参考第135页脚注1天野的论文。

耕—整地过程中，若不将牛力的弱化纳入考虑范围内，那么由一个人与一具牛便可以完成。春耕的情况则是"春耕，寻手劳"（《要术·耕田第一》）。因此，除了使用一具牛进行开耕的一个人外，之后还至少需要另一人使用一头牛进行劳动。也就是说，在春耕过程中，至少需要两个人与二三头牛。

下面来考察播种过程。在此过程中，无疑至少需要三人来进行作业，包括使用一具牛进行开耕作垄的一人，在其后进行播种的一人，以及在播种后压平覆土的一人。例如，代田法需要二牛三人进行作业[1]。又崔寔在辽东目击到的耕犁，是由两人牵引着两头牛，此外还有操作牛牵引着的犁进行开耕作垄的一人，播种的一人，挽着耧压平覆土的两人，共计需要二牛六人[2]。又如在嘉峪关市发现的西晋时期墓群第一号墓壁画中，描绘着两组队列进行的播种过程。其中每一队由四牛三人组成，包括操作两牛牵引着的犁进行开耕作垄的一人，播种的一人，操作两牛牵引着的耙压平覆土的一人[3]。也就是说，此处由八牛六人来完成播种过程。在这种情况下，由于畜力的广泛使用，相比辽东耕犁而言，其集约化程度无疑更高。从以上的讨论中，可知播种过程需要三至六个劳动者。

不过，还可见到有别于上述播种过程的另一种播种形态。在前述嘉峪关的第三号墓壁画中，描绘着一人在前驱牛作垄，一人在后播种，即一（？）牛二人的播种过程[4]。此外，《要术》阶段的特征是耧犁的使用。这种耧犁是在无床犁上装上播种器，由一牛一人进行作垄与播种[5]。

---

1. 参考第二章第三节。

2. 参考第137页脚注7。

3. 参考《嘉峪关汉画像砖墓》（《文物》1972年第12期）中《嘉峪关新城汉墓画像砖内容登记表》第1号墓画砖编号第34以及图版捌之1"耕种"。此外，最初此墓群被视为东汉墓，随后被订正为魏晋时期的墓葬。

4. 参考本页脚注3论文第3号墓画砖编号第16。

5. 《齐民要术·耕田第一》原注载："今自济州已西，犹用长辕犁、两脚耧。长辕，耕平地尚可；于山涧之间则不任用。且回转至难，费力。未若齐人蔚犁之柔便也。两脚耧种垄，概；亦不如一脚耧之得中也。"可知六朝时期的华北地区是使用两脚耧、一脚耧。唐李寿墓壁画明示了这种耧犁是由一人一牛所操作的（第137页脚注5所揭发掘简报）。此外，还可参考前揭第135页脚注2西山著书第32页。

在压平覆土的过程中，有的是靠人挽着挞在播种后进行操作，也有由耧犁的操纵者用脚进行压平的情况[1]。因此，在以上二例的情况中，由一牛加上一二人就可以进行播种。那么，若联系到前述的播种过程，这里的播种形态所表现的实态应如何理解呢？在此值得注意的是，耧犁是无床犁，只能用于单纯的播种过程中。因此，由耧犁进行的播种，需以开耕整地过程已独立完成为其前提[2]。在嘉峪关三号墓的壁画中，除了描绘前述播种过程的壁画之外，也可见到分别描绘开耕过程与整地过程的壁画[3]。7世纪前半期的淮南靖王李寿墓的壁画中，描绘着由一人一具牛进行的开耕过程，与一人一牛操纵两脚耧进行的播种过程[4]。因此，第三号墓中由一牛二人进行播种的壁画，可以说描绘的也是在开耕整地过程完成的前提下大体独立于这一过程的播种过程。总之，耧犁自不必说，此处第三号墓的犁也并不是以开耕为目的，而是以用于播种的作垄为目的。正因如此，两者才可以共同由一头牛牵引完成。既然如此，那么前述嘉峪关第一号墓的四牛三人以及辽东的二牛六人所进行的播种过程，无疑就是将春耕整地过程也包含在内，一贯而行的耕—种过程。两者在开耕过程中同样使用两头牛作为牵引动力，且嘉峪关第一号墓壁画将其题为"耕种"[5]，皆可作为旁证。比较两种播种过程，无疑作为独立播种过程的后者，进入了更为先进且稳定的技术阶段。原因在于，每个过程皆是以畜力牵引为中心而独立进行的，因此可能达到了更为精致细密的作业水准。但是，即使在使用耧犁的后者的播种过程中，如将开耕到播种的作业一贯而行，应该也需要四五个劳动者。在暂不考虑秋耕的情况下，开耕、整地、播种一系列过程，

---

1. 《齐民要术·种谷第三》载："凡春种欲深，宜曳重挞；夏种欲浅，直置自生。……凡种，欲牛迟缓，行种人令促步，以足蹑垄底。（原注：牛迟则子匀；足蹑则苗茂。足迹相接者，亦不可烦挞也。）"据此，在墒沟较深的春耕情况下，需要牵曳挞以压平覆土。原注又有记载，在耧犁的操纵者用脚细致地压平土的情况下，则不需要使用挞。
2. 例如，济州以西使用的两脚耧以长辕犁所完成的开耕（整地）过程为前提，齐地使用的一脚耧则是以蔚犁所完成的开耕（整地）过程为前提（第139页脚注5所揭《要术·耕田第一》原注）。
3. 前揭第139页脚注3第3号墓画砖编号22描绘了开耕过程，同编号23描绘了整地过程。
4. 参考第137页脚注5所揭《唐李寿墓发掘简报》。
5. 参考第139页脚注3。

在春季是需要连续进行的。特别是在华北，因雨季关系，最适宜的时间被限制在雨季之后的短时期内，三个过程必须连续且复合地开展。从这点考虑，可以认为完成全部耕—种过程基本上是需要一具牛加上五六个劳动者。

接下来将目光移向管理过程。此过程难以用一具牛作为参照标准。原因在于，即便在六朝时期的管理过程——中耕除草中，也基本是以人力进行的耨耕——所谓"胎记"——作为基础的。不过，这方面恰好存有具有代表性的史料，即在当时的华北被称为"佣"的劳动交换——劳力互借。其内容是，有牛之家与无牛之家，在播种过程与管理过程中进行劳动交换[1]。其比率是，有牛之家使用牛为无牛之家播种二十亩耕地。与此相应，无牛之家为有牛之家耨耕七亩耕地作为补偿。总之，由此可知，耨耕的劳动量大约是利用牛力的耧犁播种的劳动量的三倍。相对于前述仅需要一二人的播种过程，管理过程需要约三倍的劳动者，也就是三至六人。

最后来看收获、加工过程。这方面没有发现相关的代表性史料。收获必须要适时迅速地完成[2]。因此，这一过程需要相当数量的劳动者参与[3]。可以认为至少需要与耕种过程、管理过程相当程度的人数参加。

---

1. 《通典》卷一载："景穆帝初为太子监国，曾令有司课畿内之人，使无牛家以人牛力相贸，垦殖锄耨。其有牛家与无牛家一人种田二十亩（《魏书》卷四《世祖纪》作"二十二亩"），偿以耨（《魏书》作"私"）锄功七亩，如是为差。至与老小无牛家种田七亩，老小者偿以锄功二亩。皆以五口下贫家为率。"这种劳动交换贯穿了整个北朝时期，经整理后举例如下。《魏书》卷八〇《樊子鹄传》载："后出除散骑常侍、本将军、殷州刺史。属岁旱俭，子鹄恐民流亡，乃勒有粟之家分贷贫者，并遣人牛易力，多种二麦，州内以此获安。"又《周书》卷二三《苏绰传》"六条诏书"其三载："若此三时不务省事，而令民废农者，是则绝民之命，驱以就死然。单劣之户，及无牛之家，劝令有无相通，使得兼济。"又《隋书》卷二四《食货志》载："至河清三年定令。……人有人力无牛，或有牛无力者，须令相便，皆得纳种。使地无遗利，人无游手焉。"又《通典》卷一载："孝文太和元年三月，诏曰：'去年牛疫，死伤太半，今东作既兴，人须肄业。有牛者加勤于常岁，无牛者倍佣于余年。一夫制理四十亩，中男二十亩。无令人有余力，地有遗利。'"此诏书以有牛者与无牛者作为前提。综合考虑之前所举的数例，此处的"佣"字并不指雇农，而应该将其理解为劳动交换。
2. 例如，《齐民要术·种谷第三》所引杨泉《物理论》载："稼，农之本；穑，农之末。本轻而末重，前缓而后急。稼欲熟，收欲速，此良农之务也。"
3. 水稻种植方面有相关例证。《梁高僧传》卷三《释法显传》载："尝与同学数十人，于田中刈稻，时有饥贼欲夺其谷，诸沙弥悉奔走，唯显独留。"

以上考察了从开耕到收获、加工的一贯作业所需要的劳动者数量。可知与一具牛、1.5顷左右的耕地相配套，需要三至六人左右，基本上需要五六人。又，一具牛是指一套组合。要使用尽量与两头牛的畜力相称的农具，方可成为一套组合。因此，为了经营1.5顷耕地，至少需要两头牛及与之伴随的翻转犁、耧、耱、耧犁各一，此外还需要用于中耕除草的农具等。由此可知，要从事在当时的技术阶段下的先进经营，最基本的技术构成是由1.5顷左右的耕地、一具牛（至少包括两头牛与其牵引的犁、耱、耧犁等农具）以及五六个劳动者所编成的[1]。

下面将目光转向劳动过程的另一个侧面——组织性侧面。所谓劳动过程的组织性侧面，是一种人际间的组织性关系，充当了人与自然之间的物质代谢过程中的规范与媒介。组织性侧面的表现与之前所考察的技术构成相互呼应。因此，考察所需的材料已经备齐了。当时基本的技术构成，需要作为劳动者的五六人。具体以初春的耕—种过程为例，辽东使用耕犁的耕种是由六人以两头牛为中心进行协同作业，而嘉峪关第一号墓的耕种是由三人以四头牛为中心协同作业而完成的，均表现为小规模协同作业。观察农业劳动的整个过程，与基本的技术构成相对应的劳动组织，均表现为由数人至五六人进行的小规模协同

---

1. 西汉时期的代田法，是以耦犁二牛三人为中心，按照以五顷为一经营单位的标准进行经营（参考第二章第三节）。将此与六朝时期的基本技术构成相比较而言，我们可以从中看出极度的集约化。从此处也可发现在两汉六朝间，伴随着犁耕的扩大，土地生产力也得以增大的这一侧面。

此外，我曾将对应于一具牛、1.5顷耕地的劳动者数量考虑为十人。这是将搬运食粮、种子等辅助劳动都包含在内得出的人数，他们并不都参与直接劳动过程。如本文的考察所示，应将其订正为最多五六人。此外，藤家禮之助氏对我过去的见解有如下批判："在当时的大土地经营体中，由相当于氏（渡边）所设想的劳动组织的数倍乃至十数倍所构成的大规模协同作业形态，是相当普遍的。"（前揭第二节第123页脚注1论文）即认为当时规模在数十人至一百数十人的协同作业是普遍现象。但是这一人数已经超出了常识范围，也与他自己的见解即当时的庄园中存在相当数量的佃农相互矛盾。藤家氏所举出的《梁书·张孝秀传》中的"田数十顷，部曲数百人"之例，以及《梁高僧传·释法显》（第141页脚注3所引）中的"同学数十人"之例，都只是指出劳动者的大概人数，并没有直接论述有关劳动的组织形态。从部曲本来是军事组织这点考虑，其基本单位是什伍制，应该将其认为是以五人一组为基础进行经营。无论如何，藤家氏的批判给了我重新考虑劳动者数为十人是否合理的机会。尽管得出了与他的意见相反的结论，仍在此表示感谢。

作业。而这种小规模协同作业，如自行"劝督农桑"的祖逖之例[1]所示，大概是由家长亲自进行指挥的。另一方面，江南也有如陶渊明这样的例子，家长亲自作为劳动者参加劳动[2]。即此时专业监督劳动还未分化出来，明确的分工还未成立。因此可以说，对应于基本技术构成的劳动组织，其内部并未出现明确的分工，仅仅是单纯的小规模协同作业。

通过以上的考察，我们对对应于当时技术阶段的华北地区的一般性劳动过程进行了概观。这基本可表现为技术构成性侧面与组织性侧面的统一过程。前者由1.5顷耕地、一具牛和与其相配的农具以及五六个劳动者编成，后者由数人至五六人的小规模协同作业完成。因此，通过这种劳动过程所进行的经营——例如拥有耕地二顷、家僮三五人的萧大圜的经营[3]等，皆属于小经营范畴。这种小经营是当时的先进经营，其自身无疑可以成为大致独立的经营。但是，可以认为这种小经营在当时的农村并不是普遍性的存在。原因在于，进行这种经营需要编成前述的基本技术构成，为此需要以资金与劳动力的确保为前提。换言之，这种经营，以第一章所见的汉代的农民层而言，需要到中家的上层才可能实现。但是，如第二章所示，经过东汉时期的没落与阶层分化，到了六朝时期，作为一个社会阶层的中家层已经不复存在了。

六朝时期能实现上述劳动过程的阶层，无非是富豪、士人层。只不过富豪、士人层的经营，是以聚合若干个1.5顷左右的经营而表现出来的。以下来考察富豪层的经营。这里要讨论的是其直营地部分，可以认为其经营规模的极限大概在十数顷（约五十亩）左右。以"止足"为旨的颜之推，提及以奴婢二十人、良田十顷进行的理想型经营，即

---

1. 《晋书》卷六二《祖逖传》载："躬自俭约，劝督农桑，克己务施，不畜资产，子弟耕耘，负担樵薪。"另外还可参考第二节第121页脚注2《祖逖别传》。

2. 记载这种状况的有《笺注陶渊明集》卷三《癸卯岁始春怀古田舍·其二》："先师有遗训，忧道不忧贫。瞻望邈难逮，转欲患长勤。秉耒欢时务，解颜劝农人。平畴交远风，良苗亦怀新。虽未量岁功，即事多所欣。耕种有时息，行者无问津。日入相与归，壶浆劳近邻。长吟掩柴门，聊为陇亩民。"

3. 《周书》卷四二《萧大圜传》载："寻加大圜车骑大将军、仪同三司。并赐田宅、奴婢、牛马、粟帛等。……果园在后，开窗以临花卉；蔬圃居前，坐檐而看灌畦。二顷以供饘粥，十亩以给丝麻。侍儿五三，可充纴织；家僮数四，足代耕耘。"

是以二十人的家族的自给为目标的直营地经营[1]。此外还有经营规模在十具牛左右的王皮之例。当时的基本技术构成，是1.5顷左右的耕地、一具牛和与之伴随的农具，以及五六个劳动者。因此，将其代入王皮之例，其经营应该是由15顷左右的耕地、十具牛和与其相配的十组农具以及五六十人所构成并完成的。可以认为，富豪、士人层的直营地经营的极限，大概是由规模在十数顷左右的耕地、十具牛以及包括家族和奴婢在内共计五六十人的劳动者所构成的经营。

那么，以王皮的情况为例，其经营应该可由五六十人完成。但那并不直接意味着存在基于五六十人的大规模协同作业而构成的直营地经营。对应于当时的基本技术构成的劳动组织，最多不过是由五六人构成的小规模协同作业。王皮的直营地经营以十具牛为基础，也就是包括十个单位的基本技术构成。因此，受限于这种技术构成的样态，可知五六十人左右的劳动者，必然会被编成十组小规模协同作业。也就是说，其经营不过是在十个单位的基本性技术构成的基础上成立的十组小规模协同作业的量化集合。换言之，是十组直接性劳动过程的集合体，基本上是以小规模协同作业为前提的。因此，富豪层的直营地即便扩展到其规模的极限，也并不意味着小规模协同作业在向大规模协同作业发展。那只不过是小规模协同作业在数量上的扩大而已。

又如第一节所论述的，在富豪、士人层的土地所有呈散布性的场合中，可发现这些散布的耕地中设置了管理者。但是，这些管理者并不是专业的劳动监督者。因为如邓元起的田人与柳元景的守园人之例所示[2]，他们自己也作为劳动者参加劳动。此外，在进行大规模经营的场合，也有如"奴教子"的主人"吕庆祖"那样的例子，不参加劳

---

1. 参考第二节第119页脚注2。

2. 邓氏的情况是设有"田人"，很明显他自身也是需要参加耕作的（参考第一节第112页脚注3）。关于柳氏，《宋书》卷七七《柳元景传》载："唯元景独无所营。南岸有数十亩菜园，守园人卖得钱二万送还宅，元景曰：'我立此园种菜，以供家中啖尔。乃复卖菜以取钱，夺百姓之利邪。'以钱乞守园人。"此处管理与劳动也是一体化的。此外，汉代以来，也有被称为监奴、大奴等的奴隶进行管理劳动的情况。他们与宅督等相同，是家政管理者，并不是直接劳动过程中的专业管理者。

动，仅仅巡视耕地[1]。但是，他们仍然不属于专门的劳动监督者。因为从"吕庆祖"之例可以明确，他们将劳动过程的基本部分都委托给"奴教子"，自己则置身事外。这种情况就实体而言接近于间接经营。在规模极限内的富豪层的直营地经营，无论达到了多大的规模，可确认其内部仍然是分工未明确的单纯小规模协同作业的集合体。换言之，不能将富豪、士人层的直营地经营归入大经营的范畴内。从小规模协同作业有时也被组织起来合作这一点来看，可以将其视为处于大经营与小经营中间领域内的经营。但考虑到未能组织起基于分工的协同作业，故还是将其归入小经营生产方式的范畴内。

那么，相较于其他分田小农民的经营，富豪层的经营呈现出怎样的特质？规模大并且以牛犁耕为基础自不必说。富豪层拥有大规模的家户，且雇佣仍有余力的劳动者，如从其外延的分田小经营中析出的雇农等。因此，如《四月民令》中"养耕牛，选任田者"[2]所示，他们可以随时选择最合适的人来组织劳动。因此，其劳动过程的熟练度达到了相当高的水准。也就是说，富豪的经营可由极具目的性、组织性的劳动过程来完成。这便是富豪层经营最重要的特质。当时的史料也显示出富豪层的经营是极其稳定的。如北齐后主的诏敕所示，遭遇水灾的人民饥饿不能自存之时，国家将其托付于诸富户，以济其生命，是证明其稳定性的有力证据[3]。在江南地区，如徐耕所述，也是贫民苦于连年旱灾之时，只有"富室承陂之家"获得了丰收[4]。下面就暂且将目光从华北地区移开，来考察江南水稻种植地带的农业与经营。

---

1. 参考第二节第125页脚注2。同样的例子还可见于《宋书》卷七七《沈庆之传》："庆之每朝贺，常乘猪鼻无幰车，左右从者不过三五人。骑马履行园田，政一人视马而已。……谓人曰：'我每游履田园，有人时则与马成三，无人则与马成二。'"
2.《齐民要术·杂说第三十》所引崔寔《四月民令》"十二月"条载："休农息役，惠必下浃。遂合耦田器，养耕牛，选任田者，以俟农事之起。"
3.《北史》卷八《齐本纪下·后主》"武平七年正月"条载："诏去秋已来，水潦，人饥不自立者，所在付大寺及诸富户，济其性命。"
4.《宋书》卷九一《孝义传·徐耕》载："耕诣县陈辞曰：'……此境连年不熟，今岁尤甚，晋陵境特为偏枯。此郡虽弊，犹有富室，承陂之家，处处而是，并皆保熟，所失盖微。陈积之谷，皆有巨万，旱之所弊，实钟贫民，温富之家，各有财宝。'"

（二）江南地区的农业经营

关于8世纪之前的江南农业，受史料的制约，以往只能围绕着汉代史料中所见的"火耕水耨"以及其所附的古人注释展开研究。但近年来逐渐发展出了新的动向[1]，特别是关于六朝时期江南地区的农业生产，新的进展良可期焉。"火耕水耨"的直接含义及其农法背景有另文叙述[2]，在此就与陂灌溉相伴随的六朝时期江淮地区的水稻种植农业中的经营方式展开描述。

首先来讨论以往研究中争论最多的种植方法。西嶋定生氏与西山武一氏将其与"火耕水耨"直接联系起来，认为一年休耕制的直播水稻栽培较为普遍，主张六朝时期的江南农业仍是发展水平较低的农法[3]。与此相对，米田贤次郎氏认为，在江淮地区，除了水稻种植之外，都显示为直播连作；又根据张衡《南都赋》的记事，指出在当时的先进地区存在一年两熟制，并从逻辑上推定东汉时期的南阳地区已出现育苗法[4]。如以下所述，我基本支持米田说，认为当时普遍的种植方法是直播连作。例如，谢灵运以渠水灌溉经营始宁墅，并记载如下：

---

1. 渡部忠世、桜井由躬雄编《中国江南の稲作文化》（日本放送出版协会，1984年）以及福井捷朗《火耕水耨の議論によせて——ひとつの農学的見解——》（《農耕の技術》第3号，1980年）是其中最具代表性的。此外関尾史郎氏将江南的农田区分为畴田和良田两种类型，提出了新的见解（第一节第113页脚注4所见同氏论文）。

2. 渡辺信一郎：《火耕水耨の背景——漢六朝期の江南農業——》，《論集中国社会・制度・文化史の諸問題　日野開三郎博士頌寿記念》，中国书店，1987年。在此仅将结论摘记如下：第一，火耕水耨并不是在江淮全域实行，是用于形容某地仍然存在仅用水、火等而不包含人类劳动的粗放劳动的惯用语。第二，构成其背景的实体，是在山地与低平地等地方实行的烧田-畴田农法与放火修造新田农法，后者即所谓"火耕水种""火耕流种"。第三，其更普遍的背景则是汉代以来基于一年一作方式高度发达的水稻种植的存在。

3. 西嶋定生：《火耕水耨につにて》，收入《和田博士還暦記念東洋史論叢》，讲谈社，1951年，之后修订为《中国经济史研究》第一部第四章《火耕水耨について——江淮水稻農業の展開過程——》，东京大学出版会，1966年。西山武一：《斉民要術における淮域稲作の実体——火耕水耨法及び田植連作法との関係——》，《鹿児島大学農学部学術報告》第3号，1954年，之后收入前揭第135页脚注2同氏著书。西山氏将江南水稻种植与淮泗水稻种植区分开来。换言之，两者虽然都是岁易直播，但相对于江南地区的散播水耨式，淮域地区实行的是伴随着条播手耨与自由灌排水的高度发达的农法。

4. 米田贤次郎：《漢六朝期の稲作技術について——火耕水耨の再検討を併せて——》，《鷹陵史学》第7号，1981年；同氏：《陂渠灌漑下の稲作技術》，《史林》第64卷第2号，1981年。

阡陌纵横，塍埒交经。导渠引流，脉散沟并。蔚蔚丰秔，
苾苾香秏。送夏蚤秀，迎秋晚成。兼有陵陆，麻麦粟菽。候
时觇节，递艺递熟。(《宋书》卷六七《谢灵运传》所载《山
居赋》)

从赋中可以看出，在水田与陆田中，晚稻与其他谷物分别以一年
一作的方式被栽培。此外，据延陵人徐耕所述，"此境连年不熟，今岁
尤甚，晋陵境特为偏枯。此郡虽弊，犹有富室，承陂之家，处处而是，
并皆保熟，所失盖微。陈积之谷，皆有巨万，旱之所弊，实钟贫民，
温富之家，各有财宝"(《宋书》卷九一《孝义传·徐耕》)。由此推测，
至少在受到陂灌溉的富豪层耕地中，可以不受旱灾影响，连年耕种收
获。又有《南都赋》的记述：

其水则开窦洒流，浸彼稻田。沟浍脉连，堤塍相辊。朝
云不兴，而潢潦独臻。决渫则暵，为溉为陆。冬秭夏穋，随
时代熟。(《文选》卷四)

引文的前段有"其陂泽则有钳卢玉池，赭阳东陂"的记载，可知
其前提是陂池灌溉的存在。米田氏根据末尾两句的"冬秭夏穋，随时
代熟"，将其视作一年两熟制，并由此推测此时存在育苗法。但是，要
想决定性地论证此段记述为一年两熟制的表现，不可或缺的条件正是
证明这片地域存在育苗法，米田氏的论证方法却恰恰相反。如米田氏
所述，为了进行稻麦二熟耕作，耕地的使用期需达一年十四个月左右。
为了消除这种困难，必须开辟秧田，避开与本田的竞争，因此育苗是
必须的。若不能确证育苗的存在，从《南都赋》以上记述可推测出的
不过只是一年两熟制存在的可能性而已。因其与《山居赋》采取了类
似的表现，毋宁认为这里所赋咏的也是稻与麦各自皆以一年一作方式
来收获。这种看法或许更为自然。只不过这种情况下，灌溉与排水都
较为自由，可知东汉时期水田已经可以轻易地旱田化。晋人杨泉的
《物理论》中有"陆田者命悬于天，人力虽修，水旱不时，则一年之功

148

弃矣；水田制之由人，人力苟修，则地利可尽"（《意林》卷五引）的记载，指出水稻的种植依赖于建立在人类劳动能动性基础上的发达的水利管理。其背景明显为与陂相伴随的发达的灌排水技术的存在，这在东汉时期的南阳地区已经先驱性地完成了。更值得注意的是有关江南地区生产力的普遍性描述。如《宋书》卷五四的"史臣赞"部分，有"会土带海傍湖，良畴亦数十万顷，膏腴上地，亩直一金，鄠、杜之间，不能比也"的记述。当时长安近郊（鄠、杜之间）的耕地施行的是一年一作的耕作方式。会稽一带的"良畴"包含了至少不劣于前者的"上地"，若如西嶋、西山两氏所述，仍进行着需休耕的水稻种植，这已经超出了常识范围。应该认为，会稽一带数量达到数十万顷的良田中，已经确立了一年一作的耕作方式。

可证明一年一作的耕作方式存在的史料，是与"火耕水耨"相关而常被引用的应詹的上奏文。应詹这样写道：

> 间者流人奔东吴，东吴今俭，皆已还反。江西良田，旷废未久，火耕水耨，为功差易。宜简流人，兴复农官，功劳报赏，皆如魏氏故事，一年中与百姓，二年分税，三年计赋税以使之，公私兼济，则仓盈庾亿，可计日而待也。（《晋书》卷二六《食货志》）

在花费三年时间复兴荒废良田的这份计划中，一年一作的耕作方式不限于开始的三年，其后也自然应该是以这种方式继续进行水稻种植[1]。若如应詹所述，民屯田经营是以一年一作的方式耕作，则在所谓"山谷出口闭合型陂"[2]等地开展的私人经营，无疑是以更为高度发达的一年一作耕作方式为基础的。这些水利设施据记载是汉代以来修筑的"旧陂

---

1. 应詹的上奏文中，可以见到"火耕水耨"的语句，其实体明显是这种通过放火进行的荒田再开发。
2. 前揭第146页脚注1福井氏所著论文中，将华北平原南部至扬子江中下流域的储水设施区分为三种类型。第一种是零星分布于丘陵上的小规模水塘，第二种是位于丘陵与平原交汇处的山谷出口闭合型陂，第三种是位于平原内部的自然堤防闭合型陂。后两种规模较大，需要强大的资本和组织力进行修筑。

旧堨及山谷私家小陂"(《晋书·食货志》),极为坚固。前述谢灵运的始宁墅经营、徐耕所描述的延陵富豪的经营以及《南都赋》中所述的耕地,正是其中的典型代表。

更值得注意的是,应詹的论述对象江西,位于广阔的江淮流域一带。《齐民要术》中推荐淮水流域进行岁易水田耕作[1]。若结合应詹的上奏文来看,《齐民要术》中所推荐的岁易水田耕作未必是淮水流域普遍的农法。毋宁认为,与《齐民要术》所载的华北高原地区的连作水田[2]相似,一年一作的耕作方式在江淮流域已经广泛地存在了。总而言之,虽然江淮流域一带也存在着如《齐民要术》所述的隔年休耕的直播水稻种植,但在使用汉代以来开发的山谷出口闭合型陂灌溉的耕地中,可以见到以高度发达的一年一作方式进行的直播水稻种植,其中甚至包含着向一年两熟制发展的可能性。

那么,使这种一年一作耕作方式成为可能的技术基础是什么?第一,是由上文屡屡言及的陂、塘等水利设施的充分建设[3]而达成的高度旱田化。不过直到六朝时期,由这种灌排水系统达到的自由旱田化,以山谷出口闭合型陂为代表,尚仅限于冲积扇和支流峡谷的平原出口处。而修建于平原地带的自然堤防闭合型陂,如福井捷朗氏基于杜预上奏文所指出的那样,尚不具有稳定的基础[4]。另一方面,在太湖周边等各地广布的低平地中,更是水旱无常,耕地的存在极不稳定[5]。尽管如

---

1. 《齐民要术·水稻第十一》载:"稻,无所缘;唯岁易为良。选地,欲近上流(原注:地无良薄,水清则稻美也)。……北土高原,本无陂泽,随逐隈曲而田者,二月,冰解地干,烧而耕之,仍即下水。十日,块既散液,持木斫平之。纳种如前法。既生,七八寸,拔而栽之(原注:既非岁易,草稗俱生,芟亦不死。故须栽而薅之)……"诸家认为,前者是论述区别于其后北土高原的淮域水稻种植。

2. 参考本页脚注1 "北土高原"以下。

3. 关于汉武帝时期陂的划时期发展,有佐藤武敏氏:《古代における江淮地方の水利開発——とくに陂を中心として——》,《人文研究》第13卷第7号,1962年;关于六朝三吴地区则有中村圭爾氏:《六朝時代三吳地方における開発と水利についての若干の考察》,收入《佐藤博士還暦記念中国水利史論集》,国书刊行会,1981年。

4. 参考前揭第146页脚注1福井所著论文。

5. 低平地的典型则以吴兴郡为例。《宋书》卷九九《二凶·刘浚传》载:"浚上言:'所统吴兴郡,衿带重山,地多污泽,泉流归集,疏决迟壅,时雨未过,已至漂没。或方春辍耕,或开秋沈稼,田家徒苦,防遏无方。'"

此，在拥有山谷出口闭合型陂塘的地域，如后文所述，其中的每一块耕地都拥有灌溉排水设备，达到了高度独立，可见作为脉管系统劳动手段的土地已经相当发达。

第二是骨骼和肌肉系统劳动手段的发达。至迟在东汉以后，江淮流域以一年一作方式耕作的水稻农业，开始由牛犁耕完成开耕整地过程。管见所及，史乘中最早的例子是由王景在芍陂的稻田中导入了犁耕。建初八年（83）他出任庐江太守之时，据载"先是百姓不知牛耕……郡界有楚相孙叔敖所起芍陂稻田。景乃驱率吏民，修起芜废，教用犁耕，由是垦辟倍多，境内丰给"（《后汉书》卷七六《循吏列传·王景》）。任延也在更南的位于越南北部的九真郡中推广了牛耕。在此之前，九真郡还是"以射猎为业，不知牛耕"（《后汉书》卷七六《循吏列传·任延》）、"烧草种田"（本传李贤注引《东观汉记》），由此直接从火耕阶段跨越至牛耕阶段，实现了飞跃性的转变。由此二例，可确认今天的华中华南地区在东汉时期已经广泛地导入了牛犁耕。九真郡暂且不论，以庐江郡为例，可以认为在东汉初期的牛耕导入之前，此地域的水稻种植是专门由耒耜等踏犁来完成的[1]。东汉初期以降，使用耒耜进行的江淮农业中，逐渐渗透进了牛犁耕。这种渗透直到西晋时期还在继续。虽然常被忽视，但采纳了杜预上奏而发出的诏书是这样叙述的：

> 东南以水田为业，人无牛犊。今既坏陂，可分种牛三万五千头，以付二州将吏士庶，使及春耕。谷登之后，头责三百斛。是为化无用之费，得运水次成谷七百万斛，此又数年后之益也。（《晋书·食货志》）

可见牛犁耕的导入，是借由各种机会稳步渗透，在与人力耕作农业并

1.《淮南子·说林训》载"十顷之陂，可以灌四十顷，而一顷之陂，可以灌四顷，大小之衰然"，已经可见由陂灌溉的水田。《淮南子·泰族训》载"离先稻熟，而农夫耨之，不以小利伤大获也"，可见存在着与除草作业相伴随的农业。又如第二章第三节中已经言及的，《淮南子·主术训》描写了踏耒经营十亩田地的农民。这些描述的大概都是汉代中期江淮地域的农民。

存的同时逐渐扩大存在。

那么，被导入的牛犁耕，具体是以什么样的组织编成而进行的呢？据《三国志》卷四七《吴书·吴主传》"黄武五年（226）"条的记载，作为劝农的一环，孙权如此说道："今孤父子亲自受田，车中八牛以为四耦，虽未及古人，亦欲与众均等其劳也。"此处所述经营由四具牛完成，即四组两牛牵引之犁。关于这种以两牛牵引之犁为中核的耕种过程，最近有事例值得注意。1984年3月，在位于淮河下游流域的江苏省泗洪县重岗乡袁集村，发掘整理出了汉代的画像石刻。因出土了合计28枚的"大泉五十"与"货泉"，可知此画像石刻不会早于王莽时期。整理出的十幅石刻中，其中一幅是长80厘米、宽48厘米的"耕种图"，其上方部分绘制着由二牛二人进行的开耕过程，下方部分则绘制着由三人进行的手播—耱耢过程（尤振尧、周晓陆《泗洪重岗汉代农业画像石刻研究》，《农业考古》1984年第2期）。这一耕—种—耱过程明显是旱田的耕种过程，但值得注意的是，水田、旱田混合存在的临淮郡一带，在王莽时期至东汉初年华北地区的有床犁已经传入了。大概在东汉时期，华北地区旱田中广泛使用的由两牛牵引的长床犁被传入了江淮流域。不过，至迟到西晋时期就已经出现了加以改良后更适合水田耕作的犁。1963年，广东省连县发掘的古墓中，墓砖上刻有永嘉四年（310）、六年（312）的纪念铭文，其中出土了黑陶制的犁田耙田模型。据徐恒彬氏介绍，"模型作长方形，长19、宽16.5 cm，四角各有一漏斗状设施，中间纵贯一田埂将耕地分为两块，一块上有一人使牛犁田，另一块上有一人使牛耙田"[1]。即每一块水田都设置了灌排水设施，由一人一牛牵引的犁和耙，在耕地上进行开耕与整地。连县位于广东省西北部山地向平原过渡的地带。此水田模型大概是以山谷出口闭合型陂灌溉而成的耕地为原型的。此处再举一例，是1980年6月广西省苍梧县倒水公社发掘的南朝砖室墓中出土的灰陶制耙田模型。据李乃贤氏介绍："此耙田模型较为完整，作长方形，长18厘米、宽15厘米，水田四周均筑有田埂，中间纵贯一田埂，将耕地分为二块，一

---

1. 徐恒彬：《简谈广东连县出土的西晋犁田耙田模型》，《文物》1976年第3期。

角设有漏水设施，田面有耙齿痕，各块站一牛一人。"据同一报告，这种耙呈一字型且并列排有较长的六根齿，是与连县出土模型同类型的耖[1]。出土水田模型的这两个地域，即便到了唐代大中年间（9世纪中叶）都还属于据说实行"火耕水耨"的岭南之地[2]。但4世纪初以来，这些地方已经拥有了每一块都设置了灌排水设施的高度独立的耕地，推行了由一人一牛牵引的犁、耖进行的精细开耕整地过程。在更靠近中原的江淮地域，这种耕地修造和开耕整地过程当然出现和推行得更早。关于灌排水方面前文已有论述。关于使用犁、耙进行的开耕整地方面，如《荆楚岁时记》"四月"条中记载所示，"有鸟名获谷，其名自呼，农人候此鸟，则犁耙上岸（农）"，可知其在长江中游流域已经广泛普及了。这样由一人一牛牵引的犁、耙进行的开耕整地过程，其内容已经近似于唐末陆龟蒙所撰《耒耜经》中描述的开耕整地[3]，可知江淮水稻种植中的骨骼和肌肉系统劳动手段在4世纪初就达到了相当高的水平。虽然被局限于山谷出口闭合型陂所处的冲积扇和支流峡谷的平原出口处等地域，但也是与同时期的华北旱地农法水平不相上下的农法。以耕种过程的组织性侧面而言，较需要五六人的华北地区耕种过程其规模更小，却足以完成作业，可见水平之高。"奴教子"与"家僮客王氏"等隶属劳动者们，在富豪层的家父长制家户之中逐渐形成了自己的小经营，这种例子常见于江淮地域并非偶然。与华北地区的隶属劳动者相比，无疑他们处于更有利的条件之下。

如上所述，在六朝时期江南地区拥有山谷出口闭合型陂的地域中，形成了每一块都设置了灌排水系统的高度独立的耕地。同时推行由一人一牛牵引的犁、耙进行的开耕整地过程，其发达程度可与同时期的华北旱地农法相匹敌。以这种脉管系统劳动手段与骨骼和肌肉系统劳动手段的技术阶段为基础进行观察时，这片地域的水稻种植无疑在相

---

1. 李乃贤：《浅谈广西倒水出土的耙田模型》，《农业考古》1982年第2期。
2. 《唐大诏令集》卷一百九《禁岭南货卖男女敕》载："如闻岭外诸州居人，与夷獠同俗，火耕水耨，昼乏暮饥，迫于征税，则货卖男女。"
3. 关于陆龟蒙的经营以及犁的形状，可参考大泽正昭：《唐代江南の水稲作と経営》，《中国史像の再構成——国家と農民——》，文理阁，1983年。

当早的时期就已经进入了一年一作直播方式的阶段。

（三）富豪层的大土地所有与六朝农村的阶层构成

在以上两小节对农业技术与劳动过程的考察中，暂且搁置了生产关系方面的内容。而这三者存在于相互定义的关联之下。在本小节中，通过对生产关系以及与之相关的社会诸关系的考察，试图对这一时期大土地所有的性格进行定义。作为讨论的前提，首先来对六朝时期农村的阶层构成情况进行概观。

首先来看号称"剧邑"的山阴县之例。据载在顾觊之刚担任山阴令之时，山阴县有编户三万（《南史》卷三五《顾觊之传》）。其后的大明初年（5世纪中叶），丹阳尹孔灵符因"山阴县土境编狭，民多田少"，奏请"徙无赀之家于余姚、鄞、鄮三县界，垦起湖田"（《宋书》卷五四《孔季恭传附孔灵符传》）。对此世祖武帝令公卿博议，包括已成为尚书的顾觊之，最终实行了徙民政策。又南齐永明六年（488）顾觊之孙宪之叙述道，"山阴一县，课户二万，其民赀不满三千者，殆将居半，刻又刻之，犹且三分余一。凡有赀者，多是士人复除。其贫极者，悉皆露户役民"（《南史》卷三五《顾觊之传附顾宪之传》）。从刘宋至南齐永明六年之间，山阴县的编户减少了一万户，主要正是因为大明初年（457）前后将无赀之民移往了余姚等其他三县。而且永明六年之时，二万户中大约半数都是赀未能达到三千钱的贫家层。因这方面没有合适的史料，故暂且引用居延汉简中的例子，有田一顷被估值为赀一万钱[1]。以此为标准，仅用土地所有面积一项换算，田地在三十亩以下的农民就占到了半数。因用于算定赀的房产、车牛、奴婢等皆未包含在内，其土地所有面积应该更小[2]。汉代将赀严在二三万钱以下者视为贫家[3]，这一时期的贫家恐怕还要远远低于这个水准。因此余下的赀三千钱以上的一万户之中，贫家

---

1. 参考第一章第一节第23页脚注7所引礼忠简。

2. 参考第一章第一节第23页脚注7所引礼忠简。此外，六朝时期的例子有《宋书》卷八二《周郎传》载："又取税之法，宜计人为输，不应以赀。云何使富者不尽，贫者不蠲。乃令桑长一尺，围以为价，田进一亩，度以为钱，屋不得瓦，皆责实实。"高桥徹氏认为赀三千钱是土地所有面积达到十亩（第一节第113页脚注3所引论文）。这一意见应该是妥当的。

3. 参考第一章第一节。

层应该也占到了相当的数量，根据顾宪之所言的"凡有赀者，多是士人复除"，可以认为贫家层在数量上是压倒性的。在大明初年徙民的讨论中，太宰、江夏王刘义恭认为，"寻山阴豪族富室，顷亩不少，贫者肆力，非为无处"，顾颉之等则认为"富户温房，无假迁业；穷身寒室，必应徙居"（《宋书·孔季恭传》）。如其所言，将山阴县的阶层构成区分为富豪层与贫家层两大阶层也不是没有理由的。以刘宋时的山阴县为例，编户三万之中，三分之一是无赀的极贫层，三分之一是赀三千钱以下的尤贫层，最后三分之一中大半也是贫家层，有赀之家则是拥有士人身份、享受徭役免除的特权层。在汉代社会中，中家层占到近乎半数[1]。两相对比，可以想象他们经历没落和阶层分化的样貌。这种情况在四川地区也是相同的，如罗研所述，"蜀中积弊，实非一朝。百家为村，不过数家有食，穷迫之人，什有八九"[2]。可见南朝治下位于水稻种植地域的社会，是由富豪层与占压倒性多数的贫家层这两大阶层构成的，这并非言过其实。

华北地区并没有留下像南朝这样的史料。但以西魏大统十三年（547）二长制之下敦煌地区之里为对象的计账类文书仍留存至今。现将其相关部分整理为表Ⅴ[3]。

表Ⅴ　西魏计账文书已受田统计表

分类	户数	已受田额（一户平均额·亩）	牛（头）
足	6	116（19.3）	1
三分未足	6	385（64.2）	3
二分未足	13	433（33.3）	2
一分未足	7	112（16.0）	7
无田	1	0	
总计	33	1 046（31.7）	6

1. 参考第一章第一节。
2. 见《南史》卷五五《邓元起传附罗研传》。
3. 池田温《中国古代籍帐研究》（东京大学出版会，1979年）第二章之三《北朝时代の籍帐》在以往研究的基础上对这份文书进行了总括性的考察。此处一同参考了其录文。

以仅仅三十三户的里集团之例，不可能作为旱地耕作全体的代表，但可以从中看出一定的倾向。乍看此表很容易联想起第一章所见表Ⅰ郑里廪簿的贫家层。郑里的贫家层户均经营约24亩田地，虽与户均保有约32亩田地的此里集团相比稍低，但二者大体可以看作呈现了同一倾向。三十三户共拥有六头牛（其中两头为小牛），也表明了此里集团基本上由贫家层构成。其中"三分未足"的六户，户均保有64亩田地，属于贫家层上层至中家层下层的范围。除此之外则与郑里的贫家有着完全相同的构造。前述四川地区的百家之村中大部分都为贫家，很明显这三十三户的里集团的构造也基本与其相同。尽管未到如山阴县般无赀、极贫层占到三分之一的程度，但仍可推测旱田耕作地区的社会也是由富豪层与贫家层两大阶层构成的。在"富强者并兼山泽，贫弱者望绝一廛"（《魏书》卷七《高祖纪上》太和九年）的状况之中，为了使"细民获资生之利，豪右靡余地之盈"（《魏书》卷五三《李安世传》）而实施了均田制。由此看来，华北地区的社会也无疑分为了富豪层与贫家层两大阶层。

通过以上考察可知，虽然华北和江南程度略有不同，但六朝社会分化为了富豪层与贫家层两大阶层。而且这两大阶层是由一种有机性关系连接在一起的，即富豪层的大土地所有。下面尝试对富豪层的大土地所有进行特质定义。

富豪、士人层的大土地所有分为直营地部分与佃耕地部分。其中定义其基本特质的是直营地经营。这是因为，如前文所见，当时的直营地经营的极限规模达到了十数顷（约五十公顷）这样广大的面积，可以认为富豪、士人层的土地所有主要由其直营地部分构成。因此，我们首先必须考察直营地的生产关系。如第二节、第三节所言及的，耕作直营地的劳动者是构成家父长制家户共同体的家族与奴隶，以及从周边的贫家层中析出的雇农。祖逖和李叔坚的经营是由家族与奴隶进行的已见前述[1]。此外，如李氏之例所示，在需要劳役之时则"卑幼竞集"[2]，也存在以家族劳动为主体的经营。但是，如《齐民要术》卷首

---

1. 参考第二节第121页脚注2、3。
2.《北史》卷八五《节义·李几传》载："李几，博陵安平人也。七世共居同财。家有二十二房，一百九十八口，长幼济济，风礼著闻。至于作役，卑幼竞集。乡里嗟美，标其门间。"

《杂说》中记载的"欲善其事,先利其器;悦以使人,人忘其劳"[1]所示,其主要劳动力还是佣工。而且,从《要术》是为"晓示家僮"而撰述[2]这点考虑,无疑这些佣工主要以奴隶为主。以下将华北与江南之例混同介绍。例如,石勒年轻时为茌平人师欢奴,与诸奴一同进行耕作[3]。沦为十夫客的郭原平在其主人的指挥之下与诸奴一同进行劳役[4]。此外,梁时裴之横据载"与僮属数百人,于苟陂大营田墅,遂致殷积"(《梁书》卷二八《裴邃传附裴之横传》)。谢灵运"因父祖之资,生业甚厚。奴僮既众,义故门生数百,凿山浚湖,功役无已"(《宋书》卷六七《谢灵运传》)。这些虽是耕地开发之例,但两者都是由家僮与私属构成劳动者之核心,并由其主人亲自指挥。又王僧达据载"又妻子为居,更无余累,婢仆十余,粗有田入,岁时是课,足继朝昏"(《宋书》卷七五《王僧达传》)。永徽元年(650)以六十九岁之龄而终的刘弘基,遗令"给诸子奴婢各十五人、良田五顷"(《旧唐书》卷五八《刘弘基传》)。很明显王氏的婢仆十数人与刘氏诸子各自得到的奴婢十五人,都耕作着各自主家的直营地。虽有蛇足之嫌,还是可以指出颜之推理想中的直营地规模即为奴婢二十人、良田十顷[5]。颜延之也在其撰著的《庭诰》之中论述道:"蚕温农饱,民生之本,躬稼难就,止以仆役为资,当施其情愿,庇其衣食,定其当治,递其优剧,出之休飨,后之

---

1. 《齐民要术》卷首《杂说》载:"欲善其事,先利其器;悦以使人,人忘其劳。且须调习器械,务令快利;秣饲牛畜,事须肥健;抚恤其人,常遣欢悦。"
2. 《齐民要术·序》载:"鄙意晓示家童,未敢闻之有识;故丁宁周至,言提其耳,每事指斥,不尚浮辞。览者无或嗤焉。"
3. 《晋书》卷一〇四《石勒载记上》载:"既而卖与茌平人师欢为奴。……每耕作于野,常闻鼓角之声。勒以告诸奴,诸奴亦闻之,因曰:'吾幼来在家恒闻如是。'诸奴归以告欢,欢亦奇其状貌而免之。"
4. 参考第三节第130页脚注4。
5. 参考第二节第119页脚注2。此外,《文选》卷四〇任昉《奏弹刘整》载:"其奴当伯,先是众奴。整弟未分财之前,整兄实以当伯贴钱七千,共众作田。"胜村哲也氏通过对这篇奏弹文全文的考证指出了族产的存在,将此处的众奴作为族田的耕作者(《南朝门阀的家产——文选所引〈奏弹刘整〉の新解釈——》,《佛教大学人文学論集》第8号,1974年)。族产的意见固然重要,但构成族的各家即家户的经营之间的相互关系则是今后需要探讨的问题。此外,越智重明氏也有数篇关于族产的研究。其中具有代表性的是《漢六朝期の家産分割と二重家産》(《東洋学報》第61卷第1、2号,1979年)。

捶责……"(《宋书》卷七三《颜延之传》)将役使仆役（奴隶）进行经营的心得传授给子孙。以上诸例中数次见到"诸奴"，即复数的奴隶被使役着，如《庭诰》中所述在亲自劳动的主人指挥之下，进行直营地经营。如此，即使驱使着家族、奴隶与雇农等多样的劳动者进行经营，我们仍可以确认富豪、士人层的直营地经营，是以家父长式奴隶制关系作为基本生产关系而进行再生产的。富豪、士人层的家之所以采取了家父长制家户共同体的形态，归根结底也正是因为其基础在于这种直营地的生产关系。

直营地的范围之外则是由其他分田小农经营进行佃耕的。如前文所见，这种佃耕地部分是由存在于富豪、士人层周边的贫家层进行经营的。因此，为了定义这种佃耕地部分的性格，首先必须对贫家小经营的性格进行定义。先列出结论的话，即他们不得不表现为不完全独立的小经营。对应于当时先进的生产力阶段，为了达成独立的经营，在华北地区需要 1.5 顷左右的耕地、一具牛以及五六人的劳动者。但贫家小农并不是可以达到这种基本技术构成的存在。以表 V 的三十三户里集团为例，一里之内共拥有六头牛，其中两头是小牛。因此，一里之内可以凑成两具牛，使用牛犁耕可进行的适当的经营面积在三百亩左右。而一里内的总受田额在 1 046 亩，因此大半的耕地必须使用耒、耜等手工劳动用具来进行经营。而且，与耕地同样，牛的所有也是以户为单位来实现的。故一里三十三户中大部分户的经营，都应该停留在汉代以来以手工劳动用具为基础的生产力阶段。被归为"三分未足"的六户，平均保有六十四亩土地与三头牛，但其中能够基于牛犁耕进行经营的，未必能有一户[1]。此外，同属西魏计账类文书的所谓"A 文

---

1. 从前述劳动交换的事例中可知贫家层未能达成对牛的所有。又如《魏书》卷八八《良吏·张恂传附张长年传》载："出为宁远将军、汝南太守。有郡民刘累之兄弟分析，家贫惟一牛，争之不决，讼于郡庭。长年见之凄然。……即以家牛一头赐之。"又《北史》卷七〇《孟信传》载："及去官，居贫无食。唯有一老牛，其兄子卖之，拟供薪米。"无牛的情况下，则使用耒、锄进行耕作。例如，《晋书》卷九一《儒林·徐苗传》载："苗少家贫，昼执鉏耒，夜则吟诵。"又《南史》卷一三《宋衡阳王义季传》载："尝大蒐于郢，有野老带苫而耕，命左右斥之。老人拥耒对曰：'昔楚子盘游，受讥令尹，今阳和扇气，播厥之始，一日不作，人失其时。……'"

书"中，保留着对七户人家的记载[1]。除去其中一户为家口十五人的三族制家族形态，即白丑奴之户，剩下六户大都是由夫妇子女组成家口数在四到七人的单婚小家族。他们保有的土地面积皆在一顷以下，堪为劳动力的成丁不过二三人。因此，即便是侯老生与其天婆罗门之户这种拥有牛的情况，要在劳动力和保有土地面积方面完成基本技术构成的编成也是很困难的。如三十三户的里集团之例所示，华北的小农民中，大部分都停留在汉代以来的生产力水准，没有达成完全独立的经营。

因此，若要对当时以牛犁耕为基础的基本技术构成进行编成，成为稳定的经营体，有必要将数家小农民经营共同化，即有必要将他们保有的土地合并，将牛组成具牛，并共同购入与其相配的农具。在三十三户的里集团中是否达成了这种共同化，并不明确。在江南地区，有实际上与许氏共同耕作的殷鸿乔之例[2]。此外，前述华北地区的劳动交换，也可以视为一种劳动过程的共同化。但是，由数家小农组成的共同经营，是极其困难且不普遍的。其原因在于，由于不同家庭的利害主张不同，其经营特别是组织性侧面中包含了不相统一的倾向。比如，前述的殷氏与许氏的合作也因失和半途而废了。在当时的情况下，毋宁认为由富豪层指导的共同经营是更普遍的。这里值得注意的是之前的劳动交换所见的"有牛之家"。在耕种过程因降雨量关系被限制在极短时间内的华北地区，有余裕可为他人耕地进行播种的畜力保有者，如一次购入数个耤刃的赵琰[3]，或者拥有十具牛的王皮，也只有富豪、士

---

1. 据前揭第154页脚注3池田氏著书录文，将相关部分摘记如下：（1）刘文成户　夫妻男四女一（七人）、四十六亩　上户　（2）侯老生户　夫妻男三女一（六人）、六十四亩牛一头　上户　（3）其天婆罗门户　夫妻男二女一（五人）、七十一亩牛二头　上户　（4）某氏户　夫妻男三婢一（六人）、四十一亩　上户　（5）叩延天富户　夫妻男二（四人）、二十六亩　中户　（6）王皮乱户　夫妻男一女一（四人）、二十二亩　中户　（7）白丑奴户　母一、兄丑奴　夫妻男三女四、弟武兴　夫妻女三人（十五人）、（田欠）　中户

2.《太平御览》卷四九六所引郭璞《易洞林》载："殷鸿乔令吾作卦，得大壮之夬。语之云：'慎勿与许姓者，共事田作也，必斗相伤。'殷还宣成，遂与许果共田。田熟，有所争。此人举杖，欲撞之。乔退思中间之戒，辞谢，仅乃得休。"

3.《北史》卷三四《赵逸传附赵琰传》载："遣人买耤刃，得剩六耤，即令送还刃主。刃主高之，义而不受，琰命委之而去。"耤刃即为犁铧。

人层了。如此，"有牛之家"与"无牛之家"的劳动交换，无疑倾向于富豪、"有粟之家"与"五口下贫之家""单劣之户"[1]的劳动过程的共同化。这种状况在劳动力方面的典型表现是炀帝之诏，其中记载着"或虽有田畴，贫弱不能自耕种，可于多丁富室劝课相助"[2]。此处劳动过程的完成属于富室指导型是极其明显的。我们已经知道一种与此形态较为相似的共同经营，那便是前节所见的与富豪层共同营作的不完全独立的佃耕第二种形态。这里的差异仅在于耕地是自己的保有地还是佃耕地。也就是说，在此可明确的是，无论是自己的保有地还是佃耕地，当时的小经营农民是以富豪的直接经营地作为前提，首次成为了独立且稳定的经营体。而大半分田小农尚未能如此，只能停留在汉代以来的以手工劳动工具为基础的生产力阶段，继续着不稳定的经营[3]。

　　这样不完全独立的分田小农层进行的佃耕地经营，很明显不可能构成富豪、士人层土地所有的核心。毋宁说佃耕地经营是在直营地经营的前提下方才成立的，而直营地规模的大小也受到了当时佃耕地经营的不稳定性的制约。富豪层大土地所有之下的大部分佃耕地经营，都位于直营地经营的直接延长线上，而不是由与其相对的独立小经营来完成。此外，承担佃耕地经营的贫家层，即便是"无赀之家"或"露户之役民"，也是作为编户处于国家支配之下的分田农民。即便在某些场合可作为佃客允许官僚给予其一定数量的庇护与课役免除[4]，也是以国家机构为媒介而成立的。在富豪、士人层与佃耕农民之间，并没有建立起以直接人格从属关系为基础的私人身份关系。也就是说，无论是就生产力基础而言，还是从社会关系侧面来看，富豪层的大土地

---

1. 参考第141页脚注1。

2. 《隋书》卷四《炀帝纪下》"大业八年二月"条载："甲寅，诏曰：'……或虽有田畴，贫弱不能自耕种，可于多丁富室劝课相助。使夫居者有敛积之丰，行役无顾后之虑。'"

3. 古贺登氏将前述劳动交换与三老组织联系起来，认为其基础是由五家一邻、耕牛二头、耕犁一把组合而成的犁共同体（《均田法と犁共同体》，《早稻田大学大学院文学研究科纪要》第17号，1972年）。犁共同体另当别论，可以说其见解富含启发性。但据此论证当时的小农已经达到了独立水准，则稍微有些勉强。如古贺氏自己所述，他们是以劳动交换、牛与犁的共同所有以及五家小农的共同作业为前提的。这正是小农仍然没有确立稳定经营的证明。

4. 参考第三节第131—132页脚注4。

所有内部都并没有建立起明确的农奴制性生产关系。

不过值得注意的是，江南地区有着"奴教子"与"家僮客王氏"等例子，即在富豪层的家户共同体内部逐渐形成自己的小经营的隶属劳动者，是由独立度较高的小经营进行的第二种形态的佃耕。在江南水稻种植中，与华北相比达成了规模更小的技术构成，仅以生产力基础而言，独立小经营的条件已经具备了，可以认为存在农奴制性生产关系成立的个别可能性。

富豪、士人层所实现的大土地所有，基本上是奴隶制性土地所有。这种土地所有的中核是直营地经营，其基础在于经营规模极限在十数顷的家父长制性奴隶制关系。而其再生产的完成，还将其直接延长线上广布的不完全独立的小经营租佃耕地包括在内。

结语

2—7世纪的农村社会，是由富豪层与贫家层两大阶层构成的。贫家层即分田农民中的大部分都停滞在汉代以来使用手工劳动用具的农法阶段，需要通过以均田制为首的国家政策与富豪层的赈恤等进行再生产[1]。使用从这种贫家层中析出的各式劳动进行再生产的，就是富豪层的大土地所有。

富豪层的大土地所有规模，从数顷至于数百顷不等。以私人特质最强烈的居宅为基点扩展开来，存在形式上显示了一元性所有和散布性的统一。他们的所有地分为直营地与佃耕地，前者的经营规模极限在十数顷左右。富豪层实现了由数十口乃至一百数十口组成的家父长制家户共同体，以家族成员、非家族成员以及从其外延的贫家小经营中析出的各式雇农形态作为劳动者，完成直营地的经营。这种在资金与劳动者方面都绰有余裕的富豪层，在进行直营地经营之际，编成了数个单位的基本技术构成，并有意识地组织起了数个

---

1. 参考拙稿《仁孝——二～七世纪中国における一イデオロギー形態と国家——》，《史林》第61卷第2号，1978年。

与其相应的小规模协同作业。每个基本技术构成单位由一具牛、1.5
顷左右的土地以及五六人的劳动者组成，代表了当时先进的生产力
阶段。虽然就量而言规模较大，但富豪层的直营地经营不过是这种
小规模协同作业在数量上的结合，在范畴上仍属于小经营生产方式。
这种富豪层所实现的直营地经营在当时是最先进且最稳定的小经营
生产方式。此外，其中被驱使的劳动者之核心，是具有奴婢、僮客、
苍头、僮仆等各式称呼与存在形态的奴隶。从这种意义上来说，富
豪的直营地经营基本上应该定义为家父长式奴隶制经营。不过，其
内部也孕育着可以称为"未来的农奴"的奴隶小经营。家父长式奴
隶制经营在六朝时期达到了最高发展阶段，同时也踏出了解体的第
一步，正在完成事实上的形态转换。

富豪层在直营地之外还拥有佃耕地。这种佃耕地是由存在于富豪
层外延的贫家小经营进行经营的。不过，当时一般的分田农民，大概
不能单独编成基本技术构成和与其对应的协同作业组织。因此，为了
形成稳定的经营，需要进行与其他经营的共同化。也就是说，分田农
民中的多数停滞在汉代以来的生产力阶段，作为不完全独立的小经营
而存在。因此，他们承担的佃耕地经营也大都以富豪层直营地为前提，
处于其直接的延长线上，而并非依靠与直营地经营明确区别开来的独
立小经营来完成。但在江南水稻种植地区，达成了比华北地区规模更
小的技术构成，在生产力基础上已经存在农奴制型生产关系成立的实
际可能性。

总而言之，虽然新的生产关系已经萌芽，但富豪层所实现的土地
所有，是以家父长式奴隶制经营为核心进行再生产的奴隶制型大土地
所有。

※　与本章整体相关的研究，有米田贤次郎氏：《華北乾地農法と一莊園
像——《斉民要術》の背景——》，《鷹陵史学》第3、4合并号，1977年。

此外，关于本章与次章的主题即富豪层，在日本古代、中世史研究中有
先驱性成果，从中受到了极大的启发。关于其研究动向，拙稿《日本におけ
る唐宋変革期研究の現状と課題——特に農民的土地所有の形成を中心とし

て——》(《新しい歴史学のために》第176号，1984年）进行了概观。尤其需要参考的有戸田芳実《日本領主制成立史の研究》（岩波书店，1967年）、河音能平《中世封建制成立史論》（东京大学出版会，1971年）以及門脇禎二《日本古代政治史論》（塙书房，1981年）这三本论著。包括西欧的小土地所有——小庄园在内，今后对日本、中国、西欧的富豪层的存在形态与领主型土地所有的形成进行比较研究也是有可能的。

第五章

富豪层论

——以 8、9 世纪为中心

前言

上章明确了富豪层的所有与经营，以及与其密切相关的家的实体。前者构成了富豪层的本质性契机。不过对其所具有的各种社会性定义暂未讨论。本章便将这一内容作为考察对象，对富豪层来进行更为具体的概念性把握。如前章开头所述，"富豪"一词首次出现在《史记·始皇本纪》二十六年条的记事中。此后，这一表现在正史野乘中都频繁出现。但是，富豪层以最明确的姿态出现并给同时代的人们留下强烈印象，毕竟是在8、9世纪。本章便以8、9世纪为中心，将此时富豪层的存在形态作为主要考察对象，其后再着眼于其前后的变化进行讨论。

一、富豪层的社会存在形态

以7世纪末的诗人陈子昂为例。《旧唐书》介绍他为"梓州射洪人。家世富豪"（《旧唐书》卷一九〇《文苑传》）。卢藏用《陈子昂别传》中则有更加详细的如下记载：

> 陈子昂，字伯玉，梓州射洪县人也。本居颍川，四世祖方庆，得墨翟秘书，隐于武东山。子孙因家焉。世为豪族。父元敬，瑰玮倜傥，年二十，以豪侠闻。属乡人阻饥，一朝散万钟之粟，而不求报。于是远近归之，若龟鱼之赴渊也。……嗣子子昂，奇杰过人，姿状岳立。始以豪家子，驰侠使气。年十七八，未知书……（《文苑英华》卷七九三）

《旧唐书》中的"富豪"一词，在此改称为了"豪族"与"豪家"。他们所积聚的财富之丰，甚至能在危机之时将万钟之粟施散给乡人，可见应该经营着相当大规模的农业。《新唐书》卷一〇七《陈子昂传》则记载，"父元敬，世高赀，岁饥，出粟万石赈乡里。举明经，调文林郎。子昂十八未知书，以富家子，尚气决，弋博自如"。所谓"富豪"，便是这种拥有被视为"高赀"的丰厚积蓄并在乡村社会中具有一定权威之家，也被称为"豪家"与"富家"[1]。陈氏还被称为"豪族"，这是缘于以身为富豪的子昂之家为中心而实现的同族结合。时代稍微上溯，在唐初李清之例中也可以见到类似表现。李清代代从事染色业，据载是"家富于财，素为州里之豪甿。子孙及内外姻族，近百数家，皆能游手射利于益都"，他本人也"心恃豪富"[2]。可知他们既是乡里社会的豪民，也是富于财利的富豪，以此富豪之家为中心的亲族与姻族进行着家族性结合。值得留意的是，李清的本业为染色并经营着以益都为舞台的商业活动。富豪的蓄积并不单单依靠农业经营，工商业活动也是其基础。关于以农业为本业的富豪，留存着于濆之例：

> 濆寓居尧山南六十里。里有富农得氏，琅琊人指其貌，此多藏者也，积粟万庾，马牛无算。血属星居于里土，生不遗，死不赠。环顾妻孥，意与天地等。[3]

于濆描述的得氏之家，藐视散居乡里的族人，蓄积了众多谷物与牛羊，意气盖天。那无疑是所谓的富豪。在富豪中，有如李清一般以工商业为本业的情况，也有如陈氏或得氏一般以农业为本业的情况。此外，根据"兰或农或商，或畜货于武昌"[4]的记载，可知也有如申兰一般同时

---

1. 其豪奢的生活之状，《太平广记》卷四四三《潇湘录》"王祜"条载："岐州西二十里王祜者，豪富之家也。第宅华丽，拟于贵显，常开馆舍，以待往来。至于珍馐芳醪，虽有十人诣之，曾不缺乏。"

2.《太平广记》卷三六《集异记》"李清"条载："李清，北海人也，代传染业。……家富于财，素为州里之豪甿。子孙及内外姻族，近百数家，皆能游手射利于益都。……清不得已，流涕辞行。或相谓曰：'既遣其归，须令有以为生。'清心恃豪富，讶此语为不知己。……"

3.《全唐诗》九函八册于濆《富农诗》引。其诗曰："长闻乡人语，此家胜良贾。骨肉化饥魂，仓中有饱鼠。青春满桑柘，旦夕鸣机杼。秋风一夜来，累累闻砧杵。西邻有原宪，蓬蒿绕环堵。自乐固穷心，天意在何处。当门见堆子，已作桑田主。安得四海中，尽为虞芮土。"

4.《太平广记》卷一二八《续幽怪录》"尼妙寂"条载："(妙寂)乃男服，易名士寂，泛佣于江湖之间。……流转周星，乃闻其村西北隅有名兰者，默往求佣，辄贱其价。兰喜（转下页）

兼营农商业或农工商业的情况。不过，既然是农业社会，自不必说他们经营的生业是以农业为主的。

　　接下来进一步考察富豪层的具体内容。如前所示，他们拥有谷物、牛马等丰厚的动产类财富，其中当然也包含奴婢的蓄积。刘禹锡《调瑟词》引便是其有力的证据：

> 里有富豪翁，厚自奉养而严督臧获。力屈形削，然犹役之无艺极。一旦不堪命，亡者过半，追亡者亦不来复。翁悴沮而追昨非之莫及也。予感之，作《调瑟词》。

刘禹锡所知的富豪翁拥有大量的臧获（奴婢），并对其进行严苛的使役。在此也必须留意奴婢的逃亡。刘禹锡的诗友白居易在其《百道判》中言及了如下内容：

> 得丁上言，豪富人畜奴婢过制，请据品秩为限约。或责其越职论事，不伏。
> 品秩异伦，臧获有数。苟逾等列，是紊典常。丁志在作程，恶夫过制。爰陈诚于白奏，俾知禁于素封。将使豪富之徒，资虽积于巨万；僮仆之限，数无逾于指千（百人）。……（《白氏长庆集》卷五〇）

积蓄着巨万财富与大量奴婢与僮仆的富豪层，应该将其作为非官人的素封之家来把握。关于这点随后会言及。具体而言，如咸阳的"殷富之室"郭氏之例，据载"仆媵甚众"[1]。又会昌五年（845）五月、八月两道中书门下奏文中，都报告了已无僧众的废寺中的奴婢被富豪商人隐

（接上页）召之。……昼与群佣苦作，夜寝他席，无知其非丈夫者。……兰或农或商，或畜货于武昌，关锁启闭悉委焉。"

1.《云溪友议》卷下"郭仆奇"条载："咸阳郭氏者，殷富之室也，仆媵甚众。其间有一苍头，名曰捧剑，不事音乐，常以望水沉云，不遵驱策。虽每遭鞭捶，终所见违。"

匿侵占的事项[1]。又如根据咸通七年（866）的赦文，在邕、桂、容、广诸州等湖南、广东、广西地域的少数民族杂居地带中，出现了"本道观察使所奏监州官，多是富豪百姓兼杂色人"，"既不谙熟文法，又皆纵恣侵欺。多取良家，以为奴婢"的情况，给当地少数民族关系的处理带来了不稳定因素[2]。如前章所见，即便到了8、9世纪，富豪层的奴婢蓄积都未见表面上的衰颓。如此，在牛马、谷物之外，富豪层在家内也蓄积并拥有着奴婢、僮仆等私有隶属民。

　　在以上所述的动产类财富之外，他们还保有着广大的田土。例如汝坟的编户卫庆，据载"自是家产日滋，饭牛四百蹄（百头），垦田二千亩（二十顷）。其余丝枲他物称是。十年间郁为富家翁"（《太平广记》卷四〇二"卫庆"条）。这种以开垦为主的富家翁之例，还可以举出杜牧的从父兄杜诠[3]，与"数年辟田数十顷，修饰馆宇，列植竹木，遂为富室"的王方翼之例[4]。除了这样通过开垦、再开发实现的所有地扩大之外，更常见的途径是通过买卖与侵占。例如，永徽五年（654），因"时豪富之室，皆籍外占田"，洛州刺史贾敦颐括获田地三千余顷"以给贫乏"（《旧唐书》卷一八五《良吏传·贾敦颐》）。开元二十三年（735）九月的诏敕也指出，尽管关于田土买卖、典贴的禁令屡屡下达，但因其未能实行，仍然持续着"贫人失业，豪富兼并"的状况（《册府

---

1. 《唐会要》卷八六《奴婢》"会昌五年四月"条载："天下诸寺奴婢，江淮人数至多，其间有寺已破废，全无僧众，奴婢既无衣食，皆自营生。……深恐无良吏。及富豪商人，百姓纲维，潜计会藏隐，事须稍峻法令。……"又同"五年八月条"载："应天下废寺，放奴婢从良百姓者。今闻有细口，恐刺史已下官人。及富豪、衣冠、商人、百姓，计会藏隐，及量与钱物索收。敕下后，如有此色，并仰首出，却还父母。……"

2. 《唐大诏令集》卷八六"咸通七年大赦文"载："如闻邕容桂广等道管内刺史，每州皆管二县。人户不少，其间选用，尤要得人。访闻本道观察使所奏监州官，多是本土富豪百姓兼杂色人。例皆署为本道军职。……既不谙熟文法，又皆纵恣侵欺。多取良家，以为奴婢。遂使豪酋构怨，溪洞不安。"

3. 《樊川文集》卷九《唐故复州司马杜君墓志铭》载："公讳诠，字谨夫。……自罢江夏令，卜居于汉北泗水上，烈日笠首，自督耕夫，而一年食足，二年衣食有余，三年而室屋完新，六畜肥繁，器用皆具。凡十五年，起于垦荒，不假人之一毫之助，至成富家翁。……"

4. 《旧唐书》卷一八五《良吏传上·王方翼》载："（父）仁表卒，妻李氏为主所斥，居于凤泉别业。时方翼尚幼，乃与佣保齐力勤作，苦心计功，不虚弃，数年辟田数十顷，修饰馆宇，列植竹木，遂为富室。"

元龟》卷四九五）。天宝十一载（752）十一月的乙丑诏也令人联想到
这种富豪层兼并的具体情景：

> 如闻王公百官，及富豪之家，比置庄田，恣行吞并，莫
> 惧章程，借荒者，皆有熟田，因之侵夺；置牧者，唯指山谷，
> 不限多少。爰及口分永业，违法卖买，或改籍书，或云典贴，
> 致令百姓无处安置，乃别停客户，使其佃食……（《册府元
> 龟》卷四九五）

这里所见的有：（一）对荒废公田（实际上是熟田）的侵占；（二）对山
谷的领有；（三）通过改窜簿籍、诈称典贴进行民田买卖，代替原本的
保有者招徕客户进行佃耕。这种通过对公田、山林薮泽地的侵占以及
对民田的买卖兼并而实现的土地获得形式，是六朝以来便有的[1]。国家直
接管理下的公田和山林薮泽本是均田制的物质性背景，就这样被富豪
层逐渐摧毁。

　　安史之乱以降，随着均田制的崩坏，对土地买卖不再加以限制，
事态遂进一步发展。如"百姓田地，比者多被殷富之家、官吏吞并，
（百姓）所以逃散，莫不繇兹"[《册府元龟》卷四九五"代宗宝应元
年（762）四月敕"]，"其间亦有豪富兼并，广占阡陌，十分田地，才
税二三，致使穷独逋亡，赋税不办，州县转破，实在于斯"（《元氏长
庆集》卷三八"同州奏均田状"），三吴地区的"上田沃土，多归豪强"
（《樊川文集》卷一四"赠吏部尚书崔公行状"）等，类似状况多见于其
时[2]。这些正是俗常所言的唐末新兴地主大土地所有发展的一幕。这些史
料所对应的现实，正是由于这种王公百官与富豪层进行的垦田、对公
田与山泽地的侵占以及对民田的兼并所造成的。如前章所示，大土地

---

1. 参考第四章第一节。
2. 此外，《旧唐书》卷六五《高士廉传》载："秦时李冰守蜀，导引汶江，创浸灌之利，至今地
  居水侧者，顷直千金，富强之家，多相侵夺。士廉乃于故渠别引更疏决，蜀中大获其利。"
  又《李文公集》卷一五《故歙州李长史陇西李府君墓志铭》载："既冠，得濠州定远尉。假
  令他县，令严而行。吏急民宽，富豪并贫民之产而不税者，尽以法治之，贫民用安。"

所有自六朝时期以来反复出现，并不是什么新事物。问题在于其实质与内容。这并不是"新兴地主"这种无概念性定义所能涵盖的。这些将在次节讨论。

通过以上考察，可知富豪层也被称为富家、豪家、豪强、豪民、豪族、殷富之家等，通过经营农工商业，蓄积钱货[1]、谷物、牛马、奴婢等动产类财富，通过开垦、买卖、兼并等方式集积耕地。在成为家族性结合中心的同时，他们也通过赈恤等手段在乡村社会拥有了一定的威势[2]。

至此考察的是富豪层本身的样貌。那么，在以8、9世纪为中心的社会整体之中，他们作为社会阶层又占据什么样的位置呢？首先可以明确辨别的是，他们属于百姓，基本上都是编户之民。前文已示，白居易《百道判》中称其为"素封"，咸通七年赦文中有"富豪百姓"之语，富家翁卫庆也是汝坟之编户。又天宝十一载的"乙丑诏"记载"王公百官及富豪之家"，明显将其与官人层有所区别[3]。以与国家之间的关系而言，富豪层是作为编户百姓缴纳正税与差役（后述）的被支配阶层。但他们并不是单纯的编户百姓。现据睿宗本人所述来观察富豪层的社会性定位。在给毕构的玺书之中，睿宗这样叙述道：

> ……咸亨、垂拱(670—688)之后，淳风渐替。征赋将急，调役颇繁，选吏举人，涉于浮滥。……昔闻当官，以留犊还珠为上；今之从职，以充车联驷为能。或交结富豪，抑弃贫

---

1. 关于富豪蓄积钱货之例，《册府元龟》卷五〇一《钱币部三》载："唐玄宗先天元年九月，谏议大夫杨虚受……上疏曰：'帝京三市，人杂五方，淫巧竞驰，侈伪成俗。至于商贾积滞，富豪藏镪；兼并之家，岁增储蓄；贫素之士，日有空虚。……'"

2. 这种富豪的存在形态自汉代以来即是如此。例如，《史记》卷三〇《平准书》载："(卜)式归，复田牧。……其明年，贫民大徙，皆仰给县官，无以尽赡。卜式持钱二十万予河南守，以给徙民。河南上富人助贫人者籍。……是时富豪皆争匿财，唯式尤欲输之助费。"跻身富豪的卜式，经营着农业与牧羊业，至少积蓄了数千头羊与数十万钱。此外，王充所述的"富贵之家"也是蓄积僮奴与牛马，经营农业与商业（参考第一章第一节第24页脚注1《论衡·骨相篇》）。

3. 这种明确的区分在六朝时期就已存在。例如，《北齐书》卷四四《儒林传叙》载："齐制：诸郡并立学，置博士助教授经，学生俱差逼充员，士流及豪富之家皆不从调。备员既非所好，坟籍固不关怀。……"

弱；或矜假典正，树立腹心。……比差御史委令巡察，或有
贵要所嘱，未能不避权豪。……（《旧唐书》卷一〇〇《毕
构传》）

这里所述的是7世纪末8世纪初的状况。其主题是关于地方官的纲纪，
正因如此，也将中央的官僚层与地方的动向以整体视野深刻地描绘了
出来。富豪层结托从中央赴任地方的长官并压制贫家层。虽为编户百
姓，却置身于权力之侧，在与中央"贵要"相联系的场合也被称为
"权豪"，成为了与贫家层有明确区别的存在。据封演描述的蜀之惯例，
县官赴任之际，豪家必先馈饷，并与县令丞以下的官吏平等往来[1]。可知
富豪层与地方官结托之一端。不仅如此，据封演所述，号称"家业殷
富"以至于资产足以充当雒县一年租税的豪族陈氏，还成为了雒县录
事（流外）[2]。前述咸通七年（866）的大赦文中，也显示在湖南、岭南诸
州，多是"富豪百姓兼杂色人"。也就是说，在富豪层之中，甚至有人
做到了构成州县官僚机构下层的流外与杂色之吏（庶人之在官者）。睿
宗玺书中的"或矜假典正，树立腹心"，也涵括了这种情况。富豪层虽
与睿宗玺书所见的"贵要"层等中央、地方官僚层有所区别，但也与
其接近并压制同为编户百姓的贫家层。富豪层在社会整体之中的这种
定位，在前揭天宝十一载的乙丑诏中也可以得到确认。诏书所示的诸
阶层包括王公百官、富豪之家、百姓与客户。富豪层在身为编户之民
的同时，也与王公百官一同作为兼并的主体登场，使其与百姓、客户
对立起来。富豪层在国家支配中不单单只是作为被支配阶层存在，他
们或者成为州县之吏与官人层相结托，或者与"贵要"层结合成为了
所谓"权豪"[3]，占据着与贫家层相对立的中间阶层的位置。

1.《封氏闻见记》卷九载："崔立为雒县，有豪族陈氏为县录事，家业殷富，子弟复多。蜀、汉
风俗，县官初临，豪家必先馈饷，令丞以下，皆与之平交。初至，陈氏欲循故事。立逆呵
之，丝毫不入。……（陈氏卒）一县惊骇。陈氏子弟亲属数十人，相率号哭。……因自诣
郡，具言：'陈氏豪暴日久，谨已除之，计其资产，足充当县一年租。'"

2. 参考本页脚注1。

3. 关于权豪，在本文所揭之外，又有《册府元龟》卷四八八《赋税二》载："（元和）十年三月，
京兆府奏：'恩敕蠲放百姓两税及诸色逋悬等。伏以圣慈忧轸疲甿，屡蠲逋赋，将（转下页）

在结托“贵要”层与地方官等官人层的同时，富豪层另一方面也会作为产生社会对立的元凶，成为国家弹压的对象。可以说，在此情况下，“富豪之家”与“贫下、单贫之人”间的对立关系几乎是必然的，由国家对其进行调停的形态值得注意。以下对富豪层与贫家层之间对立的情况略作概观。其一是富豪层进行的土地兼并，这点在前文中已经有所揭示。

其二，随着富豪层对差役的忌避，发生了向贫家层的差役转嫁。例如，仪凤二年（677）十一月十三日的《申礼冤屈制》中，可见“或征科赋役，差点兵防。无钱则贫弱先行，有货则富强获免”的记载（《文苑英华》卷四六四）。又会昌二年（842）的《上尊号赦文》中，因为盐商等人的户内差役得以免除，出现了“天下州县豪宿之家，皆名属仓场盐院，以避徭役，或有违犯条法，州县不敢追呼。以此富屋皆趋倖门，贫者偏当使役”（《文苑英华》卷四二三）的状况。此外，还存在着与各种差役相关的多种具体案例，皆表现出了富豪层与贫家层之间的对立[1]。

第三是租税纳入与赈恤等相关事项。例如，陆贽在《论度支令京兆府折税市草事状》中描述了以下状况：“况烝黎之间，贫富不等；收获之际，丰耗靡均。今忽并役车牛，雇车佣必腾贵；并征税草，买草价必倍高。是使豪富之徒，乘急令以邀其利；穷乏之辈，因暴敛以毁其家。非所谓均节财物，准平赋法之术也。”（《陆宣公翰苑集》卷

（接上页）行久远，实在均平。有依倚权豪，因循观望，忽逢恩贷，全免征繇。至于孤弱贫人，里胥敦迫，及期输纳，不敢稽违。’”同书卷四九七《河渠二》载：“僖宗光启元年三月，诏曰：‘……而关中郑、白两渠，古今同利，四万顷沃饶之业，亿兆人衣食之源。比者权豪竞相占夺，堰高硙下，足明弃水之由；稻浸稑浇，乃见侵田之害。今因流散，尚可经营。宜委京兆尹选强干僚属，巡行乡里，逐便相度，兼利公私。’”

1. 此外，《文苑英华》卷四三四常衮《减征京畿夏麦制》载：“吏或奉法不谨，失我字人之意，孤茕者恣其厚敛，豪富者贷以轻徭，动而生奸，浸以流弊。”又《樊川文集》卷一三《与汴州从事书》载：“汴州境内，最弊最苦，是牵船夫。……盖以承前，但有使来，即出帖差夫，所由得帖，富豪者终年闲坐，贫下者终日牵船。今即自以板簿在手，轮转差遣，虽有黠吏，不能用情。”又《唐大诏令集》卷七二乾符二年《南郊赦文》载：“所在州县，除前资寄住，实是衣冠之外。便各将摄官文牒及军职赂遗，全免科差，多是豪富之家。至若贫下，准会昌中敕。家有进士及第，方免差役。……”

二〇）又大中六年（852）四月的户部上奏文中，献策称若是发生了实际的水旱灾害，则允许任意开仓赈恤，在此情况下优先"贫下不济户"，"切不得妄给与富豪人户"[1]。可以认为是预先防止了国家赈恤之际富豪的暗中操作[2]。

第四是高利贷相关事项。富豪层的动产蓄积，在通过赈恤表现的同时当然也通过高利贷表现出来。例如，元和十四年（819）七月的《上尊号赦文》中述曰"京城内私债，本因富饶之家，乘人急切，终令贫乏之辈，陷死逃亡"（《文苑英华》卷四二三），在一定的年限与条件下允许对其进行放免。这样的高利贷在大中十三年（859）十月的《嗣登宝位赦文》中也被严禁[3]。赦文指出，应以宝历三年（827）四月二十日以及开成二年（837）八月二日的赦文为据，可知此事已被频繁地禁止。因其的确是十分严重的社会问题。

如上所示，富豪层和贫家层本同为编户百姓，却通过国家租税、差役赋课，或者是土地兼并、高利贷等而处处对立。8、9世纪的社会被割裂为富豪层与贫家层这两大阶层，并向着更加严峻的社会分裂状态发展。这种将富豪层和贫家层对立起来的看法，已经是汉代以来的一贯认识[4]。但9世纪以来，这种看法频出的缘由，是富豪层利用了身为支配阶级的贵族、官人层的腐败并与其相结托，这无疑在最底层激发了唐末的社会危机。但在8、9世纪隋唐型律令体制解体期的农村社会中，富豪层以较之前更加明显的姿态出现。在使得乡村社会的诸多矛盾爆发的同时，也让富豪层自身进入了变质期。关于其本质动力所在

1.《册府元龟》卷五〇二《常平》载："大中六年四月，户部奏：'……如实是水旱处，便任开仓，先贫下不济户给贷，讫，具数分析申奏，并报臣本司，切不得妄给与富豪人户。……'"

2. 关于纳税相关事项，又有《唐会要》卷八四《租税下》载："（大中）四年正月制：……又青苗两税，本系田土，地既属人，税合随去。从前赦令，累有申明，豪富之家，尚不恭守，皆是承其急切，私勒契书。自今以后，勒州县切加觉察。……"

3.《文苑英华》卷四二〇载："如闻。京城内富饶之徒，不守公法，厚利放债，损陷饥贫。前后累有赦文，约勒非不丁宁，无良者都不遵守，致贫乏之人，日受其弊。宜令京兆府准宝历三年四月二十日及开成二年八月二日赦文，切加提举晓谕，严切约勒处分。"

4. 这种认识散见于本书所引的史料中。比如本节第169页脚注2《史记·平准书》，第四章第四节第145页脚注4《宋书·徐耕传》以及正文所引《魏书·高祖纪》中的均田诏，第四章第三节正文所引《梁书·武帝纪》中的大同七年诏等。

的所有与经营，将在第二节进行考察。我们现在将目光转向宋代，追踪富豪层的姿态是如何进行转变的。

即便进入宋代，豪富、豪强、豪民、有力户等的存在也是被一贯认可的。现以《宋会要辑稿》食货六三《农田杂录》为例[1]。天圣六年（1028）九月，河北转运使杨峤据真定民杜简等状，报告称"近年水旱蝗灾，被豪富之家将生利斛斗倚质桑土"，并提出了针对这种以高利贷为杠杆进行兼并的行为的对策。政和二年（1112）四月十七日的诏敕中，也指出了"豪强兼并，佃户失业"的事态。又绍兴二十八年（1158）十月七日的知临安府张称的上言中，也叙述了本应"众共之利"的陂塘和灌溉水路被"豪势之家"侵夺占据之事。绍熙四年（1192）八月十六日的臣僚上言中，也报告说有"州县豪强之家"乘着户绝田出售命令下达之机，非法集买其他土地，与"第四第五等贫乏民户"之间产生了倾轧。这种高利贷与以之为基础的土地兼并、买占活动，在形态上与8、9世纪的富豪层活动相比完全没有发生改变。但是，就个别的社会存在形态而言，他们拥有了与唐代不同的定义。例如，大中祥符六年（1013）六月，对监察御史张廓的上言，真宗回答如下：

> 帝曰："此事未可遽行。然人言天下税赋不均，豪富形势者，田多而税少，贫弱地薄而税重，由是富者益富，贫者益贫……"

与前揭史料相同，此处也将"豪富形势者"与"贫者"对置，继承了唐以前一贯的认识。但是，其中又可以看到新的历史性定义。那便是所谓的"形势"。现在稍微将目光转向《农田杂录》。仁宗乾兴元年（1022）十二月的上封事者称，虽距开国已六十余年，民间却仍无积蓄，若发生饥馑，立刻会造成人民流亡，并断定其因在于"盖差役

---

1. 下文所举天圣六年九月、政和二年四月、绍兴二十八年十月、绍熙四年八月、大中祥符六年六月、乾兴元年十二月、天圣五年六月的记事，均引用自《宋会要辑稿》食货六三《农田杂录》。

赋税之未均，形势豪强所侵扰也"。朝廷下文则言"朝廷惠泽虽优，豪势侵陵罔暇，遂使单贫小户，力役靡供"。前述的"豪富形势者"，即是此处所谓的"形势豪强"。与"单贫小户"相对的所谓"豪势"，无疑是对"豪富形势者"的略称。在天圣五年（1027）六月三司的上言中，可见"伏见没纳欠折户绝庄田不少，自来州县形势、乡村有力、食禄之家假名占佃，量出租课"的记载。这里所谓的州县形势户、乡村有力户（富豪）和食禄之家（官户），大体展示出了比"豪富形势者""豪势"更为具体的内容。前代以来普遍将"富豪"作为与单贫小户相对的表现形式，到了宋代在其基础上进一步出现了"豪势"——即所谓的形势户、官户这种被赋以更具历史性形态定义的人群。如周藤吉之氏与柳田節子氏所探明的，形势户早在宋初建隆五年（964）时就与户籍上的一般民户有所区别，作为被登载于"形势版簿"之上的存在而出现。至于南宋中期，据《庆元条法事类》卷四七《赋役门一•违欠税租》的赋役令文，吏人、职役户、品官之家这三者，作为形势户在夏秋两税簿中甚至需被朱笔书写[1]。富豪层并不等同于形势户本身。但是，身为"豪势"的形势与官户作为一个浑然一体的阶层而存在着，以至于获得了区别于一般民众的社会定位。唐代以来的富豪层担任流外、杂色之吏，并与贵要相结托，被称为"权豪"。豪势既位于其延长线上，也是其转换形态。

个别富豪的存在形态之外，富豪在全体社会中的定位在宋代也发生了变化。如前所见，2世纪至9世纪与富豪层对置的乡村社会阶层是贫家层。这种乡村社会由富豪与贫家层两大阶层组成的认识方式，如前述在10世纪后也被继承下来。但进入宋代后，除这种由两大阶层构成的认识方式之外，明显出现了与五等户制设定相关的三阶层认识方式，即上等户、中等户和下等户，或者说上户、中户和下户。自不必说，其特色在于中户的出现。近年来朱家源氏博搜史料并发表研究成果，认为中户是以一家十口为单位并拥有百亩土地的第三等户自耕农，

---

1. 参考周藤吉之：《宋代官僚制と大土地所有》，收入《社会構成史大系》，日本评论社，1950年，第三章第一节《形势官戸と大土地所有の発展》；柳田節子：《宋代形势戸の構成》，《東洋史研究》第27卷第3号，1968年。

且将其定义为封建国家赋役的主要承担者[1]。朱氏的见解基本正确，但将中户限定为自耕百亩的第三等户则稍有问题。如朱氏所引，进入了南宋时期中户常被称为中产，从户等制角度而言取得了更为自由的表现形态。关于中户与中产层的具体定义，将在第六章第三节进行讨论。现在先对包括中产层在内的南宋时期最典型的三阶层区分的具体样貌进行概观[2]。

　　朱熹最清晰地提出了三阶层的区分方式。作为救荒对策，他对南康军管下三县各都的居民进行了区分，并将其划为富家、中产和下户三个阶层来进行管理[3]。根据其划分，所谓富家，指的是即便遭遇饥馑，也至少能为自己的土地所有之下劳动的地客、佃客供给食粮的阶层。而所谓中产，指的是基本能够为自家供给食粮，却不能为地客、佃客完全供给食粮的阶层。下户则是食粮供给需要补助的阶层。虽不是全部，但必须注意中产层中也存在在其土地所有之下配有佃客与地客的情况。在黄幹那里也能看到这种三阶层的区分方式。例如，他在《拟应诏封事》中叙述说，"今贪吏害之，酷吏害之……兼并豪户之徒又害之，凛然何以自立？而中产之家十室九破，小民则今日坏而明日死之矣。此臣所谓无一民之得其所者是也"（《勉斋集》卷二五），提出了由兼并豪户—中产之家—小民构成的阶层区分[4]。此外，真德秀提出了种植二麦之法以作为江东路的救荒对策，同时又指出麦价腾贵，仅有"上等殷富之家"能豫蓄种子，中户籴买则十分困难，而四等以下之户则

---

1. 参考朱家源：《谈谈宋代的乡村中户——〈两宋土地问题浅述〉第一章〈关于宋代的乡村五等户〉其中一节的概要》，收入邓广铭、程应镠主编：《宋史研究论文集》，上海古籍出版社，1982年。

2. 关于北宋时期的诸多例子，可参考本页脚注1朱氏论文。

3. 《晦庵先生朱文公别集》卷九《取会管下都分富家及阙食之家》载："一、富家有米可粜者几家，除逐家口食支用、供赡地客外，有米几石可粜。……开客户姓名、米数（并佃客、地客姓名）。一、富家无余米可粜者计几家，而仅能自给其地客、佃客不阙，仍各开户姓（并佃客、地客姓名）。一、中产仅能自足，而未能尽赡其佃客、地客者计几家（开户名，取见佃客、地客姓名所阙之数）。一、下户合要籴米者几家。"

4. 此外，《勉斋集》卷二五《代抚州陈守》"二役法"以及卷二九《临川申提举司往行赈糶》中，也可见富家、中产之家和小民的划分方式。

大都贫困，一夏所收不过能充数月之食¹。此处明确将乡村民户区分为上等殷富之家（富室大家）—中户—四等户以下这三个阶层。真德秀又将潭州管下民户所及，区分为极少数的"富家巨室"、租税纳入后仅余口粮的"中户以下"、仅有寸土的五等下户以及无田的贫民²。在此亦可视为富家巨室—中户—五等下户（以及无田贫民）的区分。进而，他在论述道州饥民对策的奏文中，描述了"中产之家亦多饥饿。至于细民，则尤极狼狈"³的状况。在中产之家、细民之上当然可以想象还存在富室。可见真德秀也将乡村构造分为富家、中产（中户）和细民（下户）三个阶层来把握，只是其中细民或指四等以下，或指五等以下，并无定数。这显示出中产（中户）、细民（下户）所指的实体与户等制的区分并不一定一致。前引朱家源氏将中户限定于三等户的意见之所以需要考虑，缘由即在于此。中户、中产层虽以三等户为核心，但也应将这一社会阶层的设定范围稍加拓宽。关于此点，将在次章第三节再进行讨论。总之，根据以上诸例，可知进入宋代后乡村社会可区分为富豪、中产/中户、贫家（佃户）三个阶层。

通过以上考察，可知10世纪以降，富豪层一方面与形势、官户新成一体，发展出作为"豪势""豪富形势"的存在模式，一方面又逐渐在由富家、中产/中户和贫家（细民）三阶层构成的乡村中，取得了权势阶层的地位。从富豪到豪势，从富家、贫家两大阶层的区分方式到富家、中产和贫家三阶层的区分方式，这样的变化是农村结构变化的局面之一，构成了唐宋变革期的基底所在。向"豪势"这种存在形态的变化，揭示了8、9世纪富豪层实体的转变。对其进行阐明是次节的

---

1. 《西山先生真文忠公文集》卷七《奏申乞给降钱会下本路灾伤州郡下户收籴麦种》载："第目今麦价，所在踊贵。其最平处，每石为钱亦不下二贯有奇。惟上等殷富之家自能豫蓄种子，中户籴买已病其艰。若四等而下，大抵皆贫困之民，今夏所收仅充三数月之食，饥肠所迫，岂有颗粒尚存。"

2. 《西山先生真文忠公文集》卷一〇《申尚书省乞拨和籴米及回籴马谷状》载："一、本州管下名为产米之地，中户以下输赋之余，仅充食用，富家巨室，所在绝少。……虽间有籴到米石去处，以之给籴无田之贫民，尚不能偏及。若五等下户，才有寸土，即不预籴，其为可怜，更甚于无田之家。"

3. 参考《西山先生真文忠公文集》卷九《申尚书省乞拨米赈恤道州饥民》。

课题。而中户、中产层的明晰化，也揭示了富豪层活动场域所在的农村的结构性变革。对其进行阐明将作为第六章的课题。现在先再次确认本节的考察结论，再向次节推进。

富豪层又被称为富家、殷富之家、豪家、豪强、豪族等，出现于公元前3世纪末秦统一全国之时，至于8、9世纪时，一直作为乡村社会的富裕阶层而存在着。他们通过侵占公田与山泽之地，开垦与兼并耕地，集积了广大的土地。同时通过农业与工商业的经营，积蓄牛马、钱货、谷物、奴婢等动产类财富。在此基础上经营高利贷，反过来也时常通过赈恤获取声望。此外，他们成为同族结合的核心并构成豪族，在乡村社会中构筑了坚实的威势。他们虽只是专制支配体制之下区别于士人层的编户百姓，但特别是在8、9世纪的乡村社会中，又一面与"贵要"层、地方长官等官人层相联结，在各种情形下压制贫家层，激发了农村的危机。这种富豪层的存在样态在10世纪以后发生了变化，逐渐拥有了新的历史性、社会性定义。即他们同官人的一体化得到进一步发展，成为了与形势、官户浑然一体的社会阶层，发展出"豪势""豪富形势"的存在模式。同时也在由富家—中产、中户—贫家（细民）三阶层构成的乡村中，逐渐取得了富裕阶层的地位。那么，这种以唐宋变革期为界的富豪层的形态变化，又建立在怎样的实体转变基础之上？容下节再议。

二、富豪层的社会性实体——所有与经营

前节主要以专制国家所定义的政治性存在形态为主，明确了富豪层的外在样貌。本节要讨论的则是富豪层的社会性、经济性实体，正是这一实体使富豪层呈现为如上样态。为此，有必要究明他们所实现的所有与经营内部的各种社会关系，特别是生产关系。本节便以富豪层的所有与经营所包摄的诸劳动者的社会性存在形态为中心，对其进行考察。

（一）8、9世纪
如前章所示，2世纪至7世纪富豪层的所有与经营，其核心为家父

长式奴隶制经营，有时也与其周边的下户贫民层之间结成租佃关系。这种富豪层的所有与经营，从8、9世纪开始呈现出稍微不同的样貌。

关于以8、9世纪为中心的土地所有与土地经营以及农民诸阶层，大澤正昭氏近年来发表了一系列研究，使其具体样貌在相当程度上得以解明[1]。本节以大澤氏的研究为基础，尝试在其之上有所发展。大澤氏虽明确了奴婢、庄客、自耕农、大土地所有层等农民诸阶层的具体样貌，但并未将其与富豪层的所有与经营关联起来进行论述。若先说结论的话，则相对于两汉六朝时期主要以奴隶劳动为基础，8、9世纪的富豪层的所有与经营，是以对应于不同场合并具备多样存在形态的劳动者为基础而实现的。大澤氏作为诸阶层来理解的劳动者的存在形态，以下将在富豪层个别的所有与经营中进行把握，由此来解明他们在这一时期的特质。

首先考察与直营地的经营相关的内容。如大澤氏也确认的，即便进入8、9世纪，六朝以来的家父长式奴隶制经营也仍然持续存在。首先可以举出的例子是居住于江陵的柳宗元从弟柳某。他拥有周围环以桑树的宅一区、僮指三百（三十人）以及耕地五顷（二十九公顷）[2]。宅地上桑麻的栽培与五顷耕地的耕作，应是由以"指"为单位计算的僮即奴隶三十人来进行的。据刘轲自己所述，他也进行着"匡庐之下，犹有田一成，耕牛两具，僮仆为相"[3]的经营。大概是在面积数顷的耕地之上使用两组牛犁，分别由数名奴隶（僮仆）进行耕种。许氏在吴兴溪亭有2顷农场，其农业劳动也由僮指来进行[4]，类似于刘轲之经营。如

---

1. 参考大澤正昭：《唐代後半期の農民諸階層と土地所有——小説史料を中心に——》，《東洋史研究》第36卷第2号，1977年；同氏：《唐代華北の主穀生産と経営》，《史林》第64卷第2号，1981年；同氏：《唐代江南の水稲作と経営》，收入《中国史像の再構成——国家と農民——》，文理阁，1983年。此外，有关唐宋变革期的农业生产力、生产关系研究的现状与问题点的整理，详见同氏：《唐宋変革期の歴史的意義——日独（DDR）歴史学学術交流のために——》，《歴史評論》第357号，1980年。

2.《柳河东集》卷二四《送从弟谋归江陵序》载："……后以智兔，归家江陵。有宅一区，环之以桑，有僮指三百，有田五百亩。树之谷，艺之麻，养有牲，出有车，无求于人。"

3.《全唐文》卷七四二《与马植书》载："脱禄不及厚孤弱，名不及善知友，匡庐之下，犹有田一成，耕牛两具，僮仆为相，杂书万卷，亦足以养高颐神。"

4.《权载之文集》卷三二《许氏吴兴溪亭记》载："溪亭者何在？吴兴东部，主人许氏，所蘇作也。……有田二顷，傅于亭下，镃基之功，出于僮指。每露蝉一声，秋稼成实。"

前节所示，富豪层积蓄了相当数量的奴婢，当然可以认为以奴婢为主要劳动者的经营是大量存在的。但是，以奴隶为主力的经营，在六朝时期其内部便显示出小经营形成的萌芽，踏出了走向解体的第一步。到了8、9世纪，这一进程继续向前发展。崔觐的例子便是其中的典型。据载，因老后无子，他在大和（827—835）年中"乃以田宅家财分给奴婢，令各为生业"，"约奴婢递过其舍，至则供给酒食而已"[1]。在分给田宅家财之前，如若这些奴婢没有在崔觐的经营之中形成自己的小经营，崔觐就不会做出这样的处置。在分给以后，奴婢们似乎也还维持着奴婢的身份，但在实体上却实现了对田宅家财的保有，可以说已转化为了有义务定期向主家提供酒食的农奴小经营。与前章第二节所见的"家僮客王氏""奴教子"之例相比，崔觐的奴婢这里显示出了略为领先的决定性进展。

　　如刘禹锡《调瑟词》引中所见富豪翁的奴婢逃亡所象征的，以奴隶为主要劳动者的直营地经营，在8、9世纪更是陷入了濒临解体的境地。当时主要的奴隶供给地，除新罗等诸外国异民族之外，还有韩愈所上报的袁州与蜀、岭南等边境少数民族的居住地[2]。对于来自这些地域的人身掠夺与买卖，严厉的禁令屡屡下达[3]。尤其引人注目的是大中九年（855）闰四月二十三日的敕令：

　　　　岭南诸州，货卖男女，奸人乘之，倍射其利。今后无问公私土客，一切禁断。若潜出券书，暗过州县，所在搜获，以强盗论。如以男女佣赁与人，贵分口食，任于当年立年限为约，不得将出外界。（《唐会要》卷八六《奴婢》）

1.《旧唐书》卷一九二《隐逸传》载："崔觐，梁州城固人。为儒不乐仕进，以耕稼为业。老而无子，乃以田宅家财分给奴婢，令各为生业。觐夫妻遂隐于城固南山，家事一不问，约奴婢递过其舍，至则供给酒食而已。"
2. 有关新罗奴婢与岭南的奴婢贩卖，见《唐会要》卷八六"奴婢"条所收史料。关于袁州的事例，有《韩昌黎集》卷四〇《应所在典贴良人男女等状》载："臣往任袁州刺史日，检责州界内，得七百三十一人，并是良人男女。《律》例，计佣折直，一时放免。……袁州至小，尚有七百余人。天下诸州，其数固当不少。……"
3. 参考《唐会要》卷八六"奴婢"条。

这一敕令禁止了奴婢买卖，而代以有年限的雇佣劳动则被许可。当时华北的主要都市中，形成了有期限型雇佣劳动者的市场[1]，可以认为这条敕令发布于此背景之下。无疑来自边境地区的奴隶供给仍在持续，但其空间却不断缩小，并向着雇佣劳动转换，以奴隶为核心的直营地经营正处于停滞乃至解体的过程中[2]。

随着奴隶制型经营解体的进展，在富豪层的直营地经营中也出现了各种各样的中间形态。首屈一指的就是以雇农为主力的经营。例如，身为富室的王方翼，虽然如前所示开垦了数十顷田地，但这是"与佣保齐力勤作"的结果[3]。寡妇卢氏据载也"课励佣仆，尽力田业"[4]，进行着以雇农为主要劳动力的经营。这种例子在小说中也可发现。尼姑妙寂为报父仇扮为男装，改名士寂，流转"泛佣于江湖之间"，寻仇于名申兰之人，并以低于雇价的报酬受雇于其家。他（她）"昼与群佣苦作，夜寝他席，无知其非丈夫者"，以遂本愿。其仇家即主人申兰据载"或农或商，或畜货于武昌"，故群佣也从事着农业与商业[5]。此外，于邵入手池阳间数顷之地，有心于经营农业，却因缺乏筹备耕牛与雇农的资力而终止[6]。这也与王方翼之例相同，是以雇农为主力的经营。在题为《岁丰》的诗中，邵谒对以上这类经营描写如下：

1.《续玄怪录》卷一"麒麟客"载："麒麟客者，南阳张茂实家佣仆也。茂实家于华山下，大中初偶游洛中，假仆于南市，得一人焉，其名曰王复，年四十余，佣作之直月五百。……居五年，计酬直尽。"

2. 山根清志氏以前文第179页脚注2《韩昌黎集》等史料为基础，认为唐末以后奴隶制发展出了新的形态（《唐代における良贱制と在地の身分の諸関係》，历史学研究会1977年度大会报告集《民族と国家》，1977年）。有大量奴婢都转变为雇佣人，像他这样将雇佣人也归于奴隶范畴内是不合理的，本节均是对其研究的反证。

3. 参考第一节第167页脚注4。此外，《张说之文集》卷一六《唐故夏州都督太原王公神道碑》载："公躬率佣保，肆勤给养，垦山出田，燎松爨墨，一年而畴千亩，二年而厦屋百间，三年则日举寿觞，厌珍膳矣。"《旧唐书》中所见的数十顷，应当为千亩即十顷之误。

4.《唐故怀州录事参军清河崔府君后夫人范阳卢氏墓志铭》载："嫠处丘园，馑粥是乏。雅达释氏，当穷酷，而无尤怨。课励佣仆，尽力田业，姻戚时助，农桑稍稔。"《千唐志斋》，第1157页，据爱宕元氏的提示。

5. 参考第一节第165页脚注4。

6.《文苑英华》卷六七〇于邵《与李尚书书》载："某于池阳之间，获空闲数顷之地，誓将作劳陇亩，以望秋登，所乏耕牛佣赁无计。倘或哀此窘逼，许以后图，解倒悬之忧，广蹶急之路。……"

　　皇天降丰年，本忧贫士食。

　　贫士无良畴，安能得稼穑。

　　工佣输富家，日落长叹息。

　　为供豪者粮，役尽匹夫力。

　　天地莫施恩，施恩强者得。（《全唐诗》九函八册）

这是从穷人的角度出发，描述了富豪雇佣穷人并使之进行农业经营的
样貌。这些事例展示出当时大量地存在着以雇佣劳动为主力的富豪层
经营。

　　再次，有以耕夫为主要劳动者的经营。众所周知的陆龟蒙，拥有
耕地十万余步（四顷），由耕牛四十蹄（十匹）、耕夫百余指（十人）
对其进行经营[1]。富家翁杜诠也是"烈日笠首，自督耕夫"[2]，进行着农
业经营。虽规模不详，但应该近似于陆龟蒙的经营。陆龟蒙将耕夫以
指为单位进行计算，杜诠用他们进行直接农业劳动。其劳动形态近似
于奴隶，身份上却应该是自由的，其实体大概是有年限的雇佣劳动。

　　最后，还存在以庄客为主要劳动者的经营。庄客的具体样貌已由
大泽正昭氏进行了解明。据他的研究，他们多数都拥有妻子与一定的
私产，如赵和与李邈之例所示，是向庄园主缴纳租课、庄租的人群[3]。大
泽氏将这种庄客理解为介于奴隶与宋代以降佃户之间的中间形态。但
是，如后文所述，因宋代的佃户可区别为佃仆与佃人（客）两种类型，
故有必要对庄客的定位进行再考察。如张周封的庄客与薛氏的役客之
例所示，庄客除了进行作为庄租的耕地经营之外，也存在为庄园主之

---

1. 《唐甫里先生文集》卷一六《甫里先生传》载："先生之居，有地数亩，有屋三十楹，有田奇
　　十万步，有牛不减四十蹄，有耕夫百余指。而田污下，暑雨一昼夜，则与江通，无别己田
　　他田也。……乃躬负畚锸，率耕夫以为具。且每岁波虽狂，不能跳吾防溺吾稼也。"

2. 参考第一节第167页脚注3。

3. 《太平广记》卷一七二所引《唐阙史》"赵和"载："遂详开所贮者。且不虞东邻之越讼也。
　　乃言稻若干斛，庄客某甲等纳到者，绸绢若干匹，家机所出者。……"《酉阳杂俎》前集卷
　　一三载："刘晏判官李邈，庄在高陵，庄客悬欠租课，积五六年。邈因官罢归庄，方欲勘责，
　　见仓库盈羡，输尚未毕。"此外还可参考前文第178页脚注1大泽正昭《唐代後半期の農民
　　諸階層と土地所有》。

家的经营提供劳役的情况[1]，其存在形态与宋代的佃仆直接相关。虽说通过为主家经营提供劳役，庄客仍然被包摄于主家之中，但在其庄租负担地上却实现了小经营。可以认为富豪层的直营地经营在这一部分发生了解体。上文所见的崔觐奴婢实体上也近似于庄客。关于庄客的定位，还是要回到佃仆的定义进行讨论。

以上以8、9世纪为中心考察了富豪层的经营事例。现实中的经营则多数表现为以上四种经营的复合形态[2]。这相对于7世纪前的经营而言展现出极富变化的形态。后者虽也伴随着雇佣劳动，但基本上皆呈现为奴隶制经营。但值得留意的是，从王方翼、杜诠、陆龟蒙等人之例可知，这种直营地经营，所有者自身大都也作为劳动者参加，并亲自率领多种劳动者进行再生产。这里的所有与经营仍然呈现为未分化的状态。此外，如崔觐之例所示，家父长式奴隶制经营在这一时期已经处于解体的过程中。8、9世纪富豪层的直营地经营，在向下一时代摸索前行的同时，由各种类型的劳动者进行着再生产。10世纪以降，由其中脱颖而出占据主流的，是以庄客后裔与雇农为主力的经营。但进入宋代后，庄客这一表现自身也大量减少。将这一意义也考虑在内，可以说8、9世纪富豪层的直营地诸经营，大都展现出过渡性特质。

现将目光移向佃耕地部分。进入8、9世纪后，这一部分也出现了剧烈变化。在此值得注意的是7世纪以前佃耕关系的特质。从第四章第三节所引的梁武帝大同七年（541）诏书所见事例可知，其特质主要是富豪层与贫家层之间即编户相互之间的租赁关系。这一特质可以追溯至公元前2世纪。汉董仲舒指出，秦代以降"或耕豪民之田，见税什五"，7世纪初的颜师古对这条记事注解道："下户贫人，自无田而耕垦豪富家田，十分之中，以五输本田主也。"[3]颜师古将董仲舒的所述

---

1. 《酉阳杂俎》前集卷一五载："工部员外郎张周封言：'旧庄城东狗背觜西，常筑墙于太岁上，一夕尽崩。且意其基虚，工不至，乃率庄客，指挥筑之。……'"《太平广记》卷二三八所引《唐国史》载："有薛氏二子野居伊阙，先世尝典大郡，资用甚丰。……道士曰：'命家僮役客辈，悉具畚锸，候择日发土，则可以目验矣。……'"

2. 如本页脚注1的《唐国史》中，就出现了家僮与役客的复合形态。

3. 宇都宫清吉氏将这种佃耕制定义为上家下户制，指出其广泛存在于汉代社会中（《僮约研究》，收入氏著《漢代社会経済史研究》，弘文堂，1954年）。

理解为介于富豪—贫家间的对半分成佃农，其判断大体准确。如第四章第四节与前节所指出的，富豪—贫家关系是为国家权力所把握的编户百姓间的关系，此处所见的佃耕关系就是单纯的租赁与收益关系[1]。更为重要的特质在于，承担这种佃耕关系的贫家小经营停滞在汉代以来的生产力水准上，处于不充分独立的阶段，对富豪层的依存度非常高。而进入8、9世纪后，以往百姓相互之间的收益、租赁关系即佃耕关系也依然存在着。关于敦煌、吐鲁番出土租田契约文书的研究可以明确这一点[2]。但当时的人们开始注意到与此稍有差别的佃耕形态。前揭天宝十一载（752）的乙丑诏中，可以看到富豪层在其兼并地上"别停客户，使其佃食"。这种客户的前身则表现为6世纪末隋之高颎"输籍之法"中出现的浮客。北朝末年的混乱时期，苦于赋役增加的人们陷入了"多依豪室"的状况。于是，高颎对户籍簿进行整备，轻其租赋，"使人知为浮客，被强家收太半之赋，为编甿（户）奉公上，蒙轻减之征"，据载取得了相当程度的成功[3]。8世纪末杜佑将这种浮客理解为"谓避公税、依强豪作佃家也"。基本上可以将这种浮客与客户视为同一种事物。这些人们与作为编户的贫家层有所不同，是脱离了国家支配的逃亡者，作为佃家私自依附于富豪层的土地所有之下。陆贽对这种佃家有更为具体的记载：

> 富者兼地数万亩，贫者无容足之居，依托强豪，以为私属，**贷其种食，赁其田庐**，终年服劳，无日休息，馨输所假，常患不充。有田之家，坐食租税，贫富悬绝，乃至于斯。
> （《陆宣公翰苑集》卷二二《均节赋税恤百姓六条》其六）

据载其佃耕的费用达到了官税的十倍、二十倍。他们脱离了编户，成为

---

1. 此外，《隋书·食货志》等记载中可见到六朝时期的佃客以及限客规定。在这里，官人与佃客之间的关系是以国家权力与官品体系为媒介来论述的，其实体仍然是租赁佃耕。此外还可参考第四章第三节第131页脚注3、4。

2. 参考堀敏一《均田制の研究》第六章《均田制時代およびその崩壊過程の租佃制》，岩波书店，1975年。

3. 参考第四章第三节第132页脚注1。

了富豪层的"私属"[1]，陷入了不同于编户间关系的租赁关系。这种身为私属的浮客和客户，与大泽正昭氏所揭示的从事小经营的庄客十分相似。但他们与富豪层之间的关系内容，在于向其赁贷田庐与种食（贷其种食，赁其田庐）并交纳租税，其经济性实体与以往的租赁仍停留在同一次元。他们与土地的关系也仍停留在单纯的借贷关系。他们虽通过私属、依附等保护关系被包摄于富豪层的土地所有之下，但却并非是如农奴一般的存在。后者在事实上占有耕地，以其与主家之间结成的人格性从属关系即身份关系为媒介而交纳地租。虽说如此，从6世纪末到8、9世纪，不仅仅在其直营地部分，富豪层的土地所有在其佃耕地部分也开始出现明显的变化。基本在7世纪之前，富豪层的所有与经营以奴隶制关系为其本质。相对于此，8、9世纪富豪层的所有与经营的本质则在于包含各种实体在内的过渡型性格。其中显现出新的形态，则是10、11世纪的北宋时期之后的事情。前节便可见富豪层向"豪富形势""豪势"的形态转化。以下考察其基础所在的实体变化。

（二）10—13世纪

本小节的课题，是对10世纪以降变得明显起来的"豪势"与富家层的所有与经营的一般性内容进行解明。这一对象产生于8、9世纪富豪层的所有与经营之中。在此先将与地主佃户制整体相关的诸问题及个别特例暂且搁置，仅以其一般性内容为讨论对象。北宋时期的史料中少有能够揭示富豪层的所有与经营之内容的，但却存在几条揭示其一般性内容的著名史料。其中有欧阳修的《原弊》（《欧阳文忠公文集》卷五九）。他在文中首先举出了"今大率一户之田及百顷者，养客数十家"的事例。因百顷本身为整数，故这与其说是具体的实例，倒不如说体现了相当理念化的经营样貌。欧阳修将这百顷土地所有相关的劳动者——养客数十家区分为四种类型。第一种是"用主牛而出己力者"，第二种是"用己牛而事主田以分利者"。这两种类型"不过十余

---

1. 如王莽诏令所示，私属本来指奴婢。《汉书》卷二四《食货志上》载："下令曰：……'今更名天下田曰王田，奴婢曰私属，皆不得卖卖。'……后三年，莽知民愁，下诏诸食王田及私属皆得卖买，勿拘以法。"

户"。第三种是"出产租而侨居者",被称为"浮客";第四种是被称为"畬田夫"的人群。于是,"夫主百顷而出税赋者一户,尽力而输一户者数十家也。就使国家有宽征薄赋之恩,是徒益一家之幸,而数十家者困苦常自如也"。如欧阳修所总结的,通过税赋的征收关系直接与国家产生关系的,只是百顷土地的所有者而已。

　　第一、第二种类型的客,因将其与侨居的浮客相对而论,当是与田主大致在同一乡村的人群。其中使用主家之牛并提供自己劳动的第一类客,是受雇或者佃耕于主家直营地部分的人群,属于主户下层或者雇佣人。第二类客是使用自己的牛来耕作主家田地并对其收获物进行分成的人群,可以将其视为由主户下层所从事的佃耕。也就是以主户相互之间的租赁关系为基础的佃耕,这种形态自秦汉时期以来便一直散见于史乘之中。第三类浮客的数量占到养客数十家的大半,同时也明确展示出了这一时期的历史性特质。他们是侨居他处者,由其交纳产租可知是身为客户的佃农。关于这种浮客,李觏指出其"佃人之田,居人之地者,盖多于主户矣"[1],与欧阳修所述的浮客相一致。进而有苏洵所言及的浮客的劳动方式:

　　　　井田废,田非耕者之所有,而有田者不耕也。耕者之田资于富民,富民之家地大业广,阡陌连接,募召浮客,分耕其中,鞭笞驱役,视以奴仆,安坐四顾,指麾于其间。而役属之民,夏为之耨,秋为之获,无有一人违其节度以嬉。而田之所入,己得其半,耕者得其半。有田者一人,而耕者十人,是以田主日累其半以至于富强,耕者日食其半以至于穷饿而无告。……(《嘉祐集》卷五《田制》)

关于"出产租而侨居者"或者"佃人之田,居人之地"的浮客的实体,

1.《直讲李先生文集》卷二八《寄上孙安抚书》载:"夫富豪者,智力或有以出众,财用亦足以使人。将济艰难,岂无其劾? 今之浮客,佃人之田,居人之地者,盖多于主户矣。若许富人置为部曲,私自训练,凡几度试胜兵至若干人,或擒盗至若干火者,授以某官,仍寝进纳之令,以一其志。"

上文以更具体的形式表述出来，尽管稍有夸张。因浮客"分耕"富民的土地，可知其劳动过程可分为数个小经营。对承担各个劳动过程的浮客小经营进行统辖指挥的是富民。其指挥之态"鞭笞驱役，视以奴仆"，形态类似于直营地经营，是支撑富民家计的核心所在。虽然继承自6世纪末隋之浮客与8、9世纪客户、私属的系谱，但相对于借贷田庐、种食的私属等，这种浮客为主家所包摄的程度要更高，不如说更近似于唐代庄客的形态。关于第四类的畲田夫，则暂缺清晰的记载，从其名称猜测，可能是开垦时受雇的长期雇佣劳动者。

通过对以上四类劳动者的存在形态的探讨，可以看出北宋时期富家的所有与经营具有如下特质。第一，直营地部分已经完全解体，即便存在直营地部分也不再依靠奴隶劳动进行经营。第二，富家土地所有之下存在两种类型的佃耕关系。其一是主户下层部分所从事的租赁佃耕关系，其二是处于主家直接指挥下的浮客所从事的佃耕，后者是其核心所在。第三，富家的土地所有相关的劳动者均为成家者，由此确立了劳动力再生产与积蓄的基础，显示了佃耕地小经营一般性基础的形成。总而言之，就是奴隶制式直营地经营发生了解体，变得明晰起来的土地所有，是包含了小农经营所从事的两种形态的佃耕地经营。唐宋变革期发生从富豪向"豪富形势"这一形态变化的基础中，构成前者本质性动力的奴隶制式直营地经营明显遭到了解体，可以认为作为概念的富豪层在这一时期乃是发展性的消亡了。那么，对于从富豪层的所有与经营之中新发展出的"豪富形势"与富家的土地所有，应如何把握其本质性定义呢？仅靠前述三位北宋人的记述已不足以得出结论。以下就将目光转向现有记述更加具体的南宋时期的江南地区，对这一问题进行讨论。

衢州人袁采著有《袁氏世范》[1]，其中有作于淳熙乙亥（1179）的《自跋》。这本著述描述了一位士大夫经营家事的情况，可以认为揭示出了当时普通的上层富裕农民之家经营的具体样貌。以此《世范》的

---

1. 据《知不足斋丛书》，在此参考了片山信《世範校本》[嘉永五年（1852），讚岐讲道馆刊]。其校订、解释均有不少值得参考的地方。

记述为经、洪迈《夷坚志》等书为纬，可尝试编织出南宋时期江南地区富家层的所有与经营之实体。

　　袁采描述的家-家户共同体中，在其家族成员之外，有家长（主翁）统率的仆隶、仆佃（佃仆）与主母统率的婢妾等非家族构成人员[1]。由家长（主翁）、主母管理的这种与家之内外相关的直接生产者，袁采将其区分为三种类型：第一是奴仆（仆隶）与婢妾，第二是佃仆（仆佃），第三是佃客（佃人）。首先对被称为奴仆的人群进行考察。

　　袁采记载，"奴仆小人，就役于人者"（《世范》卷下《治家》"待奴仆当宽恕"条）。"就役于人者"是对奴仆最一般的定义。北宋时期的苏洵在描述京朝官以外的官吏时，也有这样的比喻："皆劳筋苦骨，摧折精神，为人所役使，去仆隶无几也。"（《嘉祐集》卷一二《上韩丞相书》）奴仆、仆隶的一般性定义，是以提供体力劳动而为人役使的人群。在这种意义上他们也符合奴隶的条件，但他们并不是奴隶。袁采将奴仆描述为"又性多狠，轻于应对，不识分守。所以雇主于使令之际，常多叱咄，其为不改，其言愈辨，雇主愈不能平。于是棰楚加之，或失手而至于死亡者有矣"（卷下《治家》"待奴仆当宽恕"条）。又如其所述的"雇婢仆须要牙保分明"（卷下《治家》"雇婢仆要牙保分明"条），可知这一人群是经由中介以固定的契约加以年限从而受雇的。关于这点，高桥芳郎氏已有详细的论证[2]。他们与雇主间确立了所谓"分守"的人格性从属关系[3]，即便有时会遭受足以致死的恶劣待遇，他们

---

1. 《袁氏世范》卷上《睦亲》"婢仆之言多间斗"条载："……婢妾愚贱，尤无见识，以言他人短失为忠于主母，……非特婢妾为然，仆隶亦多如此。若主翁听信，则房族亲戚故旧皆大失欢矣。而善良之仆佃，皆翻致诛责矣。"
2. 参考高桥芳郎：《宋元代の奴婢·雇用人·佃僕について——法的身分の形成と特質——》，《北海道大学文学部紀要》第26卷第2号，1978年；同氏：《宋代佃戶の身分問題》，《東洋史研究》第37卷第3号，1978年。高桥氏还将从来被一概而论的佃户，区分为法律上属于雇佣人身份的佃仆、地客与通过租佃关系成立的佃客。前者以"主仆之分"定义，后者以"主佃之分"定义。这一区分所具备的意义十分重要，也是本文的前提所在。
3. 《夷坚支甲》卷四"项明妻"条载："……两月后忽云：'父母来，仍携仆从。'欲饮食，项即办供具，初同席铺设。妻曰：'主仆不当均礼。'乃别置焉。"其区分甚至涉及日常的生活规范。

也并非奴隶，而是有期限型雇佣劳动者。这种"佣为富家奴"的例子[1]数不胜数，至迟不过9世纪中期，其存在已经可以得到确认。张茂实在大中初年游洛阳之时，"假仆于南市，得一人焉"，此人为麒麟客王夐。他月受佣直五百钱，受雇于张氏五年之久[2]。可知9世纪中期洛阳南市成立了仆佣市场，其佣赁也有定额。如上文已言及的，大中九年（855）闰四月二十三日下达的敕文中，鼓励将奴婢贩卖替代为有期限型雇佣（第179页），即是以如上之事例为背景的。宋代也时常能见到奴仆市场的存在与他们征收定额佣直的事例[3]。唐末以降，这种有期限型雇佣劳动者在逐渐普遍化，可以认为由于其代替了身为奴隶的奴婢之地位，民间也将他们称为奴仆、仆隶。在征收他人给养并为其役使这一意义上，奴隶与身为雇者的奴仆是等同的。但后者在身份上仍属于良人，能够拥有家庭[4]、积蓄私人财产、进行买卖[5]、提起诉讼[6]。

---

1. 如果举出其中最早的案例，《宋史》卷四五六《孝义传》载："刘孝忠，并州太原人。……后数岁母死，孝忠佣为富家奴，得钱以葬。……开宝二年，太祖亲征太原，召见慰谕。"

2. 参考第180页脚注1。

3. 例如，《夷坚三志壬》卷一〇"颜邦直二郎"条载："弋阳丫头岩农夫何一，自小受顾于漆公镇作奴，伏事颜二郎名邦直者，凡三岁，辞归父家。"《夷坚志补》卷九"徐汪二仆"条载："汪仲嘉云，族人之仆出干。……曰：'……有保正引绳缚二十人过，亦执我入其中，我号呼不伏，则以钱五千置我肩上曰："以是倩汝替我吃县棒。"我度不可免，又念经年佣直，不曾顿得五千钱，不可失此，遂勉从之。'"

4. 《袁氏世范》卷下《治家》"雇女使年满当送还条"载："以人之妻为婢，年满而送还其夫。以人之女为婢，年满而送还其父母。……此风俗最近厚者。……有不还其夫而擅嫁他人，有不还其父母而擅与嫁人，皆兴讼之端。……"同卷《治家》"婢仆得土人最善"条载："蓄奴婢惟本土人最善。……或有婢妾无夫子兄弟可依，仆隶无家可归，念其有劳不可养者，当令预经邻保，自言并陈于官。或预与之择其配，婢使之嫁，仆使之娶，皆可绝他日意外之患也。"可知奴婢拥有家庭被视为理所当然。具体的事例有许多，就不一一举出了。

5. 例如，《夷坚三志辛》卷七"张三公作牛"条载："徐俅之仆程华，典张三公田，为钱二十五千，约不立契。……经三岁，张自占为己业，一切租入，了无所偿。"也可以像这样积蓄佣直购买地田。此外，《范文正公别集》卷四《窦谏议录》载："窦禹钧，范阳人。……先，家有仆者，盗用过房廊钱二百千。仆虑事觉，有一女年十二三，自写券系于臂上云：'永卖此女与本宅，偿所负钱。'自是远逃。"也有奴仆拥有家庭的例子，他们还可以贩卖女儿。

6. 例如，《夷坚丁志》卷一七"淳安民"条载："严州淳安县富家翁，误殴一村民至死，其家不能诉。民有弟为大姓方氏仆，方氏激之曰：'汝兄为人所杀而不能诉，何以名为人弟？'即具牒，将诣县。……"此外还可举出《名公书判清明集·户婚门·争业类》中所见的仆（地客）陈五之例。

那么，这种身为有期限型雇佣人的奴仆又从事什么样的劳役呢？
对此袁采是这样叙述的：

> 人之居家，凡有作为，及安顿什物，以至田园仓库厨厕
> 等事，皆为之区处，然后三令五申，以责付奴仆，犹惧其遗
> 忘，不如吾志。……且如工匠执役，必使一不执役者为之区
> 处，谓之都科匠。盖人凡有执为，则不暇他见，须令一不执
> 为者旁观而为之区处，则不烦扰而功增倍矣。（卷三《治家》
> "奴仆不可深委任"条）

如丹乔二氏所详细论述的[1]，奴仆从事百役。如材料所示，这涉及从家具
安放整理至于农业生产与仓库管理，从供给饭食至于便所扫除。对于
以上诸种劳动，袁采主张家长本身仅需进行规划指挥，并为奴仆分配
具体作业。从工匠之例便可知，他主张将维持家计的诸劳动分为监督
指挥劳动与直接体力劳动。

这种以奴仆为主要劳动者的直营地经营之例，如丹氏所介绍的也
存在一些[2]。比如，金华县的喻葆光命奴江陆对住宅之南的园地进行牛
耕[3]。居住于建康城外的乡豪操执中，"命数仆"在百亩（五公顷余）耕
地中分插秧苗[4]。婺源县石田村的汪氏之仆王十五也有耨耕田地之举[5]。据

---

1. 参考丹乔二：《宋代の地主『奴僕』関係》，《東洋学報》第53卷第3、4号，1971年；周
   藤吉之：《宋代の佃戸制——奴隷耕作との関聯に於いて——》《宋代の佃戸・佃僕・備人
   制——特に「宋代の佃戸制」の補正を中心にして——》，收入氏著《中国土地制度史研
   究》，东京大学出版会，1954年。周藤氏的研究是整理分析有关佃户、佃仆、雇佣人基本史
   料的基础研究。但因为他将佃仆、地各都一律包含在佃户范围内对其进行性质定义，故得
   出结论认为可以将佃户普遍视为高隶属度的存在。
2. 参考本页脚注1同氏以及周藤氏的研究。
3. 《夷坚乙志》卷一〇"义乌古瓷"条载："金华喻葆光，字如晦，义乌人也。绍兴丙辰正月，
   命奴江陆耕所居之南前郭园。耕未竟，土中洞然有声，牛为之惊。"
4. 《夷坚三志辛》卷六"操执中"条载："建康城外二十里，乡豪民操执中……所居近处有田百
   亩，皆已为己有。……一日，告家人曰：'我有计矣。俟栽禾之际，先命数仆掘开田塍，尽
   插挟稻，合而为一。……'"
5. 《夷坚乙志》卷一七"宣州孟郎中"条载："乾道元年七月，婺源石田村汪氏仆王十五正耘于
   田，忽僵仆。家人至视之，死矣。舁归舍。……"

载某乡豪家近旁设有园仆的屋舍[1]，故此仆应该也承担园地的耕作。奴仆中以农业劳动为专业者，如上所示被称为园仆或者田仆、庄仆等。如丹氏所指出的，宋代豪势、富家层的直营地部分，规模大都在一二顷左右。这种经营的主力，是身为有期限型雇佣劳动者的奴仆[2]。欧阳修所述的第一类的养客，在实体上与这种在直营地上耕作的奴仆是等同的[3]。

如上所述，奴仆有时在主家的直营地部分进行农业劳动。若以此为主业便被称为佃仆。这是袁采所区分的一类家内劳动者。下面便来考察这种佃仆。关于这一问题，袁采有如下论述：

> 婢仆欲其出力办事，其所以御饥寒之具，为家长者不可不留意。衣须令其温，食须令其饱。士大夫有云："蓄婢不厌多，教之纺绩，则足以衣其身；蓄仆不厌多，教之耕种，则足以饱其腹。"大抵小民有力，足以办衣食，而力无所施（田畑桑麻），则不能以自活，故求就役于人。为富家者能推恻隐之心，蓄养婢仆，乃以其力还养其身，其德至大矣。而此辈既得温饱，虽苦役之，彼亦甘心焉。（卷下《治家》"奴仆当令保暖"条）

此处据某位士大夫之言，提倡将"力有所施"的田畑桑麻分配给奴仆，作为其自行生产生活手段（必要劳动部分），在此基础上可驱使其从事

---

1. 《夷坚支丁》卷四"丘岑食蕈"条载："金溪士人丘岑，就馆于乡豪家。园仆居在傍，使朝暮供送饮馔。仆尝得大蕈，煮作羹，一家五口饱食之。"这也是奴仆在主家近旁被分配了屋舍，组成家庭生活的例子。

2. 高桥芳郎氏认为，奴仆虽是雇佣人，但实际被转雇造成结果上的人身贩卖或者债务奴隶化的人数很多，所以将其定义在家父长制式家内奴隶制范畴内（第187页脚注2论文）。不过，这其中即便有实质上被人身贩卖或者债务奴隶化的例子，如此前举出的史料所明示的，他们实际上是与主家之间存在人格性制约关系的前近代型雇佣劳动者。高桥氏以奴隶制范畴对其进行定义，反而是以特殊事例否认了自己论证中的积极性侧面。探明前近代型雇佣劳动者是在怎样的条件下债务奴隶化是十分重要的，但以这种特殊条件从本质上定义雇佣人是不可能的。

3. 袁采主张应该雇佣本乡的奴仆（第188页脚注4）。此外，也可以认为这种第一类型的养客，包含了草野靖氏所指出的主佃七三分成的分种制的一个类型（参考氏著《中国の地主经济——分种制——》，汲古书院，1985年）。

百役。袁采认为，与仆隶有所区别的佃仆，就是这种为进行生活手段的生产而被家长分配生产手段的奴仆。他们的佣直即代之以生产手段的分配，且需以受驱使进行包含农业劳动在内的家事劳动即百役作为相应回报。

在佃仆中，也有人与普通仆人相同，接受佣直从事直营地的农业劳动，但在范畴上还是应该将这种为进行生活手段的生产而被主家分配生产手段的奴仆定义为佃仆。现实中有不少关于这种佃仆的事例。以下便对其进行介绍。

袁采提醒佃仆不要瞒着家长贷人钱谷[1]，妄信仆隶的虚言反而会伤害心善的佃仆[2]，但并未直接言及其实体。下面举出《夷坚志》等处所见的几个例子。佃仆多被分配了主家附近的屋舍[3]，但也有不少住在远离主家的耕地之处。例如，梁野人之母便曾提到："今雨寒弥旬，薪粒告罄，佃仆皆远不可唤。"[4]此外，蕲春县富室黄元功的佃仆张甲，被分到了距离主家七十里的查梨山山脚下的耕地（受田）[5]。又据载，曹彦约的湖庄之广袤地域中，散布了合计百亩的耕地，住着可供役使的仆十余家[6]。也可以认为这是佃仆居住于远离主家本宅的受田之地的例子。

很明显，这种佃仆经营着与主家及其直营地经营有所区别的小经

---

1. 《袁氏世范》卷下《治家》"佃仆不宜私假借"条载："佃仆妇女等，有于人家妇女小儿处称贷，莫令家长知。而欲重息以生借钱谷，及欲借质物以济急者，皆是有心脱漏，必无还意。而妇女小儿不令家长知，则不敢取索，终为所负。为家长者，宜常以此喻其家知也。"

2. 参考第187页脚注1。

3. 例如，《夷坚支乙》卷三"妙净道姑"条载："余仲庸初病目。……遇一道姑，负月琴，贸贸然来。……余语之曰：'汝是女子，住此有嫌。汝不过有服食之虑，吾令汝往田家暂歇，以饭饲汝。'……竟唤仆导至彼舍。徐徐访之，果一男子耳。"

4. 《夷坚志补》卷一二"梁野人"条载："梁野人名戴，长沙人。……其母责之曰：'……今雨寒弥旬，薪粒告罄，佃仆皆远不可唤，汝将奈何！'戴曰：'敢问所需若干？'母曰：'多多益善。'……"佃仆即便远离主家的本宅，也需时常供给其生活资料，与主家的家计密切相连。

5. 《夷坚支庚》卷一"黄解元田仆"条载："蕲春县大同乡人黄元功，富室也。佃仆张甲，受田于七十里外查梨山下，绍熙初无疾而死。……妻后诣主家访其事，皆然。"可知此佃仆拥有家庭。

6. 《昌谷集》卷七《湖庄创立本末与后溪刘左史书》载："……盖自东蹊以西，西径以东，南堤以北，北澳以南，总而名之，谓之湖庄。有田百亩，或杂于其间，或绕其旁，取秫稻于下隰，课粟麦于坡阜。有仆十余家，可以供役使。……"

营。但其经营并不是完全自由的经营。乐平县人向生在怀义乡有陆田，他命令佃仆种植菉豆。此佃仆也被单称为仆，他违背主家之命种了山禾，骑驴来检查的向生将其全部拔除。可见佃仆的耕作受主家制约。然而佃仆对其作为的回应却是跑入屋中取了斧子与匕首，使得主家向生险些丧命[1]。此外还有邓椿年之例。据载此人致仕后勤于农业经营，常常巡视其庄园并进行细致的检查。但聪明的佃仆知道其厌恶萝卜，遂故意掉落一两根以逐走主家[2]。婺州富人卢助教的佃仆则更恶劣。他在去往佃仆居宅之际，"为仆父子四人所执，投置杵臼内，捣碎其躯为肉泥"。佃仆由此被逮捕定罪，但却遇赦得释。于是此佃仆甚至登卢氏之门并侮辱道："助教何不下庄收谷？"[3]这些佃仆被分配了耕地与屋舍，且受到主家的耕作制约和细致检查，这与欧阳修和苏洵所指出的第三类型的养客即浮客的存在形态出奇地一致。此外还有一个颇有意思的例子。福州黄间县人刘四九娶了郑氏之女，但她不久后便死了。其家婢似为郑氏附体，不仅姿态、口吻与郑氏如出一辙，还能分毫不差地数出所有的首饰被服甚至仆妾的过失，也能妥善地处理家事。据载，她"明旦区理家事，而检校庄租簿书尤力，亲党目为鬼小娘。其父盖田仆也，尝来视女，女不复待以父礼，呼骂之曰：'汝去年负谷若干斛，何为不偿？'令他仆执而挞之"[4]。她所检查的庄租账簿，应是其家佃仆们要

---

1. 《夷坚支庚》卷七"向生驴"条载："乐平人向生，有陆圃在怀义乡，戒其佃仆曰：'此地正好种菉豆。'仆以为不然，改植山禾。一日，向乘驴至彼按视，怒之，悉加芟荡。仆方冀其收成而弗获，大失望，即入室取利斧出，剚刃已及，向急跨驴而走。……向遂得脱。"
2. 《夷坚三志壬》卷一"邓生畏萝卜"条载："南城邓椿年，温伯左丞诸孙也。……及归老，田园亘阡陌，每出巡庄，好精意检校。佃仆桀黠者，阳遗一二于地，若打并不能尽者。才望见，怒骂而去。"
3. 《容斋三笔》卷一六"多赦长恶"条载："……婺州富人卢助教，以刻核起家。因至田仆之居，为仆父子四人所执，投置杵臼内，捣碎其躯为肉泥。既鞫治成狱，而遇己酉赦恩获免。至复登卢氏之门，笑侮之，曰：'助教何不下庄收谷？'兹事可为冤愤，而州郡失于奏论。"
4. 《夷坚志补》卷一六"鬼小娘"条载："福州黄间人刘盐税之子四九秀才，取郑明仲司业孙女。淳熙初，女卒。……少顷，一婢来，举止声音全类郑氏。众初以为狂，至晚还家，亟发郑箧，取冠裳钗珥被服，如所素有。仍历数其夫某事为非是，某妾有何过，某仆有何失，皆的的不诬。夜则登夫榻，如郑生时。明旦区理家事，而检校庄租簿书尤力，亲党目为鬼小娘。其父盖田仆也，尝来视女，女不复待以父礼，呼骂之曰：'汝去年负谷若干斛，何为不偿？'令他仆执而挞之。如是五年，刘生卒，婢即时洗然如旧。询所见，皆莫知。"

交纳给主家的田租账簿。从卢助教佃仆之语也可知，佃仆被分配到的田地似乎被称为"庄"。北宋的浮客、南宋的佃仆无疑可以定位为8、9世纪的庄客的直接后裔[1]。

　　佃仆使用什么样的生产用具进行劳动，详情已不得而知。但李彦威的庄农（庄仆–佃仆）对不听话的牛进行处分需要请示主人[2]，又如前揭喻葆光之奴江陆在其园地从事牛耕等事，据此可知存在不少使用主家的耕牛进行的经营。但也有如太原颛氏的佃仆一般"在山崦，荷锄独耕"的情况存在[3]。这是一条值得注意的史料，其中的含义将在后章阐明。

　　以上考察了佃仆的存在形态。佃仆存在数种形态。第一种是接受佣直，在主家的直营地上专门从事农业劳动的佃仆，这是与从事各种家事劳动的奴仆相同的有期限型雇佣劳动者。第二种是以分配生产手段取代了佣直，让其自行生产生活，并为主家从事百役的人群。第三种是受田于远离主家之地，向主家提供庄租与劳役[4]的人群。第二、第三种的佃仆，与主家之间存在所谓"分守""主仆之分"的人格性从属关系，在接受主家的耕作制约与细致检查的同时进行着小经营。虽向主家交纳庄租和劳役，但也对这种耕作制约与检查进行了有力的抵抗，实现了对被分配之地的实际支配。他们明显是应被定义为农奴的农民。从主家的角度而言，这些佃仆与主家的关系，或如第二种佃仆那样，直接作为家之成员被包摄于家长（主翁）的家产支配之下，或如第三

---

1. 《宋会要辑稿·食货六三·农田杂录》天圣五年（1027）十一月诏令所见"私下分田客"，其实体也当与浮客、佃仆相同。

2. 《夷坚志补》卷四"李大夫庄牛"条载："李彦威大夫买田上饶，春务正急，庄农来告，所得牛喜抵触而不肯耕，请鬻之，别市堪使者。……"

3. 《夷坚志补》卷七"颛氏飞钱"条载："太原颛氏，世世业农，非因输送税时，足不历城市。……后五年，田仆在山崦荷锄独耕，将归，忽一神人当前。……"

4. 田仆被驱使从事百役的史料随处可见。例如，《夷坚支丁》卷七"灵山水精"条载："……朱彦才家在彼，旧颇赡足，十余年来，浸浸衰落。尝因寒食拜扫先墓。……忽见一石块，光辉射人。就视之，真宝石也。……既还舍，呼集田仆二十辈，乘夜异归。"《夷坚丁志》卷五"灵泉鬼魅"条载："王田功抚干，建阳人，居县境之灵泉寺。寺前有田，田中有墩，墩上巨木十余株。……王将伐为薪，呼田仆操斧，皆不敢往。王怒，欲挞之，不得已而行。……群仆知不可免，共买纸钱焚之，被发斫树。"

种佃仆那样存在于其直接延长线之上，总之都可以定义为被包摄于家长的家户支配之下的农奴主型经营。北宋时期指挥浮客的富家的所有与经营，也可定义为这种农奴主型经营。

接下来继续讨论。袁采将区别于奴仆、佃仆的第三种农民——佃客与佃人描述如下：

> 国家以农为重，盖以衣食之源在此。然人家耕种出于佃人之力，可不以佃人为重？遇其有生育婚嫁营造死亡，当厚赒之。耕耘之际有所假贷，少收其息。水旱之年察其所亏，早为除减。不可有非理之需，不可有非时之役，不可令子弟及干人私有所扰，不可因其僭者告语增其岁入之租，不可强其称贷使厚供息，不可见其自有田园辄起贪图之意。视之爱之，不啻如骨肉，则我衣食之源，悉藉其力矣，俯仰可以无愧怍矣。（卷下《治家》"存恤佃客"条）

首先值得注意的是，袁采将佃人、佃客与佃仆（仆佃）明确区别开来。在此他主张应亲爱佃人不啻如骨肉。相对于此，在奴婢（仆隶）与雇主的关系上，则主张不可相视如朋辈[1]而强调"分守"。可知其待遇与人格性关系明显不同。不仅如此，观察前引文字中所见主家与佃人、佃客的关系，可知其存在形态也有明显的区别。袁采描述的佃人、佃客的特征，第一是耕作主家之田并交纳田租，第二是存在缔结债务关系的情况，第三是被征发劳役，第四是拥有自己所有的田园。这其中最显著的特质是第四点，即自有地。这明确显示出佃人、佃客是下层主户，是自己宅地的所有者。浮客、佃仆是"佃人之田、居人之地"的客户，其社会性定义断然不同。因此，第一种租佃关系也有与佃仆不同的定义。佃人、佃客与主家之间的租佃关系，是拥有宅地和自有地的主户相互之间的租佃关系，此处并没有"主仆之分"等人

1.《袁氏世范》卷上《睦亲》"父兄不可辩曲直"条载："子之于父，弟之于兄，犹卒伍之于将帅，胥吏之于官曹，奴婢之于雇主，不可相视如朋辈，事事欲论曲直。……"

格性从属关系，其实体是见于秦汉以来的富豪与贫家之间的租赁关系。这与佃仆截然不同。后者被包摄于主家的家户经济内部，在"主仆之分""分守"等人格性制约关系之下，被分配了田地与屋舍，并提供庄租与劳役。主家与佃人、佃客之间的租佃关系，并未超出过去学者所指出的主户相互之间收益权的有期限型借贷、契约关系。洪迈明确认识到这种租佃关系的源流并叙述如下：

> （前略）董仲舒为武帝言："民一岁力役，三十倍于古，而田租口赋，二十倍于古。"谓一岁之中，失其资产三十及二十倍也。又云："或耕豪民之田，见税什五。"颜师古注："言下户贫民，自无田而耕垦豪富家田，十分之中，以五输本田主。"今吾乡俗正如此，目为主客分云。（《容斋续笔》卷七"田租轻重"条）

前略部分对李悝《尽地力之教》中所见的十一税与南宋时期租税之间的轻重进行了比较，整篇的主题则是编户（主户）对国家的租税负担的古今比较。与此相关，富豪与下户之间即编户相互之间的租佃关系中的分配就成为了问题。洪迈所言的"主客分"，是就主户相互之间的均分佃耕而言的。"主客分"所表现的并非是如"主仆之分"那样的人格性制约关系，而是着眼于田主与佃人、佃客之间的分配比例。洪迈将南宋时期表现为"主客分"的租佃关系，追溯至秦汉时期以来富豪与贫家之间的租赁佃耕关系。

　　此外，前述佃人、佃客的第三种特征即时常被征发劳役，是与第二种特征的债务关系相伴随的，这与佃仆因身为奴而被驱为劳役有所不同。像这样的佃人、佃客的存在形态，可视为与欧阳修所定义的"用己牛而事主田以分利者"的第二类养客相当。

　　以上根据《袁氏世范》的记述所理解的富家土地所有与经营，由三大部分构成，包括以身为有期限型雇佣劳动者的奴仆为主要劳动者的直营地经营，分予佃仆田地、屋舍并征收庄租与劳役的农奴主型经营，以及主户下层的佃人、佃客经营的租赁佃耕地。除畲田夫之外，这种构成与欧阳修所描述的北宋时期由养客数十家组成的大土地所有的构成基本一致。其中，如"则我衣食之源，悉藉其力矣"（"存恤佃客"条）所述，袁采视为基础所在的劳动者是佃人、佃客，对应的是以契约关系为基础的租赁佃耕地部分。但是，北宋的欧阳修与苏洵则是将浮客、佃仆视为主力，将农奴主型经营作为其基础。这并不意味着存在从北宋以农奴主型经营为基础的大土地所有转变为南宋以租赁佃耕为主的大土地所有这样的历史性倾向。原因在于，租赁佃耕从秦汉时期以来便一直存在。这里值得注意的是，如朱熹所言，不只是富豪，中产层中也存在由佃客与地客（佃仆）经营的部分[1]。也就是说，农奴主型经营部分在某种程度上成为了整个宋代土地所有的核心。那么，根据其各自的土地所有的自然条件与社会性条件，可以认为既存在农奴主型经营部分逐渐式微的情况，也存在构成了基础性部分的情况[2]。但正如袁采将佃人、佃客视为基础并加以重视一样，尽管存在农奴主型经营构成了地主型土地所有核心的情况，但这一经营方式并未成为支

1. 参考第一节第175页脚注3。此外，本文只论及佃仆，无意涉及地客与火客。高桥芳郎认为地客、火客与佃仆的实体相同（第187页脚注2论文）。但除名称不同，具体存在形态应该也有异，有必要对其另行考察。

2. 最近，宫泽知之氏根据自然条件，将两浙路的农田分为围田地带、中间地带和陂塘地带，从多方面对其中体现出的乡村阶层构成的特征进行了考察（《宋代先进地带的阶层构成》，《鹰陵史学》第10号，1985年）。根据他的研究，以浙西的低平地为中心展开的围田地带中，客户不足全阶层的10%，农村的阶层构成上，呈现为极少数的大型地主与占比稍低于90%的四、五等户的两极分化。在这一地域，几乎见不到农奴主型经营。可以认为，在宫泽氏所指出的大型地主与下层主户之间广泛展开的是地主佃户关系（租赁佃耕）。另一方面，在以浙东的河谷平原为中心展开的陂塘地带中，像婺州等地那样不存在客户的地域很多，而在温州、台州等东岸地带，客户占全阶层的约三成。此外，关于其地的主户层方面，浙东全域的小规模地主层、中产/自耕农层和下层主户层呈金字塔型分布。另外宫泽氏指出，江南东西、福建等地佃仆、地客的事例则十分集中。可知在陂塘地带中，明显出现了农奴主型经营成为土地所有中核所在的情况。今后有必要对包含华北与四川等地在内的各地域进行更具体的研究。此外，揭示相关的新论点与两浙路的生产力构造特征的研究，有大泽正昭：《"苏湖熟天下足"——『虚像』と『実像』のあいだ》，《新しい歴史学のために》第179号，1985年。实证性研究则有足立启二：《宋代両浙における水稲作の生産力水準》，《熊本大学文学部論叢》第17号，1985年。有关华北的所有与经营，今后则有深入研究的必要。据明清时期的研究，可以认为，伴随着奴隶制的解体，转化为了以长工、短工等雇佣劳动力为主力的经营（足立启二：《清代華北の農業経営と社会構造》，《史林》第64卷第4号，1981年）。

配性的生产方式，地主型土地所有大多经由与佃人、佃客的收租关系进行再生产。而且，这种以租赁佃耕关系为基础的土地所有自不必说，即便是以农奴主型经营为基础的土地所有，那也是被包摄于主家的家户支配内部，停留于受限制的农奴制型生产关系上，并未实现领主型土地所有。后者超越了审判权、行政权或者个别性劳动过程的次元，将包括存在的水利、灌溉等生产的一般性诸条件的再生产作为私人土地所有的属性[1]，由此使得存在于其领域内的小自耕农成为隶属。农奴主型经营不可能发展为领主型土地所有。

以上本节主要着眼于直接生产者的社会性存在形态，对从8、9世纪到12、13世纪的富豪层以及豪势、富家层的土地所有与经营的特征和变化进行了考察。若以相当具普遍性的表述来概括，即为直营地经营的解体与地主型土地所有的发展。前者以奴隶制型生产关系为本质内涵，后者以未能全面展开的农奴主型经营为核心。

结语

将本章与前章的考察合而观之，应该怎样去理解富豪层的历史性定义呢？"富豪"这一表现本身自公元前3世纪末以来就一直存在，他们作为大家层构成了汉代社会的富裕编户层。但是，将他们与其他农民诸阶层区别开来并确立其生产力基础，是在西汉中期到东汉时期，其时以牛犁耕为基轴的大农法型农业在社会上得以扩展开来。这样，基本上从2世纪开始，直至其发生形态变化的10世纪为止，都可确定

---

1. 有关一般性生产诸条件的特征，可参考《中国史像の再構成——国家と農民——》总论第二章《中国前近代史研究の課題と小経営生産様式》。在封建型土地所有中，审判与行政机能是土地所有的属性，可参考卡尔·马克思《资本论》第三卷第二十三章《利息和企业主收入》，他在论述管理劳动有从资本的所有中分离出来的倾向之际，指出："这完全像司法职能和行政职能随着资产阶级社会的发展，同土地所有权相分离一样，而在封建时代，这些职能却是土地所有权的属性。"（第436页）此外，从具体的历史学提出观点的有F. L. 冈绍夫（Ganshof）《封建制度》第三部《古典型封建制度》（3）"封"（1944年，森岡敬一郎译，庆应通信社，1968年）。关于中国史上的封建制论的问题，也可参考足立啓二：《中国封建制論の批判的検討》，《歴史評論》第400号，1983年。

为富豪层活跃的历史性时代。

2世纪到9世纪的农村社会，由这些富豪层与占压倒性多数的贫家层两大阶层构成。富豪层与贫家层同为编户百姓，从根本上区别于士大夫、官人层。富豪层在积蓄谷物、钱货、牛马、奴婢等动产型财富的同时，一方面强占、开垦国家直接管辖的公田、山泽之地，另一方面兼并分田农民的私人占有地，集积了广大的耕地。他们以直营地经营为核心性基础，周边配以贫家层经营的租赁佃耕地，由此实现其土地所有。其直营地经营基于以积蓄的牛马为牵引动力、以奴婢为主要劳动者的家父长式奴隶制经营。这样，富豪层构成了农村上层的奴隶主阶层。他们作为中间层而存在，一方面通过耕地的集积破坏了国家的物质基础，另一方面与中央、地方的官人层勾结，压制贫家层[1]。

在富豪层的经营内部，大约从5世纪开始，出现了奴隶小经营的萌芽，富豪层的所有与经营在达到其发展顶点的同时，踏出了解体的第一步。在8、9世纪，以雇佣劳动与庄客为主力的经营得以展开，其解体已呈必然之势。10世纪以后，在发生向豪势、富家层之形态变化的同时，其直营地经营的规模压倒性地缩小，其中的劳动者也转变为被称为奴仆、仆隶的有期限型雇佣劳动者，基于奴隶制的直营地经营至此解体。与此相关，在以开发已久的浙东为典型的河谷平原等地，发展形成了以农奴主型经营为核心的土地所有。这种经营的基础是佃仆、地客等农奴小经营。

富豪层即为拥有如上历史性定义的上层农民阶层，但农村社会并不仅由他们构成。2世纪至9世纪的农村，是由这些富豪层与占压倒性多数的贫家层两大阶层构成的。10世纪以后，伴随着中户、中产层的明晰化，两大阶层构成转变为三大阶层构成。中户、中产层的明晰化意味着什么？其出现的基础是什么？为了回答这些问题，对农村社会进行整体把握，仅仅究明富豪层的所有与经营的样貌是不充分的。由分田农民与富豪层构成的农村构造的整体样貌与变革过程是什么样

---

1. 从武则天时期卫州共城县诸色职掌人的分析入手揭示中间阶层的存在，相关研究有船越泰次氏：《唐代均田制时代下における佐史·里正》，《文化》第31卷第3号，1968年。

的? 现在我们可以基于第一章以来的考察结果，从总体上对这一问题进行把握。下一章将通过一位诗人的视角与行动，探明作为古代社会之总结的唐宋变革时期的农村样貌，以推进这一课题。

第三部 中国古代农村的社会构成

第六章

唐宋变革期农业构造的发展与下级官人层

——白居易的惭愧

前言

元和六年（811）的夏天，白居易（772—846）在李固言等友人的目送下，从长安城东面中央的春明门离开了。这年的四月三日，母亲陈氏因意外事故去世。为了服丧，白居易退居长安以东百里之外的下邽县金氏村。前后长达四年即一千三百日的下邽退居时期，与之后元和十年（815）的江州司马左迁事件一起，成为了他诗人生涯中最大的转变期。以这一时期为界，其诗风的核心逐渐发生变化。从以社会讽刺为内容的讽喻诗，转变为描写私事与私生活的闲适诗，正是这一变化的象征性表现之一。探明其诗风的变化本身并不是历史学的任务。不过诗风的变化，应该能反映诗人社会性立场的变化。所以值得探究的是诗风发生变化的社会性根据。这一变化是由他的村庄生活引起的，这是十分重要的事实。这说明其诗风变化的社会性根据，只有通过对这一时期农村的实体与包括诗人在内的下级官人层的动向的探明，才能得到理解。根据诗人的体验探明唐宋变革期农村构造的变质，是本章的课题之一。由此或可明了他诗风变化的基础所在。此外，包括白居易在内的中、晚唐时期新文学运动的代表人物，通常多被视为新兴地主阶层。但这究竟是不是事实呢？假设是的话，又是在何种意义上而言的呢？本章的课题在于，对于这种一般性理解加以新的观照，将农村构造的变质过程置于更广阔的政治社会场域中进行总体性的定位。

首先以诗人在下邽退居时期创作的《观稼》作为线索：

世役不我牵，身心常自若。
晚出看田亩，闲行旁村落。
累累绕场稼，喷喷群飞雀。
年丰岂独人，禽鸟声亦乐。
田翁逢我喜，默起具樽杓。
敛手笑相延，社酒有残酌。

> 愧兹勤且敬，藜杖为淹泊。
> 言动任天真，未觉农人恶。
> 停杯问生事，夫种妻儿获。
> 筋力苦疲劳，衣食常单薄。
> 自惭禄仕者，曾不营农作。
> 饱食无所劳，何殊卫人鹤？[1]

此诗记述诗人在散步中邂逅农民，流露出面对他们的新奇与自省之感。其主题集约于末尾四句，尤其是其中的"惭"字。如果禄仕者在与农民的邂逅中生出了惭愧的意识，那么惭愧的样相与构成其实体的禄仕者和农民的关系究竟为何？我们的课题不妨暂且设定于此。这一课题的设定在当时的社会中具有何种程度的普遍性呢？下面首先从观察惭愧的具体样貌开始。

一、惭愧诸相与其意识形态背景

关于白居易诗中所见的惭愧，如花房英樹氏已言及的，明显是他文学重要的基础之一[2]。据花房氏的研究，白居易惭愧的内容与对象，随着年代而发生变化。年轻时，诗人尤怀"尸素之愧"，也就是对身为窃禄之人的自己的惭愧。这是他在整个为官生涯中都持续着的。花房氏认为，在左迁江州司马后，白居易在对外之愧之余，又向内生发出了"不才之愧"，再到晚年蔽隐向佛之愧，直面自身的存在。如其观点所明确的，第一种"尸素之愧"正是诗人一生之中的本源性的惭愧意识，甚至可以称得上是他文学的基础所在。而且，这第一种惭愧最鲜明的表现，是在退居下邽前后的时期。通过对这一时期惭愧的内容进行更

---

1. 《白氏长庆集》卷六。以下引用以四部丛刊（那波道圆活字印本）为基础，参考了顾学颉校点《白居易集》（中华书局，1979年）等。此外，以书志学研究为基础对文本进行批判的有花房英樹《白氏文集の批判的研究》（中村印刷出版部，1960年）。此后引用时皆略记作《文集》。
2. 参考花房英樹：《白居易研究》，世界思想社，1971年，第三章第四节《文学の基盤》之（二）《愧》。

加详尽的分析，或可明了白居易所代表的当时下级官人[1]、士人层之意识的样貌。

关于花房氏概括为"尸素之愧"的惭愧意识，下面进行更详细的考察。从作为官人——禄仕者立场的共通基础出发，可以进一步区别为两种惭愧的意识。第一种是作为官人菲才食禄，由此生出的"尸素之愧"。例如"三年作谏官，复多尸素羞"（《适意》，《文集》卷六）"昔余谬从事，内愧才不足。连授四命官，坐尸十年禄"（《纳粟诗》，《文集》卷一）中所见即为此类。这种惭愧，主要是对作为授命者的皇帝的歉疚[2]，这是有唐一代许多官人都已言明的。此外更重要的，则是面对农民而产生的禄仕者——官人的惭愧。前引《观稼》诗正属其例。此外还有几例。首先可举出白居易任盩厔县尉时（806—807）所作的《观刈麦诗》（《文集》卷一）：

> 田家少闲月，五月人倍忙。
> 夜来南风起，小麦覆陇黄。
> 妇姑荷箪食，童稚携壶浆。
> 相随饷田去，丁壮在南岗。
> 足蒸暑土气，背灼炎天光。
> 力尽不知热，但惜夏日长。
> 复有贫妇人，抱子在其傍。
> 右手秉遗穗，左臂悬弊筐。
> 听其相顾言，闻者为悲伤。
> 家田输税尽，拾此充饥肠。
> 今我何功德，曾不事农桑？
> 吏禄三百石，岁晏有余粮。

---

1. 本章中主要指六品以下的流内官，但设定的范围略广于此，也包含了处士层与四、五品官在内。
2. 例如《文集》卷四一《初授拾遗献书》载："岂意圣慈，擢居近职。每宴饫无不先及，每庆赐无不先沾。中厩之马代其劳，内厨之膳给其食。朝惭夕惕，已逾半年。尘旷渐深，忧愧弥剧。未伸微效，又擢清班。"

念此私自愧，尽日不能忘。

　　此诗的主题与前引《观稼》完全相同。《观稼》中登场的农民，进行着"夫种妻儿获"的典型小农经营。此处所见的农民，也是由妇姑、童稚、丁壮进行的小农经营。所以，更具体地说，是官人在面对勤劳的小农经营时，生出了此处所谓的惭愧意识。这首诗中更是出现了拾捡落穗的贫妇人。此诗的背景，明显是《诗经》中《小雅·大田》的世界。传统上都将其理解为批判周幽王失政的诗[1]。惭愧的意识，反倒有某种对现实存在的王政进行批判的暗喻意味。

　　此外还可举出另一例，即《村居苦寒诗》(《文集》卷一)：

八年十二月，五日雪纷纷。

竹柏皆冻死，况彼无衣民。

回观村闾间，十室八九贫。

北风利如剑，布絮不蔽身。

唯烧蒿棘火，愁坐夜待晨。

乃知大寒岁，农者尤苦辛。

顾我当此日，草堂深掩门。

褐裘覆绝被，坐卧有余温。

幸免饥冻苦，又无垄亩勤。

念彼深可愧，自问是何人？

　　此诗虽然没有直接表现禄仕者的立场，但主题与前引两诗是一贯的。除见于前两诗的小农的勤劳之外，这首诗更是咏叹了饥寒的痛苦，加深了非劳动者的惭愧。

　　如上所述，在白居易的惭愧之中，区分了两种惭愧的意识。其一是身为菲才食禄的官人，不能胜任皇帝授任的愧疚；其一是身为禄仕

1.《小雅·大田》的诗序曰："大田，刺幽王也。言矜寡不能自存焉。"其诗中可见："……彼有不获稚，此有不敛穧；彼有遗秉，此有滞穗，伊寡妇之利。"

者，在面对农民的勤劳、饥寒之苦时的愧疚意识。但这不仅是白居易个人特有的意识，而是在当时的下级官人层间具有相当的普遍性。例如柳宗元自述"又恨徒费禄食而无所答，下愧农夫，上惭王官"（《送从弟谋归江陵序》，《柳河东集》卷二四），总括性地表现出了白居易的两种惭愧之样貌。对王官的惭愧（有时以王政批判的形式出现），是第四节将要探讨的问题。现在尤堪探究的对象是面对农民时的惭愧。作为白居易所歌咏的这一主题的先驱者，可以举出的人物还有韦应物与钱起[1]。先将两首诗并列如下：

> 六府且未盈，三农争务作。
> 贫民乏井税，瘠土皆垦凿。
> 禾黍入寒云，茫茫半山郭。
> 秋来积霖雨，霜降方钲获。
> 中田聚黎甿，反景空村落。
> 顾惭不耕者，微禄同卫鹤。
> 庶追周任言，敢负谢生诺。（《观村人牧山田》，《钱考功集》卷二）

> 微雨众卉新，一雷惊蛰始。
> 田家几日闲，耕种从此起。
> 丁壮俱在野，场圃亦就理。
> 归来景常晏，饮犊西涧水。
> 饥劬不自苦，膏泽且为喜。
> 仓廪无宿储，徭役犹未已。
> 方惭不耕者，禄食出闾里。（《观田家》，《韦江州集》卷七）

从言说的措辞与主题来看，以上二人的诗明显是白居易的先驱。

---

1. 钱起是白居易友人钱征之父，大历十才子之一。韦应物亦为白居易所敬爱。诗人之后任苏州刺史时，将前任刘禹锡、韦应物和自己并称"三苏州"。钱起、韦应物均长白居易一辈，关系密切。

且这些诗大都以"观某某"为题，显示这种咏叹小农之勤劳以及身为禄仕者/不耕者/官人对此之惭愧的诗，已经大致定型。其他很多诗人肯定也写作过。但以管见所及，这类诗首次出现于韦应物、钱起等所处的大历年间以降，即8世纪末。观察柳宗元的措辞与这些"观某某"诗，可知8、9世纪的下级官人层中，面对农民的惭愧意识得到了相当程度的发展。抑或如李绅和聂夷中等人以"谁知盘中餐，粒粒皆辛苦"咏叹农民的辛劳那样，从8世纪末到9世纪，关注农民动向的诗突然增多了[1]。由此可窥得这些诗人们代表的下级官人层对农民认识的变化。

那么，这种认识的变化是什么呢？

通过"观某某"诗表现出的惭愧，产生于食禄者即不耕者与勤劳小农之间。这种意识性关系，如已明确的那样，与六朝隋唐时期士人、官人层所谓"清"的意识形态和基于这种意识形态的生活方式，有着很深的联系。"清"与以其为基础的生活方式，以清冽的生活实践为内容，主要表现在如下三个方面：（一）向亲族、故人散施俸禄、赏赐，（二）不营产业，（三）家无余财[2]。这种生活方式、态度得以实践的基础，更在于社会由士农工商的社会性分工关系所组成，而其中的"士"以所谓"食禄之家（士），不与下民（农工商）争利"的意识形态为媒介，存在如下社会（自我）认识：将自己定位为从事精神型劳动——"劳心"的统治者，而将农工商定位为从事体力型劳动——"劳力"的被支配者。在此，存在一种具有明确区分的社会性隔绝，成立于士与庶（农工商）各守其职之上。"魏晋以来，以贵役贱，士庶之科，较然有辨"（《宋书》卷九四《恩倖传序》）的叙述，在某种程度上也体现了这一事实。

可以认为，在六朝时期，作为支配者的士人、官人层，通过坚持这种社会性隔绝，反而调和了士与庶（农工商）的关系。于是，士与农之间，或者说士与庶之间，并没有惭愧意识渗入的余地。禄仕者即不耕者与农民之间，如果渗入了像钱起、韦应物、白居易等人所言明

---

1. 参考第三节（一）。
2. 参考拙稿《清——あるいは二～七世纪中国における一イデオロギー形態と国家》，《京都府立大学学術報告・人文》第31号，1979年。以下的叙述对此文多有参照。

的惭愧感情的话，这本身即可说明"清"的意识形态与构成其背景的
四民分工论式社会认知出现了极大的动摇。

白居易作为一名士人，本也意欲秉持基于六朝时期以来"清"式
理念的生活方式。这一倾向可见于他写给新妻杨氏的诗中。在《赠内
诗》(《文集》卷一)中，诗人这样述说着他的人生抱负：

> 生为同室亲，死为同穴尘。
> 他人尚相勉，而况我与君。
> ……
> 人生未死间，不能忘其身。
> 所须者衣食，不过饱与温。
> 蔬食足充饥，何必膏粱珍。
> 缯絮足御寒，何必锦绣文。
> 君家有贻训，清白遗子孙。
> 我亦贞苦士，与君新结婚。
> 庶保贫与素，偕老同欣欣。

诗中所宣扬的清白、贫素的生活方式，不仅是新妻娘家杨氏的家
训[1]，也是白氏的家训，亦为诗人年轻时政治性实践的理念。他在贞元
十九年（803）所作的《许昌县令新厅壁记》(《文集》卷二六)中这样
叙述道：

> 叔父自徐州士曹掾选署厥邑令。于是约己以清白，纳人
> 以简直，立事以强毅。以清白，故官吏不敢侵于民；以简直，
> 故狱讼不得留于庭；以强毅，故军镇不能干于县。……呜
> 呼！吾家世以清简垂为贻燕之训，叔父奉而行之，不敢失坠。
> 小子举而书之，亦无愧辞。

1.《后汉书》卷五四《杨震传》载："性公廉，不受私谒。子孙常蔬食步行，故旧长者或欲令为
开产业，震不肯，曰：'使后世称为清白吏子孙，以此遗之，不亦厚乎！'"

清贫的生活方式在被带入政治世界时，就这样成为了支撑官民关系的普遍政治理念。建立在四民分工基础上的社会观，构成了这种"清"式政治理念的背景。此处诗人也并非例外。但是在他身上，开始隐约出现了与六朝时期样貌稍有不同的观念。元和初年所作的《策林》（《文集》卷四六）中，其二十《平百货之价》明示了这一事实：

> 臣闻谷帛者生于农也，器用者化于工也，财物者通于商也，钱刀者操于君也。君操其一，以节其三。三者和钧，非钱不可也。……

调和农工商三者均衡的主体，在六朝时期被认为是官人、士人层。但现在占据其位置的是君主[1]，这一主体在以往四民分工论的结构之外拥有独立的政治性理念与基础。其手段则是通过操作钱货流通进行物价调整。四民分工论虽仍然保持了形式上的结构，但由于货币流通与位居其上的君主权的存在，进入了解体的过程[2]。下一世纪的牛希济《治论》（《文苑英华》卷七四六）中，记录了这一无可挽回的过程：

> 且古者四人各业，以成其国。士世其诗书，农本其耒耜，工传其绳墨，商积其货财。……所以今之世，士亦为商，农亦为商，工亦为商，商之利兼四人矣。审利要时，一中百得。易于耕织，人人为之。故诸侯庶人，亦争趋之矣。且四人之中，其一为农，亦已为鲜矣。加之浮食之众，曷可胜纪。……

四民分工论建立在抑商崇本的基础上。而在10世纪当下，四民却都从事商业活动，在商业发展与货币流通中，四民分工论以及"清"

---

1. 可参考拙稿《仁孝——あるいは二～七世纪中国における—イデオロギー形態と国家》，《史林》第61卷第2号，1978年。
2. 有关江南地区5世纪后半以来的这一倾向的研究，可参考川胜义雄：《六朝贵族制社会の研究》，岩波书店，1982年，第Ⅲ部第三章《货币经济の进展と侯景の乱》。

式理念失去了其社会性根据与实体。但是，在白居易的时代，即9世纪初，诗人仍意欲秉持清白的生活理念，并试图在政治上也同样践行。实际上，就普遍倾向而言，以8、9世纪为界，"清"式实践理念急速地衰退了[1]。白居易可以称得上是史乘所见"清"式理念的最后一位践行者。而且如前文所示，他自身的社会认识也出现了重大变化，以至于开始重视钱货流通与对其进行调整的君主权。诗人之所以流露出惭愧之情，正是缘于在这一四民分工论与"清"式理念的变质、解体过程中，作为禄仕者即官人本来的样态开始出现动摇之际，恰好邂逅了构成其根底的新农民。

白居易的惭愧，总体上是产生于禄仕者即士人与下民即农工商之间关系的变质过程中，这一关系本是"清"式理念的支柱。但更具体地说，并非是从这种社会性分工关系的普遍变化中直接产生的，而是在其农村生活中通过与农民的直接接触方才得以出现。为了探明惭愧本来的内容，必须进一步深入当时的农村，分析其中所发生变化的样态。我们首先试着从诗人所在的村庄金氏村开始考察。

二、下邽县金氏村与白居易的农业经营

白居易在渭水之畔定居，是他担任校书郎之年，也就是贞元二十年（804）的春季（《泛渭赋·序》，《文集》卷二一）。这个华州下邽县义津乡治下的村庄，被称为金氏村[2]。退居时身体欠佳的诗人，自称"金氏村中一病夫，生涯潦落性灵迁"，过着"唯看《老子》五千字"的生活（《村居寄张殷衡》，《文集》卷一四）。这个"一村四十家"（《九日登西原宴望》，《文集》卷六）的村庄，"十室八九贫"（《村居苦寒诗》，《文集》卷一）。与渭水北岸相连的下邽之地，就整体而言属于平原地区（《九日寄行简》，《文集》卷一四）。但是，其中也有华北特有的台地状起伏。其中之一即村西的山坡，登上可见"南阡有烟火，北陌连墟

---

1. 参考前揭第209页脚注2拙稿。
2. 观察民国时期十万比一的地图，可发现今渭水北岸没有符合其条件的村庄。渭南县北方约十公里处有金家村，其北方约五公里处有金家寨。可能与金氏村或者金氏陂有关。

墓。村邻何萧疏，近者犹百步。吾庐在其下，寂寞风日暮"（《西原晚望》，《文集》卷一〇）。贯穿村域的南北两条道路之间，分散着规模为数户左右的小聚落，它们之间大概保持着150米左右的距离。据爱宕元氏所研究的周村可知，数十家规模的村落，是华北地区普遍的村落[1]。与其北陌相连的墓域，在元和六年（811）十月八日安葬了诗人的祖父锽、父季庚、母陈氏，元和八年（813）二月廿五日安葬了祖母白氏、末弟幼美[2]。墓地的落成，意味着这里已成诗人的本根之地。村庄周围也有其他墓域（《重到渭上旧居》，《文集》卷九）。此外，题为《登村东古塚》（《文集》卷一〇）的诗中，描写了从村东的古老墓域望见的村庄景色：

> 高低古时冢，上有牛羊道。
> 独立最高头，悠哉此怀抱。
> 回头向村望，但见荒田草。
> 村人不爱花，多种粟与枣。
> 自来此村住，不觉风光好。
> 花少莺亦稀，年年春暗老。

这大概是元和七年（812）写作的，是诗人的伤春之作。放眼望去是既没有花也没有鸟的荒村，诗人眼中的金氏村一派抑郁之气。但是，村民爱种的粟与枣，却是自古传承下来可赖以活命的救荒食物[3]。村民的生

---

1. 爱宕元：《唐代前半期の華北村落の一類型——河南修武県周村の場合——》，《人文》第25集，1979年。另外作为唐代农村的先驱性研究，还有宫川尚志：《唐五代の村落生活》，《岡山大学法文学部紀要》第5号，1965年。
2. 参考《文集》卷二九《故巩县令白府君事状》《襄州别驾府君事状》以及卷二五《唐故坊州鄜城县尉陈府君夫人白氏墓志铭》《唐太原白氏之殇墓志铭》。另据《襄州别驾府君事状》所言，从北齐时期的白建至白居易曾祖父白温，均葬于同州韩城县，现存庄、宅各一区。此外，如《文集》卷五三《埇桥旧业》所咏的"别业埇城北，抛来二十春。改移新径路，变换旧村邻。有税田畴薄，无官弟侄贫。田园何用问，强半属他人"，可知白氏在宿州符离县也拥有别业。从诗文中可知，白居易在安居下邽前的经济基础在符离，之后才两地分置。
3. 例如，《史记》卷六九《苏秦列传》载："（燕）北有枣栗之利，民虽不佃作而足于枣栗矣。"此外，《韩非子·外储说右下第三五》载："秦大饥，应侯请曰：'五苑之草著蔬菜橡果枣栗，足以活民，请发之。'"

活与诗人的生活于此交错。这时候诗人还没有发现"勤且敬"的农民。

这个大半都由贫家构成的金氏村，其名称来自金氏陂。元和九年（814）秋，诗人强留友人李固言在村庄留宿，与他对饮淡薄的村酒[1]。"春明门前别，金氏陂中遇"，中间相隔有四年之久（《村中留李三固言宿》,《文集》卷六）。金氏陂的存在，可以追溯至汉代昭帝时期的金日磾赐田。《太平寰宇记》卷二九《关西道·华州》"下邽县"条中有以下的记述：

> 金氏陂，在县东南二十里。按《舆地志》云："汉昭帝时，车骑将军金日磾有功，赐其地。"挚虞《三辅决录（注）》云："金氏本下邽人也。"今陂久废，即渠西废陂是也。唐武德二年（619）引白渠入陂，复曰金氏陂。贞观三年（629），陂侧置金氏监；十二年（638），此监废，其田赐王公。古云："此陂水满，即关内丰熟。"西又有金氏陂，俗号曰东陂，南有月陂，形似月也，亦名金氏陂。

从挚虞的记述中可知，金氏陂似乎建于汉代，进入晋代后则成为了废陂。但金氏陂的存在，从《水经注》卷一九《渭水注》中可以再度得到确认[2]。其后直到唐初，它又一次成为了废陂。金氏陂的建成，大概关涉到太始二年（前95）白渠的创建与其后对金日磾的赐田。其后虽在六朝时期几经兴废，但在唐初得到修复后，可以认为有一组陂均被称为金氏陂。金氏村的名称，无疑来自金日磾赐田与金氏陂。不过现在尚不知金氏村建立于何时。但是它无疑位于由白渠与若干陂进行灌溉的水利之地，从村东相接的古老墓群可推测村子已有很长的历史。金氏村位于水利之地，这从村内存在桥以及村域中有河流经过也可获知（《渭村雨归》,《文集》卷一○）。金氏陂涨水时，关中一带便能获

1.《文集》卷一○《哭李三》载："去年渭水曲，秋时访我来。今年常乐里，春日哭君回。……"

2.《水经注》卷一九《渭水注》载："白渠又东径秦孝公陵北，又东南径居陵城北、莲芍城南，又东注金氏陂，又东南注于渭。"

得丰收。但诗人沉浸于忧郁中，似乎从未留心过这个村庄本来的丰饶。

白居易的家位于金氏村的南端。家门面向渭水蔡渡的渡口（《重到渭上旧居》，《文集》卷九），离渭水有150米左右的距离。从此处向南面偏东望去，更是可以看见华山连绵的山峰。门的周围，栽种了榆、柳、槐、桃、桑、椹等树木，其中坐落着五六间茅屋（《村居苦寒诗》《文集》卷一〉、《西原晚望》《文集》卷一〇〉、《重到渭上旧居》《文集》卷九〉）。这一为树木所包围，其后增筑至二十间的草堂，在金氏村中是相当惹人注目的。大概从退居第二年秋季至冬季开始，以这一草堂为据点，决意务农的诗人投身于农业经营之中。下面将对其始末进行考察。

元和六年（811），刚刚退居的诗人遭受了他最爱的独生女金銮的夭折。从六年秋到七年秋，在相继到来的不幸与疾病之中，他在金氏村所作的诗为忧愁所系。不过或得益于从官场脱身的解放感，自七年秋开始诗人的身心均有所好转[1]。某天傍晚散步时，他意外遇见了一位老农，《观稼》就这样作成了。对"勤且敬"的农民的发现，使得作为禄仕者而无所事事的自己深感惭愧。于是到了七年冬，诗人决意自己成为农民：

> 种田计已决，决意复何如？
> 卖马买犊使，徒步归田庐。
> 迎春治耒耜，候雨辟菑畬。
> 策杖田头立，躬亲课仆夫。
> 吾闻老农言，为稼慎在初。
> 所施不卤莽，其报必有余。
> 上求奉王税，下望备家储。
> 安得放慵堕，拱手而曳裾？
> 学农未为鄙，亲友勿笑余。

---

1. 小论所依据的诗作编年，参考了前揭"前言"第205页脚注1与第一节第205页脚注2中的花房氏著书，以及王拾遗《白居易生活系年》（宁夏人民出版社，1981年）与《白居易传》（陕西人民出版社，1983年），但本文也有与其见解不同之处。

更待明年后，自拟执犁锄。(《归田三首》其二，《文集》
卷六）

诗人将骑乘用马换为牛，在田头指挥仆夫着手开拓新田，还打算
在来年亲自操犁参加劳动。他的农业经营到底是什么样貌，可根据他
的诗作来进行一些考察。在《渭村退居寄礼部崔侍郎翰林钱舍人诗
一百韵》(《文集》卷一五）中，诗人这样描述了他的经营：

> ……
> 世虑休相扰，身谋且自强。
> 犹须务衣食，未免事农桑。
> 薙草通三径，开田占一坊。
> 昼扉扃白版，夜碓扫黄粱。
> 隙地治场圃，闲时粪土疆。
> 枳篱编刺夹，薙垄擘科秧。
> 穑力嫌身病，农心愿岁穰。
> ……

经营前线的据点是园（田）舍。诗人首先刈草开道，分出一部分
新开耕地辟为一处园舍[1]。被枳篱包围的用地中设有屋舍，置放着碓（脱
谷机）。为了养蚕，门扉在白天被关闭。屋舍周围的田地中正种着薙。
空地上设有作业场即场圃，用于在农闲时期制作肥料，以备对耕地进
行施肥。此外，诗人亲自用锸移植了松与竹，并引流泉水入内。这一
园舍与农民的田舍稍异其趣，其外围分布的耕地的面积尚不能直接确

---

1. 有关土地所有、经营扩大时的宅即园舍之意义，可参考本书第四章第一节。此外，关于诗
中所见的"坊"之意义，与《唐会要》卷八五"逃户"条所载"（开元）十八年，宣州刺史
裴耀卿上疏曰：'……其浮户，请任其亲戚乡里相就，每十户已上，共作一坊。每户给五亩
充宅，并为造一两口屋宇，开巷陌，立闾伍，种桑枣，筑园蔬，使缓急相助，亲邻不失。
丁别量给五十亩已上为私田，任其自营种。率其户于近坊，更共一顷，以为公田，共令
营种'"中"坊"的意义相近。白居易经营的不同之处仅在于，由一家作一坊，作为其新田
开发的据点。

定。不过，如《咏怀》诗（《文集》卷一四）中"如何办得归山计，两
顷村田一亩宫"的记载所示，可知诗人的理想是农地二顷（约十公顷
多）左右。初期的经营面积，大概也与这相差不远[1]。唐末至宋代，二顷
农地常常作为士大夫的理想性土地所有，在诗赋中得到咏颂[2]。这在意
识形态上来自苏秦的"雒阳负郭田二顷"（《史记》卷六九《苏秦传》）。
但是，以唐宋变革时期为界，作为理想性土地所有的二顷耕地，为何
变得引人注目，其社会性背景尚未得到重视，因此也尚未有人对其进
行充分的说明。二顷农地所具有的社会性意义将留待次节探讨，我们
暂且先回到白居易的经营。二顷农地面积广大，仅靠家庭劳动难以完
成经营。如上文所示，是在诗人的指挥下，由仆夫进行耕种。这种情
况在江南也是共通的。例如，许氏溪亭所附的二顷农场，也是"镃
基之功，出于僮指"（权德舆《许氏吴兴溪亭记》，《权载之文集》卷
三二）。诗人在任江州司马时，这样回忆下邽的初夏：

> 前年当此时，与尔同游瞩。
> 诗书课弟侄，农圃资僮仆。
> 日暮麦登场，天晴蚕拆簇。（《孟夏思渭村旧居寄舍弟》，《文集》
> 卷一〇）

诗人的农业经营，主要是由僮仆的劳动完成的。《纳粟诗》（《文
集》卷一）中也出现了这种僮仆：

> 有吏夜叩门，高声催纳粟。
> 家人不待晓，场上张灯烛。
> 扬簸净如珠，一车三十斛。

1.《文集》卷一〇《村居卧病》中，咏颂有"种黍三十亩，雨来苗渐大。种韭二十畦，秋来欲
　堪刈。望黍作冬酒，留韭为春菜。荒村百物无，待此养衰瘵。……"此诗作于诗人状态抑
　郁时期，从中可看到他进行真正农业经营以前的经营情况。
2. 丹乔二《宋代の地主『奴僕』関係》（《東洋学報》第53卷第3、4号，1967年）中举出了许
　多例子。

> 犹忧纳不中，鞭责及僮仆。

到了田租的收纳期，一家上下彻夜对粟粮进行拣选和调整。此时，僮仆也是主要劳动力。两首诗中出现的两处僮仆，因为押韵而在用字上有所限制。所以，将此直接理解为作为贱人的奴的别称可能是不恰当的。但在白氏之家中，后来有三名婢女获得解放[1]，可见其拥有相当数量的贱人。诗中出现的仆夫、僮仆，有别于弟侄，是有可能被史胥鞭责并接受主人指挥的劳动人群。他们有着这样的身份性区别，且还未彻底成为劳动的主体，故虽然受到诗体表现的限制，也应该将其视作属于奴隶范畴。即便考虑到诗的文体，也不能否认他们是某种意义上的隶属性劳动者。从身为土地所有者的诗人角度而言，他不仅指挥着这些隶属性劳动者的劳动，作为家长的诗人自身以及其家族也共同从事着劳动，在其直接性劳动过程的内部还未成立明确的分工关系。这尚未超出小经营生产方式的阶段。此外，白居易交纳的田税为"一车三十斛"。据陆贽所述，"今京畿之内，每田一亩，官税五升"（《陆宣公翰苑集》卷二二《均节赋税恤百姓六条》其六）。据此计算，可知白居易的经营地扩大到了六百亩即六顷左右。白居易的农业经营，是由家族劳动与隶属劳动者以犁耕农法为基础，对六顷（三十公顷）左右的耕地进行耕种。这明显位于六朝时期以来家父长制式奴隶制经营谱系的延长线上。

白居易的这种经营，在金氏村的四十家中又居于什么位置呢？金氏村中的所有人都是农民，其中大半为贫农。"村邻无好客，所遇唯农夫。"（《叹常生》，《文集》卷一〇）白氏的经营，是驱使隶属劳动力完成的家父长制式（奴隶制）经营，这在金氏村中属于少数的实力农民层。作为实力农民同时也是禄仕者的白居易，在面对"筋力苦疲劳，衣食常单薄"的贫农时，产生了惭愧的意识。如其所咏颂的"言动任天真，未觉农人恶"，这是诗人在目睹农民强韧的天性后加以自省的结

---

1. 参考《文集》卷六〇《祭弟文》。另外还可参考的相关研究有平冈武夫：《放従良——白居易の奴婢解放——》，《東方学報》（京都）第38册，1971年。

果。但是，这确如诗人所言可以单纯归结于农民的"天真"吗？并非如此。"勤且敬"之言行，其背景正是以劳动为根基的农民新生活方式的萌芽，是历史性形成的产物。

"言动任天真""勤且敬"的农民，是"夫种妻儿获"的典型小农。金氏村中占据大半的贫农，就是这种小农阶层。作为驱使隶属劳动者的实力农民与禄仕者的白居易，与典型小农阶层的金氏村民之间，如果形成了惭愧的意识性关系，我们可以认为这里出现了与六朝时期农业构造有所不同的新农业构造。但是，即便诗人拥有丰富的感性，这一领域也仍然晦暗难明。8、9世纪农业构造的转换过程，是公元前3世纪以来分田小农层历史性进步的一个高峰。"愧兹勤且敬，藜杖为淹泊。"（《观稼》）我们的分析，即从诗人的感性逡巡之处开始起步。

三、唐宋变革期农业构造的发展

唐宋变革期以8、9世纪为一发展顶点。在这一过程中，构成其底流的农业构造的变化与发展呈现什么样貌呢？为了探明这个问题，有必要追溯至公元前4、前5世纪的战国时期。下面便以围绕农耕方式的劳动过程的变化与发展为基础，考察其农业构造的样态。

（一）农耕方式与劳动过程的发展

春秋末至战国时期是中国农业进化过程中的一个重大变革时期。在这一时期，农业耕作由反复进行不定期种植—闲置的休耕地方式转变为一年一作的方式。其一般性承担者，是一家五六口规模的小农家庭。在公元前3世纪后半成书的《吕氏春秋》之《上农》《任地》《辨土》《审时》四篇之中，可以看到这一农耕方式的直接表现。这是一种小农法型农业，以铁制的耜、耨等小农具为基础性劳动手段，基本内容是以一年一作的方式种植粟（上田）、麦（下田）[1]。但如后文所示（第

1.《吕氏春秋·任地篇》载："上田弃亩，下田弃畎。五耕五耨，必审以尽。其深殖之度，阴土必得，大草不生，又无螟蜮。今兹美禾，来兹美麦。"户崎允明将最后两句解释为"兹，年也。美禾、麦互文，每年得美谷也"（《补订读吕氏春秋》卷五），确为正解。

225页），这一时期名为耒、耜、耰等的手工劳动开耕用具，是非常粗糙的。因此，其技术性重心所在，与其说是春季的耕种过程，不如说是夏季的中耕、除草、立苗即肥培管理过程[1]。此外，在种植期以外的时期，主要为冬季，即将耕地闲置，不再加以操作。分田小农阶层使用这种小农具，依靠五六人的家族劳动，以一年一作的方式经营四五十亩（约二公顷多）的耕地。初期的专制国家即成立于这一基础之上。

众所周知，华北旱田农业的技术性要领，在于保水与保泽如何达成。如上文所述，在公元前3世纪后半的《吕氏春秋》阶段，其重心在于肥培管理过程。从这种状况出发，公元前2世纪末赵过的代田新法所代表的以牛犁耕为核心的大农法型农业开始了社会性扩张并得以成立。成立初期的大农法型农业，其核心性劳动力是"耦犁二牛三人"，由此以一年一作的方式经营五顷（约二十三公顷）单位的耕地。赵过的这种代田新法，据载"耕耘、下种之田器，皆方便灵巧"。相对于据传起源于后稷、以耜耕作的代田古法[2]，新法强调的是耕种过程中的技术性优势。至公元前2世纪，如此承担中国华北地区农业的，就是这些掌握大农法型农业与小农法型农业这两种农业样式的农民们[3]。其后从公元前2世纪至6世纪这一时期，中国农业发展的基轴所在则是大农法型农业。下面我们先来追溯其发展轨迹。

相对于小农法，赵过的代田新法强调的是犁耕农法在耕种过程中的优越性。将这一耕种过程的优越性进一步推进的，则是实行大农法的秋耕的形成过程。相对于对多熟制农法的探究，秋耕的形成这一问题从来都不那么引人注目。以往的诸多研究，都是在从一年一作方式向多熟制方式的发展中把握中国农业的发展的。一般而言这是理所当然的。但仅有多熟制化并非农业进化的主要方式。中国农业的发展史上，与多熟制化相比，更应注意的内容是秋耕的形成。那么，究竟在何种意义上可以这么说呢？

---

1. 参考《吕氏春秋·辨土篇》所见三盗对策。
2. 参考第二章第三节。
3. 大农法、小农法的区别是概念上的区别，现实中则存在各种各样的中间领域，也有组合使用犁耕与踏犁的情况。

　　秋耕是收获夏季作物后的开耕，是春季耕种过程的前提工作。公元前1世纪末《氾胜之书》中记载的"夏至后九十日（秋分）"的开耕，是秋耕在史乘中首次出现[1]。其中鼓励秋雨后的开耕，其技术性核心在于通过对秋季以降空中、土中水分的捕捉与保持，与春季的耕种相连接。但这仅叙述了降雨后的开耕，而"秋耕"这一术语自身还未形成，显示其不过处于萌芽阶段。秋耕作为术语得以成立，可追溯至被认为成书于2世纪至5世纪的《齐民要术》卷首《杂说》[2]。书中力主在粟收获之后迅速进行秋耕。此外，卷首《杂说》还将小亩三顷（约七公顷）定义为适当的经营规模。这也是由一具牛（两头牵引）的犁耕在两个月内可实施的秋耕的面积[3]。换言之，秋耕处于农业经营的基础位置。通过这种秋耕的发展，在卷首《杂说》阶段，开耕整地经历了秋季与春季两个过程从而达到精细化，保水技术的重心从肥培管理过程转向开耕整地过程，发生了决定性的变化。但是，卷首《杂说》阶段的秋耕命题，如"切见世人耕了，仰著土块，并待孟春盖……徒道秋耕，不堪下种"所见，也仍然难以称得上是被普遍接受了。

　　秋耕的成立，应该要到6世纪前半期的《齐民要术》阶段了。在《要术》中，秋耕与春耕在术语上和技术上都有明确的区分[4]。这基于开耕整地过程的进一步整备。在《氾胜之书》和卷首《杂说》的阶段，开耕整地过程不过是开耕—平磨（破碎平压）、开耕—盖磨（破碎平压）这样两个阶段。在《要术》阶段，虽然普遍是开耕—劳（破碎平压）两个阶段，但已说明秋耕与春耕中都要变化耕作深度，开耕之际还要进行初耕与耢地两次作业。此外，在耕—劳关系上，也给予了

1.《齐民要术·耕田第一》载："《氾胜之书》曰：……夏至后九十日，昼夜分，天地气和。以此时耕田，一而当五，名曰'膏泽'。……秋，无雨而耕，绝土气，土坚垎，名曰'腊田'。及盛冬耕，泄阴气，土枯燥，名曰'脯田'。"

2. 关于卷首《杂说》的成篇年代，参考第四章第四节第138页脚注3。

3.《齐民要术》卷首《杂说》载："假如一具牛，总营得小亩三顷（据齐地，大亩一顷三十五亩也）。……切见世人耕了，仰著土块，并待孟春盖。若冬乏冰雪，连夏亢阳，徒道秋耕，不堪下种。无问耕得多少，皆须旋盖磨如法。如一具牛，两个月秋耕，计得小亩三顷。……"

4.《齐民要术·耕田第一》载："凡耕高下田，不问春秋，必须燥湿得所为佳。若水旱不调，宁燥不湿。春耕寻手劳；秋耕待白背劳。凡秋耕欲深；春夏欲浅。犁欲廉，劳欲再。秋耕掩青者为上。初耕欲深，转地欲浅。"

"春耕寻手劳，秋耕待白背劳"这种更为明确具体的指示。另外局部上也可见到向耕—耙（破碎）—劳三阶段的发展[1]。这样到了9世纪末10世纪初的《四时纂要》时，秋耕无疑就已经确立了[2]。这些基本上都被14世纪的华北诸农书所继承。

江南水稻种植的情况仍然不清楚。如杜甫所咏颂的，秋耕在8世纪后半以前应该已经存在[3]，大概与华北秋耕的发展轨迹相同。但是，江南水稻种植中的秋耕方式，直到12、13世纪在史料中才得以明确。12世纪后半，在南康军发布的劝农文中，朱熹这样描述道：

> 大凡秋间收成之后，须趁冬月以前，便将户下所有田段一例犁翻，冻令酥脆。至正月以后，更多著遍数，节次犁耙，然后布种。自然田泥深熟，土肉肥厚，种禾易长，盛水难干。[4]

13世纪的黄震在抚州发布的劝农文中，也有"浙间秋收后便耕田，春二月又再耕，名曰耕田"，"田须秋耕，土脉虚松，免得闲草抽了地力"的描述[5]。可知秋耕在加厚耕土层的同时，制造出了弹粒构造，由此提高了耕土的保水力与肥料、养分的保持力。这与华北地区秋耕的作用基本一致。

在江南水稻农业中，在这种伴随着秋耕的一年一作方式之外，稻—麦一年两熟方式在11世纪之前也已经实行了。例如，陈旉叙述道：

---

1. 《齐民要术·耕田第一》载："凡开荒山泽田。……耕荒毕，以铁齿镢楱，再遍杷之。漫掷黍穄，劳亦再遍。明年，乃中为谷田。"

2. 《四时纂要》卷二"二月"条载："种谷。……春种即用秋耕之地，得仰垄待雨。……种大豆。……大豆性炒，不求则地无泽。"以至于春季的种植以秋耕为前提。

3. 《分门集注杜工部诗》卷一六《暇日小园散病，将种秋菜，督勒耕牛，兼书触目》曰："……秋耕属地湿，山雨近甚匀。冬菁饭之半，牛力晚来新。深耕种数亩，未甚后四邻。……"这里虽然是与秋菜的种植相伴，但仍可推想应存在单独的秋耕。

4. 《晦庵先生朱文公文集》卷九九《劝农文》（淳熙六年十二月）载："大凡秋间收成之后，须趁冬月以前，便将户下所有田段一例犁翻，冻令酥脆。至正月以后，更多著遍数，节次犁耙，然后布种。自然田泥深熟，土肉肥厚，种禾易长，盛水难干。"

5. 《黄氏日抄》卷七八《咸熙八年春劝农文》载："浙间秋收后便耕田，春二月又再耕，名曰耕田。"同卷七八《咸熙九年春劝农文》载："田须秋耕，土脉虚松，免得闲草抽了地力。……"

"早田获刈才毕，随即耕治、晒暴，加粪壅培，而种豆麦蔬茹，因以熟土壤而肥沃之，以省来岁功役，且其收足，又以助岁计。"[1]复种的实行主要是为了破碎土壤并使其肥沃，由此提高年间总产量，这在本质上与秋耕的目的并无区别。如此仅就秋耕而言，可知其形成于6世纪的华北，在9世纪末之前已经有了坚固的基础，并于14世纪的中国南北得到广泛的推行。

秋耕的实行历经数月，与春耕相联动。因此在冬季不会进行播种。仅就农耕方式的观点来看，可以将其置于战国时期以来以小农法进行的一年一作方式的系谱之中。不过，以小农法进行的一年一作方式，在秋收后并不进行作业，而是直接闲置土地。与此相对，以大农法进行的秋耕—春耕的开耕整地过程，是向农民提出利用含冬期在内的全年土地收益的要求。这进一步加深了农民与土地的结合关系。但是，秋耕的重要性不仅在于带来了这种农民与作为劳动对象的土地之间的外在性结合关系的紧密化。秋耕的目的，在于捕捉、保持秋季至春季之间空中与土中的水分。秋耕所具有的这种意义才是更重要的。这种意义可以从两个方面来进行理解。首先，在华北地区，只要有水分就可以让黄土发挥出原本的肥沃度，而秋耕使得黄土活性化，增强了地力的再生产。其次，更为重要的是，农民与土地之间的结合关系中所表现出的内在性变化，即提高了土地所拥有的水分与养分保持力，也就是说增强了土地作为容器的特质。就这样，农民通过秋耕—春耕进一步加深了与作为容器性劳动手段的耕地之间的关系，以达到保持耕地水分与养分的目的。对于农民来说，不仅土地是其劳动对象，耕地也成为了容器性劳动手段。通过这种双重关系的进一步加深，增大了土地生产力。作为单纯的劳动对象的土地与农民之间的结合关系，是单纯的收益、占取关系，没有超出外在性结合的范围。这种结合内含着随时解消的可能性。而通过与作为劳动手段的土地结合为双重关系，农民才能够以作为劳动手段——自己双手的延长——的土地为媒介，

1.《陈旉农书》卷上《耕耨之宜篇》载："早田获刈才毕，随即耕治、晒暴，加粪壅培，而种豆麦蔬茹，因以熟土壤而肥沃之，以省来岁功役，且其收足，又以助岁计（也）。"

与作为劳动对象的耕地相关联，创造出了更具有机性的收益关系与更具独立性的劳动过程。正是由秋耕的发展带来的农民与作为容器性劳动手段的耕地间关系的深化，构成了唐宋变革期农民性土地所有实现的物质基础。

具备这种意义的秋耕的发展，以作为骨骼和肌肉系统劳动手段的牛犁等大农具的发展为基础性条件。至迟在3世纪初前，牛犁被装载了堡土板，土块的翻转明显变得更容易了[1]。《要术》记载了初耕、转耕等详细的开耕作业，也与牛犁的发展相关联。在作为骨骼和肌肉系统劳动手段的牛犁的发展与作为容器性劳动手段的耕地的发展这二者的相互补充性发展之中，秋耕得以成立[2]。在此可以说，秋耕形成过程的重要性也超过了多熟制化。

通过秋耕的发展过程，大农法型农业确立了其生产力性基础。那么，小农法型农业的发展步伐又如何呢？在大农法型农业围绕着秋耕发展的公元前2世纪至6世纪之间，小农法型农业未见太大发展。相比起大农法的发展，小农法型农业占据着相对后进的位置。但小农法型农业在6世纪左右开始缓慢发展。首先，在《要术·耕田第一》中，对于牛力少者，开始鼓励他们以"劳"替代秋耕，至春季再行穇种[3]。即便在小农法型农业中，也开始提倡在秋收后与冬季时进行农业作业。其次，值得重视的是，贫家层所施行的多熟制的出现，其应用的很可能也是小农法。刘仁贵在贞观十四年（640）叙述道："今年甘雨应时，秋稼极盛，玄黄亘野，十分才收一二，尽力刈获，月半犹未讫功，贫家无力，禾下始拟种麦。"（《旧唐书》卷八四）这是在大丰收之时，人手不足的贫家层在未收获的粟下种植麦的特殊案例。但据此可知，贫家层通常在粟收割之后进行粟—麦连作。如大澤正昭氏所指出的，这

1. 参考天野元之助：《中国農業史研究 増補版》，御茶の水書房，1979年，第三編農具編第二章《スキの発達》。
2. 关于作为容器性劳动手段的耕地的意义，参考高橋昌明：《日本中世農業生産力水準再評価の一視点》，《新しい歴史学のために》第148号，1977年。
3.《齐民要术·耕田第一》载："凡秋收之后，牛力弱，未及耕秋耕者，谷、黍、穄、粱、秫茇之下，即移赢速锋之。……若牛力少者，但九月、十月一劳之，至春穇种，亦得。"

表现了华北地区禾—麦—豆的两年三作方式[1]，而引人注意的事实是，这是由贫家层所进行的。这些事情说明在6—7世纪之间，即便是在小农法的主要承担者贫家层之间，在夏作物收获之后至冬季期间，都不再像以往那样闲置土地，而是会进行秋劳与作物播种，农民与耕地之间的结合关系在全年中都变得紧密化了。

其次还有劳动手段的改良。战国秦汉时期的手工劳动开耕用具是耒、耜、臿等。根据出土资料，这些用具全长大概在1米至1.5米左右，没有把手，落脚处也极其粗糙[2]（图Ⅲ）。如已言及的，相比开耕过程，肥培管理过程才是这一时期技术性重心所在。这与开耕用具的表现正是互为表里的。但以6—7世纪为界，这些开耕用具的名称从耒、耜、臿变为锹、㭒（铧），发生了决定性的转变[3]。例如在7世纪初，颜师古对《急就篇》的记述"疆畔畷陌耒犁锄"作出注解：

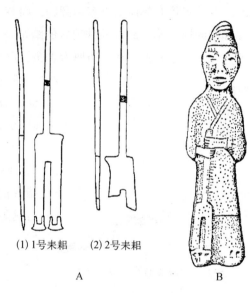

(1) 1号耒耜　　(2) 2号耒耜

A　　　　　　　　　B

图Ⅲ　（A）纪南城出土耒（据陈祖全《耒耜浅谈》转载，《江汉考古》1980年第2期）
（B）张湾出土持耒俑（据《灵宝张湾汉墓》转载，《文物》1975年第11期）

1. 参考大泽正昭：《唐代华北の主穀生产と经营》，《史林》第64卷第2号，1981年。
2. 从战国时期到六朝时期，存在大量考古学资料、绘画和石像。以下举出几个典型案例，以供参考。《一九七九年纪南城古井发掘简报》（《文物》1980年第10期）中记载的耒，金属部分与木制部分以基本完整的形态出土。《灵宝张湾汉墓》（《文物》1975年第11期）中举出的陶持耒俑，手持着与纪南城出土的耒相同之物（参考以上图Ⅲ）。此外，《长沙马王堆二、三号汉墓发掘简报》（《文物》1974年第7期）中也刊登了以完整形态出土的臿的照片。
3. 不过，臿在青州被称为铧一事，可见于《淮南子·精神训》的注中，另外还可见于《说文解字》，其名称在东汉中期已经出现多样化。但同时也提及明确的器型变化，大概是7世纪以后的事。

"耒,手耕曲木也,古者倕作耒,今之曲把耒锹,其遗象也。"名称的变化预示着实体的变化。此外,8世纪中叶张戬在《考声切韵》中也将耜解释为"若今之铧锹而有柄,曲刃似犁铧,稻田中见用"(《一切经音意》卷八五引)。耒耜就这样先被称为铧、锹,到8世纪中叶时发展为装有类似犁镵的锐利尖端的用具。

更重要的是,器物的体型也在逐渐变得庞大。如《考声》所指出的,为了使其上部顶端更容易翻转,而装上了把手即柄。时代向后,12世纪的周去非记载的桂林地区的踏犁是"形如匙,长六尺(180厘米)许。末施横木一尺(30厘米)余,此两手所捉处也。犁柄之中,

图Ⅳ　子日手辛锄(正仓院御物)

于其左边施短柄焉。此左脚踏处也。踏可耕三尺,则释左脚,而以两手翻泥,谓之一进……"(《岭外代答》卷四《风土》)。12世纪的踏犁,体长约180厘米,顶端有把手,中部装置着踏板。这与我国作为正仓院御物流传下来的"子日手辛锄"(天平宝字二年[758]铭)构造相同(图Ⅳ)。

"子日手辛锄"全长131厘米,若将曲度计算在内则为153.5厘米,比实物略小。但正如其名所示,这是中国用于手工劳动的工具踏犁,大概是8世纪中国踏犁的仿制品或者进口品。在14世纪初的《王祯农书》中,踏犁甚至还被介绍为长镵,用于园圃与区田中,相比起镈、劚等锹型开耕工具,它要更高效[1]。对这种长镵的使用在杜甫的诗中已经可以见到,其存在在8世纪中叶就已经得到了文献上的确认[2]。无论是"子日手辛锄",还是杜甫所说的长镵,都可以

1.《王祯农书·农器图谱集之三》载:"长镵,踏田器也。比之犁镵颇狭,制为长柄。杜工部《同谷歌》曰'长镵长镵白木柄',即此也。柄长三尺余,后偃而曲,上有横木如拐,以两手按之,用足踏其镵柄后跟,其锋入土,乃掀柄以起墢也。在园圃区田,皆可代耕,比于镈劚省力,得土又多。……今谓之踏犁。"

2.《分门集注杜工部诗》卷二五《乾元中寓居同谷县作歌七首》载:"长镵长镵白木柄,我生托子以为命。黄精无苗山雪盛,短衣数挽不掩胫。"

说明直至13世纪后才有详细记述的踏犁，在8世纪中叶就已经以成熟的姿态存在了。正当其时，戴叔伦将使用这种踏犁进行的经营描述如下：

> 乳燕入巢笋成竹（尽管时间稍晚），谁家二女种新谷。
>
> 无人无牛不及犁，持刀斫地翻作泥。
>
> 自言家贫母年老，长兄从军未娶嫂。
>
> 去年灾疫牛圈空，截绢买刀都市中。
>
> 头巾掩面畏人识，以刀代牛谁与同。
>
> 姊妹相携心正苦，不见路人唯见土。
>
> 疏通畦陇防乱田，整顿沟塍待时雨。
>
> 日正南冈下饷归，可怜朝雉扰惊飞。
>
> 东邻西舍花发尽，共惜余芳泪满衣。[1]

如此诗所述，这种刀即踏犁大概是缺乏牛与劳动力的贫家层所用的。

就这样，从6世纪到12、13世纪，可以看到手工劳动开耕用具踏犁出现了一连串发展，可知其在8世纪中叶达到了一个高峰。其内容包括：（一）犁尖的锐利化；（二）由把手的装备带来的翻转的便利化；（三）由于装置踏板带来的耕深的扩大，以及器体变得大型化。这些无疑带来了小农法耕种过程的强化。但是，出现变化的不仅是踏犁、长镵、刀、锹、铧等犁型用具。8世纪以后，过去主要用于除草、中耕的锄、钁等锄型用具等，也逐渐作为开耕工具被普遍使用。

正如《王祯农书》所指出的，比起长镵，锄、钁的效率更低。10世纪末的淳化五年（994），陈尧叟试任宋州之时，描述踏犁的效率为"可代牛耕之功半，比钁耕之功则倍"（《宋会要辑稿》食货六三《农田杂录》）。但在8、9世纪以后至12、13世纪的事例中，相比起踏犁，不如说锄、钁等的用例更多。例如，相魏的贫民"斸园荒地，见一大蛇，钁而杀之"（《太平广记》卷四五九"相魏贫民"条）。不限于小说，诗人们也细致描写了8、9世纪时农民的姿态。例如，张碧就这样咏颂了

1.《全唐书》五函一册《女耕田行》。可见农具有在市场贩卖。

"农父"（《全唐诗》七函九册）：

> 运锄耕耨侵星起，陇畔丰盈满家喜。
> 到头禾黍属他人，不知何处抛妻子。

"农父"应该是佃农。使用锄、镢等锄型用具进行开耕，通常会像这样被表述为"耨"。聂夷中也在《田家诗》（《北梦琐言》卷二）中这样咏颂道：

> 父耕原上田，子耨山下荒。
> 六月禾未秀，官家已修仓。
>
> 锄禾当日午，汗滴禾下土。
> 谁念盘中飧，粒粒皆辛苦。

对使用锄、镢等进行开耕、除草的贫家层的辛劳，两位诗人的描述十分相似。白居易在金氏村遇到的农民们，也是与他们相近的人群。

前文引用的对10世纪末的踏犁与牛耕、镢耕所进行的比较，说明即便进入宋代，使用镢进行开耕也相当普遍。这一事实也可通过以下事例得到确认。太原颛氏的佃仆"在山崦荷锄独耕"（《夷坚志补》卷七"颛氏飞钱"条）。此外，乐平民胡廿三"在田间耕鉏，人报其妻生子，急释耒而归家"（《夷坚支癸》卷七"胡廿二男"条），此处的"耒"即为鉏（锄）。另外，在温州某山中，"农民陈、李两叟，各耨地种粟"（《夷坚支丁》卷二"顾百一"条）。从耨这一用语来看，镢无疑是用于开耕的。可以看出镢、锄等农具，在12世纪的江南是被普遍使用的[1]。特别值得留意的是，不限于普通民户，如颛氏的佃仆所示，佃客

1.《王祯农书·农器图谱集之三》载："铁搭，四齿或六齿，其齿锐而微钩，似杷非杷，劚土如搭，是名铁搭。……南方农家或乏牛犁，举此劚地，以代耕垦，取其疏利。……尝见数家为朋，工力相助，日可劚地数亩。江南地少土润，多有此等人力，犹北方山田镢户也。"可见镢在华北地区的使用也非常盛行。

与佃仆也使用锄型小农具进行劳动。这种镬与锄，大都由以佃仆为代表的下层农民使用。但在上层农民中也可见到镬的使用。陆象山便这样描述了自己的体验：

> 吾家治田，每用长大镬头，两次锄（宽度）至二尺（60厘米）许，深一尺半（45厘米）许，外方容秧一头。久旱时，田肉深，独得不旱。……每一亩所收，比他处一亩不啻数倍。盖深耕易耨之法如此。（《象山先生全集》卷二四《语录》）

8世纪以来，对镬、锄的频繁使用，如陆象山之例所示，缘自大型开耕用锄的出现。其后，这种大型锄的使用，在南宋时期之前催生出铁搭（多齿锹）的使用[1]，以至于对明清时期农业变革产生了极大影响。足立启二氏在阐明沈氏农书所展现的经营面貌时，对此已经有了详细的论述[2]。像这样，以8、9世纪为一个高峰，犁型与锄型小农具得到改良，开始以贫家层为中心得到广泛使用。

公元前2世纪至6世纪这一时期，以秋耕的形成过程为中心，大农法型农业得以飞跃发展。其后的6、7世纪至12、13世纪这一时期，大农法型农业进入相对安定时期的同时，小农法型农业的基础也相应逐渐得到确立。以唐宋变革时期为界，以佃客与佃仆为代表的贫家层取得了一定的独立性。毋庸赘言，上述8、9世纪以后表面化了的小农法型农业的确立过程，俨然存在于这一生产力基础的最基底部。

（二）农业构造的发展

那么，如上文所述，大农法型农业与小农法型农业的发展，又是由怎样的农民阶层所承担，又创造出了怎样的农业构造呢？下面以8、

---

1. 参考前揭第228页脚注1《王祯农书》。此外，狩谷棭斋将《倭名类聚抄》中出现的鈀（カナガキ）考证为铁搭（《笺注倭名类聚抄》卷五）。由此，铁搭的出现至少可以追溯至10世纪前半叶。
2. 参考足立启二：《明末清初の一農業経営——〈沈氏農書〉の再評価——》，《史林》第61卷第1号，1978年。

9世纪至12、13世纪为时代限定对此展开讨论。作为前提，首先来略微观察一下这一时期的农民诸阶层。如第五章所阐明的，次节亦将言及，从六朝时期到唐末，作为史料用语而出现的农村的基本阶层，有"富豪之家"与"贫下不济户"这两个阶层。试举一例，大中二年（848）正月三日的《册尊号赦书》有如下表述：

> 诸州府县等税纳，只合先差车牛优长户。近者多是权要及豪富之家，悉留诸县输纳，致使单贫之人，却须雇脚般载。从今已后，须令有车牛豪富人户，送太仓及州府输纳。其留县并须先饶贫下不济户。（《文苑英华》卷四二二）

以下将此处所见的"豪富之家""豪富人户"称为富家层，"单贫之人""贫下不济户"称为贫家层。这种史料上的富豪层与贫家层两大阶层的区分，进入宋代后变化为三大阶层的区分。也就是说，尽管两大阶层区分被基本继承，但在富豪层与贫家层之间，明显出现了"中户""中产之家"。例如，真德秀在叙述江东路的救荒政策时，将乡村民户区分为"上等殷富之家（富室大家）"—"中户"—"下户（四等而下）"三个阶层。朱熹对南康军管下三县各都住民的区分，也以"富家"—"中产"—"下户"三个阶层为表现[1]。总之，在唐宋变革期，农村阶层的区分从富豪层—贫家层的两大区分变化为富豪层—中产层—下户层的三大区分。这种变化是怎么发生的？又有着怎样的意义？下面通过探明农业构造的变质来解明这个问题。

首先来明确唐末时小农法与大农法的承担者。如上文已言及的，小农法型农业主要由贫家层承担，大农法型农业主要由富家层承担。观察这一时期国家对农业的认识，这个事实得以进一步明确。如张廷珪所述，8世纪中叶，"君所恃者人，人所生者食，食所资者耕，耕所恃者牛。……然则牛者，君国字人之本"（《文苑英华》卷六一六《论置监牧登莱和市牛羊奴婢疏》），国家的官人层将牛犁耕视为农业的基

---

1. 参考第五章第一节第176页脚注1、第175页脚注3。

础。这在进入宋代后也没有改变。其典型是屯田、营田的经营方式。如大泽正昭氏已探明的，唐代至宋代的屯田、营田都是由牛犁耕进行的[1]。因此，国家对农民犁耕进行奖励，其对象正是贫家层。宝历元年（825）十二月的戊辰敕有如下叙述：

> 农功所切，实在耕牛，疲甿多乏，须议给赐。委度支往河东、振武、灵、夏等州市耕牛一万头，分给畿内贫下百姓。（《旧唐书》卷十七《敬宗本纪下》）

无牛之家即为贫下百姓。向前追溯，开元二十一年（733）的敕中也可见到"诸处百姓，贫窭者多，虽有垄亩，或无牛力，劝率相助，令其有秋"的记载（《文苑英华》卷四六〇《处分十道朝集使敕》）。贞元二年（786）之诏与袁高的上疏对此有更为具体的描述：

> 贞元二年，上以关辅禄山之后，百姓贫乏，田畴荒秽，诏诸道进耕牛，待诸道观察使各选拣牛进贡，委京兆府劝课民户，勘责有地无牛百姓，量其地著，以牛均给之。其田五十亩已下人，不在给限。高上疏论之："圣慈所忧，切在贫下。有田不满五十亩者尤是贫人，请量三两家共给牛一头，以济农事。"疏奏，从之。（《旧唐书》卷一五三《袁高传》）

可知贫下层，特别是占地五十亩以下的特贫层中，无牛者的人数很多。通常这些贫家层必须使用铧、锹、锄等小农具进行经营，这是毋庸赘言的。前节所举的诸例便是力证。那么，考虑到这一时期与贫家层对置的人们多为富豪层的话，就很容易认为使用牛犁耕进行经营的农民层中的多数，为"车牛优长"的富豪层。但事态并不这么单纯。如张籍所咏颂的，贫家老农使用犁"耕种山田三四亩"（《张司业诗集》卷一《野老歌》）。又如薛逢曾咏颂独孤处士使用牛耕经营数亩稻田的

---

1. 参考前揭第225页脚注1大泽正昭论文。

村居样貌[1]。连贫农都可通过牛犁耕维持数亩规模的经营，正是这一时期国家推出牛犁耕政策的基础所在。

不仅如此。在8、9世纪左右，以牛犁耕为核心的大农法型农业分化为两种样式。如大泽正昭所论证的，分别是以一具牛一头、耕地一顷（五、六公顷）、五人家族（劳动者三人）为基本单位的小规模大农法型农业，与以一具牛两头、耕地二顷、劳动者五至六人为单位的大规模大农法型农业[2]。大泽氏将前者的成立视为这一时期独立性小农经营的形成，并评价其"逐渐拥有了从对国家与'大土地所有者'的依赖中独立出来的实力"。这种见解应该是妥当的。前文所引的袁高的上疏中，对于占地不满五十亩的特贫层，也是每两三家给牛一头。可理解为每一顷左右配牛一头，使其进行共同经营。此外关于水田地带，在开元二十五年令的屯田规定中，也可见到"其稻田每八十亩配牛一头"[3]像这样，国家在奖励牛犁耕之时，其基础是规模比较小的大农法型农业，使用由一具一牛牵引的家族劳动。当然两汉六朝时期以来，也存在着基于一具两牛牵引的大型大农法的经营。对此，大泽氏也整理了诸多案例。不仅如此，特别是在华北地区，12、13世纪以降，还出现了由一具三四牛牵引的大规模大农法型农业并得到普及[4]。8、9世纪以降，从以一具一牛牵引为核心的小型经营，到以一具多牛牵引为核心的大型经营，大农法型农业展现出多样的存在方式。而在这种小型的大农法型农业中，作为承担者登场的，是大泽氏所谓的独立小农层。他们尽管也以大农法为基础，但明显与富豪层不同，当然也与小农法的承担者贫家层有所区别。"岁种薄田一顷余"的杜陵翁，还

1.《文苑英华》卷二三一薛逢《题独孤处士村居》曰："江上园庐荆作扉，男驱耕犊妇鸣机。林峦当户茑萝暗，桑柘绕村姜芋肥。几亩稻田还谓业，两间茆舍亦言归。何如一被风尘染，到老云云相是非。"

2. 参考前揭第225页脚注1大泽正昭论文与同氏《唐代後半期の農民諸階層と土地所有——小説史料を中心に——》，《東洋史研究》第36卷第2号，1977年。

3. 参考《通典》卷二《食货》"屯田"条。

4.《王祯农书·农桑通诀集之二·垦耕篇第四》载："中原地皆平旷，旱田陆地，一犁必用两牛、三牛或四牛，以一人执之，量牛强弱耕地多少，其耕皆有定法。"关于这点，还可参考足立启二：《清代華北の農業経営と社会構造》，《史林》第64卷第4号，1981年。

有以一具两牛牵引的犁耕"岁种一顷田"的溪翁等[1]，大概都是典型案例。上文提及的野老与独孤处士，虽只占有零散的数亩，但仍以牛犁耕进行经营，也可归入这类案例中。野老与独孤处士或许也是进行佃耕。但是他们使用自己的牛犁独立进行经营，仅着眼其劳动过程的话，无疑是独立小农。我认为这种8、9世纪的小型大农法型农业的承担者们，正是宋代以后被定位为中户、中产之家的人们的前身。下面便把目光移向宋代。

12世纪末，袁采叙述道，"盖中产之家，日费之计，犹难支吾"（《袁氏世范》卷下《治家》"淳谨干人可付托"条）。另一方面，据朱熹所述，中产之家是"仅能自足，而未能尽赡其佃客、地客者"[2]的人群。可知从尽力维持生活的人群，到在其土地所有之下支配着佃客、田仆（地客）的人群，中产层的范围相当广泛。但其核心性定义如朱熹所述，可以概括为"仅能自足"。现在将时间回溯至11世纪。欧阳修有如下叙述：

> 民有幸而不役于人，能有田而自耕者，下自二顷至一顷，皆以等书于籍。而公役之多者为大役，少者为小役，至不胜，则贱卖其田，或逃而去。故曰有力役之弊者，谓此也。（《欧阳文忠公文集》卷五九《原弊》）

所谓"不役于人，能有田而自耕者"的农民，正是南宋人所言的中产层，他们自行经营着一二顷（约五至十公顷）的耕地。下面稍微参考一下其他史料。在李常的上奏文中，可见如下记载："今中、下之户，有田不过二顷，二顷之收，不过百斛。数口之家，一岁之食过半，而输租粪田、吉凶疾病之费，悉资于谷粟。"（《宋名臣奏议》卷一一一

---

1. 《文集》卷四《杜陵叟》曰："杜陵叟，杜陵居，岁种薄田一顷余。三月无雨旱风起，麦苗不秀多黄死。九月降霜秋早寒，禾穗未熟皆青干。……"同卷一一《宿溪翁》曰："众心爱金玉，众口贪酒肉。何此溪上翁，饮瓢亦自足？溪南刘薪草，溪北修墙屋。岁种一顷田，春驱两黄犊。于中甚安适，此外无营欲。……"
2. 参考第五章第一节第175页脚注3。

《新法三·上神宗论王广渊和买抑配取息》）很明显，北宋人将中户土地所有的上限视为二顷，可以将欧阳修指出的拥有一二顷耕地的自耕农确认为中户。他们构成了中户、中产层之中的最上层至中坚部分[1]。稍微将时代后移，12世纪后半曹彦约的湖庄中，散布着大概百亩（一顷）耕地，据称"有仆十余家，可以供役使"（《昌谷集》卷七《湖庄创立本末与后溪刘左史书》）。庄中应有许多工作，仆十余家当非全部从事耕作，但他们肯定承担着相当部分的经营。可知指出中产之家拥有佃客、地客的朱熹之言并非空言。如前节所示，从唐末到宋代，许多士大夫以二顷的土地所有为理想。这种土地所有对应的正是以自营为本质的中户、中产层的土地所有，且有可能实现由佃客、地客等进行的经营，位居最为稳定的最上层。那么中户的下限应该截至哪里呢？陈次升将"第五等以下，土地不及二十亩者"表述为"贫下之人"或者是"贫下老弱之民"（《谠论集》卷一《上哲宗乞保甲地土不及二十亩者免冬教》）。因陈次升将五等户以下、土地不及二十亩表述为贫家层，那么他肯定将四等以上和土地三四十亩以上者视为中户。北宋时期所谓的中户，土地所有范围从三四十亩（约二公顷）到二顷（十余公顷），就户等而言，大概可以将其定义为包括部分二等户到大部分四等户在内的阶层[2]。中户的概念与五等户制相关联。但因五等户制大概由各县分别编成，由于各县情况不同，土地所有的阶层区分不能一概而论，而是拥有各种各样的形态，因此不可能全国性地普遍化。相对于五等户制，中户被用于与殷富户、贫下户相比，尽管以户等制为基础，但更是基于普遍的社会共识，如上述诸多资料所示，相关描述大多具有全国普遍性。而南宋的中产层延续了北宋中户的谱系，成为进一步自户等制转向自由的农村的阶层表述。

这种中户、中产层在宋代的社会中，在数量上占到相当的比重。

---

1. 梅原郁氏将一顷规模的自耕农定为三等户（《宋代の戶等制をめぐって》,《東方学報》（京都）第41册，1970年）。此外，还可参考第五章第一节第175页脚注1朱家源氏论文。

2. 例如，《晦庵先生朱文公文集》卷一六《奏捄荒事宜状》载："今抄札山阴、会稽四等五等贫乏之户，计三十四万口。四等之稍自给及上三等者，不预焉。"朱熹将四等户分为"贫乏之户"与可自给者。很明显中产层中包括四等户。

乾兴元年（1022）十二月的某位上封者这样叙述道：

> 以臣愚见，且以三千户之邑五等分算，中等巳上可任差
> 遣者约千户。官员、形势、衙前将吏不啻一二百户，并免差
> 遣；州县乡村诸色役人又不啻一二百户。如此，则二三年内，
> 已总遍差，才得归农，即复应役，直至破尽家业，方得休闲。
> （《宋会要辑稿·食货六三·农田杂录》）

将包含被免除差役的官员、形势、将吏衙前、役人等在内的上等
户以上人群除去，三千户的县邑应该存在大概六百户左右的中户，数
量上大概相当于全社会阶层的二成，在数量上占到相当的比重。另外
根据生活在13世纪前半秦九韶的《数书九章》卷十"均科绵税"条的
记述，以此为基础制成表Ⅵ[1]。

表Ⅵ　"均科绵税"户等表

	户　　数	%
上等户	12	0.1
副等户	87	0.8
中等户	464	4.2
次等户	2 035	18.4
下等户	8 435	76.5
总计	11 033	100.0

据秦九韶：《数书九章》卷十。

1.《数书九章》卷十"均科绵税"条载："问，县科绵，有五等户，共一万一千三十三户，共科
绵八万八千三百三十七两六钱。上等一十二户，副等八十七户，中等四百六十四户，次等
二千三十五户，下等八千四百三十五户。欲令上三等折半差，下二等比中等六四折差，科率求
之，各户纳及各等几何。"数学书的例题当然不是现实中县的户等。但是从其数值的具体性来看，
也可以认为这反映了相当程度的现实。此外，柳田節子氏将下等户的比例视为三分之二乃至十分
之九（《宋代鄉村の下等戶につこて》，《東洋学報》第40卷第2号，1957年）。在下等户占十分
之九的情况下，中等户的数量会进一步减少，我们所考察的中户、中产层，因含有上、下等户的一
部分，即便包含主客户层，如乾兴的上封者所指出的，大概可以认为其占到全社会层的两成。

根据表Ⅵ，包含副等户到次等户在内，最多有23%的人能进入中户、中产层的范围。当然，中户、中产层不能直接与户等制对应起来。不过由此可以确认南宋时期也是中户、中产层的社会存在占到了全主户层的两成乃至更多。中产层的社会性比率根据时间与地域不同都有着相当的差异，今后有必要展开以各地域的生产力特质为根据的具体研究[1]。

更值得注意的是，欧阳修与上封者都认为，这种中户才是国家差役的核心承担者阶层。差役、公役在本源上是社会性共同业务，对社会的再生产而言，是不可或缺的社会性职务与劳动[2]。作为实力阶层存在的中户、中产层，不仅是宋代社会农业生产的核心承担者，也是社会性生产普遍的核心承担者，还是国家支配的基本对象。正因如此，就如欧阳修与上封者的言语所示，对中等户的过重差役征发引起的没落、逃亡，一直被认为是有宋一代最大的社会问题。苏辙对于募役法的评论，就这种意义而言是十分深刻的。他说道：

> 又熙宁雇役之法，三等人户并出役钱，上户以家产高强，出钱无艺，下户昔不充役，亦遣出钱。故此二等人户不免咨怨。至于中等，昔既已自差役，今又出钱不多，雇法之行，最为其便。及元祐罢行雇法，上下二等，欣跃可知，唯是中等则反为害。（《栾城集后集》卷一三《颍滨遗老传》下）

对事物的评价，许多时候反对者的看法反而更为准确。苏辙的上述言论正是如此。新法，特别是募役法的目标所在，是对中户、中产层进行保护性再生产，并将其定位为国家支配的中枢。这一社会阶层在8、9世纪以后明显走上了独立的道路，开始崭露头角。中户、中产层以占地一二顷的自耕农为上层与中坚，覆盖范围上至在土地所有之

---

1. 参考第五章第二节第196页脚注2宫泽知之论文。

2. 参考拙稿《前近代中国における専制国家形態についての覚書》，《新しい歴史学のために》第158号，1980年；中国史研究会编：《中国史像の再構成——国家と農民——》，文理閣，1983年，《総論》第二章。

下拥有佃客、佃仆的人们，下至日复一日劳作生活的人们，他们仍在宋代社会占到了相当的比重，可以说构成了社会性再生产的承担者和国家支配的主要被支配阶层。我认为，在8、9世纪至唐宋变革期得以独立的中户、中产层，负担着国家的两税与附加税（地租），承担着差役，由此形成了社会性生产的核心阶层；正是这样的中户、中产层构成了典型的国家性农奴层。宋王朝对最上等与最下等户、客户的国家支配，不过是对中户、中产层支配的派生形态。

　　如前章所示，当时的人们认为，7世纪以前的农村，是由富豪层与贫家层构成的社会。富豪层是大土地所有者阶层，其基本单位是以一具两牛牵引的耕犁为核心，由五六个劳动者经营1.5顷规模耕地的家父长式奴隶制经营。贫家层则使用着被称为耒耜、锄等的手工劳动开耕用具，经营着约数十亩的小规模所有地。贫家层有时也会参与富家层的经营，进行着佣作或佃耕。但7、8世纪以后，这种农业构造逐渐发生了变化。这种变化的基础，一方面是小农法型农业的确立过程，另一方面是小规模大农法的出现。在8世纪以后，通过这种基础过程的进展，两大农民阶层的独立过程得以开展。第一种独立过程，是以小规模大农法的出现为基础，中户、中产层得以形成。第二种是小农法型农业承担者的贫家层、佃客与佃仆的独立过程。这两种独立过程的核心所在，是代表当时先进生产力水准的中产层的独立过程。以小农法为基础的贫家层的独立过程，虽在8、9世纪达到一个高峰，但一直持续到了15、16世纪[1]。如此，宋代的乡村社会就是由如下三大阶层构成的：周边从属有佃客、佃仆经营的佃耕地部分的富豪、豪势层，以自耕自营农民为核心的中户、中产层，以及包含佃客、佃仆在内的贫家层。白居易生活的9世纪前半的社会，就是这种中户、中产层作为实体逐渐形成的时期，可以说正处于过渡期。

　　不过，关于宋代的三个阶层的自有地，作为主户的永业、己业之

---

1. 参考第229页脚注2、第232页脚注4足立启二论文。

地的所有权已经获得了国家认可¹。在与国家的关系上，三个阶层都同样实现了土地所有，无论是富家层还是贫家层，除了数量上的差距外并无其他不同。在通过从主户层的所有地——永业、已业田征收两税以实现国家性土地所有之前，这些不过只是同质的劳动者性土地所有。因此在唐宋变革期，有别于形成中的中产层与独立中的贫家层的土地所有，可认为富豪层为了实现自我土地所有向更高级的稳定所有转变，有两条可能的道路。其一是家父长制式经营转向农奴主经营，更进一步实现领主式土地所有的道路。为此，不单是对仅位于家族支配的延长线上的佃仆、奴仆，还必须向包括农村的中产、贫家层在内的土地所有进行政治性支配发展。作为其主要的基础，就需要提高其自我的私人土地所有的属性，将审判权、行政权等公共机能和超越了个别劳动过程次元而存在的如水利、灌溉等生产的一般性诸条件的再生产都囊括在内²。这不是仅靠经济性条件的存在就可以自动形成的。经济性基础的存在虽为其提供了现实的可能性，但实现还需要其他的条件。这一条件正是富豪层的政治性力量。它需要开展两个方面的斗争。一方面是与国家性土地所有和国家权力之间的斗争，后者承担了上述一般性生产诸条件的再生产，又实现了对富豪层的两税征收。另一方面，与逐渐实现独立的自我土地所有的中产、贫家层之间，也需要开展艰难的政治性、经济性斗争。其二是成为国家的官僚，或者说是与其相结合成为一种特权阶层的道路。日本的富豪层最终走上的道路，是前者这条更为困难的道路³。以前章的考察结果来看，中国的富豪层就结果而言走上的道路，是后者这条寄生性更强的道路。关于中国富豪层最终不得不走上第二条道路的理由，还需要单独进行复杂的政治性、经济性分析。在此，我们要将目光再次转向白居易的动向。对于这两条

1. 参考第三章"结语"。此外，《唐会要》卷八五"逃户"条载："会昌元年正月制：'……自今以后，二年不归复者，即仰县司召人给付承佃，仍给公验，任为永业。……'"此处所见田地被认作永业田时被给予公证文书之事，在思考两税法制定以降所有权的意义时，是值得注意的。
2. 参考第五章第二节第197页脚注1。
3. 参考户田芳实：《日本領主制成立史の研究》，岩波书店，1967年；河音能平：《中世封建制成立史論》，东京大学出版会，1971年。

可能的道路，诗人自己会如何进行选择呢？作为上述政治性过程的表现之一，我们注目于社会底部生出的某种动向，再来探明白居易之惭愧的社会性实体。

四、唐后半期的阶级构成与惭愧的实体

白居易的村居生活还在继续。下面的诗或作于元和八年（813）时：

> 七月行已半，早凉天气清。
> …………
> 闲携弟侄辈，同上秋原行。
> 新枣未全赤，晚瓜有余馨。
> 依依田家叟，设此相逢迎。
> 自我到此村，住来白发生。
> 村中相识久，老幼皆有情。
> 留连向暮归，树树风蝉声。
> 是时新雨足，禾黍夹道青。
> 见此令人饱，何必待西成。（《秋游原上》，《文集》卷六）

诗人关心可备凶年的枣实未熟，与村民们逐渐变得心心相印。在这一年十二月五日的大雪中，同情于农民的寒苦，诗人又生出了惭愧（《村居苦寒诗》，《文集》卷一）。次年即元和九年五月，京畿一带遭遇了旱灾（两《唐书·肃宗本纪》）：

> 太阴不离毕，太岁仍在午。
> 旱日与炎风，枯燋我田亩。
> 金石欲销铄，况兹禾与黍。
> 嗷嗷万族中，唯农最辛苦。
> 悯然望岁者，出门何所睹。
> 但见棘与茨，罗生遍场圃。

> 恶苗承沴气，欣然得其所。
>
> 感此因问天，可能长不雨。(《夏旱诗》,《文集》卷一)

诗人仍与农民站在一起。

白居易对农民的惭愧意识开始明确成型，是在作成《观刈麦诗》的盩厔县尉时期（806—807）。其后的翰林学士时期（807—810），如"如何办得归山计，两顷村田一亩宫"(《咏怀》,《文集》卷一四）所示，抒发了对庄居的憧憬。元和六年（811）前，与惭愧的意识相关，退居村庄的决意已经深种在他的心里。因母亲去世而来的服丧，让这一决意变为了现实。这种对归山-庄居的憧憬，并不仅是白居易所特有的。包括诗人在内，在唐末的下级官人层之中，这甚至成为了一种政治性动向。白居易的下邽退居也与这种动向深有关联。柳宗元在《送从弟谋归江陵序》(《柳河东集》卷二四）中明显描述了这一动向。他的从弟便过着这样的生活：

> ……为广州从事。复佐邕州，连得荐举至御史，后以智免（官），归家江陵。有宅一区，环之以桑。有僮指三百，有田五百亩。树之谷，艺之麻，养有牲，出有车，无求于人。

与此相对，柳宗元这样描述自己的生活：

> 吾不智，触罪摈越、楚间六年。……甘终为永州民。又恨徒费禄食而无所答，下愧农夫，上惭王官。

柳宗元以"智"来表述离开官场而庄居，将留在官场的自己归于"不智"的立场，最终与惭愧的意识相联系。庄居是下级官人层的致命一跃，以从惭愧的意识中解放出来达至"智"的立场。这种"智"的立场，在当时的人们中间获得了一定的支持。此点从时人对拾遗充史馆修撰崔璩退居的评价中可以窥知。天祐三年（906），以照看在孟州济源县私庄抱病的堂叔母为理由，崔璩乞假获准。孙光宪记录了当时的世评，即"时人义之。或曰：'避祸而享义名者，亦智也'"(《北梦琐言》卷一五)。在照看堂叔母这一名义之下，"或人"将逃避官场的祸事而庄居这一行为归之于"智"的立场。虽说是唐王朝土崩瓦解之前不久的事，但柳宗元从弟谋的立场与此亦同。当时的官界对有心的下级官人层而言，并不是值得期望的政治世界。虽未明言，但我们知道贯彻这种"智"的立场的颇有其人。例如灞陵的处士骆峻。元和初年，以母亲的死为契机，他去职服丧。丧期结束后，据载他说"污吾迹二十余年者，食丰衣鲜，以有养也，今可以行吾志也"，于是在灞陵东坡旁边开垦了三百亩田地，终身过着处士的生活(《樊川文集》卷九《唐故灞陵骆处士墓志铭》)。无论是退居的直接动机、时期，还是农业经营的规模，都与白居易退居下邽出奇一致。不同的仅是白居易没有将处士的立场贯彻到底，之后重返了官场。可以窥知，这种退居、庄居成为了反映士人、官人层的政治性动向的类型性行动。梁州城固县人崔觐也是"为儒不乐仕进，以耕稼为业"，但因老而无子，便将其田宅家财分给了奴婢，令各为生业(《旧唐书》卷一九二《隐逸传》)。这是从一开始就舍去了对进入官场的期望并去而远离之例。白居易似乎也与这种生活方式产生了共鸣。除了上述咏颂骆处士野居之作(《过骆山人野居小池》，《文集》卷八)外，还有几首咏颂处士们庄居的诗作。例如：

　　　得道应无著，谋生亦不妨。
　　　春泥秧稻暖，夜火焙茶香。
　　　水巷风尘少，松斋日月长。
　　　高闲真是贵，何处觅侯王？(《题施山人野居》,《文集》
　卷一三)

　　　半依云渚半依山，爱此令人不欲还。
　　　负郭田园八九顷，向阳茅屋两三间。
　　　寒松纵老风标在，野鹤虽饥饮啄闲。
　　　一卧江村来早晚，著书盈帙鬓毛斑。(《题王处士郊居》，
　《文集》卷一五)

不求王侯、通宵著述的庄居处士们，没有忘记的唯有农业经营。这是多数庄居处士们所共通的。柳宗元的从弟谋与崔觐，都是通过奴婢、僮指进行农业经营，所有的耕地大概数顷到十顷。这与地方富豪层的经营基本同质。毋庸赘言，白居易在金氏村的经营也与这些经营类似。

小说类史料中出现的官人们的庄居，更现实地表现了其对应的实体。例如薛氏之子，先代曾治大郡，积累了丰厚的财产，但他却选择野居并驱使着"家僮、役客之辈"进行农家经营[1]。身为刘晏判官的李邈，也因庄客持续滞纳了五六年的租课而罢官归庄[2]。更有担任三原县尉的沈聿，也在其任中着手修筑别业——庄，在其任期终了之时归农[3]。以李邈之例为典型，小说中出现的下级官人们，其庄居生活与地方动向密切相关。那里有着逐渐独立的庄客、家僮、奴婢们，还有分田小农。有人是在与以皇帝为顶点的政治性世界的关联中因"智"而庄居，有人则是在与地方动向的关联中归庄而居。正如柳宗元所述的，这本就是一个由"下愧农夫，上惭王官"的惭愧意识所驱动的世界。为了理解下级官人层的这种庄居倾向，需要对他们所身处的当时的整体阶级构成进行考察。

当时的人们如何描述唐代中后期的阶级构成呢？再来观察一下睿宗赐予毕构的玺书：

> 玺书劳曰：……咸亨、垂拱（670—688）之后，淳风渐替。征赋将急，调役颇繁，选吏举人，涉于浮滥。……昔闻当官，以留犊还珠为上；今之从职，以充车联驷为能。或交

---

1. 《太平广记》卷二三八所引《唐国史》载："有薛氏二子野居伊阙，先世尝典大郡，资用甚丰。……道士曰：'命家僮役客辈，悉具畚锸，候择日发土，则可以目验矣。'……俟行法毕，当举火相召，可率僮仆，备畚锸来，及夜而发之。……"
2. 《酉阳杂俎·前集》卷一三载："刘晏判官李邈，庄在高陵，庄客悬欠租课，积五六年。邈因官罢归庄。……"
3. 《太平广记》卷三〇七所引《集异记》载："贞元中，庶子沈华致仕永崇里，其子聿尉三原，素有别业，在邑之西。聿因官遂修葺焉，于庄之北，平原十余里。垣古堭以建牛坊，秩满，因归农焉。……"

> 结富豪，抑弃贫弱；或矜假典正，树立腹心。……比差御史
> 委令巡察，或有贵要所嘱，未能不避权豪。……（《旧唐书》
> 卷一〇〇《毕构传》）

在此直接描述的是高宗、武则天时期以后的地方官腐败问题。但此处
登场的可以说是8世纪初的全社会阶级。在地方，有与当地地方官结
托，压制贫弱即贫下层的富豪层。在他们之中，有通过勾结中央贵要
而逃避御史监察的权豪。由此，以至于睿宗得出结论："官守既其若此，
下人岂以聊生。数年已来，凋残更甚。"这里所见的第一阶级是以皇帝
睿宗为顶点的官守-官僚层，其中可区分为贵要与地方官；第二是被支
配阶级中的上层部分即富豪层，与第一阶级的部分人相结托；第三是
被支配阶级中的下层即贫家层。更为明确地表现这种阶级构成的是天
宝十一载（752）十一月乙丑发布的玄宗诏敕：

> 　如闻王公百官，及富豪之家，比置庄田，恣行吞并，莫惧
> 章程。……致令百姓无处安置，乃别停客户，使其佃食……
> （《册府元龟》卷四九五）

由此可见的阶级构成，第一是皇帝、王公百官，第二是富豪层，第三
是百姓、客户。叙述的内容与睿宗的玺书大概相同。在上文引用的大
中二年（848）正月的《册尊号赦书》（第230页）中，在叙述租税输
纳时，提到的第一是权要层，第二是富豪层，第三是贫家层。可将这
种权要层与睿宗玺书中所见的贵要层视为同一阶层。由此可知，8世
纪以后的社会由以下四个阶层构成。第一是以皇帝为顶点的王公百官
阶级，其中包括被称为贵要、权要的上级官人层和以地方官为首的中
下级官人层。他们构成了国家的支配阶级。第二是身为国家被支配阶
级的百姓、编户中，被称为富豪层的人们。他们在接受国家支配的同
时，另一方面也是乡村社会的实力农民阶级。第三是在百姓、编户中
被称为贫家层的人们，以各种形式受到权要层与富豪层的压制与支
配。在这些贫家层之中，应该也包括了流亡后成为客户与浮客的人

们，他们属于良民。第四是前揭史料中未出现的奴婢、僮仆等贱人层，他们没有独立的户籍，因此不接受直接的国家支配，构成了社会的最底层。以王公权要层为中心的上级官人层，与以地方官为中心的中下级官人层，均以来源于农民租税的俸禄为形式上的生活手段，由此成为了共通的阶级。但其具体性的经济活动则有所区别。如已见到的，下级官人层、处士层的经济性基础，基本上是与富豪层一致的家父长制式（奴隶制）经营。而权要层则寄食于庄租收入与碾硙之利，二者在经济基础上界限明确。富豪层与贫家层，是农村内部即百姓编户之间的阶级表现，他们共同承受国家的租税、赋役征收，在这点上承担着共通的政治课题。但是另一方面，在土地兼并、佃耕关系、纳税方式、赋役征发样态等各种局面中，他们都存在利害对立关系[1]。于是，这些富豪层一边与权要层以及地方官相结托，一边压制贫下层，由此构成了唐末的基本性阶级关系[2]。富豪层对权力的抵抗明显已经看不到了，而其寄生性性格总体来看趋于强化。权要层虽然垄断了权力，却与在野的富豪层相结托以贪图暴利，既缺乏政治能力，又腐败不堪。这作为7世纪中叶以来的现象，已经由睿宗亲自指出了，在《新乐府》《秦中吟》等作品中也被白居易所批判。有心的中下级官人想要在政治性世界中发挥才能，除了自身也走上腐败道路外别无他途。而且，他们自身的经济基础家父长制式（奴隶制）经营，正处于农业构造发展的变化过程中。要想贯彻自身的政治理念，必须站在"智"的立场，成为处士，离开官场，除此之外无他。而为了维持自身的经济性基础，只有走向村居并对自身的农业经营进行重组。白居易之惭愧究竟是何物？下级官人层在面对确立了自身农业生产力性基础并走向独立的小农阶层时，必须直面如何回应自身政治理念的变革与经济基础的变化这些问题。正是在这种状况之下，他们以"惭愧"表达这一苦衷。

---

1. 参考第五章第一节。
2. 不过此处忽略了藩镇、军人层以及商业、手工业者。在这一意义上还是很不充分的定义。

结语

那么白居易是如何脱离这种事态的呢？元和七年（812）的冬季，他决意正式庄居。其后元和九年（814）五月的旱魃，诗人仍然与农民们一同度过。秋天，李固言造访了村庄，与诗人对饮村酒。但此时前后，诗人心中似乎逐渐生发起了慵惰之情："有官慵不选，有田慵不农。屋穿慵不葺，衣裂慵不缝……"（《咏慵》，《文集》卷六）他对一切感到慵惰。在这年的冬夜，诗人写道：

> 家贫亲爱散，身病交游罢。
> 眼前无一人，独掩村斋卧。
> 冷落灯火暗，离披帘幕破。
> 策策窗户前，又闻新雪下。
> 长年渐省睡，夜半起端坐。
> 不学坐忘心，寂寞安可过？
> 兀然身寄世，浩然心委化。
> 如此来四年，一千三百夜。（《冬夜》，《文集》卷六）

诗人甚至屈指计算着村居之夜。这一年，也就是元和九年（814）年末，白居易作为太子左赞善大夫再次入朝。翌年，因主张查明宰相武元衡暗杀事件的真相，他一时左迁为江州司马，但其后官途顺畅。他仍然对下邽的土地经营抱有积极性。大和二年（828），他买得下邽杨琳之庄，经营堂院（《祭弟文》，《文集》卷六〇）。到了晚年，在洛阳近郊也有五顷耕地（《达哉乐天行》，《文集》卷六九）。但是，退居村庄自己去做农民之事，已然作罢。讽喻诗的写作，在退居以后急剧减少。仅以留下的诗来看，诗人对社会的关心和权力的批判突然衰退了。其后他作为官员的生活，如任苏州刺史时的政绩所见，可以称得上良吏。但是这与富豪层所走的道路只是形式有异，在对既成权力无批判地迎合这一点上，不能不说他们走的是同一条路。

曾让诗人感到惭愧的农民后来情况如何呢？诗人与"勤且敬"

246

（《观稼》）的田翁的邂逅，是在秋天的社日之后。以此社为中心，农民们似开始了新的结合。远在高宗咸亨五年（674）之时，农民们就已经在春秋的社日之外举办"邑会"，开始了结合[1]。这虽然受到了严格禁止，但肯定没有解散。敦煌的社是广为人知的事实[2]。也可以看到时代晚了很多的例子，如13世纪末华北的农民们以十家为单位结成了"锄社"，共同进行中耕、除草劳动[3]，或是由数家组成一个集体，使用镬共同进行开耕作业[4]。唐代新出现的社与邑会，以这种生产小共同体为基础，构成了跨越各种生活方面的共同团体。一旦认识到以社与邑会为中心的新生农民性结合是不可能被禁止的，国家便开展了新的对应方式。玄宗时鼓励"农社"的结成，如"贫富相恤，耕耘以时"所示，开始自上而下地积极编成这种生产小共同体[5]。如"及村间社会，并就千秋节先赛白帝，报田祖，然后坐饮"（《册府元龟》卷二"开元十八年六月礼部奏"条），又如德宗时期也在二月一日的中和节，"村社作中和酒，祭勾芒以祈年谷"（《旧唐书》卷一三《德宗纪下》"贞元五年"条）。由此可以看到国家将新生的农民性结合囊括进其礼制性秩序之中的动向。以社与邑会为中心的新生农民性结合拥有什么样的内容？又以什么样的契机结成？这种结合又赋予了唐宋变革期的社会何种定义？这些将会成为今后的研究课题[6]。这里可以说的只是两点。第一，农民们独自开创了新的世界。第二，相比起富豪层与处士们，国家权力一方会更切实

---

1. 《旧唐书》卷五《高宗纪》"咸亨五年"条载："诏：春秋二社，本以祈农，如闻此外别为邑会。此后除二社外，不得聚集，有司严加禁止。"

2. 参考那波利贞：《唐代社会文化史研究》，创文社，1974年，第五篇《唐代の社邑に就きて》、第六篇《仏教信仰に基きて組織せられたる中晩唐五代時代の社邑に就きて》；竺沙雅章：《中国仏教社会史研究》，同朋舍，1982年，后编第三章《敦煌出土社文書の研究》。

3. 《王祯农书·农桑通诀集之三·锄治篇第七》载："其北方村落之间，多结为锄社。以十家为率，先锄一家之田，本家供其饮食，其余次之，旬日之间，各家田皆锄治。……秋成之后，豚蹄盂酒，递相犒劳，名为锄社，甚可效也。"

4. 参考第三节第228页脚注1《王祯农书》。

5. 《旧唐书》卷一〇五《宇文融传》："下制曰：……今阳和布泽，丁壮就田，言念鳏惸，事资拯助。宜委使司与州县商量，劝作农社，贫富相恤，耕耘以时。"

6. 对此进行重新评价的研究，有堀敏一：《敦煌社会の変質——中国社会全般の発展とも関連して——》，《講座敦煌》第三卷《敦煌の社会》，大东出版社，1980年。

地去应对新生农民性结合，使其走向秩序化[1]。

会昌三年（843），诗人以七十二岁高龄从刑部尚书致仕。他的仕途大致顺畅。从父祖二代任官都未能超过地方官以上的家系背景来看，他作为官员也更成功，可以说是度过了幸福的一生。但这却是六朝式士大夫最后的自我革新的挫折，面对新生的农民而最终败北。

---

1. 有关唐宋变革期以小农独立为基础的新生农民性结合，以及地主层及国家对此进行的以职役、户等编成为核心的农村重组的过程，可参考佐竹靖彦：《宋代郷村制度之形成過程》，《東洋史研究》第25卷第3号，1966年。

第七章

小结

——中国古代农村的社会构成

　　通过以上六章的分析，小论对中国古代农村的社会构成特质进行了考察。论旨多歧，在此尝试进行总结。

　　从战国时期到唐末均田制崩溃时期，构成古代农村基本农民阶级的，是分田农民层。作为社会性实体的分田农民，是具有如下特征的小经营农民层：以夫妇二人的成人劳动者为中心的小家族，使用一年一作方式农法，经营四五十亩（约二公顷）规模的耕地。在被包摄于与国家的政治性从属关系时，他们被理想化为具有如下特征的小经营农民，即由男女夫妇组成的小家族，对通过土地区划划分出的100亩即1顷均等耕地，实行世袭性的占有和收益。而其占有和收益被实现时，他们被定义为对王权-国家负有一定额度贡租、贡赋义务的编户百姓。小论之所以将公元前4、5世纪到7、8世纪作为一个时代来处理，正是因为笔者认为拥有如此定义的分田农民层作为社会性生产的支配性基础，持续存在于自商鞅阡陌制至唐代均田制之中，他们与国家之间所缔结的政治性臣从关系，本质上构成了该时期的基本性生产关系。

　　拥有这种普遍性定义的分田农民，在各自的时代中以更具体的形态表现出来。例如，汉代的农村由大家-富豪、中家、贫家三个阶层构成。其中的大家-富豪层是农村的富裕层，积累了包括奴隶在内的大量动产性财富和耕地，在概念上应该将他们与拥有独立的社会性定义的编户农民层相区别。汉代作为分田农民被掌握的，是以中家与贫家这两种形态出现的庞大的小经营农民层。分田农民除了取得中家层、贫家层的类型性形态之外，在整个古代社会，也可表现为划分成几个发展阶段的形态。其中最宏观的时期划分形态，是以东汉末期为界划分的前期分田农民与后期分田农民。前者占有"百亩之分"之田，后者则占有"一人之分"之田、"口分田"。前期分田农民层，在汉代有中家层与贫家层两种形态，通过阡陌制这种区划亩制实现其世袭制占有的同时，其占有也通过什伍制式编成，被置于国家的统辖之下。与此相对，伴随着东汉时期牛犁耕的社会性扩大过程中阡陌制式区划的崩溃，中家层逐渐分化并没落，到六朝隋唐时期的农村，变成由富豪层与占压倒性数量的贫家层这两大阶层所构成。伴随着阡陌制式区划的崩溃，以分田农民所实现的私人占有的重组为目标，国家层面不断探索统一性土地政策，北朝隋唐时期的均田制正是其完成形态。以贫家层为基本构成的后期分田农民，通过国家的统一性土地制度，作为"一人之分"或者"口分"被个别掌握。与前期不同的是，国家对私人土地占有的编成与统辖丧失了具体性，逐渐抽象化与具文化。像这样，尝试通过国家与分田农民之间的关系进行概观时，可以将中国古代社会大致区分为东汉末之前的前期古代社会，与之后六朝隋唐时期的后期古代社会。那么，对这种国家—分田农民关系，应该从本质上给予什么样的定义呢？以下综合小论的分析结果与以往的研究诸成果，对这一问题进行一些稍微具体的考察。

首先来观察前期古代社会的社会构成。作为通贯古代社会的特质，分田农民所实现的土地所有，与国家所代表的上级土地所有权之间的关系，在两个方面都表现出来。首先，耕地通过阡陌划分为100亩即1顷均等规模，由居住在里的小家族进行个别的占有和收益。这些耕地或者分布于内部区划为若干里的县与乡的城郭之外，或者分布于采取土墙包围的聚居形态的郊外之里的外延。分田农民的个别经营大体由此成立。他们是从春秋战国交替期这一变革时期的氏族制式邑共同体[1]中形成的农民层。其农业经营的基础是小农法型农业，使用铁制手工劳动农具，以亩为单位进行耕作。国家对于分田农民所实现的农民性剩余，以田租和户赋、算赋、口赋等形式进行掠夺，以实现自己的上级土地所有权。这些赋原来是对氏族制式邑共同体提供的军事性力役服务，田租则原来是为共同体的共同祭祀所提供的供物[2]。因此，赋与田租本来都是为了氏族制式共同体维持所需的肯定性奉献——社会性必要劳动[3]。可以认为，在春秋战国时期，一方面以祭祀与军事的执行权为

---

1. "氏族制式邑共同体"这一概念本身缺乏明确的实体定义，需要对其进行单独的探究，在此暂且遵循一般的说法。
2. 宫崎市定：《古代中国赋税制度》，收入氏著《アジア史研究》第一，东洋史研究会，1957年。
3. 关于社会性必要劳动，可参考中国史研究会编：《中国史像の再構成——国家と農民——》，《总论》第二章。

基轴的王权得以成立，另一方面分田农民的个别经营在形成过程中发生了次生性的转化，逐渐接受了王权进行的剩余劳动掠夺这种否定性形态。在此，以剩余劳动掠夺为媒介，分田农民的私人土地占有被置于与王权所代表的上级土地所有权之间的直接对立统一关系中。

如上由分田农民占有和收益的耕地的外延，存在着被称为山林薮泽之地的土地。山林薮泽之地原来归属于氏族制式邑共同体的共同领有和规制之下，但在春秋战国时期，逐渐成为王权的私人领有，到秦汉时期就归于皇帝权的领有之下。皇帝权对从其地获取收益的人们课以"山海、池泽之税"等，构成了自身财政基础的一个主要部分[1]。这种山林薮泽之地，在秦汉时期又由国家进行灌溉与开拓，成为了公田[2]。此外，户绝、逃亡或者籍没的个别经营地也被收公，成为公田。这样形成的公田被借给流民与无田的贫民，成为创出与再生产国家基础所在的分田农民的物质基础。此外，剩下没有开拓、收益的山林薮泽地，也在歉收时开放作为提供救荒食物、薪樵采集和渔捞资源之地，"公私共利"成为对分田小农民经营的再生产不可或缺的物质前提。在春秋时期之前，山林薮泽之地和公田被置于氏族制式邑共同体的共同规制之下，而在统一国家的形成过程中，又为王权与皇帝权转化为其家产。因此，可以说秦汉统一国家的山泽之地与公田，是春秋时期之前的集体所有中不属于分田小农经营占有的部分，成为了已转化为皇帝权领有的集体所有的次生性形态。以这种已转化为次生性形态的集体所有为物质基础，国家保障了对分田农民的再生产。

总而言之，在前期古代社会中，一方面，以皇帝权所代表的集体所有为物质前提，分田农民的个别经营得以实现再生产；另一方面，分田农民世袭占有的耕地，在与集体所有相区别的同时，也具有与上级土地所有权相对立的一面，这是国家通过对农民性剩余的征收而实现的。在此，个别经营与集体所有这种农业共同体所固有的二重性，

1. 加藤繁：《漢代に於ける国家財政と帝室財政との区別並に帝室財政一斑》，收入氏著《支那経済史考証》（上），东洋文库，1952年。

2. 増淵龍夫：《先秦時代の山林薮沢と秦の公田》，收入氏著《中国古代の社会と国家》，岩波书店，1960年。

一方面是集体所有经过次生性转化而为皇帝权所代表，另一方面是通过分田农民的私人占有与国家的上级土地所有权之间的分裂，设定了分田农民与以皇帝权为顶点的专制国家之间的对立统一这一矛盾——基本性生产关系。这是农业共同体固有二重性的古代中国型变化，其中体现的社会构成，已经不是原生性社会构成，而是应该作为发生了次生性转化的构成来把握。这是因为更为重要的是，其中已经可以看到私人所有的萌芽，这是扬弃次生性社会构成的主体。

如此，以国家实现的上级土地所有权与分田农民实现的私人土地占有之间的对立统一为基轴，在古代后期即六朝隋唐时期，同时展开了分田农民私人土地所有的实现过程与已经转化为皇帝权领有的集体所有的解体过程。这一过程沿着两大战线展开：其一是作为这一时期实现私人土地所有的先锋，富豪层及王公百官层对山林薮泽之地以及公田的侵夺与占有过程；其二是以分田小农经营对于上级所有权的独立为基础，事实上的私人土地所有的实现过程。这两个过程的进行互为媒介。

古代后期的农村，由富豪层与贫家占压倒性数量的分田农民层两大阶层构成，两者通过佃耕关系、佣作关系或者赈恤关系、高利贷关系紧密地相互结合在一起。富豪层是由家族成员与奴隶为主的非家族成员组成的家父长制家户共同体。他们以由一具两牛牵引的牛犁耕与1.5顷左右的耕地构成的大农法型农业为基础，除了进行规模以十数顷为界限的直营地经营外，周边也分布有佃耕地。构成这种富豪层土地所有核心的直营地经营，虽说包含着对以奴隶为主的他人劳动的榨取，但在其劳动过程性侧面上，并未采取基于明确分工的合作形态。此外，在其所有的侧面上，作为所有主体的家长自身拥有强烈的劳动者性格。故其直营地经营基本上属于小经营生产方式的范畴内。另一方面，分田小农经营以秦汉时期以来的小农法型农业为基础，在这一时期陷入了停滞状况。当时的生产力水准中最稳定的经营是富豪层的直营地经营，相对于国家的上级所有权，这是当时唯一独立的小经营生产方式。因此到6世纪为止，主要局面都是富豪层以及王公百官层对山泽之地与公田的侵占过程。以西汉末的限田制为嚆矢，这一时期国家的土地规制主要针对的是与皇帝权代表的集体所有对立最为尖锐的富豪层以及王公百官层的大土地所有。但是，富豪层与王公百官层对山泽之地与公田的侵夺与霸占伴随着与集体所有之间的对立与激化，他们的私田兼并伴随着与编户百姓之间相互矛盾的激化。随着以上两种矛盾的激化，国家以私人土地占有即分田的统一性重组为目标，逐渐开始对以全国土地为对象的国家性土地规制与征收体系进行整备与施行。从西晋时期的占田、课田制到唐代整备均田、律令制的这一过程正是典型表现。正是通过社会内部矛盾的激化，国家将自身的上级所有权与自身本身区分开来。

这些国家性土地政策的目的，是通过私人土地占有的统一性重组，达到限制大土地所有与稳定分田小农经营的目的。但是，从本质上说，更重要的是这种土地制度与户调制、租调役的征收体系不可分割地结合起来，成为了地租征收的前提[1]。国家对富豪层与分田农民层实现的私人土地占有实施了统一性的重组与承认，就均田制而言是通过更积极的受田对其进行保障，作为报偿则征收户调与租调役，由此实现了上级土地所有权。如此，从占田、课田制到均田制的国家土地规制，从普遍意义上看，就拥有了作为征收农民性剩余的媒介发挥经济外性强制作用的一面。原因在于，特别是如均田制所明示的，未能受田的人被排除于租调赋役的对象之外；反过来说，若其私人占有得到承认，或者说成为受田对象，则无论受田额度满足受田规定与否，都必须按照征收规定履行租调役缴纳的义务。从这一点，我们可以确认当时国家支配的基础，与其说是均田制等土地制度，毋宁说本质上在于其征收体系[2]。对分田农民的租调役征收，正是上级土地所有权的实现形态。

在上文对国家性土地规制的普遍特质进行观察的基础上，下面对均田制相关的具体变化略作思考。这里值得注意的是，以6世纪末7世纪初为界，进行了律令体制的整体整备，诸如均田制式土地法的改变，与其不可分的征收体系的改革，乃至科举制度的开始，地方官制的改

---

1. 参考堀敏一：《均田制の研究》，岩波书店，1975年，第五章《均田制下の収取体系》。
2. 礪波護：《唐中期の政治と社会》，岩波讲座《世界歴史》五，1970年。

革，等等。以王朝为断的话，即以隋为界出现了上述变化。就均田制而言的主要内容为，从垦田永业到官人永业田的规定，牛与奴婢等从受田对象中排除，受田对象从以床（一夫一妻）为单位变更为以丁为单位，床调征收变更为以丁为对象课税。与此相对应，分田的观念也从"一人之分"转换为"口分"。这种变化的基调，可以从均田法的普遍化与抽象化中得到理解[1]。由此，隋朝以前的均田制大概可称为前期均田制，之后的可称为后期均田制。以下便按照这一区分来进行考察。

　　前期均田制——床调征收体制的特征，存在于其具体的特质中。从通过作物、用途区分其给田名目，以及倍田、易田规定的存在等，可以发现其给田规定极为具体，充分考虑了现实的制度运用。将这种给田规定的具体性与6世纪中叶敦煌地方的计账类文书记载的受田率之高[2]结合考虑，可知在前期均田制中，即便不按照给田规定行事，其目的也是对土地进行相当具体的还受与均等化。如此看来，可以说前期均田制不单是对分田农民的私人占有与收益进行编成，还对小农经营主要的生产条件——耕地进行了具体性赋予以及均等化。在隋之前的北朝时期诸王朝治下，屡有实行的劳动交换等事中可以看到直接性劳动过程的调整与编成。同样，前期均田制的上述特质也表现了国家对分田小农经营的劳动过程的具体性干预。因此，与秦汉时期相同，这一时期的分田小农经营在劳动过程方面仍未达成相对于国家的完全独立。分田农民实际收益的耕地，尚停留于占有阶段，不过只是他们在劳动过程中找到的劳动诸条件之一。分田农民实现的小经营生产方式，以国家对私有土地的占有与收益进行编成为媒介才获得了稳定的基础。毋庸赘言，以上现象也是以小农法型农业自汉代以来的停滞为基础的。

　　不过，上文所述的前期均田制土地还受的物质性基础，是公田与抛荒地以及未垦地即山林薮泽之地。这些都属于战国秦汉时期向王权、皇帝权领有转化的次生性集体所有的谱系之中。自2、3世纪以来，这

---

1. 池田温：《均田制》，《古代史讲座》（八），1963年。
2. 参考本页脚注1池田温论文。

些土地就已经开始由富豪层以及王公百官层进行开拓与侵占。这种现象被称为"封固",本质上是次生性集体所有与"私人所有"之间的尖锐对立,装点着六朝时期的政治史。特别是南朝治下盛行的封固,在东晋、刘宋时期相继遭到严禁。但是,封固现象并没有停止,在刘宋时期,伴随官品体系限制的山泽地所有逐渐得到了国家的认可[1]。即便在北朝均田制下,北齐时期,国家也认可了开拓者将开垦地作为永业田进行私占[2]。由此,进入5、6世纪后,富豪层及王公百官层主导的次生性集体所有的解体终于部分性地获得了法律上的承认。南朝治下山泽封固盛行,山泽地私占得到认可,这些次生性集体所有进一步解体的状况,成为南朝诸国家实施均田制式土地制度的物质性障碍。

但是另一方面,在前期均田制中,可以见到对耕牛与奴婢的给田规定。这是对富豪层实现的土地所有与经营的承认,同时也是作为报偿的租调——地租征收得以实现的前提所在。富豪层与分田小农经营不同,以基于牛犁耕的大农法型农业为基础,进行着相对于国家的独立经营。但是,国家通过向耕牛与奴婢给田的名目,实现了地租征收。因此,富豪层实现的私人土地所有,可以说未能排除国家实现的上级土地所有权,仍然被包摄于国家性土地所有之下。另一方面,他们虽然发挥了摧毁次生性集体所有的历史作用,但其存在样态也不过只是事实上的私人土地所有——家父长制式奴隶制经营。

现将目光移向后期均田制。在后期均田制中,随着对耕牛与奴婢给田的废止,可以发现以下变化:官人永业田规定的出现,对公廨田与职田的整备,以丁为对象给田与以丁为对象课税等。这在展现均田制的制度完成形态的同时,也表现出其形式化与抽象化[3]。官人永业田的设定,首先表现出富豪层及王公百官层对次生性集体所有进行的侵夺与侵占在官品体系内被合法化,进而在均田制下得以体制化。但次

---

1. 大川富士夫:《東晋南朝時代における山林薮沢の占有》,《立正史学》第25号, 1961年;関尾史郎:《六朝期江南の社会》, 1983年度历史学研究大会报告《東アジア世界の再編と民衆意識》, 1983年。

2. 西村元佑:《北齐均田制度の一問題点》,收入氏著《中国経済史研究》, 东洋史研究会, 1968年。

3. 参考第255页脚注1池田温论文。

生性集体所有也因此濒临解体，如天宝十一载（752）的乙丑诏所示，他们对公田与山泽之地的侵占与侵夺没有止境地进一步发展。此外，对于分田农民而言，均田制的给田规定抽象化为以丁为对象——口分，土地的还受也不如北朝时期那么具体，其形式化得以进一步发展。这种后期均田制中与整备和体系化相伴随的抽象化与形式化，意味着国家对于小农经营的直接性劳动过程具体干预的淡化，这还与6世纪以来缓慢起步的小农法型农业的发展过程相照应。由此，在后期均田制中，具有地租性质的租调役征收作为名义性前提的性格变得更为鲜明。总之，后期均田制下的国家性土地所有，以均田制这一名义性土地规制为媒介，实现了从开始走上独立道路的分田小农经营那里征收地租，显示出进一步向上级土地所有权的名义性土地所有化的发展。

回顾上文的考察，应该如何对中国古代社会的国家与农民关系进行本质定义呢？中国古代社会的农民，从概念上基本可区分为进行着家父长式奴隶制经营的富豪层与表现为中家层和贫家层的分田小农。前者是在当时的生产力阶段唯一独立的小经营生产方式，实现了包含他人劳动榨取在内的事实上的私有。但是，他们向国家缴纳以租赋或者租调役为内容的地租，在自己的土地所有之上还区别出了上级土地所有权，始终停留于事实上的私人所有。另一方面，就分田小农而言，如《郑里廪簿》所示，在古代前期他们通过里接受国家的借种和劳动组织编成。例如，国家在施行代田新法的奖励之际，供给其铁制农具，对相应劳动组织的编成进行指导，或者教授新农法给里之父老与力田层等。此外，国家为授予土地，屡次强制分田小农进行大规模移居，又在春季播种时，通过郡太守开展被称为"春行"的具体劝农措施。即便到了古代后期，分田小农层也接受着北朝治下国家所实行的耕地还受与均等化，以及劳动交换等事例中所见的直接性劳动过程的调整与编成。由此，分田小农即便暂且作为个别经营存在，有时也要接受国家干预直接性劳动过程的相关部分，由国家通过阡陌制与均田制对其私人占有与收益进行统一性编成。在这种意义上，分田小农层的个别经营，对上级土地所有权的体现者国家而言，无论在劳动过程方面还是在土地所有方面，都没有达到充分的独立，是近似于中村哲氏提出的奴隶小经营的存在[1]。包含富豪层实现的事实上的私人土地所有在内，分田农民实现的私人占有与收益，在其上还设定了国家通过征收租赋、租调役等形态的农民性剩余而实现的上级土地所有权，由此可以将古代中国的基本性生产关系定义为国家型奴隶制。

　　在始于8、9世纪的唐宋变革期的过程中，这种国家型奴隶制关系完成了本质上的变化。最后，本书结尾将明确这一变化的意义。通过唐宋变革期，农村的阶层构成再次发生了变化。古代后期的农村，由富豪层与占压倒性数量的贫家层构成。与此相对，宋代的农村则转变为由富家与豪势层、中户与中产层以及贫家层三个阶层构成。虽然从外在看，这是古代前期农村的再现，但实际却有着完全不同的内容。这种阶层构成的变化，基础在于6世纪开始的农业构造的变质过程。5、6世纪的农业构造，是以大农法型农业与小农法型农业为基础构成的。当时的大农法型农业，以一具两牛牵引的长床反转犁为核心，使用耙、耢、耧犁等畜力牵引的整地、播种农具，由五六人小规模合作经营1.5顷（7.5公顷）规模的耕地，在秋收后实施秋耕。劳动者与耕地之间的结合关系，在劳动对象与劳动手段两方面都得以稳固实现。这在当时的生产力阶段是最先进的农业形态。另一方面，小农法型农业从汉代以来就处于停滞状况，其基础是以耒、耜（踏犁）—耰（碎土）—手工播种为核心的耕种过程，秋收之后即闲置耕地，农民与耕地之间的结合关系还处于相当松散的阶段。5、6世纪的大农法型农业与小农法型农业，在其开耕—整地—播种过程中，以及劳动者与耕地的结合关系上，都显示出压倒性的差距。但考察其肥培管理过程，则两者的基础都是以锄、耰为代表的手工劳动用具完成的手工耨耕[2]。也就是说，即便是大农法型农业，其管理过程的根基也仍然是小农法。可以认为，这两种农业形态在现实的农业经营中被复合使用，小农法型农业主要成为了分田小农经营的基础，大农法型农业成为了富豪层经营的技术

1. 中村哲：《奴隷制·農奴制の理論——マルクス·エンゲルスの歴史理論の再構成——》，东京大学出版会，1977年。
2. 即西山武一氏等人所说的东亚农法的"胎记"（《アジアの農法と農業社会》，东京大学出版会，1962年，第98页）。

性基础。富豪层与分田小农层，立足于不同的技术性基础，通过佃耕与佣作关系或者说是劳动交换关系结合起来，创造出一种农业构造。

　　这种农业构造，在6世纪以后发生了两方面的变化。第一是小农法型农业逐渐摆脱了停滞状态并确立其基础的过程。其核心是小农具的改良以及劳动者与耕地之间紧密结合关系的形成。前者表现在长镵、踏犁和大锄等农具的出现，后者的基础在于冬季农业作业的出现以及两年三作方式的采用等对耕地利用的充分化。这一过程从最底部支撑了唐宋变革期分田农民的独立过程。第二是大农法型农业的核心从一具一牛牵引变为以三四牛牵引为中心，其多样性得到扩展，相应于耕地特性的适应力逐渐得到提高。如大泽正昭氏所指出的，特别值得注意的是，出现了以一具一牛牵引为核心，由二三个劳动者耕作1顷（5、6公顷）规模耕地的小规模大农法[1]。可以认为六朝时期江南水稻种植中较早出现的这种小规模大农法，在唐后半期得以扩大，以此为基础，主要是在以往的贫家层中形成了中户、中产层，其实体在隋唐时期逐渐得到了确立。以发生了这两方面变化的农业构造为基础，分田农民层经历了相对上级土地所有权的独立过程，促成了富家、中产、贫家三个阶层组成的农村阶层构成的出现。

　　另一方面，经过唐宋变革期，富豪层的社会性存在形态向"豪富形势"、豪势、富家层转变。仅就其经济性基础而言，其进展建立于与分田农民层的独立过程相同的生产力性基础上。在5、6世纪的阶段，作为富豪层直营地经营核心性劳动者的奴隶之中，尽管远未成熟，也开始出现小经营的形成。到了8、9世纪，这一倾向得以进一步发展，与此同时，以奴隶、佣作或是庄客为主要劳动者，富豪层的直营地经营逐渐展现出多种样态。进入宋代后，奴隶劳动基本消失，与此同时直营地经营也压倒性地缩小，改由被称为奴仆的雇佣人进行耕作。随着小农经营的独立，富家、豪势层土地所有的重心转移至间接经营地，其基础逐渐转为向被称为田仆、地客或是佃人、佃客的佃户小农征收田租。这其中佃仆、地客通过被称为"主仆之分"的人格性从属关系，

---

1. 大泽正昭：《唐代华北の主穀生产と経営》,《史林》第64卷第2号，1981年。

被包摄于富豪层的家族支配下，向主家提供一定数量的田租与夫役。富家、豪势层与佃仆、地客之间的关系应该被定义为家父长式农奴主经营。另一方面，佃人、佃客主要是拥有自己所有地的下层主户层所进行的自耕农和佃农小经营，他们与主家之间的关系，其基础是以主户间的契约关系为媒介的租赁关系，并未建立起农奴制型关系。以江南东西、福建、浙东的部分地域为首，也有许多农奴主型经营成为富家、豪势层的土地所有核心的情况，但未能成为支配性的生产方式，地主型土地所有大致通过与佃人、佃客之间的收租关系进行再生产。像这样，以富家、豪势层为表现的宋代乡村的富裕层，尽管大致延续前代的富豪称呼，但在概念上与古代的富豪层有所区别，应该将其理解为后者的转化形态。

宋代农村的三个阶层中，最值得注目的是中户、中产层。他们是大致实现了三四十亩（约2公顷）至二顷（约10公顷）土地所有的农民，以自给自足为基本特征，不过其上层部分中也有在其土地所有下配属佃仆、佃客的情况。他们的数量比重随着地域不同而有所差别[1]，在以浙东的河谷平原部分为典型的先进农业地带中构成了一定的社会阶层，在宋代农村社会中，作为体现了当时生产力水准的核心性农民层而存在。

如此，以小农法型农业的发展与小规模大农法的形成为基础，小农经营走向独立，逐渐实现了事实上的私人所有。以此为根基，到了8、9世纪，国家的农民支配完成了本质性变化。也就是说，均田、租调庸体制转化为主客户、五等户制以及两税法体制。由此，次生性集体所有的最后一环均田制也崩溃了，农业共同体固有的二重性基本上得到了扬弃[2]。此外，两税法体制下，以两税、附加税以及和籴等为形态的对农民性剩余的征收，其前提并非国家对私人土地占有的统一性编成，而是主客户、五等户制成为了不可分的媒介性基础，其基准在于

---

1. 宫泽知之：《宋代先進地帯の階層構成》，《鷹陵史学》第10号，1985年。

2. 在两税法体系下，公田转化为官田的形态，在其底部支撑着主户事实上的私人所有的发展。关于这点可参考鸟居一康：《宋朝専制支配の基礎とその構造——地主佃戸制の展開と小農経営との関連を中心として——》，《新しい歴史学のために》第143号，1976年。

小经营农民事实上实现的私人土地所有的有无和多寡[1]。即便只是寸土之地，也应将拥有自耕地的独立小农经营理解为主户，这意味着以他们对国家的政治性臣从关系为媒介，实现了以两税、附加税为形态的地租征收。无论是富家、中产还是贫家，通过征收两税与附加税，主户层依然在自己实现的土地所有之上区分出了国家代表的上级土地所有权。在这种意义上，他们实现的土地所有权仍然停留在事实上的私人土地所有这一层次。主户层构成了宋代集权国家的支配性基础。以其中的中户、中产层为典型，应将他们理解为国家农奴[2]，即在其自身事实上的私人土地所有之上，仍然设定了国家实现的上级土地所有权。

从国家型奴隶制转化为国家型农奴制——这正是对唐宋变革期的概括性总结。

1. 鸟居一康：《宋代両税の課税基準と戸等制》，收入《中国史像の再構成——国家と農民——》，文理閣，1983年。
2. 关于中村哲氏提出的国家型农奴制、国家型奴隶制适用于中国史的相关问题，可参考鸟居一康氏的相关论点（《『国家的奴隷制』『国家的農奴制』概念の中国前近代史への適用をめぐって》，《日本史研究》第163号，1976年）。

后 记

本书是对这十数年来所写的论文加以必要的改定，加上新稿结集而成。旧稿的出处如以下所示：

第一章《古代中国における小農民経営の形成——古代国家形成論の前進のために——》,《歴史評論》第344号，1978年。

第二章《阡陌制論》,《東洋史研究》第43巻第4号，1985年。

第三章《分田攷——国家的土地所有のイデオロギー——》，中国史研究会編《中国史像の再構成——国家と農民——》，文理閣，1983年。

第四章《漢六朝期における大土地所有と経営（上）（下）》,《東洋史研究》第33巻第1、2号，1974年;《火耕水耨の背景——漢六朝期の江南農業——》，第三節《江南農業の構造》,《日野先生頌寿記念東洋史論集》，1986年待刊。

第六章《白居易の慙愧——唐宋変革期における農業構造の発展と下級官人層——》,《京都府立大学学術報告・人文》第36号，1984年。

其他均为新稿。与本书整体相关的另有《秦漢帝国から隋唐律令制国家へ——中国における専制国家形態と農奴制形成に関する一試論——》（《新しい歴史学のために》第139号，1975年）以及《中国における律令制と社会構成》（《世界史の新局面と歴史像の再検討——

一九七六年度歴史学研究大会報告》，1976年）。即便有的论点的思路已经改变，也是本书构想的前身，敬希读者参考。

　　构成本书的各章研究，基本都诞生于京都民科历史分会与中国史研究会的研究活动中。从1974年以来，京都民科就将以小经营生产方式论为基轴的世界史结构性把握作为一贯的研究方针进行活动，本书不过是其具体化的小小展开。我将目光移向农业经济史研究，是受到京都大学大学院时代同级的吉田浤一氏的影响。开始认真研读《齐民要术》也是因为吉田氏的推荐，其后的农书研究会与中国史研究会的活动，也是吉田氏所极力提倡的。而在中国史研究会，无论是多么不成熟的想法与研究，也都会受到认真对待和自由讨论。如果没有这一场所，本书恐怕也不会诞生了。

　　对于本书的结集给予热心建议的是中村哲老师。通过两度跟随老师参加《资本论》的研究会与京都民科的活动，从历史研究的方法到课题的建立方式等，所获多多。在本书结集之际，中国史研究会的友人宫澤知之氏屡次赐予意见，甚至另外帮助我进行初校。最后，对迄今予我学恩的许多人们，尤其是在学部、大学院时代给予指导的荒木敏一、佐伯富、竺沙雅章诸位老师，以及青木书店，特别是格外帮助我的樱井香氏，表示诚挚的感谢。

渡辺信一郎

1986年5月3日

附论一
中国前近代史研究的课题与小经营生产方式[*]

一、中国前近代史研究与小经营生产方式

我们应将中国前近代史研究的出发点置于何处来进行探索呢？

前章我们已经看到，在当今中国的社会主义建设中，农业、农民问题的解决，尤其是对其小规模生产特质进行的社会主义改革，成为了重要课题。这一问题要求我们不能止步于现状分析，还要对构成其前提的中国前近代社会的农业、农民问题进行理论性和历史性的阐明。对这一问题进行阐释的切入点应该置于何处呢？当然首先应该对农民这一中国前近代社会的直接生产者的统一性发展诸阶段进行考察。而根据此前的诸研究所明确的，历史上的直接生产者包括战国秦汉时期的编户小农、赁作农民、下户、雇农、奴婢等，六朝隋唐时期的均田农民、富豪层、佃客、部曲、庄客、佣客、奴婢等，宋代以降的佃户、客户、佣工、奴仆、富农等，以及被认为广泛存在于各个历史时期的"自耕农"。此前的研究已经揭示了中国前近代社会直接生产者的多样性存在诸形态。然而，在对这些直接生产者的诸形态进行概观时，似难以进行统一的发展性理解，事实上也没有出现过类似动向。原因究竟何在呢？这是因为过去的诸研究只是对那些特殊形态进行个别观察，分析其各自的生产关系[1]，而未将其还原至诸形态所共通的普遍性范畴进行分析。对这些采取了多种多样的历史形态的直接生产者，若除去

---

* 译者按：本文原为中国史研究会编：《中国史像の再構成——国家と農民——》（文理阁，1983年）《总论》第二章。文中出现的"前章""次章"等表述，均指此书内容。

1. 作为人与自然之间的物质代谢过程的劳动过程即生产力，构成了生产关系的基础，且对其产生制约。不可否认的是，因为缺乏对于劳动过程的本质性分析，往往可以看到仅止于生产关系的现象罗列和对应既成概念的事实适用等倾向。

佃耕关系、雇佣关系、身份关系等形态定义，除去奴婢以外的这些农民，就留下了共通的普遍定义。即他们是在生产过程中不包含明确的分工、合作，使用分散的生产资料进行独立耕作的小规模生产者，也就是小农。更加准确的表现，则是小经营生产方式。如马克思所言，"只有在劳动者是自己使用的劳动条件的自由私有者，农民是自己耕种的土地的自由私有者，手工业者是自己运用自如的工具的自由私有者的地方，它才得到充分发展，才显示出它的全部力量，才获得适当的典型的形式"，不过"诚然，这种生产方式在奴隶制度、农奴制度以及其他从属关系中也是存在的"[《资本论》第一卷第二十四章，中文版《马克思恩格斯全集》（第1版）第二十三卷，第830页]，小经营生产方式普遍存在于除原始社会以外的前近代社会。这种小经营一方面"是发展社会生产和劳动者本人的自由个性的必要条件"，但另一方面"这种生产方式是以土地及其他生产资料的分散为前提的。它既排斥生产资料的积聚，也排斥协作，排斥同一生产过程内部的分工，排斥社会对自然的统治和支配，排斥社会生产力的自由发展。它只同生产和社会的狭隘的自然产生的界限相容"[《资本论》第一卷第二十四章，中文版《马克思恩格斯全集》（第1版）第二十三卷，第830页]。马克思指出小经营生产方式有着内在限制，伴随着生产发展，这一生产方式必然向其对立面即基于生产资料大规模聚集的社会性生产转化。由此可见，小经营生产方式虽然是具有一定局限性的历史存在，但也是实现社会性生产和劳动者自由个性发展的必要条件之一，是广泛见于前近代社会的基础范畴[1]。在中国前近代社会的基础中，如前所述，这种小经营生产方式也是一贯存在的。可以说对中国农业、农民问题的

---

1. 首先将小经营生产方式作为前近代社会中农业问题研究的基础范畴而提出的，是栗原百寿氏《農業問題入門》（有斐閣，1955年）。戸田芳実氏《日本領主制成立史の研究》（岩波書店，1967年）、河音能平氏《中世封建制成立史論》（東京大学出版会，1971年）等继承了栗原氏提出的这一问题，构筑了新的日本中世領主制论。中村哲氏《奴隷制·農奴制の理論》（東京大学出版会，1977年）则更为彻底地将其设定为世界史性的基础范畴。我们的研究多受益于以上诸氏的成果。另外，我们建立小经营生产方式论的立场，是通过1975—1977年在京都大学东洋史研究室举行的"农书研究会"上的讨论以及在此基础上发表的我们的个别研究成果（参照次章）。

理解乃至中国史的统一性理解，关键即在于以这种小经营生产方式的具体分析为一般性基础，进而对采取了小经营生产方式的诸特殊形态进行历史性、发展性的理解。尽管过去的诸研究作为个别实证研究已经取得了显著的成果，但个别研究愈进展，反而愈成为了对中国史进行统一性理解的障碍。这尤其在1960年代以降的研究状况中有典型表现。其原因之一如前所述，是仅仅将佃户、庄客、雇农、自耕农等直接生产者的特殊形态作为问题，而未能将其还原至共通的普遍性基础范畴即小经营生产样式并进行分析[1]。即没有对小农进行形态定义，这一定义当立足于生产方式研究，后者则需要对无论何种生产都普遍存在的劳动过程和社会关系进行分析。尤其是对作为人与自然之间物质代谢过程的劳动过程的分析付之阙如，这是决定性的缺陷。如果不能阐明作为基础的普遍性，对其特殊发展诸形态的认识最终也是不能实现的。因此，我们将小经营生产方式作为中国前近代研究的切入点。对于以多种形态历史性存在的农民，我们需要将其还原至作为普遍基础性实体的小经营生产方式，再在具体分析的基础上，对作为小经营生产方式诸形态的直接生产者农民进行发展阶段性的把握。我们认为只有这样才能对直至中国社会主义建设时期的农业、农民问题进行历史性、统一性理解，才是在世界史的普遍发展阶段中对中国社会的发展诸阶段进行定位的正确方法。关于小经营生产方式在中国的发展诸形态，基于此前我们进行的个别研究，将在次章具体展开。

不过，虽然可以作为中国前近代史研究的切入点，小经营生产方式本身也并非能够表现并且解释中国前近代社会的所有方面。只有将小农经营置于与其他小经营农民、富豪层、富农、宗族、地主、国家

---

1. 佐竹靖彦氏《宋代鄉村制度之形成過程》（《東洋史研究》第25卷第3号，1966年）继承了户田、河音诸氏的成果，在中国史研究中首先提出了小经营生产方式论。虽然这是值得肯定的，但佐竹氏关心的问题重点在于小经营相互结合的乡村社会，并非是对小经营生产方式本身的分析。现在具有决定性的研究，应当是在佐竹氏提出的基础上将农民经营作为小经营生产方式进行分析。这一点，在其后的秦汉史研究中将小经营生产方式作为问题的多田狷介、好并隆司两氏那里也是共通的。关于两者之间围绕秦汉时期的小农经营是否是一种假象发生的论争，也只有通过对生产方式的分析，尤其是对作为其一个侧面的劳动过程的分析，才能得以扬弃。

等他者的社会性联系中，才能得到其整体性的社会定义。其中在过去的诸研究中得到一致重视的，是乡村社会-共同体以及专制国家，我们应将其与小经营生产方式之间的联系和区别作为问题。以下就对国家史研究中相对进展较大的秦汉隋唐时期的代表性研究进行概观，并将思考国家—共同体—小经营生产方式之间的内在关联作为线索，它们正是为了明了中国前近代社会的发展而设定的基础范畴。

二、秦汉隋唐时期的国家史研究

第二次世界大战后，较早言及专制国家权力的是西嶋定生氏。西嶋氏的理解基于"世界史的基本法则"，认为国家的基本特质在于，"在阶级社会中，支配阶级与被支配阶级之间是无法相互和解的对抗性关系。在这种对抗性关系中，支配阶级为保证支配的维持而创造的权力机关即为国家"（《古代国家の権力構造》，收入《国家権力の諸段階　一九五〇年度歴史学研究会大会報告集》）。这一理解方式将国家权力的本质视为阶级支配，在这一意义上是值得肯定的。但是，如"支配阶级为保证支配的维持而创造"的说法所示，实际上仍然只是将国家权力定位为阶级支配的工具，是一种权宜之举。基于这种对国家权力的理解，西嶋氏以国家—豪族关系为基轴对秦汉时期的社会进行分析，试图论证豪族的家父长制型家内奴隶制特质在国家权力的性格定义上也是共通的。众所周知，这一研究受到了很多批判。其后西嶋氏通过对此进行的反批判和自我批判，重新将国家—小自耕农关系设定为基本生产关系，将使其成为可能的国家权力样态作为公权力的内容，以正当性实现的条件为主题，进行了具体研究。西嶋氏指出，"专制君主所具有的公权性特质，例如秦汉的皇帝是独一无二的君主，不承认有与自己同时并存的同质性权力，这样的权力特质就是使得皇帝超越其他所有权力的权力特质。而这种公权力在使得皇帝超越所有其他权力的同时，也使其借此君临于人民成为可能。……所谓国家秩序，正是以这种公权力为中心形成的支配体制"（《中国古代帝国の形成と構造》，东京大学出版会，1961年，第42页）。而"问题在于，如何理解作为专制君主的皇帝所进行的个别人身支配的形成。我们分析的视角，就是作为这种支配实现的场域，对皇帝与人民之间秩序体制的具体形态进行把握，探究其秩序的构造是如何形成的"（同书第48—49页），从而提出了个别人身支配、公权力是经由何种媒介、秩序来实现的问题。如此，西嶋氏通过对二十等爵制的分析，指出皇帝赐予的民爵在里这一具体场域中完成了秩序形成机能，论证了公权力的实现。其中已经看不到此前对国家权力的特质定义，即直接定义为为了维持支配隶属关系而设的机关。但是，西嶋氏在皇帝与小农之间设定了秦汉国家的基本生产关系，并将这种关系定义为个别人身支配体制，可见其将国家权力视为以维持支配隶属关系为目的的想法并未发生根本改变。变化的只是更为媒介性的对权力实现进行把握。即相对于原来对专制国家—豪族关系进行直接定义，取而代之的是以专制国家—小农关系为基轴，将里这一共同体作为中间项进行积极定位，以此理解秦汉时期的国家。这种国家权力理解，以及以专制国家—小自耕农关系为基轴并以共同体作为中间项来把握秦汉隋唐时期社会的立场，在那些与西嶋氏一起依据"世界史的基本法则"来深化研究的学者那里，即使存在种种差异，也还是共通的，直到今天仍然拥有巨大的影响力[1]。

不过，在上述西嶋氏取得研究进展的1950年代后半期，又出现了新的研究动向。在现实的世界史中，出现了亚非拉诸民族民族运动的发展和政治独立的进展，相应地关于亚非拉诸民族的历史研究也取得了飞跃性进步。在这样的情况下，1950年代中期，美国文化人类学者J. H. 斯图尔德（J. H. Steward）将"文化的多线性进化"理论化（*Theory of Culture Change: The Methodology of Multilinear Evolution*，University of Illinois Press，1955；《文化変化の理論——多系進化の方法論》，米山俊直、石田紅子译，弘文堂，1979年），经由住谷一彦氏等人介绍

---

1. 参见堀敏一氏：《均田制の研究》，岩波书店，1975年；好並隆司氏：《秦漢帝国史研究》，未来社，1978年。尾形勇氏《中国古代の「家」と国家》（岩波书店，1979年）从家与国家这样的观点出发对个别人身支配进行了论述。另外，木村正雄氏《中国古代帝国の形成》（比较文化研究所，1965年）将国家—小农关系定义为齐民制型支配，与西嶋氏的研究形成了相互补充的关系。

（《文化人類学と歴史学》，《思想》1958年10月号），对日本研究者也产生了影响。与这一多线性进化论在内容上相通的梅棹忠夫氏《文明の生態史観》（中公文库，1957年）、E. O. 赖肖尔（E. O. Reischauer）等的近代化论相继发表，到1950年代后半期，对"世界史的基本法则"所提出的古代奴隶制—中世封建制—近代资本主义这一世界史的单线发展阶段说，出现了相当大的反省和批判[1]。

在中国古代中世史研究领域，主要表现为两种动向。第一种动向的代表是1970年代初多田狷介氏的见解。多田氏对过去的秦汉隋唐期研究进行了批判性回顾，提出需要导入亚细亚型生产方式概念，"这一概念能够有效解释历史的单线发展模式所不能解明的中国古代史的结构性特质"（《中国古代史研究覚書》，《史艸》第12号，1971年）。多田氏认为，"应该认识到，秦汉社会的现实是共同体内的个别经营尚未成熟，因此共同体基本上还停留在亚细亚型共同体的阶段；以共同体的这一阶段为基轴，专制国家位居其上"（同上，第30页），"秦汉社会小农的小经营生产方式不过是一种假象，他们并不能真正从共同体中取得独立"（同上，第38页），以亚细亚型共同体和专制国家的关系为基础，将秦汉隋唐时期社会的基本支配隶属关系定义为总体奴隶制社会。多田氏的见解，继承了前述西嶋氏的立场，即从支配隶属关系来对国家加以把握。不同的是，西嶋氏是将共同体作为中间项，以专制国家—小自耕农关系为基轴，对国家权力进行把握。与此相对，多田氏将小农经营视为假象，事实上提倡以专制国家—共同体关系为基轴进行分析，强调中国古代社会的特殊性[2]。

---

1. 关于世界史发展究竟是多线性的还是单线性的这一问题，在此难以断言。不过，在文化人类学内部，对于斯图尔德的多线性进化论，也有埃尔曼·塞维斯（E. R. Service）等学者的批判（《進化と文化》，新泉社，1960年）。他们将多线进化作为"特殊进化"的局面来把握，同时认为整体看来还是可以设定从低级阶段向高级阶段发展的"普遍进化"诸阶段。这确实是富于启发性的意见，虽然仅从热力学结果的差异进行从低级向高级发展的阶段定义这一观点仍然还有检讨的余地。
2. 虽然有若干观点的相异，但丰岛静英氏的诸研究，1975年度历研大会上太田幸男氏的报告，1978年、1979年、1980年度历研大会上堀敏一、重近啓树、鹤间和幸诸氏的报告，都可以以多田氏的专制国家—共同体为基轴置于分析的系谱中。这些报告与多田氏的差别，在小农经营的特质定义方面是非常显著的。

另一种动向是谷川道雄氏等人的见解[1]。他们通过对近代化论提出的封建制概念进行再检讨，批判此前的"基本法则"式单线发展阶段说是以西欧史作为典型的研究，希望在相对化西欧历史发展的基础上，能够以作为普遍性原理的共同体关系为基础，把握中国社会的独特发展。前述西嶋氏和多田氏的立场是以支配隶属关系为基轴对国家权力进行分析，并将国家视为实现阶级支配永久化的权宜之举。谷川氏对此进行了批判，并由此提出了自己的立场。这一立场简单地说，就是重视"国家的共同体性公共特质"这一侧面。谷川氏在以共同体论的观点研究中国古代中世社会时，"感到阶级关系并未向私人隶属制强烈倾斜，而是向着共同体的扩大形式展开，在这里存在着中国独特的性质"，认为"这样的话，编户民可以说就具有二重性，一方面是'国家共同体'的成员，另一方面又受到国家权力的支配"（《中国中世社会と共同体》,1976年，第71页），推测国家关系具有共同体性特质。与此类似的言论散见于其论著。最近谷川氏又以国家共同体概念为主题，指出小农具有个人性和社会性两个侧面，通过对北魏计口授田政策、劝课农耕政策的分析，认为国家以小农经营的社会性侧面为媒介，实现其共同体性特质（《自営農民と国家との共同体の関係》,《名古屋大学東洋史研究報告》第6号，1980年）。谷川氏在这里不是仅从共同体性侧面来理解国家关系，而是将阶级关系和支配隶属关系也纳入视野，简单地说就是作为"二重性"来进行理解。但是，对于国家的共同体性侧面和以支配隶属关系为媒介的侧面，进行互为媒介式的把握，做得还不够充分。实际上是将重点置于共同体性侧面，对于国家的二重机能仅停留在指出这一点上。

对于上述西嶋、多田、谷川诸氏所代表的战后秦汉隋唐史研究中的国家权力理解，若粗略概括的话，可以说，到1960年代后半期为止，

---

1. 川勝義雄氏以东汉六朝时期的贵族制为对象的系列研究，与谷川氏的立场构成了相互补充关系。川勝氏将乡论作为共同体关系的具体表现进行研究，从乡论环节的重层构造中去把握当时社会的特质。谷川、川勝两氏的立场说明见于《中国中世史研究における立場と方法》一文（收入中国中世史研究会编：《中国中世史研究：六朝隋唐の社会と文化》，东海大学出版会，1970年）。

占据核心的研究将基轴置于支配隶属关系上，并将国家权力理解为为了这种关系的永久化而设置的机关。1960年代以降，重视国家的共同体性公共性格的立场开始抬头，目前是这两种立场并存的局面。这两种立场，其重点虽然有所不同，但从1960年代的西嶋氏和最近的谷川氏之说即可明了，双方都希望把相异的侧面也纳入视野来理解秦汉隋唐时期的国家。这样，上述两个立场现在可以说重心虽然不同，但都承认国家的二重机能。问题在于，这样两个侧面，即国家贯彻阶级支配的一面与国家的公共性侧面，是如何发生关联的呢？简单地说，国家不仅仅只是作为阶级支配工具的权宜之举，也并非同时具有阶级支配与公共性侧面这样两种机能。关于以上两个侧面之间的关联，熊野聪氏通过对马克思、恩格斯和列宁相关论述的批判性检讨，提出了富有启发性的见解。这里仅仅介绍其结论，即"在阶级社会中，所有的社会性存在都表现为阶级性存在，公共机能要实现的话也必须具有阶级性质。阶级压迫并非是与公共机能相异的存在，而是公共机能实现的形式"（《共同体と国家の歴史理論》，1976年，第34页）。那么换言之，国家贯彻阶级支配，是通过公共机能的完成而实现的。这是相当明快的论述。不过，熊野氏的立论是通过对马克思、恩格斯等人论述的检讨进行的，并不是基于对现实的直接分析，尤其完全没有考虑中国史的具体史实，这是其局限性所在。基于具体史料分析来验证包括熊野氏在内的论述是否妥当，是留给我们的课题。下面就以这种具体史料分析为前提，进行仍然有必要的初步的一般考察。在这一场合应该注意的是，在西嶋、多田和谷川诸氏的研究中，存在着共通的范畴，即国家、共同体和小农经营。但是，对这些范畴的定位又各有不同。西嶋氏将共同体作为中间项，而以国家—小农关系为基轴。与此相对，多田氏以小农经营为假象，将基轴置于国家—共同体关系。谷川氏则将国家作为共同体的扩大形式，以共同体—小农关系为基轴展开讨论。三位学者关于国家、共同体和小农经营的具体定义本来也各有不同。问题在于，国家、共同体和小农经营这样三个范畴的关联，对三位学者的秦汉隋唐社会理解起到了很大的作用。更为本质的是，这样三个范畴的内在关联，在三位学者那里都没有得到充分揭示。下面我们就对国家、共同体和小农经营的内在关联进行考察，明确小经营生产方式才是把握中国前近代社会发展的基础范畴，并同步考察国家的阶级本质是如何通过完成公共机能而贯彻的。

三、国家、共同体、小经营生产方式

在考察前近代社会特质的场合，首先应该明确的就是其与近代社会的区别。这种区别主要来自作为前近代社会与资本主义社会之分水岭的原始积累。所谓原始积累，既包括以二重自由为内容的雇佣劳动者的析出，也包括生产资料的积累即资本的形成。所谓雇佣劳动者的二重自由，一是脱离身份性人格隶属即政治性支配隶属关系而获得的自由，二是脱离生产资料、生活资料而获得的自由。要而言之，原始积累就是"生产者与生产资料分离的历史过程"［《资本论》第一卷第二十四章，中文版《马克思恩格斯全集》（第1版），第二十三卷，第783页］，"直接生产者的被剥夺，即以自己劳动为基础的私有制的解体"（同上，第829页），向着基于榨取他人劳动的私有制的转化。换言之，这说明在前近代社会社会关系的基础中，存在着（1）作为人际关系的政治性支配隶属关系，以及（2）作为人与自然即生产资料之间关系的本源性结合。而作为其承担者，"以自己劳动为基础的私有制"即小经营生产方式的最高发展阶段构成其前提。这样我们在对中国前近代社会进行具体分析时，就可以把这种小经营生产方式定位为基础范畴，去考察小经营所连接的作为人与自然即生产资料之间关系的本源性结合，与作为人际关系的政治性支配隶属关系，究竟是如何关联的。

在前近代社会中，直接生产者农民与作为其劳动客体的自然即生产资料之间存在本源性结合关系，因此若将农民经营作为直接劳动过程来把握的话，作为劳动主体的农民，与作为其客体的土地，就直接且即时地产生了关系，生产物也因此为农民首先获得。不过，如果从制约农民经营的其他人际关系也就是社会关系中来把握农民经营的话，这一关系就显示出不同的样貌。这里所谓的他者，限定于阶级社会而言，就是上级土地所有者——领主、地主、国家等。在这一场合，虽然他们对农民使用的土地的"所有权"只是一种法律性拟制，但他们的"所有权"不仅仅表现在法律方面，也包括了经济性内容。因此，就需要从农民那里二次性地取得剩余生产物。也就是说，领主等上级土地所有者的土地所有，只有在农民经营的剩余劳动中才有实现的可能性。其存在虽然不过如此，但在再生产过程中，需要通过将这种可能性转化为现实性，即将农民经营的剩余生产物以地租的形式加以征收，来经济性地实现这种所有。在这一场合，农民直接控制劳动过程，第一次性的直接取得生产物，因此将上述可能性转化为现实性的条件，就不能是直接经济性的，而是通过经济外强制——极端场合甚至是暴力——方能完成这一转化。也就是说，上级所有的经济性实现，是以经济外强制为条件而完成的。土地所有的经济性实现即作为经济关系的地租征收，以经济外因素——一般是政治性支配隶属关系——为条件而实现。我们认为这种媒介关系是定义前近代社会之样态的根本所在。前近代社会中的土地所有多数具有政治性装饰，政治与经济具有密不可分的关系，进一步说国家与社会也具有密不可分的关系，可以说与此是紧密相关的。

下面来看这种经济外强制。多数场合，它表现为政治性支配隶属关系，即个人与个人之间的限制关系。这种场合所谓的支配，是对他人意志的占有关系，正是以人与人之间的意志为媒介的意志性关系。单凭支配者的暴力强制这种粗放形态是无法维持下去的。毋宁说只有隶属者对支配者的支配正当性加以承认，才能使得对其意志的占有关系能够再生产并被设定为可永远存续下去。对支配意识形态及其再生产装置——制度、法律、身份——进行研究的意义之一即在于此。

无论如何，支配隶属关系就是作为这种政治性及意志性关系，以经济性关系为媒介，赋予了前近代诸社会构成体各种各样的特质。但是，这种支配隶属关系从根底上所依据的，还是小农经营的发展阶段。小农经营所具有的质的不同即本源性结合的不同样态，从根本上定义了支配隶属关系及其意识形态、经济外强制的整体状况。这是因为，只有直接生产者农民才是生活资料与剩余生产物的第一次性获得者。对作为历史主体的小农经营进行研究之所以无比重要，原因盖在于此。

一般的小农经营，都是作为个别经营，在其所置身的具体环境中经营农业，获得产品。这些产品中超出了农民直接消费即必要产品的部分，就是剩余产品部分，这一部分会被第三者以经济外的方式征收，如前所述，这就是地租，即第三者土地所有的经济性实现。不过，诸个别经营，并非只有依靠这种个人劳动过程的完成才能实现再生产。诸个别经营的个人直接劳动过程，一般都是以共通的生产条件为基础，才能完成个人直接劳动过程，作为个别经营实现再生产。这种一般生产条件，相应于直接生产过程的发展阶段，采取了不同的形态，一般来说包括道路、桥梁、漕运、水利、治水、通信防御设施，乃至土地、结社团体本身等。这些一般生产条件，虽然不像耕地等是直接进入生产过程的，但如果没有它们维系再生产，生产就不能在社会层面完成，或者即使完成也是不充分的。以道路为例，具体到秦汉时期就是阡陌。阡陌是将土地进行大体划分的道路，并不进入农业经营的直接劳动过程。但是，如果阡陌不能稳定地维系再生产，耕地的区隔就会变得模糊，也会妨碍农具、谷种、产品等的搬运，共享阡陌的个体农民经营也就不能进行稳定的再生产。类似的情况，或多或少也表现在治水、水利设施等方面。这种为一般生产条件的再生产而进行的劳动的支出，超出了农民为获得维持生命、生活的再生产所必需的生活资料而进行的劳动部分即必要劳动部分，在这一意义上，即从农民的直接再生产立场来看，是属于剩余劳动的。但是，这又是个体农民作为共享一般生产条件的社会-共同团体的成员，为维持其社会性再生产而进行的劳动。因此作为社会性再生产过程又表现为必要劳动。也就是说，是社会性必要劳动。为一般生产条件的再生产而进行的劳动，即使属于剩余劳动部分，也具有社会性必要劳动的一面。这是其特质所在[1]。

---

1. "……但就一般生产条件来说，这个问题具有特殊的形式。……但是，所以要修筑道路，只是因为它对于共同体是必要的使用价值，因为共同体无论如何都需要它。诚然，这是个人在维持其生存所必需的直接劳动之外一定要完成的剩余劳动——不管是以徭役形式还是以赋税这种间接形式去完成。但是，既然这种劳动无论对于共同体或作为共同体成员的每个个人来说都是必要的，这种劳动就不是个人完成的剩余劳动，而是他的必要劳动的一部分，这种劳动所以必要，是为了使他把他自己作为共同体成员再生产出来，从而也把共同体再生产出来，而共同体本身则是个人从事生产活动的一般条件。"马克思：《政治经济学批判（1857—1858年草稿）》（手稿后半部分），中文版《马克思恩格斯全集》（第1版）第四十六卷（下），第17—18页。

　　为一般生产条件的再生产而进行的劳动，是对于共同团体即社会的再生产不可或缺的社会性必要劳动。考虑到其社会性特质，这一劳动就必然采取社会性编成的组合劳动形态，后者超越了共享一般生产条件的个体农民经营。但是这并不是自然发生意义上的编成和组合。这是因为，对于"以生产资料的分散为前提"的小经营生产方式来说，"对自然的社会性支配和规制"本来就被排除在外，是小经营生产方式自身的社会性特质所决定的。另外也与如下状况有关。例如秦汉隋唐时期的农村社会分裂为若干阶层[1]，各农民阶层的物质利益并不一致，单单只是社会的部分拼凑集合并不能进行社会性组合劳动的编成。这种组合、编成需要由超越他们各自物质利益的第三者来推行，由此方能超越小经营生产方式本身所具有的狭隘性，对他们各自的物质利益进行调整。这一第三者角色正是由官僚和皇帝来扮演的，他们产生于社会之中，又与社会对立，由此完成社会公共事务，即对社会性必要劳动的管理和编成。这样的话，在达到相当程度的发展阶段的社会中，就必然会形成官僚（国家支配阶层）和一般大众即农民的分工关系。前者专门掌管社会公共事务和国务，后者则专门从事为维持社会性必要劳动而进行的劳动。在秦汉隋唐时期的社会中，这种社会性必要劳动与正卒、戍卒、更卒、正役、杂徭、府兵等力役、兵役劳动相结合和编成，农民被定位为其基本的承担者。这些力役劳动，在过去的研究中被认为是国家对农民剩余劳动征收的典型代表。这当然是正确的。但实际上仅从这一面也不能整体把握力役、兵役劳动的社会性特质。由国家征发和编成的兵役、力役劳动，如前所述是超越了直接农民经营再生产所必需的劳动部分的支出，在这一意义上属于剩余劳动。但是，从这一劳动具体的利用侧面来看，又是为维系一般生产条件的再生产而进行的劳动，是在社会层面有用的必要劳动，其目的在于实现作为共通基础而共享一般生产条件的共同团体——其最高次元的存在就是国家——的再生产。因此，作为力役兵役而被编成组合的

---

1. 参考大泽正昭：《唐宋变革期農業社会史研究·序章》，汲古书院，1996年；拙著《中国古代社会論》（本书）。

劳动，若在社会有用性层面本来就是生产性的消费，显然就是围绕为小农经营的稳定再生产而设的一般生产条件进行创造和再生产。以这种社会性组合劳动为主要内容的共同事业，其负责主体就是官僚和皇帝，他们政治权力的正当性一部分也来源于此。不过，由国家所编成的这些社会性必要劳动，并不仅仅只是用于与其原本的社会有用性相应的生产性消费。这些被社会性编成组合的劳动，若被官僚和皇帝用于宫殿、园囿、陵墓营造等非生产性、奢侈性消费[1]的话，就会丧失其原本具有的社会有用性，转化为不折不扣的对农民剩余劳动进行的征收。如此，官僚和皇帝就成了以社会之名对剩余劳动进行掠夺了。当这种剩余劳动掠夺超过一定限度时，不仅会造成农业劳动完成的困难，社会本身的再生产也会变得困难起来，也无疑很快就会导致王朝、国家本身的解体。秦与隋的王朝崩溃，正是其典型代表。我们不能将力役、兵役仅仅视为国家的剩余劳动掠夺，还要看到其社会性必要劳动的一面，将其本源性的社会性特质纳入视野。只有这样才能获得动态把握中国前近代诸王朝连绵不尽的兴亡之迹的视角，在统一的运动规律之中认识王朝兴亡。

更为重要的是，为维持一般生产条件再生产而进行的社会性必要劳动，是在社会有用性层面进行消费的结果。人类形成社会，并进行生产和生活。这是无论阶级社会还是无阶级社会都共通的普遍基础，是人之所以为人，本身就是一个自然史的过程。而国家，则是缘于社会分裂为各阶级而采取的历史性特殊形态。因此在采取了国家形态的社会，就不会有社会普遍层面的再生产了。社会的再生产，必定归结为社会各阶级的再生产。为一般生产条件的再生产而进行的社会成员的社会必要劳动也好，对这些社会必要劳动进行调整和编成而完成的共同团体的社会共同事业也好，在到达国家阶段的社会中，其自身的整体完成都必然导致阶级社会的再生产即国家的阶级支配的贯彻。前引熊野聪氏的意见，"在阶级社会中，所有的社会性存在都表现为阶级

---

1. 不过，宫殿和陵墓的营造有时候也是为了共同团体的再生产，具有很大的意义。这些营造所需要的劳动是否为剩余劳动剥削，取决于这些劳动或者生产物因社会有用性和机能不同而采取的不同现象形态。

性存在，公共机能要实现的话也必须具有阶级性质"，在以上所说的意义上是可以得到支持的。

尽管如此，这种作为一般生产条件再生产的社会共同事业，在其运营正常推行的场合，确实为个别小农经营的稳定再生产创造出了普遍条件。这就为那些完成共同事业并承担管理编成的共同团体——国家或者其地方组织——政治权力的正当性提供了经济性和意识形态性基础，同时也成为了小农经营向共同团体——国家供给租税——无论形态是纳钱、纳物还是直接劳动——的前提。也就是说，可以认为基于社会共同事业这一社会性分工关系的职务的整体完成，构成了租税供给的基础。如此可知，不能仅仅把租税视为国家成员以国家权力维持为目的而进行的缴费。可以认为在中国前近代社会，这种传统型租税，既包含了以共同团体再生产为目的的社会性必要劳动部分，同时也含有超出这一部分的地租即对农民性剩余的掠夺。这样的话，完成维持这种社会性再生产的公共事业，本身就可以理解为以国家性地租征收为目的的经济外强制发挥作用的普遍前提。中国专制国家的阶级本质，就是通过这种公共事业的正常完成而得以贯彻的。

以上围绕中国前近代社会，我们对国家、共同体和小农经营这三个范畴的内在关联进行了考察。这三个范畴能够进行内在关联的基础在于，小农经营的劳动以及劳动产品。可以将其分割为三个部分。第一部分是小农经营的直接必要劳动（产品）部分，为了小农经营自身的再生产而被其消费。第二部分是剩余劳动部分，在中国前近代社会的场合，大致以田租、两税以及其他租税形态被国家征收[1]。第三部分虽然直接看来是剩余劳动部分，但在社会再生产过程中，表现为以小农经营和共同团体的再生产为目的的社会必要劳动部分。这一部分无论是采取徭役形态这种直接劳动形态，还是采取租税形态这种间接征收，在由国家进行征收、编成的场合，往往转化为对剩余劳动的掠夺。也就是说，以小经营生产方式所产生的劳动产品为基础，通过对其进行分配的形态，国家、共同体和小农经营这三者产生了内在关联。本

---

1. 在存在地主佃农关系的场合，这一部分为地主和国家进一步分割。

来这样三个部分，根据历史条件的不同，会以不同的具体形态被分割。借由对这些历史条件的分析，可以明了以上三个范畴的具体历史联系[1]。将小经营生产方式设定为基础范畴，通过这种分析，对其所采取的具体形态进行阶段性把握。我们的理论基础可以说即在于此[2]。

---

1. 高橋幸八郎氏曾类化《资本论》中商品—货币—资本这一范畴，将前近代史（封建制）研究的基础范畴，设定为 Hufe—Gemeinschaft（共同体）—Grundherrschaft（领主）（《市民革命の構造》，御茶の水书房，1950年）。如果将这里的 Hufe 视为小农经营的话，则与我们所设定的范畴构成大致相同。但是，对《资本论》进行这种类比性的范畴构成，没有考虑到《资本论》第一卷第一篇《商品与货币》与第二篇《货币转化为资本》以下存在理论层次的不同，并不是正确的设定方法。商品向货币的转化，在《资本论》中是作为价值形态论而发生性展开的；货币向商品的转化，则不是发生性的，而是通过对当前日常所行的现象形态G—W—G'的分析而完成的。另外，成为商品—货币—资本转化的基础而一以贯之的，在《资本论》中是具有内在关联性的价值。高橋氏的设定，仅关注其形式性的侧面，而无视其内在关联，与我们的设定有本质的不同。
2. 我们绝非认为仅凭以上诸点即可完成对中国前近代社会的分析。这些工作只是为了完成社会构成体的基础分析而进行的考察。关于国家与共同体，还需要进行法律、制度、意识形态等上层建筑方面的普遍分析。这些方面对于经济基础有着各种各样的作用，不过从根本上说经济基础才是决定上层建筑的因素。从这样的立场出发，我们当前对经济基础所决定的国家、共同体与小经营之间的关联进行了考察。为了对社会构成体进行整体考察，还需要对各种各样的中间项进行分析。这些可以与国家土地所有问题一起作为今后的课题。

附论二　国家土地所有与封建土地所有

——以马克思的前近代土地所有概念为线索*

一、前言

当今日本的中国史学家们共同面对的课题之一，是对西洋中心史观的克服。所谓西洋中心史观，即以西洋尤其是以西欧的历史发展为基准对各国历史乃至世界史发展的构思。进入1960年代以后，人们开始对这种观念进行反思。这个契机包括多种原因。首先，这个时期飞速发展的亚洲、非洲、拉丁美洲民族运动引起人们对于这些地区以往的历史发展的关注，继而导致对所谓"世界史基本法则"进行深刻反思。世界上各民族、各国无疑必然经过原始共产制社会—古代奴隶制社会—中世纪封建社会—近代资本制社会—社会主义社会而继起性发展。1950年代的这种世界史认识，对于阐明被认为是停滞社会的旧殖民地、各附属国的历史发展起到了相当大的作用。然而，随着这些地区的历史认识的逐渐深化，我们看到，这种单一的世界史发展理论最终不过是以西欧历史发展为基准的国别史性理解。亚、非、拉各地区活跃的历史发展逐渐与这种历史观难以吻合[1]。

毋庸置疑，"世界史基本法则"的历史理论基础包含马克思的世界史认识。能否将《政治经济学批判·序言》中被模式化了的五种社会形态（Gesellschafts formation）的继起发展看作是"世界史基本法则"那

---

* 译者按：本文收入中国史研究会编：《中国専制国家と社会统合——中国史像の再构成Ⅱ》，文理阁，1990年。中文版（有删节）原刊中国秦汉史研究会编：《秦汉史论丛》第四辑，西北大学出版社，1989年。收入本书时，个别译文有所调整。

1. 关于这几点，请参照中村哲：《构造の世界史把握の方法について》，收入氏著《世界资本主義と明治维新》，青木书店，1978年；中国史研究会编：《中国史像の再构成——国家と农民——》，《总论》第一章《现代中国认识と中国史研究の视角》，文理阁，1983年。

样的单一性世界史发展理论尚在讨论之中。不过，马克思、恩格斯将西欧的历史发展认定为一个典型是正确的。对于他们来说，世界的社会主义变革至少是一个现实的课题。因为作为其主体的工人阶级的形成，是仅限于当时的西洋即西欧社会所能够看到的现象。要想理解担负着社会主义变革这样一个世界性课题的工人阶级的形成，至少必须回溯到产生了资本制社会的西欧封建社会。到20世纪前期为止，以西欧史发展为基准的世界史认识实际上已经拥有了它的现实依据。然而，随着20世纪以后帝国主义以它的否定形式而发展，使得工人阶级以世界性规模形成。1960年代亚、非、拉各地区发展的主要基础，不能否认与这种工人阶级的世界性规模形成有关。今天，以往的旧殖民地韩国、台湾、香港、新加坡作为亚洲NIEs（新兴工业经济地域）确立了资本主义体制，并且在世界资本主义体制中已占有不容忽视的地位。站在当今的立场上来看，尽管产生了资本主义的西欧具有世界史的决定性意义，但对以西欧史发展为基准的单一性世界史认知必须重新认识，同时也要树立与各民族的具体历史发展相结合的世界史认知。尤其必须有意识地对资本主义体制形成以前的殖民地、附属国的前近代各个社会的发展进行探讨。

这样一来，首先遇到的问题是，与西欧的性质完全相反的中国前近代史发展的方式。被中国历史学界界定为封建社会的战国以后国制史的特征共有七点，即：（1）由国家支配武器、军事指挥权。（2）君主主权的国家租税征收权。（3）审判权、立法权等司法行政权力集中于君主。（4）土地私有即买卖自由，所有权的非政治性。（5）家长制型小家庭为社会的基本单位。（6）不存在独立性的法共同体，法单是指国家法。（7）国家与社会分离的早期完成。小口彦太从法制史的立场结合以上特征指出，单以国制与法的构造来看，中国与欧洲封建社会之间不存在任何共同点。秦汉帝国形成后的中国前近代的法与国制，是一种与西欧近世初期的绝对王政、日本近世极其类似的社会[1]。尽管小口的论点有几处值得重新讨论，但总体上来讲，这个看法是得当的。在研究

---

1. 小口彦太：《中国前近代の法と国制に関する覚書》，《歴史学研究》第483号，1980年。

与西欧封建制社会呈对照形式的中国前近代社会结构时，单纯以地主-佃农关系的存在为基准，换言之，即以生产关系的一部分为基准用封建制概念来概括的话，不仅会影响对中国史独特发展的理解，同时也会使它在世界史中所占的地位平面化。

以下，笔者将对马克思的前近代土地所有概念进行整理，进而阐述前近代社会中封建土地所有与非封建土地所有的存在，拟提出对中国前近代社会结构的新的看法。

二、马克思的前近代土地所有概念

首先，我们概观一下马克思在对比近代土地所有中规定的前近代土地所有概念。马克思指出，敌对生产方式中的土地所有的一般基础是土地所有的垄断（Monopol），即法律性观念。他通过解释这种土地垄断即法律性观念与土地所有的经济性实现（地租）关系对土地所有进行了分析（例如《资本论》第三卷第三十七章《导论》[1]）。以此为前提，马克思将前资本制土地所有与资本制土地所有的形态区别概括如下表：

与前资本主义生产方式相对应形态	与资本主义生产方式相对应形态
Ⅰ 直接生产者占有土地 Ⅱ 作为劳动条件与土地的本源性结合，直接生产者是土地的附属物 Ⅲ 统治从属关系（人身依附关系） Ⅳ 带有政治性、社会性的装饰物 Ⅴ 地租作为剩余价值以及剩余劳动唯一的支配性正常形态	• Ⅰ～Ⅳ的否定、工人的双重自由、纯粹经济的形态 • 以与现实地租为目的的经济条件毫无关系，仅以土地所有（垄断）的法律观念取得地租 • 地租是超过平均利润的超额利润中被土地所有者垄断的一部分

---

1. "土地所有权的前提是，一些人垄断一定量的土地，把它作为排斥其他一切人的、只服从自己个人意志的领域。在这个前提下，问题就在于说明这种垄断在资本主义生产基础上的经济价值，即这种垄断在资本主义生产基础上的实现。用这些人利用或滥用一定量土地的法律权力来说明，是什么问题也解决不了的。……法律观念本身只是说明，土地所有者可以像每个商品所有者处理自己的商品一样去处理土地；……在这个意义上，土地所有权的垄断是资本主义生产方式的历史前提，并且始终是它的基础，正像这种垄断曾是所有以前的、建立在对群众的某种剥削形式上的生产方式的历史前提和基础一样。……"见中文版《马克思恩格斯全集》（第1版）第二十五卷（下），第695—696页。

本着这个前提，我们试分析前近代土地所有的特征。

首先，必须指出的是，在前近代土地所有制中作为固有的东西而存在的直接统治从属关系。例如，马克思在《资本论》第三卷第四十七章《资本主义地租的产生》第Ⅱ节《劳动地租》中指出：

> 在直接劳动者仍然是他自己生活资料生产上必要的生产资料和劳动条件的"所有者"的一切形式内，财产关系必然同时表现为直接的统治和从属的关系，因而直接生产者是作为不自由的人出现的；这种不自由，可以从实行徭役劳动的农奴制减轻到单纯的代役租。[中文版《马克思恩格斯全集》（第1版）第二十五卷（下），第890页]

也就是说，当直接生产者作为生产资料的占有者时（即小经营生产方式），劳动者（农民）首先取得产品。在这种条件下，为名义上的土地所有者而做的剩余劳动，仅由超经济强制从他们身上夺取。因而尽管存在程度上的差别，人身依附关系依然是必要的。在这种前资本制社会里，所有关系即生产关系为统治从属关系、政治、宗教等其他所有观念所掩饰（verbrämung），唯在资本中脱去这些伪装，作为纯粹的、单一的生产关系而体现[1]。

第二点应该指出，因为统治从属关系具有以上特质，在前近代社会，作为其反作用，统治从属关系对生产过程具有一定的制约性。马克思指出："第二，例如在古代和中世纪，奴隶制或农奴制形成社会生产的广阔基础，在那里，生产条件对生产者的统治，已经为统治和从属的关系所掩盖，这种关系表现为并且显然是生产过程的直接动力。"[《资本论》第三卷第四十八章《三位一体的公式》，中文版《马克思恩格斯全集》（第1版）第二十五卷（下），第940页]在前资本制社会，土地所有和生产过程以统治从属关系为动力（发条）而被命名。因而

---

1. 在马克思《经济学手稿（1861—1863年）》的第一章《货币转化为资本》中有具体论述，见中文版《马克思恩格斯全集》（第1版）第四十七卷，第147页。

土地所有者不仅以生产的机能者体现，同时也是生产过程和整个社会生活过程的指挥者、统治者。马克思指出：

> 至于地租，它能够表现为只是分配的形式。因为土地所有权本身在生产过程本身中不执行职能，至少不执行正常的职能。但是，1. 地租只限于超过平均利润的余额，2. 土地所有者从生产过程和整个社会生活过程的指挥者和统治者降为单纯土地出租人，单纯用土地放高利贷的人，单纯收租人，这些事实却是资本主义生产方式的独特的历史产物。[《资本论》第三卷第五十一章《分配关系和生产关系》，中文版《马克思恩格斯全集》（第1版）第二十五卷（下），第998页]

这里所区别的前近代土地所有与资本主义土地所有的本质性区别相当明确，指出了作为生产过程和整个社会生活过程的指挥者和统治者的土地所有与作为单纯土地出租人、用土地放高利贷的人、单纯收租人的土地所有之间，有本质上的区别。这里有必要说明前资本制土地所指挥、统治的社会生活过程的概念。

马克思在批判商品的拜物教性质的同时，这样阐述前资本制的性质：

> 这些古老的社会生产机体比资产阶级的生产机体简单明了得多，但它们或者以个人尚未成熟，尚未脱掉同其他人的自然血缘联系的脐带为基础，或者以直接的统治和服从的关系为基础。它们存在的条件是：劳动生产力处于低级发展阶段，与此相应，人们在物质生活生产过程内部的关系，即他们彼此之间以及他们同自然之间的关系是很狭隘的。这种实际的狭隘性，观念地反映在古代的自然宗教和民间宗教中。只有当实际日常生活的关系，在人们面前表现为人与人之间和人与自然之间极明白而合理的关系的时候，现实世界的宗教反映才会消失。只有当社会生活过程即物质生产过程的形

态，作为自由结合的人的产物，处于人的有意识有计划的控
制之下的时候，它才会把自己的神秘的纱幕揭掉。[《资本论》
第一卷第一章《商品》，中文版《马克思恩格斯全集》(第 1
版)，第二十三卷，第 96—97 页]

从引用中我们可以看出，所谓社会生活过程，显然是指社会性物
质生产过程，其中也包括每个个人在自己生活的再生产过程中缔结的
一定社会关系以及实践性日常各种关系的概念。

《资本论》第三卷中马克思引以为前提的前近代土地所有，不仅基
于土地垄断的地租取得，其中既包含实现地租取得的超经济强制性统
治从属关系，也包含着对由土地制约的人们社会生活过程的指挥和统
治的契机。下面，我们有必要从这个被规定为一般性的前近代土地所
有更进一步，对土地所有形态进行更具体的区分。

三、封建土地所有与国家土地所有

马克思把前近代土地所有制分为如下的封建土地所有与国家土地
所有两种形态：

> 在这里，按照假定，直接生产者还占有自己的生产资料，
> 即他实现自己的劳动和生产自己的生活资料所必需的物质的
> 劳动条件；他独立地经管他的农业和与农业结合在一起的农
> 村家庭工业。……在这些条件下，要能够为名义上的地主从
> 小农身上榨取剩余劳动，就只有通过超经济的强制，而不管
> 这种强制是采取什么形式。……所以这里必须有人身的依附
> 关系，必须有不管什么程度的人身不自由和人身作为土地的
> 附属物对土地的依附，必须有真正的依附农制度。如果不是
> 私有土地的所有者，而像在亚洲那样，国家既作为土地所有
> 者，同时又作为主权者而同直接生产者相对立，那末，地租
> 和赋税就会合为一体，或者不如说，不会再有什么同这个地

租形式不同的赋税。在这种情况下，依附关系在政治方面和经济方面，除了所有臣民对这个国家都有的臣属关系以外，不需要更严酷的形式。在这里，国家就是最高的地主。在这里，主权就是在全国范围内集中的土地所有权。但因此那时也就没有私有土地的所有权，虽然存在着对土地的私人的和共同的占有权和使用权。[《资本论》第三卷第四十七章《资本主义地租的产生》第Ⅱ节《劳动地租》，中文版《马克思恩格斯全集》（第1版）第二十五卷（下），第890—891页]

　　在这里，明确地划分了两种形态：（a）私有土地所有者作为土地所有者，同时又作为主权者而直接同真正的依附农相对立的形态，（b）国家作为土地所有者，同时又作为主权者而直接同真正的依附农相对立的形态。前者是封建（领主）土地所有，后者是国家土地所有。作为两者前提的真正的依附农，是指如同占有他自己的生产资料，占有实现自己的劳动和生产自己的生活资料所必要的物质的劳动条件那样的，经营小生产方式的直接生产者，是指其属性为（1）人身的不自由，（2）作为附属物而被紧紧束缚在土地上的农民。因而可以认为，其中包括经营小生产的保有土地的奴隶、农奴和封建依附农民[1]。根据以上所述，下面对封建土地所有与国家土地所有，再做些具体探讨。

（一）封建土地所有

　　私有土地所有者作为主权者，与真正的依附农相对立的形态，是封建土地所有。因此，在这里，主权—从属关系作为土地所有制的属性表现出来。马克思多次指出，战争的最高指令、司法、行政职能、领主权成了土地所有制的属性。例如：

　　　　资本家所以是资本家，并不是因为他是工业的领导人，

---

1. 对马克思的历史理论进行重新构筑的研究成果，其中包含经营小生产的奴隶与其典型的国家性奴隶制以及国家性农奴制等理论的提出，有中村哲：《奴隷制・農奴制の理論——マルクス・エンゲルスの歴史理論の再構成——》，东京大学出版会，1977年。

相反，他所以成为工业的司令官，因为他是资本家。工业上的最高权力成了资本的属性，正像在封建时代，战争中和法庭裁判中的最高权力是地产的属性一样。[《资本论》第一卷第十一章《协作》，中文版《马克思恩格斯全集》（第1版）第二十三卷，第369页]

与信用事业一起发展的股份企业，一般地说也有一种趋势，就是使这种管理劳动作为一种职能越来越同自有资本或借入资本的所有权相分离，这完全像司法职能和行政职能随着资产阶级社会发展，同土地所有权相分离一样，而在封建时代，这些职能却是土地所有权的属性。[《资本论》第三卷第二十三章《利息和企业主收入》，中文版《马克思恩格斯全集》（第1版）第二十五卷（上），第436页]

这种提法，在《1844年经济学哲学手稿·地租》中就已经有过比较具体的阐述：

封建的土地占有已经包含土地作为某种异己力量对人们的统治。农奴是土地的附属物。同样，长子继承权享有者即长子，也属于土地。土地继承了他。私有财产的统治一般是从土地占有开始的；土地占有是私有财产的基础。但是，在封建的土地占有制下，领主至少在表面上看来是领地的君主。同时，在封建领地上，领主和土地之间还存在着比单纯物质财富的关系更为密切的关系的假象。地块随它的主人一起个性化，有它的爵位，即男爵或伯爵的封号；有它的特权、它的审判权、它的政治地位等等。土地仿佛是它的主人的无机的身体。因此俗语说："没有无主的土地。"这句话表明领主的权势是同领地结合在一起的。同样，地产的统治在这里并不直接表现为单纯的资本的统治。属于这块地产的人们对待这块地产无宁说就像对待自己的祖国一样。这是一种最狭隘的民族性。[中文版《马克思恩格斯全集》（第1版）第四十二卷，第83—84页]

封建土地所有的各种属性，在这里被概括为"狭隘的民族性"。正如我们已经看到的，一般情况下，前近代土地所有，是以生产过程与整个社会生活过程的指挥及统治者面目出现的。在封建土地所有中，由于私有土地所有者作为主权者与真正的依附农相对立，因而它总的来说是以包含了军事指挥权，审判、行政权的"心胸狭隘的国民关系"的形式出现的。

（二）国家土地所有

国家直接地作为土地所有者，同时又作为主权者，与真正的依附农相对立的形态，是国家土地所有。在这种场合，国家是最高的领主，从属关系不需要比政治上的臣属关系更严酷的形式。地租与赋税一致。应该注意的是，马克思指出，这里的"主权就是在全国范围内集中的土地所有权"。在这里，主权的集中与土地所有的集中（国家土地所有），被认为是相互规定的。前近代土地所有，包含成为本质性契机的统治从属关系，是以生产过程和整个社会生活过程的指挥及统治者的面目出现的，土地所有的集中，当然是以统治从属关系及生产过程与整个社会生活过程的指挥、统治的集中的形式表现出来的。换言之，正是主权-从属关系的集中过程，才意味着土地所有的集中过程，即国家土地所有的形成。主权-从属关系的集中，只能是专制国家；专制国家的成立，就意味着国家土地所有的成立。在国家土地所有制下，即使那里有大土地所有形成，由于统治从属关系及生产过程与整个社会生活过程的指挥、统治的机能集中在国家手中，也不过是单纯大土地占有，只能以统治从属关系显著微弱的地主土地所有形式出现。因此可以说，中国专制国家下的地主土地所有制往往以统治从属关系和生产过程与整个社会生活过程的指挥、统治机能的显著欠缺的形式出现，也就不是没有原因的了。

四、结语

根据通过以上探讨所获得的马克思关于前近代土地所有的概念，

以下想提出几个在中国前近代社会经济史研究中应该深入探讨的理论性、实证性论点。

第一，马克思明确划分了封建（领主）土地所有与国家土地所有。封建（领主）土地所有，是私有土地所有者作为主权者与真正的依附农相对立的土地所有。因而，专制主义国家中的地主土地所有，如果只按照马克思的理解，是不能进入封建土地所有的范畴的。就中国史而言，特别是对于宋代以后的大土地所有所进行的封建地主等概念规定，是极其混乱的。地主土地所有在前近代中国所具有的意义，毫无疑问是重要的。正因为如此，应该避免概念内容上含混不清的用法，地主土地所有应该按照史实规定它的概念。

第二，战国时期以后的中国社会结构，不应认为是封建制的社会结构。如果把西欧中世纪的社会结构当作封建制的社会结构的典型的话，那么中国的社会结构是位于与西欧相对的另一极的又一种典型的社会结构。现在，也许应该把只能够称之为非封建的社会结构的中国与西欧封建制当作两极，比较日本及其他不同程度地存在于其中间的各国、各民族的社会结构，从多层次、多侧面来把握世界史。也许应该说，中国史在世界史上具有的重要位置，并不是由于它接近西欧封建制，而正在于能够使其相对化[1]。

第三，对中国古代专制主义的国家制度，即国家土地所有的形成过程的阐明，必须通过对包含官僚制、军队、司法、审判机构的健全与集中问题，或治水、水利等由国家对社会生活过程的指挥问题的具体分析，解释清楚从原始公社社会到殷周时期各地正在形成中的主权，在春秋战国时期集中于各国王权，而后又被皇权所统一的过程。这无疑与以古罗马帝国的历史发展作为前提，尚处于文明化过程中的日耳曼各民族，将其主权归为私人、私有土地所有的过程，形成鲜明的对照。

---

1. 关于我个人对于从春秋战国时期到唐宋变革时期的农村的社会结构的看法，请参照拙作《中国古代社会論》（青木书店，1986年）。

附论三　火耕水耨的背景

——两汉六朝时期的江南农业[*]

前言

关于8世纪前江南农业发展的样态，相关史料很少，以往只能围绕着"火耕水耨"与其注释开展单一的研究。不过，渡辺忠世、桜井由躬雄两氏所编的《中国江南の稲作文化》（日本放送出版协会）于去年刊布，经过生态学、农学、历史学等专家共同讨论，提出了江南三角洲地区稻作农业发展的统一性推测。其中关于唐末以前的江南农业，虽然也是围绕着火耕水耨的实体展开讨论，但自然科学学者提出的论点，超越了迄今为止对火耕水耨的理解，包含了把握江南农业实体的可能性，可以成为今后的研究进一步展开的基础。在这一动向之外，大泽正昭氏以陆龟蒙的经营为中心，对8、9世纪的江南水稻种植进行了实体解明[1]。另外虽然仍处于问题提起的阶段，但关尾史郎氏对于六朝时期的江南农业也提出了新的观点，建立了畴田与良田这两类农田的区别[2]。小论以上述新动向与考古学资料为基础，对"火耕水耨"本身的含义与作为其背景的一般性水稻农业的样态及其发展过程进行概观。

---

[*] 译者按：本文原刊《論集中国社会・制度・文化史の諸問題 日野開三郎博士頌寿記念》，中国书店，1987年。

1. 大澤正昭：《唐代江南の水稲作と経営》，《中国史像の再構成——国家と農民——》，文理阁，1983年。

2. 関尾史郎：《六朝期江南の社会》，收入《東アジア世界の再編と民衆意識——九八三歴史学研究別冊特集》，1983年。

一、关于"火耕水耨"的解释

在迄今为止的研究中，都将火耕水耨视为六朝之前江南农业的代表。因此，如果不对火耕水耨表现的内容进行研究，便不能指望新的进展。以往的理解对其前提有决定性误读。以下对迄今为止的解释进行整理的同时，也对火耕水耨的意义进行探究。

西嶋定生氏率先对此开展研究[1]。西嶋氏认为东汉末应劭的注释"烧草，下水种稻，草与稻并生，高七八寸，因悉芟去，复下水灌之，草死，独稻长，所谓火耕水耨也"（《史记·平准书》"集解"引）是接近真相的。即将这一农法理解为燃烧草莱，之后进行灌溉、直播，待水稻与杂草共同生长至七八寸的高度时，将其与杂草一同割去并再次灌水，使杂草腐烂，留下水稻独自生长。这种农法为进行除草，必须进行一年的休耕，总而言之即为一年休耕、直播式水稻栽培法。西嶋氏主张，这种栽培法与如《齐民要术·水稻第一一》所示的南方水稻种植是共通的，在六朝末期之前，华北农业保持着对于江淮稻作农业的优势。

对于这一观点，天野元之助、米田贤次郎、西山武一诸氏提出了反对意见，关于火耕水耨的解释骤然成为了论争的焦点。天野氏根据唐张守节的注释"言风草下种，苗生大而草生小，以水灌之，则草死而苗无损也"（《史记·货殖列传》"正义"），以及西朝鲜实行的干畲直播稻作，将其理解为如下农法[2]，即在初春土地干燥时放火，燃烧枯草后进行直播，待夏季降雨期灌水将陆生杂草杀灭进行抑制，但随着水生杂草的繁茂，开田数年后就要放弃土地。米田氏通过对应劭注的分析，将其理解为使用手工撒种条播和精细除草的一年一作、稻麦（粟）轮作农法，认为这一农法在晋南渡后不久变成了用于过去开垦地的特殊

---

1. 西嶋定生：《火耕水耨について》，收入《和田博士還曆記念東洋史論叢》，讲谈社，1951年，之后修订为《中国経済史研究》第一部第四章《火耕水耨について——江淮水稲農業の展開過程——》，东京大学出版会，1966年。
2. 天野元之助：《火耕水耨の辨——中国古代江南水稲作技術考——》，《史学雑誌》第61編第4号，1952年。

农法[1]。米田氏进而留意于"火耕而水耨"这一表述,指出将火耕与水耨
理解为不同事物的可能性,并认为仅将其限定于水稻农法是不妥当的。
西山氏将火耕水耨理解为岁易直播、散播水耨式的农法。进而与《齐
民要术·水稻第一一》中所见的淮泗水稻种植相对比,认为两者都是岁
易直播,但可将淮河流域实行的农法视为伴随着条播手耨与自由灌排
水的先进农法。继而将同见于《要术》、以连作田植方式为内容的北土
高原(黄河济水流域)水稻种植定义为这一时期最为先进的农法,在
对江南火耕水耨农法、淮泗水稻种植、北土连作田植农法进行区别的
同时,指出其存在地域性阶差[2]。

　　以上诸说,在以使用火为耕作前提以及采用直播方式这两点上是
一致的。但是在种植方式上,可以看到如数年连作放弃即代田说(天
野)、二年一作即隔年休耕说(西嶋、西山)、一年一作即稻麦轮作说
(米田)这样较大的差异。由此他们对于江淮地域所处生产力阶段的见
解也有不同。不过,这些研究共通的特点,与其说是在"火耕水耨"
这一表现所在的史料本身的限定范围内去进行理解,不如说是以经应
劭等后人之手形成的注释为线索去直接进行解释。因此,这些先人的
注释对火耕水耨解释的正确性是其前提,但这一前提本身的正确性并
不能得到任何证明。例如西嶋氏认为《周礼》"稻人"条的记述和郑玄
注以及《要术·水稻第一一》所见淮域稻作的记述与应劭注大体是一致
的,由此对火耕水耨进行解释。然而,并没有什么能够证明这些史料、
注释与火耕水耨的一致性。应劭自己在其注释的最后总结道"所谓火
耕水耨也",似乎承认此处有一定的偏差。阅读注疏是古典研究的基
础,但这是为了正确地理解正文。在这种情况下,没有进行正文与注
疏之间不断的相互批判,就不会接近正确的解释。不得不说,前人的
诸研究停留于注疏的解释,反而忽视了从正文角度去批判注疏,仍有

1. 米田贤次郎:《應劭『火耕水耨』注より見たる後漢江淮の水稻作技術について》,《史林》
　　第38卷第5号,1955年。
2. 西山武一:《齐民要術における淮域稻作の実体——火耕水耨法及び田植運作法との関
　　係——》,《鹿儿島大学農学部学术報告》第3号,1954年,后收入氏著《アジアの農法と農
　　業社会》,东京大学出版会,1969年。

292

不充分之处。

因此，需要立足于正文本身，来考察火耕水耨是在什么样的条件下被叙述的。值得注意的是《史记·货殖列传》中的如下记述：

（A）越、楚则有三俗。夫自淮北沛、陈、汝南、南郡，此西楚也。……彭城以东，东海、吴、广陵，此东楚也。……浙江南则越。……衡山、九江、江南、豫章、长沙，是南楚也。……九疑、苍梧以南至儋耳者，与江南大同俗，而杨越多焉。……

（B）总之，楚越之地，地广人希，饭稻羹鱼，或火耕而水耨，果隋蠃蛤，不待贾而足，地势饶食，无饥馑之患，以故呰窳偷生，无积聚而多贫。是故江淮以南，无冻饿之人，亦无千金之家。

（C）沂、泗水以北，宜五谷桑麻六畜，地小人众，数被水旱之害，民好畜藏，故秦、夏、梁、鲁好农而重民。三河、宛、陈亦然，加以商贾。齐、赵设智巧，仰机利。燕、代田畜而事蚕。

面对这些记述，立刻可以注意到火耕与水耨是不同的事物，米田贤次郎氏指出了其不是水稻农业的可能性，田野仓光男氏则在这一脉络下于一篇短文中提出了对正文解释的新见。田野仓氏注目于（B）中"或火耕而水耨"的"或"字与"而"字，将其解释为"或是火耕，或是水耨"，并将整句的意思理解为"在某地进行旱稻火耕农业，在某地进行水稻水田栽培"，认为其承担者是居住于楚越之地的傣系原住民[1]。可能因为文章较短的缘故，田野仓说在以往完全被等闲视之，但应该予以重视。根据《史记》正文的训读，我基本支持田野仓说。下文以对田野仓说进行发挥的形式，尝试提出有关火耕水耨的私见。

---

1. 田野倉光男：《古代中国の江南地方における農業についての若干の考察——火耕（而）水耨を中心として——》,《史観》第83册，1971年。

首先问题所在是"或火耕而水耨"一句是被包摄于怎样的文章脉络之下。先尝试对前揭史料进行考察。（A）大致将全部楚越之地分为三个地域，叙述了其各自的地域性特色。直接包含"或火耕而水耨"的（B），进而叙述了楚越全域的一般特征。（C）则将沂水、泗水以北即华北地域的一般特征与其做了比较。因此，"或火耕而水耨"的背景所在地域，是（C）沂水、泗水以南的楚越之地，也就是指包含今天的山东省南部、河南省南部、湖北省南部以南的华中南地区在内的相当广泛的地域范围。需要注意的是，这并不是指在这片地域内全部实行着火耕水耨。具体表述为"或火耕而水耨"，火耕水耨以"或"字统辖受到了限制。以（A）（B）部分的文字为前提的话，司马迁的本意应理解为"楚越全域中也有实行火耕水耨的地方"[1]。因此，楚越全域还存在发达农业的可能性，并不能因《史记》的叙述而排除。

接下来的问题是，火耕与水耨之间的关系。火耕与水耨通过"而"字连接。米田氏指出，这说明火耕与水耨可能指不同的事物，田野倉氏认为前者是旱稻火耕农业，后者是水稻水田农业，两者截然不同。但是也不能认为"而"字的作用就是对两者做出如此清晰的区分。"或火耕而水耨"，同样在《史记》与汉代的史料中，如"江南火耕水耨"（《史记·平准书》）、"江南之地，火耕水耨"（《汉书·武帝纪》"元鼎二年九月诏"）、"江南地广，或火耕水耨"（《汉书·地理志》）所示，其叙述大都省略了"而"字[2]。如应劭注中"所谓火耕水耨"的叙述，"火耕水耨"为一句惯用语，毋宁说插入"而"字是特殊的例子。在《货殖列传》这里，因以"或"字起首，出于调整叙述节奏的需要，为了稍缓音调而添上了"而"字，当是没有意义的语助词。《水经注》卷三六"温水"条载"知耕以来，六百余年，火耨耕艺，法与华同"，水耨被替换为火耨。火耕水耨是以互文形式构成的惯用语，大体意指使

---

1. 类似于"或火耕而水耨"的表达，《盐铁论·水旱第三六》载"贫民或木耕手耨，土櫌啖食"，显示贫民之中也有人进行木耕手耨。

2. 《盐铁论·通有第三》载："文学曰：'荆、扬南有桂林之饶，内有江湖之利，左陵阳之金，右蜀汉之材，伐木而树谷，燔莱而播粟，火耕而水耨，地广而饶材；然民蠼窳偷生，好衣甘食。'"其中也插入了"而"字。从用语来看，这句话显然是以《史记·货殖列传》为基础，并根据与上面两句之间的对应关系插入"而"字的。

用火或水进行耕耨（农业）这种不进行手工作业的粗放农业，而非表现"用火耕种之后再用水除草"这种农业作业的过程本身。《货殖列传》的上述文字，应理解为叙述的是在淮水北部到江南一带的楚越地域中，仍然存在使用火或水进行农业生产的地方。可以推测在火耕水耨这一惯用表现的背后，与这种粗放农业同时存在的，毋宁说还有可匹敌于这一时期华北地域农业的发达农业。关于这一点，将作为第三节叙述的内容，我们下面先来探究火耕水耨这一惯用语表现的直接性背景——粗放农业的实际情况。

二、火耕水耨的背景

火耕水耨是一句惯用语。因此，其实体包含着多种农法。如宣宗大中九年（855）闰四月的《禁岭南货卖男女敕》中"如闻岭外诸州居人，与夷獠同俗，火耕水耨，昼乏暮饥，迫于征税，则货卖男女"（《唐会要》卷八六）所见，这一惯用语直到唐末也仍在使用。这里所说的火耕水耨，是当时一般被称为刀耕火种、畲田等的火耕农业。根据大泽正昭氏的《唐宋畲田考》，实行畲田的地域，是今陕西省南部山岳地带到四川省东部地域，更跨越至整个长江流域以南。其地理条件是山岳地带的溪谷急斜面或高平地，耕作者是被称为夷獠之类的诸族或者与他们同俗的汉人。长江流域的畲田地带，明显与汉代的火耕水耨地带相重合[1]。但是，这一地域也存在着拥有育苗环节的发达水稻种植[2]。大中九年敕所谓火耕水耨的表现，是将这种畲田与水稻种植都包括在内的。文学作品中也可见到这样的例子。例如，杜甫咏颂道："不

---

1. 《隋书》卷三一《地理志下》"扬州"条载："扬州。于《禹贡》为淮海之地。在天官，自斗十二度至须女七度，为星纪，于辰在丑，吴、越得其分野。江南之俗，火耕水耨，食鱼与稻，以渔猎为业，虽无蓄积之资，然而亦无饥馁。"火耕水耨作为扬州全域的特点被叙述。这里所说的扬州，指的是彭蠡到交趾的地域，大致相当于《史记·货殖列传》所说的楚越之地。当然这是以《货殖列传》为基础的表现，但也不完全是缺乏实体的具文。这是记述分散在江南一带的畲田。

2. 参考前揭第289页脚注1大泽论文。大泽氏《唐宋畲田考》后改以"唐宋時代の焼畑農業"为题收入氏著《唐宋変革期農業社会史研究》，作为第五章。

夜楚帆落，避风湘渚间。水耕先浸草，春火更烧山。……"（《分门集
注杜工部诗》卷一二《铜官渚守风》）。这是将低平地的水稻种植与山
地的火耕相对照，来描写长沙一带的风景，正是火耕水耨的实景写照。
白居易也在《和三月三十日四十韵》中这样回想刺史任上苏州、杭州
的风景：

　　…………

　　水苗泥易耨，畲粟灰难锄。
　　紫蕨抽出畦，白莲埋在淤。（《白氏长庆集》卷五二）

　　将水苗、白莲与畲粟、紫蕨对照低平地与山地的叙述方式，与杜
甫的表达如出一辙。杜甫与白居易都是亲自干农活的人，可以明确区
分华北的旱田与江南的水稻种植、畲田。低平地的水稻种植与山地的
畲田作为江南风物的象征在诗中表现时，被描述为一组对句。这明显
是《史记·货殖列传》中"或火耕而水耨"系谱的延伸。

　　那么，在我们本来的研究对象两汉六朝时期，构成火耕水耨背景
的现实农业，可以作何种区分呢？我认为答案即在近年备受注目的塝
田。塝田所包摄的范围，将山地的火耕包含在内，而且还要更加宽泛。
受到佐久间吉也氏著书观点的影响，中村圭爾氏注意到了塝田。此后
関尾史郎氏在与良田的对比中对其特质进行探究[1]，提供了解释汉六朝时
期农业方式之一斑的线索。佐久间氏等三位学者介绍的塝田记载如以
下三例：

　　（A）及石季龙死（394），胡中大乱，朝廷欲遂荡平关河，
　于是以（殷）浩为中军将军、假节、都督扬豫徐兖青五州军
　事。浩既受命，以中原为己任。……开江西塝田千余顷，以
　为军储。（《晋书》卷七七《殷浩传》）

---

1. 参考佐久间吉也：《魏晋南北朝水利史研究》，开明书院，1980年；中村圭爾：《六朝時代三
　呉地方における開発と水利についての若干の考察》，收入《佐藤博士還暦記念中国水利史
　論集》，国书刊行会，1981年；前揭第289页注2関尾论文。

（B）（大明）七年（463）……时东土大旱，鄞县多畩田，世祖使子尚上表至鄞县劝农。（《宋书》卷八〇《豫章王刘子尚传》）

（C）远望□山甚奇，谓白烁尖者最高，下有良田，王敬弘经始精舍。昙济道人住孟山，名曰孟堁，芋薯之畩田。（《宋书》卷六七《谢灵运传》载《山居赋》自注）

此外，我们尚能追加一例：

（D）吴北野禺栎东所舍大畩者，吴王田也，去县八十里。吴西野鹿陂者，吴王田也。……吴北野胥主畩者，吴王女胥主田也，去县八十里。

摇城者，吴王子居焉，后越摇王居之。稻田三百顷，在邑东南。

无锡西龙尾陵道者，春申君初封吴所造也。属于无锡县。以奏吴北野胥主畩。（《越绝书》卷二《越绝外传·吴地传第三》）[1]

根据这些记载，可知在长江下游流域一带，也就是今天的江苏、安徽两省南部到浙江省，有被称为畩田的农田存在。据此尚不能得知畩田的内容。不过，也如三氏所言及的，幸好还有《说文解字》一三篇下《田部》对"畩"的解说，即"畩，烧种也。从田寥声。《汉律》曰：畩田茠艸"。关于这一说明，段玉裁与朱骏声都引用了《史记·货殖列传》的"或火耕"，认为这表示了燃烧草木后下种的山田耕作法[2]。

1.《宋书》卷八二《周朗传》载："又田非膠水，皆播麦菽，地堪滋养，悉艺纻麻。"中华书局标点本校勘记据《册府元龟》卷五二九改"膠"为"畩"。此处是鼓励在非水田的情况种植旱地作物，不特意改字句意亦通。

2.《说文解字注》一三篇下"畩"字条载："《篇》《韵》皆云：田不耕火种也。谓焚其草木而下种，盖治山田之法之然。《史记》曰：楚、越之地或火耕。杜甫《夔府诗》：烧畲度地偏。"《说文通训定声·孚部第六》载："《史记》：楚越之地或火耕。盖治山田之法，焚其草木而下种。［别义］《晋书音义》：通沟溉田曰畩。"

另一方面，《倭名类聚抄》卷一《田野类》中，可见如下记载："火田。《唐韵》云：'畭，力求反。田不耕烧种也。'"《唐韵》为唐代孙愐增广《切韵》而来，可认为《切韵》之中原本就包含"畭"字。关于《倭名抄》的记载，狩谷棭斋在介绍寺岛良庵的火耕说之后，解释道："按《说文》：畭，烧种也。《玉篇》：畭，田不耕烧种也。孙氏（愐）盖依之。《史记》楚越之地或火耕者，即是。"[1]《玉篇》自不必说是梁代顾野王所撰。如此，后汉《说文》以来，至于唐中期的《唐韵》，关于"畭"的解释均为烧种[2]。与此相关，段、朱、狩谷三位硕学均引用《货殖列传》的"或火耕"，基本一致理解为火耕。

　　近年的解释与先人稍异。佐久间氏将其解释为"与《齐民要术》中淮河流域稻作栽培的岁易直条播相近的事物"。与此相对，中村氏引用了陆云《答车茂安书》中所见鄮县一带的农业"遏长川以为陂，燔茂草以为田。火耕水种，不烦人力。决泄任意，高下在心"（《陆士龙文集》卷一〇），以此为线索，得出以下结论："可以说，这种畭田，应即陆云称为火耕水种的农业，是与所谓的火耕水耨相关的农地或者农业技术。"进一步发展中村观点的是关尾氏。他将畭田与火耕水耨看作基本相同的事物，将其特征概括为，"首先第一，大概为了清除杂草与维持地力，播种之际火力的使用是不可或缺的。第二，尽管伴随有水利设施（陂）的建造，但灌排水的调节仍然停留在非计划的、恣意的阶段。第三，理所当然，这明显是劳动集约性低下的粗放型技术"。并将其视为在未垦地的开拓与荒废田的复兴之际被积极利用的特殊技术。可知畭田的解释分为了两说，一是将其视为火耕的先人解释，一是将其看作比起火耕有若干进展的农法的近人解释。但无论先人、近人，在将其视为与火耕水耨相关这一点上是基本一致的。应该怎样考虑有

---

1. 《笺注倭名类聚抄》卷一《田野类六》"火田"条载："又案。寺岛氏良庵曰：春月山民烧去草芝，其灰乃为粪，候时而莳种粟稗烟草之类能生，谓之烧幡。〇按《说文》：畭，烧种也。《玉篇》：畭田，不耕烧种也。孙氏盖依之。《史记》楚越之地或火耕者，即是。"

2. 不过，向超《晋书音义》（天宝六载序）对《晋书》卷七七《殷浩传》所见"畭田"作别解曰："《说文》：畭，烧种也。音流。案通沟溉田亦为畭。"如后所述，《殷浩传》中的畭田是短时间内仓促开垦的，并非配有称得上"通沟溉田"的发达水利设施的耕地。唐代也没有畭田的具体案例。向氏的理解可能是从"音流"中引申而来的。

关畴田的这种不同呢？以下将提出私见。

中村、関尾两氏立论的前提，是将畴田与郯县的火耕水种认作同一种事物。但是，这种同一性却不一定是不证自明的，而是需要检讨的问题。先说结论的话，虽然在使用火这一点上是一致的，但两者仍然有区别。首先来看火耕水种。东汉杜笃的《论都赋》中有如下一节咏颂长安近郊的内容：

> ……《禹贡》所载，厥田惟上。沃野千里，原隰弥望。保殖五谷，桑麻条畅。滨据南山，带以泾、渭，号曰陆海，蠢生万类。楩楠檀柘，蔬果成实。畎渎润淤，水泉灌溉，渐泽成川，粳稻陶遂。厥土之膏，亩价一金。田田相如，镶镂株林。火耕流种，功浅得深。（《后汉书·文苑传第七〇上·杜笃传》）

从前后用字可见，陆云的火耕水种明显以《论都赋》的火耕流种为根据。不仅是用字，两者在以发达的水利为前提这一内容上也是一致的。《论都赋》以畎渎水泉为前提，郯县则以自由灌排与水位调节的陂为前提，明显都与火耕有异。李贤对于"火耕流种"注解道，"以火烧所伐林株，引水溉之而布种也"。如果不是火耕，那么对此该如何理解呢？我认为这应该是描摹开垦当初进行的耕地形成的表述。《齐民要术·耕田第一》这样记载：

> 凡开荒、山、泽田，皆七月芟艾之。草干，即放火。至春而开。其林木大者，劚杀之；叶死不扇，便任耕种。三岁后，根枯茎朽，以火烧之。耕荒毕，以铁齿镉榛，再遍杷之。漫掷黍穄，劳亦再遍；明年，乃中为谷田。

虽然这里讲的主要是华北旱田的开垦和耕地的形成，但开头有荒田、山田、泽田之语，据此可以窥知在水田作成初期也需要进行类似的作业。《论都赋》的火耕流种正是其典型。晋代杜预在其上奏中述及

淮北地域"诸欲修水田者，皆以火耕水耨为便。非不尔也，然此事施
于新田草莱，与百姓居相绝离者耳。往者东南草创人稀，故得火田之
利"（《晋书》卷二六《食货志》）。其中所述的火田，正是指火耕水种
（流种）这样的新田开垦。完成了这种形成过程的耕地，辅以陂等发达
的灌溉设施，转换为连作水田。关于这点将在下节叙述。如上所述，
火耕水种、火耕流种是伴随着灌溉发达的新田开垦时期的农法，是其
后将转换为连作水田的耕地。但是畩田与此有异。

　　畩田与火耕水（流）种之间的区别，第一指标是水利设施。畩田
没有火耕水（流）种那样发达的水利设施。值得注意的是（C）的《山
居赋》之例。孟山的畩田中种植了芋薯，明显是火耕。此处建有名为
孟埭的水利设施。所谓埭，如《唐韵》所言即"以土遏水"（《倭名类
聚抄》卷一《水土类》引），与陂、渠相比是简便许多的设施，大概是
拦截山间的溪流用作农业生产。这让人联想起《隋书》卷八一《东夷
传》"流求国"条的以下记述：

　　　　厥田良沃，先以火烧而引水灌之。持一插，以石为刃，
　　长尺余，阔数寸，而垦之。土宜稻、梁、床黍、麻、豆、赤
　　豆、胡豆、黑豆等，木有枫、栝、樟、松、楩、楠、杉、梓、
　　竹、藤、果、药同于江表，风土气候与岭南相类。

　　烧火之后进行灌水的这一农法，从其栽培植物与树木的植物属性、
风土气候考虑，显示出这是位于所谓常绿阔叶林文化圈周边的火耕农
耕。虽然有灌水的记述，但其基本劳动手段是一种全长约30厘米的木
棒，顶端装有宽10厘米的石刃用于挖掘，用它造成陂那样发达的灌溉
设施是非常困难的，所以必定是利用山间的溪流等进行灌溉。虽然孟
山之埭或较此更为先进，但在种植芋薯的畩田中，实行的应该基本还
是与"流求国"条的记述相近的火耕。这样（C）中孟山的畩田与（B）
中鄞县的畩田表现的都是山地的火耕，与唐代以降的畬田相连接，显
示出段、朱、狩谷说正确的一面。但是，剩下（A）、（D）的史料呈现
的样貌，则不能理解为山地火耕。

　（A）中的江西畬田千余顷，是在殷浩北征之际，为了确保作为前线基地的寿春的军粮而开垦的。这里所说的江西是相对于东吴、江东的称呼，指今日安徽省长江北岸的低平地一带。在此形成的畬田，即便仅从迅速开垦的面积达到大约五千公顷这点来看，也应认为是以相当粗放的农法形成的。（D）中的《越绝书》同样记载了类似的低平地畬田。《越绝书》的记事源自整理完成于东汉建武二十八年（公元52）的地志[1]，可认为记述了战国时期到西汉时期苏州一带的状况。其中记载存在于吴县北郊八十里的大畬与胥主畬，与摇城东南广布的稻田三百顷有着明确的区分。这一场合的畬，如其为吴王与其女胥主的田所示，本来似为狩猎地。因狩猎之际需点火[2]，造就了富含肥料的平地，对其加以利用并耕地化就成为了畬田。因这种畬田主要用于狩猎，在此地进行的农业也与火耕近似，伴随着地力的减退与杂草的繁茂，经数年耕作后便被废弃，又被充当原来的狩猎地。吴王之畬所在的地域，位于吴县与无锡县边境的太湖周围的低平地，所以江西的畬田也一定属于春秋末至战国时期以来低平地火耕的系谱。这种低平地的畬田，似乎伴随着六朝时期湖田开发与唐末以来围田、圩田开发[3]而消失了。上文列举的杜甫与白居易的诗作便是其例。此外，唐代以后未见畬田的具体案例，而山地的畬田突然频繁出现在史乘中，可以推测也与此变化相关。

　　两汉六朝时期，江淮流域一带所见的火田农法可区分为两种类型。其一是在被称为火耕水种、火耕流种的农业中，伴随着发达水利设施的新田开垦期的农法，其不久后转换为连作水田。其二是被称为畬田的火耕农耕，也可区分为两种类型。一种是利用溪水等进行的山地火耕，唐代以后，发展为畬田、刀耕火种等；一种是低平地的火耕，随

---

1. 《越绝书》卷二《越绝外传记·吴地传第三》末尾载："汉并秦，到今二百四十二年。句践徙琅邪，到建武二十八年，凡五百六十七年。"

2. 如《礼制·王制第五》："草木零落，然后入山林。昆虫未蛰，不以火田。"

3. 关于六朝时期的水利开发，可参考前揭第295页脚注1佐久间著书及中村论文。关于唐末私人的围田开发，在前揭第289页脚注1的大泽论文中可见陆龟蒙之例。又吴融《祝风十三韵》（《全唐诗》十函七册）咏颂道："我有二顷田，长洲东百里。环涂为之区，积葑相连缅。松江流其旁，春夏多苦水。堤防苟不时，泛滥即无已。……"可推测松江流域围田开发十分兴盛，但并没有像陆氏那样成为稳定的耕地。

着低平地的开发而在唐代以后消失了，与此同时畻田的称呼本身也消失了。而如杜预的上奏文作为典型所示，六朝人主要关注火田，使用火耕水耨的惯用句作为其表现形式。其背后的现实则是与上文被称为火耕水种或畻田本质不同的农法。如第一节所见，火耕水耨并不是覆盖楚越全域的农法。我们必须转向对火耕水耨所无法表现的水稻种植的实体进行考察。

三、江南农业的构造

福井捷朗氏指出，尽管研究的直接对象是火耕水耨的实体，但也应立足于更广泛的视野，对江南农业的实体进行探明[1]。福井氏对汉六朝时期的火耕水耨做了如下定义，即仅见于江淮至越南地域低平地地带的农业，相当于旱田农业中的火耕耕作阶段，但在作物为水稻和以水火并用为特征这两点上，与山地的刀耕火种即畬田有所区别。并指出在这两种类型的火耕之外，在河南、淮北的华北平原周边的山地边缘，还存在一种高生产性的稻作，以山谷出口闭合型陂进行经营。总之，他区分了三种农业类型：（一）华北平原周边以陂灌溉进行经营的高生产性稻作；（二）江淮以南低平地中的火耕水耨农法；（三）同一地域的山地中的火耕即刀耕火种。福井氏认为，总体来说，以上三种农业类型并存于从河南、淮北至越南的广泛地域中，这一看法值得重视。不过，也还存在如下问题。

第一，被福井氏区别于火耕水耨地域的华北平原周边地域，实际上包含在《史记·货殖列传》所记载的火耕水耨地域内，不能直接将其排除在外。第二，与第一点相反，可以推测江淮以南的地域中也存在着山谷出口闭合型陂灌溉经营的发达稻作[2]，发达稻作的分布不能局限于华北

---

1. 参考福井捷朗：《火耕水耨の議論によせて——ひとつの農学的見解——》，《農耕の技術》第3号，1980年；以及前揭《中国江南の稲作文化》中同氏的报告。
2. 《太平寰宇记》卷一〇九"袁州宜春县"条载："按顾野王《舆地记》：晋永嘉四年，罗子鲁于山峡堰断为陂，从此灌田四百余顷，梁大同二年废。"同书卷一二七"光州仙居县"条载："仙堂上陂，在县西南十里。梁武帝大同元年，百姓堰谷为六陂以溉田。"虽然案例很少，可以窥测六朝时期山谷出口闭合型陂在各地都有修造。

平原周边地区。第三，火耕水耨是惯用语，不能仅限于江淮以南的低平地对其直接进行实体定义。作为火耕水耨背景之一的畭田便并存于低平地与山地，被称为火耕水种的新田开垦同时也被称为火耕水耨，将火耕水耨仅限于低平地地区从文献上就是很困难的。毋宁认为，福井氏所指出的具备陂灌溉的发达稻作是"或火耕而水耨"这一表现形式的远景，而其直接性背景则是以火开荒的新田开垦即火耕水种和山地与低平地地区的畭田。此处的问题在于具备陂灌溉的发达稻作的内容。虽然史料只有只言片语，下文也将尝试对其中浮现的经营样式进行描述。

首先考察种植方法问题。如前文所述，西嶋定生氏与西山武一氏认为一年休耕制的直播水稻栽培较为普遍，主张六朝时期江南农业的发展水平仍然较低。与此相对，米田贤次郎氏在最近的论考中认为，江淮地区除水稻种植以外都是直播连作，又根据张衡《南都赋》的记事，指出先进地区存在一年两熟制，并从逻辑上推定东汉时期的南阳地区已出现育苗法[1]。如下文所述，我基本支持米田说，即认为当时普遍的种植方法是直播连作。例如，谢灵运以渠水灌溉经营始宁墅，并记载如下：

> 阡陌纵横，塍埒交经。导渠引流，脉散沟并。蔚蔚丰秫，芯芯香秔。送夏蚤秀，迎秋晚成。兼有陵陆，麻麦粟菽。候时觇节，递艺递熟。(《宋书》卷六七《谢灵运传·山居赋》)

从赋中可以看出，在水田与陆田中，晚稻与其他谷物分别以一年一作的方式被栽培。此外，据延陵人徐耕所述，"此境连年不熟，今岁尤甚，晋陵境特为偏枯。此郡虽弊，犹有富室，承陂之家，处处而是，并皆保熟，所失盖微。陈积之谷，皆有巨万，旱之所弊，实钟贫民，温富之家，各有财宝"(《宋书》卷九一《孝义传·徐耕》)。由此推测至少在使用陂灌溉的富豪层耕地中，可以不受旱灾影响，连年耕种收获。

---

1. 米田賢次郎：《漢六朝期の稲作技術について——火耕水耨の再検討を併せて——》，《鷹陵史学》第7号，1981年；同氏：《陂渠灌漑下の稲作技術》，《史林》第64卷第2号，1981年。

又有《南都赋》的记述：

> 其水则开窦洒流，浸彼稻田。沟浍脉连，堤塍相辊。朝云
> 不兴，而潢潦独臻。决渫则暵，为溉为陆。冬稌夏穑，随时
> 代熟。（《文选》卷一）

引文的前段有"其陂泽则有钳卢玉池，赭阳东陂"的记载，可知其前提是陂池灌溉的存在。米田氏根据末尾两句的"冬稌夏穑，随时代熟"，将其视作一年两熟制，并由此推测此时存在育苗法。但是，要想决定性地论证此段记述为一年两熟制的表现，不可或缺的条件正是证明这片地域存在育苗法，米田氏的论证方法却恰恰相反。如米田氏所述，为了进行稻麦二熟耕作，耕地的使用期需达一年十四个月左右。为了解决这种困难，必须开辟秧田，避开与本田的竞争，因此育苗是必须的。若不能确证育苗的存在，从《南都赋》以上记述可推测出的不过只是一年两熟制存在的可能性而已。因其与《山居赋》采取了类似的表现，毋宁认为这里所赋咏的也是稻与麦各自皆以一年一作方式来收获。这种看法或许更为自然。只不过这种情况下，灌溉与排水都较为自由，可知东汉时期水田已经可以轻易地旱田化。晋人杨泉的《物理论》中"陆田者命悬于天，人力虽修，水旱不时，则一年之功弃矣；水田制之由人，人力苟修，则地利可尽"（《意林》卷五引）的记载，指出水稻种植的存在依赖于建立在人类劳动能动性基础上的发达的水利管理。其背景明显为与陂相伴随的发达灌溉排水技术的存在，这在东汉时期的南阳地区已经完成了。更值得注意的是有关江南地区生产力的普遍性描述。如《宋书》卷五四的"史臣赞"部分有"会土带海傍湖，良畴亦数十万顷，膏腴上地，亩直一金，鄠、杜之间，不能比也"的记述。当时长安近郊的耕地施行的是一年一作耕作方式。会稽一带的"良畴"包含了至少不劣于前者的"上地"，若仍进行着需休耕的水稻种植，这已经超出了常识范围。应该认为会稽一带数量达到数十万顷的良田中，已经确立了一年一作的耕作方式。

可证明一年一作的耕作方式存在的史料，是应詹的上奏文。应詹这样写道：

> 间者流人奔东吴，东吴今俭，皆已还反。江西良田，旷废未久，火耕水耨，为功差易。宜简流人，兴复农官，功劳报赏，皆如魏氏故事，一年中与百姓，二年分税，三年计赋税以使之，公私兼济，则仓盈庾亿，可计日而待也。(《晋书》卷二六《食货志》)

花费三年时间复兴荒废良田[1]这一计划，当然是以一年一作方式进行的水稻种植。在此情况下值得注意的是以火耕水耨方式对水田进行再开垦的意见。如前章所述，荒田的再开发所用手段是火耕水种，历经数年后再转变为一年一作的耕作方式。如果应詹所述的屯田经营是以一年一作的方式进行，则在汉代以来修筑的"旧陂旧堨及山谷私家小陂"(《晋书·食货志》。这些陂应即福井氏所言的山谷出口闭合型陂）等设施中开展的经营，无疑是以更为高度发达的一年一作耕作方式为基础的。谢灵运的始宁墅经营、延陵富豪层的经营以及《南都赋》中所述的耕地，正是其中的典型代表。《齐民要术·水稻第一一》中推荐淮河流域进行岁易水田耕作，但那未必是淮河流域的普遍农法。与《要术》所言华北高原地区实行的连作水田相匹敌的一年一作耕作方式，在江淮流域也已经广泛地存在了，虽然在具体劳动过程方面有所区别。总而言之，虽然江淮流域一带也存在着如《齐民要述》所述的隔年休耕的直播水稻种植，但在使用汉代以来开发的山谷出口闭合型陂灌溉的耕地中，可以见到以高度发达的一年一作方式进行的直播水稻农业，其中甚至包含着向一年两熟制发展的可能性。

那么，使这种一年一作耕作方式成为可能的技术基础是什么？首

---

1. 前述殷浩的瘠田千余顷也在江西，同一地域存在良田和瘠田两种类型的耕地。这一情况也可见于《山居赋》中，可以支持关尾史郎氏的分类。不过，关尾氏关于良田的定义，只是与瘠田相反，缺乏具体的论证。

先可举出的是屡屡言及的陂、塘等水利设施的充分建设[1]而达成的高度旱田化。不过直到六朝时期，由这种灌排水系统达到的自由旱田化，以山谷出口闭合型陂为代表，尚仅限于冲积扇和支流峡谷的平原出口处。而修建于平原地带的自然堤防闭合型陂，如杜预的上奏文所指出的那样，尚不具有稳定的基础[2]。尽管如此，在实现旱田化的地域，如后文所述，其中的每一块耕地都拥有灌溉排水设备，达到了高度独立，可见作为脉管系统劳动手段的土地已经相当发达。

其次是骨骼和肌肉系统劳动手段的发达。至迟在东汉以后，江淮流域以一年一作方式耕作的水稻农业，开始由牛犁耕完成开耕整地过程。管见所及，史乘中最早的例子是由王景在芍陂的稻田中导入了犁耕。建初八年（公元83）他出任庐江太守之时，据载"先是百姓不知牛耕……郡界有楚相孙叔敖所起芍陂稻田。景乃驱率吏民，修起芜废，教用犁耕，由是垦辟倍多，境内丰给"（《后汉书》卷六六《循吏列传·王景》）。任延也在更南的位于越南北部的九真郡中推广了牛耕。在此之前，九真郡还是"以射猎为业，不知牛耕"（《后汉书》卷六六《循吏列传·任延》），"烧草种田"（本传李贤注引《东观汉记》），由此直接从火耕阶段跨越至牛耕阶段，实现了飞跃性的转变。由此二例可确认今天的华中华南地区，在东汉时期已经广泛地导入了牛犁耕。九真郡暂且不论，以庐江郡为例，可以认为在东汉初期的牛耕导入之前，此地域的水稻种植是由耒耜等踏犁来完成的。西汉武帝时期前后，在由淮南王刘安组织编纂的《淮南子·齐俗训》中，有"夫禀道以通物者，无以相非也。譬若同陂而溉田，其受水均也"，已经可见由陂灌溉进行的农业。并且其《主术训》中有如下记述：

> 夫民之为生也，一人跖耒而耕，不过十亩，中田之获，卒岁之收，不过亩四石，妻子老弱仰而食之。时有涔旱灾害

---

1. 关于汉武帝时期陂的划时代发展，佐藤武敏氏著有《古代における江淮地方の水利開発——とくに陂を中心として——》，《人文研究》第13卷第7号，1962年；关于六朝三吴地区陂的发展，参考前揭第295页脚注1中村论文。
2. 关于陂的类型，可参考前揭第301页脚注1福井论文。

之患，无以给上之征赋车马兵革之费。由此观之，则人之生悯矣！

需要注意的是，中田一年亩收4石。第一，这明显是以一年一作方式为前提的叙述。《主术训》的主旨，是记述以每年总收获量40石勉强维持着生活的农民家族。第二，这一收获量与《汉书·食货志》所见的华北旱田亩收1—3石[1]相比要高得多，也高于孙吴钟离牧在永兴县经营的亩收三石的稻田[2]。一般来说，相同单位下，稻作相比旱田的收获量普遍更高。这段记载大概描述的是武帝时期前后淮南地区由陂灌溉进行的水稻种植农法。如果此记载正确，则直到西汉武帝时期，江淮地域仍然存在使用耒耜以一年一作方式进行的水稻农业，与火耕水耨并存。以"或"字加以限定的火耕水耨的背景之中，存在着这种一年一作方式的水稻种植农法。而自东汉初期以降，这种使用耒耜进行的农法中，逐渐渗透进了牛犁耕。虽然常被忽视，但采纳了杜预上奏而发出的诏书是这样叙述的：

> 东南以水田为业，人无牛犊。今既坏陂，可分种牛三万五千头，以付二州将吏士庶，使及春耕。谷登之后，头责三百斛。是为化无用之费，得运水次成谷七百万斛，此又数年后之益也。（《晋书》卷二六《食货志》）

可见牛犁耕的导入，是借由各种机会稳步渗透，与人力耕作农业（小农法）并存的。

那么，被导入的牛犁耕，具体是以什么样的组织编成而进行的呢？据《三国志》卷四七《吴书·吴主传》"黄武五年（226）"条的记

1.《汉书》卷二四《食货志上》载："今一夫挟五口，治田百畮，岁收畮一石半，为粟百五十石。……今农夫五口之家，其服役者不下二人，其能耕者不过百畮，百畮之收不过百石。"

2.《三国志》卷六〇《吴书·钟离牧传》载："少爰居永兴，躬自垦田，种稻二十余亩。临熟，县民有识认之，牧曰：'本以田荒，故垦之耳。'遂以稻与县人。县长闻之，召民系狱。……民惭惧，率妻子舂所取稻得六十斛米，送还牧。"

载，作为劝农的一环，孙权如此说道："今孤父子亲自受田，车中八牛以为四耦，虽未及古人，亦欲与众均等其劳也。"此处所述经营由四组两牛牵引之犁完成。大概在东汉时期，华北地区旱田中广泛使用的两牛牵引之犁被导入了江淮流域[1]。

不过，至迟到西晋时期就已经出现了加以改良后更适合水田耕作的犁。1963年，广东省连县发掘的古墓中，墓砖上刻有永嘉四年（310）、六年（312）的纪念铭文，其中出土了黑陶制的犁田耙田模型。据徐恒彬氏介绍，"模型作长方形，长19、宽16.5 cm，四角各有一漏斗状设施，中间纵贯一田埂将耕地分为两块，一块上有一人使牛犁田，另一块上有一人使牛耙田"[2]，即每一块水田都设置了灌溉排水设施，由一人一牛牵引的犁和耙，在耕地上进行开耕与整地。连县位于广东省西北部山地向平原过渡的地带。此水田模型大概是以山谷出口闭合型陂灌溉而成的耕地为原型的。

此处再举一例，是1980年6月广西省苍梧县倒水公社发掘的南朝砖室墓中出土的灰陶制耙田模型。据李乃贤氏介绍："此耙田模型较为完整，作长方形，长18、宽15厘米，水田四周均筑有田埂，中间纵贯一田埂，将耕地分为二块，一角设有漏水设施，田面有耙齿痕，各块站一牛一人。"[3]据同一报告，这种耙呈一字型且并列排有较长的六根齿，是与连县出土模型同类型的耖。岭南之地到了唐代大中年间都还有实行"火耕水耨"的记载，但自4世纪初以来，已经拥有了每一块都设置灌排水设施的高度独立的耕地，推行了由一人一牛牵引的犁、耖进行的精细开耕整地过程。在江淮地域，这种耕地修造和开耕整地过程当然推行得更早。

关于灌排水方面前文已有论述。关于使用犁、耙进行的开耕整地方面，如《荆楚岁时记》"四月"条中记载所示，"有鸟名获谷，其名自呼，农人候此鸟，则犁耙上岸（农）"，可知其在长江中游流域已经

1. 参考拙稿《漢六朝期における大土地所有と経営》，《東洋史研究》第33卷第1、2号，1974年。
2. 徐恒彬：《简谈广东连县出土的西晋犁田耙田模型》，《文物》1976年第3期。
3. 李乃贤：《浅谈广西倒水出土的耙田模型》，《农业考古》1982年第2期。

广泛普及了。这样由一人一牛牵引的犁、耙进行的开耕整地过程，其内容已经近似于唐末陆龟蒙的经营[1]，可知江淮水稻种植中的骨骼和肌肉系统劳动手段在4世纪初就达到了相当高的水平。这一农法与同时期的华北旱地农法相比，水平不相上下。以耕种过程的组织性方面而言，其规模较需要五六人的华北地区耕种过程[2]更小，却足以完成作业，可见水平之高。

如上所述，在六朝时期江南地区拥有山谷出口闭合型陂的地域中，形成了每一块都设置了灌排水系统的高度独立的耕地。同时推行由一人一牛牵引的犁、耙进行的开耕整地过程，其发达程度可与同时期的华北旱地农法相匹敌。以这种脉管系统劳动手段与骨骼和肌肉系统劳动手段的技术阶段为基础进行观察时，这片地域的水稻种植无疑在相当早的时期就已经进入了直播一年一作方式的阶段。

那么，以这种脉管系统与骨骼和肌肉系统劳动手段为基础的经营，是靠怎样的社会关系得以完成的呢？首先应该考虑的，是由小农家族承担的经营。如前引《淮南子·主术训》所见，这些小家族经营以耒耜作为劳动手段，明显以夫作为基本劳动力，而与妻、子、老弱共同进行。此外，钟离牧在永康县经营的二十数亩稻田，也是由自己进行开垦，其耕地本来的所有者，也是率领妻、子对收获的稻米进行脱谷与精加工。从这点来看，也明显是小家族经营[3]。虽然未能找到相应的史料，但因为在使用牛犁耕的情况下，可以完成由一人一牛牵引进行的开耕整地过程，因此只要有一定的财力，小家族也可以承担起这样的经营。

不过为了进行这样稳定的经营，陂塘的维持管理是不可或缺的前提。即便是建造维持小型的陂塘，也需要相当的财力。如刘宋时徐耕叙述的"富室、承陂之家"所示，如果不是富豪层等大土地所有者，要建造维持私陂是十分困难的。小农家族的经营成立的前提则是国家建造的陂塘。在如陂塘这样超越了个别劳动过程的普遍性生产条件的

1. 参考前揭第289页脚注1大澤著作。

2. 参考前揭第307页脚注1拙稿。

3. 参考前揭第306页脚注2《三国志·吴书·钟离牧传》。

建造维持方面，依赖于国家，必须接受国家的劝农之助，这是这一时期小农经营的局限所在。

小农家族经营之外，还有富豪层和士大夫层的大土地所有之下开展的经营。比如，西汉末年樊重进行的经营，如《后汉书》卷三二《樊重传》所述，"其营理产业，物无所弃，课役童隶，各得其宜，故能上下勠力，财利岁倍，至乃开广田土三百余顷。其所起庐舍，皆有重堂高阁，陂渠灌注"。其基本劳动力为童隶。此处出现的陂，在樊氏灭亡之后被庾氏占有，如"陂汪汪，下田良，樊子失业庾公昌"（《水经注》卷三一《淯水注》）所述。可知陂的所有与维持成了土地所有、经营的基础。此外，梁代裴之横据载"与僮属数百人，于芍陂大营田墅，遂致殷积"（《梁书》卷二八《裴邃传附裴之横传》）。此处构成基本劳动力的也是家僮与私属。著名的谢灵运据载也"因父祖之资，生业甚厚。奴僮既众，义故门生数百，凿山浚湖，功役无已"（《宋书》卷六七《谢灵运传》）。他以与裴之横相同的劳动力构成进行耕地的开发与经营。又，虽然规模没有那么大，但王僧达也在求解职的上表中称"又妻子为居，更无余累，婢仆十余，粗有田入，岁时是课，足继朝昏"（《宋书》卷七五《王僧达传》），描述了一种使役奴婢十数人的经营。又如《颜氏家训·止足篇》所述，"二十口家，奴婢盛多，不可出二十人，良田十顷，堂室才蔽风雨"，颜之推理想中的生活，即为以自给自足型家族经营为目标的士大夫层的大土地所有，其中一般拥有奴婢二十人左右。在富豪层与士大夫层的直接经营地中，水稻种植也普遍是奴隶制式经营。当然，佃耕地也是存在的，但如旧稿所述，那仅限于经济型的佃耕关系，并不以人格性隶属关系为媒介，奴隶制维持的直营地经营仍然还是更为稳定的存在[1]。

以上，我们区分了小农家族进行的经营与富豪层和士大夫阶层以奴婢为主要劳动力进行的经营。最后我们需要探明，包括这些阶层在内，江南农业社会的阶层构成是怎样的。汉武帝时期的楚越之地，如"无积聚而多贫""无冻饿之人，亦无千金之家"（《史记·货殖列传》）

---

1. 参考前揭第307页脚注1拙稿。

所述，应该是基本没有阶层差距的社会。但是进入六朝时期之后，状况发生了变化。首先以开发最充分、号称"剧邑"的山阴县之例为中心进行考察。

据载在顾觊之刚担任山阴令之时，山阴县有编户三万（《南史》卷三五《顾觊之传》）。其后的大明初年，丹阳尹孔灵符因"山阴县土境褊狭，民多田少"，奏请"徙无赀之家于余姚、鄞、鄮三县界，垦起湖田"（《宋书》卷五四《孔季恭传附孔灵符传》）。对此，世祖武帝令公卿博议，包括已成为尚书的顾觊之，最终实行了徙民政策。又南齐永明六年（488）顾觊之之孙宪之叙述道，"山阴一县，课户二万，其民赀不满三千者，殆将居半，刻又刻之，犹且三分余一。凡有赀者，多是士人复除。其贫极者，悉皆露户役民"（《南史》卷三五《顾觊之传附顾宪之传》）。从刘宋至南齐永明六年（488）之间，山阴县的编户减少了一万户，主要正是因为大明初年（457）前后将无赀之民移往了余姚等其他三县。而且永明六年之时，二万户中大约半数都是赀未能达到三千钱的贫家层。因这方面没有合适的史料，故暂且引用居延汉简中的例子，有田一顷被估值为赀一万钱[1]。以此为标准，仅用土地所有面积一项换算，田地在三十亩以下的农民就占到了半数。因用于算定赀的房产、车牛、奴婢等皆未包含在内，其土地所有面积应该要更小[2]。汉代将赀产在二三万钱以下者视为贫家[3]，这一时期的贫家恐怕还要远远低于这个水准。因此余下的赀三千钱以上的一万户之中，贫家层应该也占到了相当的数量，根据顾宪之所言的"凡有赀者，多是士人复除"，可以认为贫家层在数量上是压倒性的。在大明初年徙民的讨论中，太宰、江夏王刘义恭认为，"寻山阴豪族富室，顷亩不少，贫者肆力，非为无处"，顾觊之等则认为"富户温房，无假迁业；穷身寒室，必应徙居"（《宋书·孔季恭传》）。如其所言，将山阴县的阶层构成区分为富豪

---

1. 劳榦氏编《居延汉简》图版之部（一）（台湾"中研院"历史语言研究所，1957年）第137页简编号三七、三三，标为"侯长觻得广昌里公乘礼忠年卅"，其中有如下记载："小奴二人直三万。大婢一人二万。轺车二乘直万。用马五匹直二万。牛车二两直四千。服牛二六千。宅一区万。田五顷五万。●凡赀直十五万。"据此，一项相当于一万钱。

2. 关于赀的内容，可参考本页脚注1。

3. 参考拙稿《古代中国における小農民経営の形成》，《歴史評論》第344号，1978年。

层与贫家层两大阶层也不是没有理由的。以刘宋时的山阴县为例，编户三万之中，三分之一是无赀的极贫层，三分之一是赀三千钱以下的尤贫层，最后三分之一中大半也是贫家层，有赀之家则是拥有士人身份，享受徭役免除的特权层。可以认为三万户之中赀三千钱以下的两万户的农民层，并不具有拥有耕牛的资力，他们或者成为富豪层、士人层的佃农、雇农，或者向其借牛，或者使用耒耜进行耕作。之前想象的小农家族以牛犁耕为基础进行的中农式经营，作为社会阶层而言无疑是极为有限的存在。从山阴县之例可总结出，六朝时期的农村社会，是由富豪层与占压倒性多数的贫家层这两大阶层构成的。如上所述的江南农业社会，便是火耕水耨这一惯用语表现的背景所在。

结语

　　如"或火耕而水耨"所表述的那样，火耕水耨是一种惯用语式词汇，所表现的是基本不加入人类劳动而主要使用火与水的农法，这一农法常见于江淮流域以南的地域。其本身并不直接指向某一种特定的农法。这是应劭声称"所谓火耕水耨"的缘由。但是在其背景之中，确实存在畷田和被称为火耕水种的农法。前者表现的是施行于山岳地带与低平地的火耕，后者则多见于荒废田的再开发和新田开垦初期。更为重要的则是火耕水耨这一词汇未能表现出的农法。汉武帝时期以降，在冲积扇和支流峡谷地区的水稻种植，实行的是以山谷出口闭合型陂灌溉的直播一年一作方式。随着东汉时期以降牛犁耕的导入，逐渐得以扩大。这一农法得以推广的基础，在于每一块都设置了灌排水设施的高度独立的水田，以及一人一牛牵引的犁、耙，足以与同时期的华北旱地农法相匹敌。这种发达的水稻种植通过六朝时期的开发而逐渐扩大，但可开展的地域局限于冲积扇与支流峡谷地区等山田地带；在低平地与山岳地带中，以火耕水耨为表现的粗放且不稳定的农法仍较为常见。

　　［补记］拙稿提出后，草野靖氏《唐宋時代における農田の存在形態》系

列研究〔（上）、（中），载熊本大学《法学論叢》第31、33号，1972、1974年；（下），载熊本大学《文学部論叢》第17号，1985年〕终告完成。关于火耕水耨，有着如下意味深长的意见："后世的注释家描摹农民聚居于山坡上，或耕作溪涧水边的低田，或在深山之地进行火耕，以此说明这是某种特殊农法。这种说法缺乏对农田性状的关心，显然只是空论"（上，第97—98页）。具体评论此处从略，但因为其中也提示了与小论相关的论点，敬希读者参看。

译 者 后 记

2021年8月7日下午发了一条"朋友圈":"曲终奏雅,到底是时代之子。"

那时候刚刚写定了本书第六章《唐宋变革期农业构造的发展与下级官人层——白居易的惭愧》的如下结尾译文,想到20世纪至今国运民心之翻覆,感慨系之:

> 会昌三年(843),诗人以七十二岁高龄从刑部尚书致仕。他的仕途大致顺畅。从父祖二代任官都未能超过地方官以上的家系背景来看,他作为官员也更成功,可以说是度过了幸福的一生。但这却是六朝式士大夫最后的自我革新的挫折,面对新生的农民而最终败北。

承担渡边信一郎先生这部名著的翻译工作,于我而言是有些不自量力了。十余年前完成了《中国古代の王権と天下秩序》的译介后,本计划继续翻译的是《中国古代国家の思想構造:専制国家とイデオロギー》一书。但联系渡边先生后,他回复我是否愿意翻译《中国古代社会論》,因为这本书是他青年时代"一生悬命"(意为拼尽全力)完成的作品,希望有机会介绍给中国学界。

那时候我还不能体会先生言语中的深意,只是觉得可以作为开拓研究视野的历练,就一口应承下来。结果入手方知棘手,通读之后痛感自己学力积累薄弱的同时,翻译上也颇多畏难情绪,实在有愧于先生的信任。感谢中国社科院历史所的陈爽先生及时给予援手,推荐了他的高足刘艺颖女史参与译事。幸得艺颖之助,翻译进度得以大大提速，如今终告厥成。复旦大学历史学系就读的张雨怡、张潇文、杨澍彤、向洲瑶、刘奇蠹、李昊龙、敖喻诸君在后期校对阶段分担了繁琐的引文核对工作。复旦大学出版社的史立丽女士则以无比的耐心容忍了我的多年延宕。在此一并深表感谢。

作为译者，我们最大的短板无疑是与马克思主义经典理论之间的距离感。翻译过程中不时遇到难以索解的概念名词诸如"脉管系统劳动手段/骨骼和肌肉系统劳动手段"等，查阅文献方知其来有自。偶尔也能猜到"庄居是下级官人层的致命一跃"（见本书第六章第四节）这样的表述，或是化用了马克思在《资本论》中描述从商品到货币之过程的名言，不禁莞尔。对于书中出现的马恩经典论著原文和特定概念，我们基本直接引用了中文版《马克思恩格斯全集》（第1版，人民出版社，2016年）。也有若干在行文中使用的概念如"共同体"等，考虑到中国古代史学界已经颇为习惯，也就没有再转为"公社"。另外书中的关键概念"世带共同体"，涵盖了亲族以外的依附人口，斟酌再三，以"家户共同体"译之。

翻译本质上是译者与原作者的"缠斗"。学术翻译亦然。如渡辺先生在《后记》中所言，"构成本书的各章研究，基本都诞生于京都民科历史分会与中国史研究会的研究活动中"。书中融合了高度理论思辨与精微史学考证的鲜明风格，也是京都这座底蕴深厚的都市所孕育的另一种味道。如何将这种阅读体验转换为严谨可读的现代中文学术语言，始终是我们在翻译过程中面临的挑战。是否及格，就交由读者评判吧。

徐　冲

2023年7月4日于海上柚庐

编 者 后 记

日本学者在古代中国研究领域的深厚传统与显赫成绩大概已经是学界常识。不过与之相比，译介到中文学界的相关论著仍然是远远不够的。为此，我们编选了这套"日本学者古代中国研究丛刊"，希望能够对促进中日学界的相互了解、深化相关研究起到积极作用。

丛刊目前的规模为专著十一种。在确定书目的过程中，主要考虑以下两个重点：其一，侧重于汉唐间的历史时段。这应该是在古代中国研究的各专门领域中日本学者的优势和特点最为明显的阶段，对于中国学界来说极具参考价值。其二，主要以二战后成长起来的学者为译介对象。经历了战后左翼思潮的风行，这一代学者大致于1970年代登上学术舞台，并引领了其后二十年的发展潮流。当然，丛刊也希望能够保持开放性，未来还将继续纳入更多优秀的作品。

对于日本学者书中提及的日文论著，丛刊采取了尽量保持文本原貌的处理原则。包括日文人名、书名、期刊名、论文名中的日文汉字，均未转为中文简体，以便利中国学者检索相关文献。由此给读者带来的不便，敬希谅解。

在中国当下的学界环境中，专门学术论著的翻译出版并非易事。丛刊最后能够落实出版，要归功于海内外诸多师友的大力支持和热忱帮助。诸位原著作者对我们的工作均给予了积极回应，并在著作权与版权方面提供了很多协助。日本汲古书院、青木书店和朋友书店，台湾稻禾出版社和台大出版中心，也慷慨赠予了中文简体版版权。对于各位译者来说，数十万字的翻译工作耗时费力，又几乎无法计入所谓"科研成果"，非有对学术本身所抱持的热情不足以成其事。北京大学历史系的阎步克先生和罗新先生对丛刊的策划工作勉励有加。复旦大学历史系时任领导金光耀先生和章清先生为丛刊出版提供了至为关键的经费支持。复旦大学出版社的陈军先生和史立丽编辑欣然接受丛刊出版，史编辑在编务方面的认真负责尤其让人感佩。日本中央大学名誉教授池田雄一先生、御茶水女子大学名誉教授窪添慶文先生、京都府立大学名誉教授渡辺信一郎先生、福冈大学紙屋正和先生、中央大学阿部幸信先生、大东文化大学小尾孝夫先生、阪南大学永田拓治先生、鹿儿岛大学福永善隆先生、台湾大学甘怀真先生、成功大学刘静贞先生、复旦大学韩昇先生、李晓杰先生、姜鹏先生，武汉大学魏斌先生，首都师范大学孙正军先生等诸位师友，在丛刊的策划、版权、翻译、出版等方面给予了诸多帮助。在此一并深致谢意。

徐　冲

2016年元旦于东京阳境原

图书在版编目(CIP)数据

中国古代社会论/(日)渡边信一郎著;徐冲,刘艺颖译. —上海:复旦大学出版社,2023.7
(日本学者古代中国研究丛刊 / 徐冲主编)
ISBN 978-7-309-16449-7

Ⅰ.①中… Ⅱ.①渡… ②徐… ③刘… Ⅲ.①古代社会-研究-中国 Ⅳ.①K220.7

中国版本图书馆 CIP 数据核字(2022)第 186963 号

原书名:《中国古代社会論》,渡辺信一郎著,青木書店,1986 年。

中国古代社会论
[日] 渡辺信一郎 著　　徐　冲　刘艺颖 译
责任编辑/史立丽

复旦大学出版社有限公司出版发行
上海市国权路 579 号　邮编:200433
网址:fupnet@ fudanpress.com　http://www.fudanpress.com
门市零售:86-21-65102580　　团体订购:86-21-65104505
出版部电话:86-21-65642845
常熟市华顺印刷有限公司

开本 787×960　1/16　印张 20.25　字数 292 千
2023 年 7 月第 1 版
2023 年 7 月第 1 版第 1 次印刷

ISBN 978-7-309-16449-7/K · 789
定价:75.00 元